響き合う東アジア史

三谷博・張翔・朴薫［編］

東京大学出版会

本書の刊行に当たっては，学術書刊行基金の助成を受けた.

Adventures in East Asian History:
A Cross-Cultural Studies among Japan, China and Korea

Hiroshi Mitani, Xiang Zhang, and Hun Park, editors

University of Tokyo Press, 2019
ISBN 978-4-13-026266-8

響き合う東アジア史／目次

Ⅱ　政治体制（前近代）

Ⅲ　政治思想（前近代）

序論　若手歴史家たちの競演

二一世紀初頭のいま、東アジアでは、どんな歴史研究が行われているのだろうか。歴史家たちはどんな問題を設定し、どんな方法を用い、どんな新知見を獲得しているのだろうか。本書は、日本・中国・韓国の若手・中堅歴史家が進めている東アジア史研究の最先端を紹介しようとするものである。元になったのは、二〇一三年から三年間、早稲田大学・復旦大学（上海）・ソウル国立大学校が回り持ちで開いた「東アジア若手歴史家セミナー」の発表論文である。この企画は東アジア史の若手歴史研究者が一堂に会し、各国最先端の研究を発表し、それに応答してもらう中で、互いの切磋琢磨と人的交流を図ろうというプロジェクトであった。発表された論文はそれぞれ力作で、東アジアの歴史学界が世界にその存在を問うに足る実力を持つことが遺憾なく示された。とはいえ、すべてを一書に収めることはできない。各国三人いた世話人が事後に投票を行い、その結果に若干の調整を加えて選択した。ここに漏れた論文に優れたものがあったのは無論である。

この論文集では、三回分の発表論文をテーマ別にまとめて配列した。時代は古代から現代まで、分野は環境史からジェンダー史までをカバーしている。対象も自国史、隣国史、国際関係史と多様である。一見、あまりに多様と思われるかも知れない。しかし、これを通時代的、あるいは通地域的に取り出してみると、東アジアの中の共通性と多様性が見えてくるはずである。複数の論文を読み連ね、自らの専攻する社会や時代で生じたことと比較すると、新たな洞察を獲得したり、新たな研究課題を発見する良い機会となるだろう。

さて、最初に取り上げるテーマは環境史である。読者によっては従来の歴史学とは違うと奇異の念を抱かれる方もあるかも知れない。しかし、現在、環境史の研究は世界の歴史学の中で最先端に位置している。日本の学界は残念ながら必ずしも熱心とは言い難いが、東アジアの学界ではかなりの注目を集めている。本書であえて冒頭に紹介するのは日本の歴史家に関心を寄せてほしいからである。環境史への世界的関心は、直接には、一九世紀以来、人類の人口増加と資源消費、環境汚染が加速的に進行し、近年各地で地球生態系の変化が不規則な気候変動という形で体感・懸念され始めたためと思われる。人災のみならず、自然界の引き起こす災害も重要で、東日本大震災以後、自然界を視野に入れた歴史の長期変動への関心が歴史学の中に芽生えつつあるのは歓迎すべきことである。

われわれの研究集会では二〇一四年の上海でこのテーマを取り上げた。ここにはそのうち二点を収める。まず、長谷川順二「前漢黄河と『水経注』黄河の特性比較――リモートセンシングデータを利用した黄河古河道の研究」は黄河の河口付近の流路についてその復元を試みている。黄河は古来、暴れ川として知られ、その流路は大きく変遷した。今は渤海に注いでいるが、南宋から一九世紀半ばまでは、山東半島の南の東シナ海に注いでいたこともある。長谷川はその河道変遷史のうち、前漢期、後漢以後唐末まで、そして現代の三時代を取り上げて検討し、過去二時代の河道を復元してそれぞれの地質的特徴を把握し、黄河史の通説を大幅に書き換えた。その結論は三七頁の図14に集約されているが、要するに、前漢期の黄河が周囲に幅広い自然堤防を作りながら流れ、増水時に決壊することがあったのに対し、後漢以降の『水経注』時代の黄河は自然堤防を持たず、平地を幾つもの並行する河となって流れ、河口に三角洲を築くこともなかったというものである。人工衛星からのリモートセンシング・データを利用した方法上の革新が目覚ましいが、しかし、この論文のメリットはそれを文献や現地観察と密接に結びつけたことから生じている。

この論文の含意は自然現象の復元に留まらない。黄河や長江は巨大な中華帝国を生んだ源泉と見なされてきた。ウィットフォーゲルをはじめ、大規模な治水工事の必要が専制的権力を生み出したと見なし、これを古代の聖王禹の伝説と結びつけることがしばしば行われた。黄河についても、その堤防を時の権力による人工物と見なし、その成功ゆえに後漢以後は堤防決壊が見られなくなったと解することが多かったようである。しかし、この論文は前漢黄河の堤防は人工物とすればあまりに幅が広すぎ、後漢以後の黄河は堤防がなかったことを指摘した。つまり、治水を権力編成と直結できないことを示したのである。

ついで、金賢善「明代湖南省の環境と疫病——通時的・空間的研究」である。現在の環境史では感染症の研究が重要な位置を占めている。近く中国のSARSやアフリカのエボラ出血熱が世界を騒がし、新種のインフルエンザへの懸念が語られているが、ウイリアム・マクニールが『疫病の世界史』で素描したように、人と動物と微生物が織りなす感染症の歴史は人類とともに古い。その研究はただに人の生命への危険だけでなく、人々の生きる地域の生態的・民族的特徴や人の移動、経済生活の状況も鮮明に映し出してくれる。

金賢善は感染症と環境との関係を、中国湖南省を舞台として一四世紀半ばから一七世紀半ばまで約三〇〇年について通時的な統計を取り、その時間的・空間的分布を検討した。湖南省は長江流域の南に位置するが、その北部は広い洞庭湖を含む平野であり、その南西部は山岳地帯でミャオ族など非漢族が住んでいた。通時統計によると、明代の疫病発生は大きく波打っており、一四八〇年代と一五八〇年代以降に大きな山があって、明清交代期に急上昇した。また、これを地図に落としてみると、一五八〇年代以前には南部の山岳地帯に多かったのに対し、それ以後は北部の平野部に中心地が移ったという。

著者は感染症の流行に局所的かつ持続的に発生する場合と短期間に爆発的に流行する場合があることを見いだした。前者は「瘴」や「瘧」と呼ばれる山岳地帯固有の風土病で、蚊が媒介するマラリアがその正体であったと推定する。山岳部の経済開発や人口流入がその原因であったが、樹林の伐採は気候を変え、長期的には風土病を減少させたという。他方、北の平野・丘陵地帯では明末に大規模な流行が見られたが、それはペストではないかと推測する。当時世界を覆った寒冷化が飢饉と免疫力の低下をもたらしたと見る。金賢善の慎重で多角的な検討は、疾病の流行だけでなく、当時の湖南社会の実態、さらに明清交代期の姿を生き生きと浮かび上がらせてくれるように思われる。

次は、東アジア各国の政治体制である。これを前近代と近代に分けて収録する。前近代の東アジアには政治秩序において二つの際だった特徴が見られた。政権の構成方法としての科挙、すなわち学力試験による君主直属の官僚の選任、および君主の内廷における宦官の存在である。これらは中国歴代の王朝や朝鮮半島の国々に存在したが、日本にはなかった。東アジアの伝統秩序には政治体制の根幹に顕著な共通性と異質性が見られたのであり、これは比較史の好個の材料となるだろう。

まず宦官である。宦官の制度は日本人にはなじみのないものであるが、中・韓の歴史において宦官の担った役割は少なくない。宦官は日常的には内廷で君主とその家族に奉仕し、時にはその君主との親密さゆえに外廷の官僚を上回る権力を発揮した。本書の李在晥「新羅の宦官官府を探して――洗宅（中事省）の性格についての再検討」は朝鮮半島における宦官制度が新羅まで遡ることを論証したものである。高麗時代に本格化したこの制度は、内廷の二元性、すなわち宦官による日用雑務と通常の官僚が兼帯する政務との並列を特徴としていた。本論文は、それが新羅時代まで遡ることを、乏しい文献資料の記述を金石文（碑文）によって補うことにより解明した。朝鮮半島の古代史は、『日本書紀』などとほぼ同時期に編纂された史書が失われたため、高麗であらためて編纂された『三国史記』に依らざるを得ず、詳細な文献資料に乏しい。しかし、近年、金石文（碑文）や木簡の研究が著しく発展し、そのおかげでかなりの具体像が獲得できるようになった。この論文はその著しい例である。木簡の解読は極めて難しく、断片的な文字から意味をくみ取るのは至難の業であるが、それを文献資料の伝える伝承と組み合わせながら歴史像を組み立てていく様子はスリリングで、古代史研究ならではの醍醐味が味わえる。

この論文で著者は、新羅の宦官制の復元に当たり、同時代の唐や後代の高麗の制を参照し、その上で三者の異同を述べている。これをもっと一般化すると、君主を直接に支える組織の構成法を比較することとなる。一般にこれを内廷と呼ぶが、それは政務組織と分化しているとは限らない。新羅・高麗における非宦官の中事省兼務がその例である。しかし、中国の王朝ではどうだったのであろうか。内廷と外廷とを峻別し、内廷を宦官と女官だけで構成するとなると、その理由は何だったのだろうか。宦官のいなかった日本で内廷はどう組織されたのであろうか。このような比較はジェンダーと権力の歴史のより深い理解を可能とするように思われる。

次に科挙である。これまた日本になかったものである。中華帝国では隋朝に皇帝が直属の官僚を試験によって選ぶ制度が生れ、それ以外の選任制度と併用され始めたが、それは宋朝で全面化された。男子に限ってではあるが、生れた家族でなく、当人の学力を基準として高官を選任する「機会の平等」を体現する制度が、一〇〇〇年以上前に実現されたのである。朝鮮半島でも高麗による導入に引き続き、朝鮮王朝で全面的に制度化された。これに対し、日本は八世紀の令で部分的に導入したものの、官制の根幹部分には適用されず、それものちに武士が台頭して朝廷が無力化するに伴い、消滅してしまった。戦国時代には戦の勝敗によって地位が決められたが、徳川時代に戦乱がなくなると地位の流動性はなくなり、生れた家の格が官制上の地位を全面的に規定するようになった。

このように前近代アジアでは科挙の有無をめぐって中・韓と日本との間に顕著な差異があった。しかしながら、中国・朝鮮においても、科挙は全面肯定されていたわけではない。本書の金映印「一六世紀朝鮮「山林之士」の台頭と薦挙制論議」は、科挙を国制の根幹に据えて成立した朝鮮で、しばらく後に弊害が指摘され、別の原理による「薦挙」制が設けられて、これを補完するようになったことを指摘している。本場の中国宋朝においても、朱子は学力試験が統治者が本来体現すべき道徳性を涵養せず、むしろ試験技術への拘りが逆の結果をもたらしがちだと憂い、上からの「察挙」の制度を推奨していた。朝鮮ではこの主張はより強く唱えられ、建国後一〇〇年も経った頃には制度化されたのである。その原動力は朱子学を精錬した性理学の高揚・普及であった。性理学者は道徳を統治の根本と確信し、あえて科挙を拒絶し、民間に留まって道徳性の修養に専念し、「山林之士」として、国王・政府に忌憚のない批判を行った。国王・政府も彼らの上書を歓迎するだけでなく、朝廷に招いて議論したり、官爵を授けたり、時には宰相に任命したりした。各地から推薦された「遺逸」を薦挙することは初期から見られたが、一六世紀の初期には「薦挙科」が設けられ、各地からの人材が王の策問を経て登用された。これは科挙の「別試」と位置づけられたが、党争の的とされて廃止され、その後、山林之士の登用はその特性に即して行われるようになった。一つは科挙を経た文官以外も任用可能とされた監察機構の司憲府に任ずること、もう一つは君臣が議論する「経筵」の場に招くことである。その結果、薦挙された山林之士は一般の文官より重用されるようになったという。

金論文は山林之士の薦挙、国政における多大な影響力を性理学がもたらしたものとし、ここに朝鮮独特の政治文化の形成をみている。政府外部からの日常的な「公論」とその強さ、また公論における道徳性の強調は、今日の韓国でも顕著に見て取れる。その源流がここにあったと見て間違いないだろう。ただ、そうすると、科挙を創始した中国でどうなったかが気になる。それ以外の制度は設けられたのだろうか。民間の士の発言は朝廷や世論にどの程度の影響力をもったのだろうか。道徳性はどの程度、言論の中身を規定したのだろうか。違いがあったとすれば、それは何に由来したのだろうか。

他方、近世の日本では世襲制が支配し、科挙は無論、朝鮮のような薦挙も行われなかった。これだけでは比較のしようもない。しかし、朝鮮で薦挙制が生み出した「公論」となると比較可能となるはずである。近世を通じて、日本では公開された場で明確な意見を述べることができなかった。しかし、幕末には突如、「公論」「公議」という主張が出現し、有力な政治運動となって、維新後には立憲君主制として制度化されることとなる。後掲の河野有理論文はこの間の事情を考える手がかりを与えてくれるはずである。

さて、次の部は前近代の政治思想を取り上げる。知識人が時々の政治体制とどう関わったかという問題である。まず姜鵬の「秩序至上か、君主至上か――司馬光の政治観念に対する再検討」であるが、これは『資治通鑑』の著者で、王安石による新法を覆したことでも知られる北宋の宰相、司馬光の君主観を論じたものである。中国での通説は司馬光を専制君主の擁護者と解しているが、著者は中央政府による集権と君主の専制とを区別し、専制は明清期のように皇帝が宰相を置かないときに行われるものであるとして、司馬光の宋朝は中央集権体制ではあっても専制ではなかったとする。その上で『資治通鑑』における王位継統をめぐる記述を分析し、司馬光は皇帝自身の意志よりは長子継統という「礼」を重んじたことを明らかにしている。君主の恣意、専制でなく、その意志に背反しても、礼制による秩序の安定を重視したというのである。

この論文は王朝の編纂にかかる「正史」を基礎に、かつその範囲だけで過去の政治家を論評するという中国の知的伝統が今なお生きていることを証している。微言のうちに現代への主張を語る点も同様であり、本書中で異彩を放つものと言えよう。著者自身は二〇世紀の中国思想史学が近代西洋の創り出した秩序モデルを中国の過去に持ち込み、裁断してきたことを強く批判し、宋朝の政治家司馬光の言説を同時代の文脈に即して明晰に分析しているが、その先にあるものは何であろうか。

次に取り上げるのは近世日本である。中国の歴史家が一七世紀の思想家山鹿素行を取り上げた。唐利国「日本型兵学の成立――山鹿素行の朱子学批判をめぐって」である。山鹿素行は近世初期の思想家で、仏教、朱子学、古学と思想的変転を重ね、かつ兵学も兼修し、その樹立した山鹿流兵学は幕末まで脈々と受け継がれた。この論文は、素行が仏教・キリスト教などの異端思想の横行に近世体制の欠陥を見て儒学による積極的教化を提唱し、そのために朱子学の基本概念である「理」を独自のものに組み替えたことを指摘する。朱子学の「理」は宇宙と人とを貫く普遍原理であり、人は誰でも修養によってこれを認識して聖人に至ることが可能とされた。これに対し、素行は普遍的な理と個々の事物の理は異なるものであり、前者は聖人のみが認識しうるものであって、凡人は事物の理を求めつつ聖人の教化に随従すべきと考え、自身こそがその聖人に他ならないと主張した。その上で、伝統的な兵法を集成し、この古学で統合して「武教」と名付け、平和の世の武士たちに儒教由来の徳治を教化しようとしたのだという。

素行は晩年、幽閉されて終わった。宰相として中華を統治した司馬光、民間にありながら朝廷に絶大な影響力を行使した「山林之士」と対照的な境遇である。それは近世日本の公儀が統治イデオロギーに無関心かつ警戒的であったことを裏面から体現している。なぜこのような差異が東アジアに生じたのか、それは現在の東アジアの政治文化の多様性と関係があるのか、極めて興味深いことと言えるだろう。

次は前近代の国際関係である。成立期の朝鮮に帰化した対馬の日本人、満洲族に服属した後の朝鮮が展開した多角的な国際貿易、琉球が薩摩の了解の下に行った、清朝に対する日本との関係の秘匿、三つの論文をまとめた。いずれも、諸国家の境界に位置した人や国家の物語である。

まず、王鑫磊「朝鮮王朝初期の「向化倭人」――平道全に関する研究」である。「向化倭人」とは朝鮮に帰化した日本人の朝鮮側の呼称である。この論文は朝鮮国王の臣下となった対馬人、平道全を取り上げ、彼を通じて朝鮮の軍事および「倭寇」討伐を論じている。平は一五世紀の初めに朝鮮の官職を授けられて軍事面で活躍したが、その「向化」は対馬島主の了解の下になされたこと、国王のため倭寇討伐に活躍したこと、琉球への海路を開いたこと、対馬の倭寇の討伐に当たってはその矛先が鈍ったこと、朝鮮世宗が対馬攻撃（一四一九年の己亥東征、応永の外寇）に踏み切る直前に北の平壌に流され、監視下に一生を終えたことなどが指摘されている。著者は、平の生涯に対馬と朝鮮の二国間に挟まった者の悲劇を見ているが、己亥東征の後、対馬と朝鮮の関係は安定を続けたことを指摘して、平は対馬（人）の朝鮮・日本両属の発端をなした存在だったと位置づけた。末尾では、この朝鮮・対馬関係の安定は日本発の倭寇が中国沿海を略奪することを容易にしたと結論している。

次はやはり朝鮮を舞台としてその二〇〇年あまり後の姿を論じた、辻大和「朝鮮・後金間の経済関係――東アジア大乱の中の多角貿易と権力関係」である。広く知られるように、一六世紀末、日本を統一した豊臣秀吉が二度朝鮮を侵略し（韓国で言う倭乱）、その失敗後、今度は一七世紀初頭に満洲（女真）族の後金（後の清）がやはり二度朝鮮に進攻し、朝鮮を服属させた（同じく胡乱）。朝鮮半島を舞台に計四度の大乱が発生したのである。この論文は朝鮮が後金に進貢を始めた後、明との戦争のため中国から物資が調達できなかった後金に軍服の生地などを供給したこと、後金からの要求に消極対応する一方で、商人たちは後金産の薬用人参の入手に意欲的だったこと、供給物資は明の将領や貿易を再開した日本から入手したこと、要するに大乱が未だ続く中、朝鮮は臣従した後金の要求に対して巧妙に抵抗と利用を図り、いち早く東アジアに多角的な貿易関係を再建し始めたというのである。

その頃、琉球にも興味深い変化が起きた。渡辺美季「隠すという外交――清に対する琉日関係の隠蔽政策」は東アジアの近世を通ずる国際関係の特徴を鮮やかに示している。一四世紀に建国した琉球は明、ついで清との朝貢・冊封関係は維持したものの、一七世紀初頭に日本の薩摩の侵攻を受け、中国の王朝と日本の薩摩に両属することとなった。さらに、清による中国支配が安定した頃、琉球は薩摩により事実上支配されていることを清朝に隠蔽することにし、それは一九世紀半ばまで律儀に継続された。渡辺はこの驚嘆すべき外交のあり方を、薩―琉間の貿易船が中国に漂流したとき、どう対処したかを皮切りに手際よく説明している。その重要な発見はこの隠蔽政策が薩摩藩の同意と協力の下に行われたこと、さらに清朝官憲は薩琉関係と薩摩の役人の琉球駐在の事実を知りながら、見て見ぬふりをし続けたことである。近世東アジアの国際関係は二〇〇年以上の安定を続けたが、それは多分に、当事者たちが自他認識の多義性を意図的に利用し続けたことによった。形式上は対等だった近世の日本と朝鮮の国交も、一皮むくと、日本の大名宗氏（対馬島主）が同時に朝鮮国王にも臣従する一方、通信使が朝鮮からのみ派遣され、日本からは答礼使が送られなかったなど、非対称な関係が重層してできていたことが分かる。しかし、当事者はそれらを「公然の秘密」として扱い、決して自己の解釈を相手側に押しつけようとはしなかったのである。

さて、本書の後半では近代を扱う。東アジアの近代は、西洋主導のグローバル化の第二波が太平洋の西岸に及び、中・日・韓の各国がそれに巻き込まれたときに始まった。中国のアヘン戦争、日本の明治維新、朝鮮の仏・英との交戦をその始期と見なせよう。このとき、東アジアの諸国は西洋と経済的・軍事的な関係に入っただけでなく、思想・制度面でも対峙・参照・咀嚼して自国を変えてゆかざるを得なくなった。最初にこれに取り組み、西洋文明を組織的に導入したのは日本であったが、中国も清末にはこの「新学」を科挙の教育課程に取り込んだ。

河野有理「明治日本「啓蒙」思想の再検討——『明六雑誌』を素材として」は、明治政府が成立した後、洋学知識人が中心となって組織した「明六社」について、従来の理解を大幅に修正すべきことを提唱する。通説では、明六社は「啓蒙」団体であり、その主張は微温な「漸進主義」であったとするが、河野は明六社は西洋の「啓蒙」が対決したキリスト教会のような強敵を持たなかった一方、その主張は廃娼論のように日本社会に大胆な改革を迫る急進論だったと指摘する。彼らが漸進主義と見なされてきたのは、民選議会の導入に同時代の政治家ほど熱心でなかったからであるが、著者はその理由について、彼らが一〇年も前からそれを講究していて、その実現に必要な条件を予め検討・熟知していたからだとしている。政府・民間ともに西洋化に急進しようとしていた最中、明六社同人は江戸の成熟した学問を基礎として、日本の改革を熟慮をもって進めようと議論していたのである。

他方、孫青「試験からみた新学導入——清末中国における「知」の近代的変容」は、中国での西洋学の導入が他ならぬ科挙の制度を利用して始まったことを立証した。科挙は学力試験で官僚を選ぶ制度であったから、受験対策本(「課芸」)が多数出版された。著者はこれを丹念に収集し、出題と模範的な解答論文を分析して、「新学」がいかに中国社会に導入・普及されていったかを明らかにしている。まず一八七〇年頃に上海の広方言館などで数学や時務策や地理の出題に新学が導入され、九〇年代末期には各地から新式学堂の設立提案が行われ、その中で光緒帝は全国の書院に中・西学の兼習を命じた。これは一旦潰えたが、義和団事件後、一九〇一年、政府は劉坤一と張之洞の共同上奏を受けて科挙の改革に踏み切り、中・西学兼修と策論を柱とする新式学堂、そして課芸が多数出現した。科挙は一九〇五年に廃止されたが、この間に養成され、合格した「新学」知識人は米欧への留学などを経て、その後の中国改革に指導的な役割を果したという。

中国の西洋学との関わりは今なお興味深い主題であるが、この論文の後半で紹介された山東省と浙江省の新式学堂における教育課程は従来の科挙を継承した極めて厳格なものであった。試験による人の選別はいまや世界的な現象となっているが、先の金映印論文が示す懐疑や批判、代替提案なども興味深い研究課題となることだろう。

次は、一九世紀から二〇世紀への転換期の日中関係を扱った論文二点である。日清戦争（中日甲午戦争）は、日本の植民地帝国としての台頭、中国の欧米による勢力圏分割と内政改革の開始、朝鮮の列強操縦と改革の模索などを誘発し、東アジア国際秩序を大きく変えた事件であった。金山泰志「戦争と日本民衆の中国観——種々のメディアを史料として」は、日本の民衆が戦中と戦後に中国にどのような感情を抱いていたかを探っている。国際関係では、冷静な利害計算のみならず感情面も重要な役割を演ずるが、世論調査のない過去で後者を探るのは容易でない。新聞は著名知識人の対外観を知るに便利だが、そこに民衆が抱いた感情を見るのは無理である。そこで、著者は、小学校教科書、少年向け雑誌、講談、演劇など、別種のメディアに注目した。その結果は、中国人への蔑視と日本人の優越性を語る傾向が一般的に見られたとした上で、教科書や教育者向け雑誌では戦後の日中関係を慮る政府の意向もあってか抑制的な主張がなされる一方、娯楽メディアでは子供向けと大人向けとを問わず露骨な蔑視が語られ、それらが連鎖して、容易には解けがたい偏見が根付いたという。ただし、中国の古典に対しては依然尊敬が寄せられたとし、中国の同時代と過去に対し相反する評価が併立する現在の日本の対中観の起源がここにあると解している。

戦争や植民地支配によって生じた歴史記憶の扱いは現代世界の難題の一つであるが、それは国際関係の研究自体にも影響している。戴海斌「近衛篤麿と日中関係——二〇世紀転換期における二度の中国渡航を中心に」は、この点を意識しながら、あえて日清戦争後、日露戦争期に至る日中協調の一〇年を取り上げ、貴族院議長にして東亜同文会の会長、近衛篤麿の二度の中国訪問を手掛りに、その実態を検証している。近衛の遺した史料の中には、日記のほか清朝の大官たちとの往復書簡があり、これらを精査しながら、近衛と彼らとの関係を明らかにしている。それによると、第一回（一八九九年）には、近衛は孫青論文にも登場した劉坤一や張之洞をはじめとする南方の大官たちと積極的に交流した。劉と意気投合したのに対し、張とはそりが合わなかったようだが、その孫の日本留学を支えるなど、日清提携の基礎を作っている。二度目は義和団事件直後の一九〇一年で、北京を訪問し、皇族や栄禄、袁世凱らと会談した後、遼東半島を視察してから帰った。このときは清朝の変法自強を奨励し、ロシアが占領していた東三省を返還させるにもこれが必須であると述べて、日清提携に踏み込む姿勢を見せたという。著者は近衛の行動について、経済面の関心や日本政府との媒介の役割もあったと指摘しているが、彼ら日本の「対外硬」の主眼は「親中拒露」（支那保全）にあったとして、日露戦争との関係に注意を促し、さらに彼らの中にも多様な勢力があったと指摘して、その丁寧な研究を呼びかけている。

ある西洋の学者はこの論文が扱った時代を「忘れられた黄金の十年」と呼んだそうであるが、これに同意する中国人研究者は多くないという。しかし、日中関係は以後不調が続いたものの、遥か後にも同様の時期があったように思われる。未来にその再来を願うには、これらを想起するのも無駄ではあるまい。ここで収録する二論文は、難題を冷静に扱う点で示唆するところが多いのではあるまいか。

さて、次は視点を変えてみよう。ジェンダーである。これは学問上も実生活上も、いま世界で強い関心が注がれている問題であるが、本論集では、中国上海を舞台とする女性のタバコ消費をめぐる論争、および日本の朝鮮支配下における「内鮮結婚」の実態と問題を分析した論文を収載した。

皇甫秋実「「美名」か「汚名」か——一九三〇年代の上海における女性のタバコ消費」は、上海の新聞に掲載されたタバコの広告を網羅的に収集し、女性の喫煙にどんなイメージが提示され、論議されたかを豊富な図像を用いて論ずる。一九三〇年代に不況に直面した上海のタバコメーカーは、女性のタバコ消費に活路を求め、近代化、日常化、情欲化という三つの手段により女性の喫煙を正当化する広告を打った。女性の「自信」や「美しさ」、「セクシーさ」、「平等」、「近代」、「愛国」などの美名を与えようとしたのである。男性の独占物だった喫煙の奨励は男女間の平等も表象した。しかし、女性の喫煙を性的魅力の源泉として「美名化」したのも、ありとあらゆる理由を掲げてこれを「汚名化」したのも男性であった。この論文は、上海という貿易と消費の中心地を舞台として企業と消費者の経済行動を観察し、モダンガールの出現だけでなく、女性の「美名」も「汚名」も男性によって決められ続けたという、ジェンダー構造の揺らぎと持続性の絡み合いを明らかにしている。

次に、李正善「帝国日本の「内鮮結婚」――政策と現実」は、日本が二〇世紀の前半に朝鮮を支配したときに標榜した同化政策（韓国側から見ると民族抹殺政策）がどう帰結したかを、両民族間の婚姻の実態とその政策への影響を丹念に分析して、解明している。日本は朝鮮支配を始めたとき、日本流の戸籍制度を朝鮮に持ち込んだ上で、日本人と朝鮮人の間の転籍を厳しく制限し、婚姻・養子縁組・入夫婚姻のみを例外とした。事実として進行していった両民族間の通婚をこう法制上に位置づけたのである。統計によると、一九二六年以後の朝鮮では、日本人の夫と朝鮮人の妻という組み合わせの夫婦が朝鮮人の夫・日本人の妻という夫婦の数を上回っていた。しかし、日本では、朝鮮人男性が学生や労働者として単身渡航し、日本人女性と結婚することが多かったため、朝鮮と日本とを合わせると、朝鮮人男性と日本人女性という組み合わせが大多数となっていた。日本側が意図した朝鮮人の日本化だけでなく、日本女性とその子供たちの朝鮮人化が進んだのである。戦時体制期になると朝鮮人労働力の内地動員への期待から朝鮮人に転籍を開放することが検討されたが、他方で内鮮結婚が増加して内地で目立ち始めると、混血による日本人の同質性の喪失に対する懸念が深まり、結局、人種的・血縁的な類似を根拠とする同化政策は放棄せざるを得なくなったという。

内鮮結婚は数字上は少数に留まったが、この論文は植民地支配とその正当化の政策、個々の婚姻にまつわる民族・階級・ジェンダー間の権力関係、および日本と朝鮮の間の相互干渉を丹念に解きほぐし、説明している。従来は日本側の同化政策がそのまま貫徹されたと理解されがちであったが、実情はもっと複雑であり、生きるために内鮮結婚した当事者、とくに下層の人々の境遇に思いやりの眼をと結んでいる。

さて、最後の部は、日本帝国の戦時動員の体制、および帝国の崩壊に伴って生じた東アジア大の大規模な人口移動を取り上げる。

満洲事変（九一八事変）後の日本は様々の形で大衆の動員を図り、その際には当時の世界的流行であったラジオの利用が注目された。鄭知喜「「聞く主体」の形成と大衆の国民化――戦時日本のラジオ聴取指導」は、公共放送が団体聴取の実験に取り組んで、官の望むような「主体」を創ろうと試みたのに対し、聴取者たちは規範的な聴取者像から絶えず逸脱し、結局は官はラジオによる規律を事実上諦めざるを得なくなったという。この試みは一九三四年の大阪局で始められたが、当初は珠算講座や農村向けの実用知識を取り上げた。事前にテキストを配布し、各地に指導者を置いて集団で聴取し、相互に内容の確認や討議を促すことによって、社会教育を効率的に行うことを目指したのである。そのためには、聴取者が特定の時間にラジオの前に集まる必要があった。ラジオ聴取に伴う一連の規律を身体化し、最終的には単独でも放送を効果的に利用し、さらには聴取習慣を他人にも普及できる聴取者を作ろうとする試みであった。この運動は関西から東京・東北まで拡がったが、日中戦争の勃発後は、重点が個々人の啓発から団体訓練に移行した。かつての自立的な聴取者像は国民総動員における団体精神に富んだ理想の国民像にスムーズに繋がり、職域ごとの聴取という形で集団的生活訓練に用いられるようになった。次いで、太平洋戦争の開始は生産最優先の体制の中で必須情報を伝達するため国民に特定の聴取時間を設定し、遵守するように仕向けた。しかし、聴取者は必ずしもこの指導に従わず、そのため法律による強制も構想されたものの、実現しないで終わった。指導者層の望んだ理想の聴取者像は終に獲得できなかったのである。著者は、ラジオの団体聴取による共同体意識の涵養という運動は同時代のイギリスにもあるとし、全世界的な大衆の国民化運動という視点から検討する必要を訴えている。メディアによる組織化と受手の側の利用・逃走という問題は永遠の研究課題であろう。

さて、大日本帝国は総力戦を中国から米欧・東南アジアまで拡大し、結局は自壊するに至った。そのとき、帝国の各地に居住していた人々は大規模な移動を始めた。日清戦争によって形成された日本帝国は近隣民族を侵略・支配しただけでなく、その支配領域の中における彼らと日本人の移住も促していた。帝国の崩壊後、戦勝国（米・中・露）は彼らに父祖の地への帰還を促したが、中には残留を余儀なくされた人々や、自ら残留を選んだ人々もいた。短期間ながら二〇世紀半ばには旧日本帝国支配域を約一〇〇〇万人が大量移動する時代が訪れ、その結果が今に至る国境や国民を生んだのである。

黄善翌「東アジアの戦後処理——韓人帰還問題を中心に（一九四五—四六年）」は韓半島（朝鮮半島）の外に居住した韓人の帰還を中心に、それを主導した連合軍総司令部の帰還政策と米国・中国・ソ連の間の帰還交渉を、連合軍総司令部の史料に基づいて記述している。連合軍の初期の東アジア帰還政策は日本帝国主義の解体を主目標とし、日本人の本国送還および日本地域の外国人（主に韓人）の本国帰還を最優先とした。半島外居住の韓人は約五〇〇万人に上ったが、うち二〇〇万人が日本在住であった。連合軍は一九四六年二月、彼らの帰還意志の有無を調査し帰還を促したが、登録者は予想より少なかったため、同年一一月には本国政府の確立まで彼らを臨時に日本国籍と見なすとの法令を施行した。しかし、在日韓人はこれに反発し、その中で日本政府は彼らの参政権を剝奪した（この行違いが後々まで在日の法的地位を不安定なままに置いた）。他方、約二五〇万人の在中韓人については、米中の合意に基づいて一九四六年一月から帰還が始まったが、その大多数を占める中国東北では自発的帰還者を除き、かなりが残留した。またサハリン在住の韓人の地位は米ソの協議に委ねられ、日本人二九万人は帰国したものの、韓人はソ連占領下の北韓に帰った二三三人を除き、そのままサハリンに抑留される羽目となった。三地域のいずれについても、当事者の意志よりは冷戦を始めた大国や日本の思惑がその運命を決めたのである。

著者は韓人の帰還の意義を帝国主義により歪められた民族的乖離を復元ないし再結合することに求め、それが朝鮮半島に独立国家を建設する先決条件であったと論じている。ただ、大日本帝国の解体後も現地に残留を希望する韓人がかなりいたのも確かであろう。問題は連合軍も日本政府も中国政府も国籍によって居住地を分割する方針をとった点から生じた。この枠組が国民国家の成熟の出発点となったのは疑いないが、それにより半島外に居住していた韓人は少なからぬ困難を経験したのである。

最後の中山大将「帝国解体の後——旧樺太住民の複数の戦後」は、焦点を樺太（サハリン）に絞り、〈境界地域史〉という視角から、そこに生きていた様々の人々が大日本帝国の崩壊とともに何を経験し、さらに過去をどう記憶し、語ったか、聞取り調査の成果も交えながら記述している。樺太は元来アイヌなどごく僅かの少数民族が住んでいた場所であったが、一九世紀の半ばにロシア人と日本人が移住を始め、当初は雑居地とされた後、一八七五年に条約で全島がロシア領とされた。日露戦争後には南半分が日本領とされていた。一九四五年、ソ連軍が南に侵攻し、事実上のソ連領となった。このとき、南半に住んでいたのは日本人（日本帝国の内地本籍者）が約三六万人、韓人（同朝鮮本籍者）が約二・四万人、中華民国籍者とポーランド国籍者ほか欧州系外国人が約二四〇人、先住民族は約一七〇〇人であった。ソ連軍の侵攻後、日本人の大部分は内地に引き揚げたが、残留者が約一四〇〇人いた。日ソの国交正常化後にうち約九〇〇名と、彼らの韓人家族約一八〇〇名が日本に帰国している。韓人の多くは僅かの北朝鮮帰国者を除き残留せざるを得なかったが、冷戦の終結後、うち約三五〇〇人が韓国に永住帰国した。帰国者たちは団体を結んで相互扶助や残留者の引揚げ援助の運動を続けたが、その言説は冷戦終結と世代交代に伴ってソ連による加害の非難から和解にトーンが変わり、同時にソ連よりは日本政府に眼が向かって、残留韓人の帰国のために提起された「樺太裁判」

（一九七五年）では日本政府を被告として訴えることになった。この運動は日韓両国政府を動かして残留韓人の帰国が実現したが、日本人関係者の中では、引揚げ者と残留者を問わず、韓人との関係の記憶をめぐって幾つもの対立・錯綜する物語が語られてきたという。

著者は「こうした複数の〈戦後〉は、ソ連の被害者としては連帯できるはずの日本人と韓人を被害／加害論の罠に陥れ、日本と韓国というナショナルなレベルで対立させる火種にさえなっている」と警告している。東アジアでの歴史記憶は、国家レヴェルでは日本対中・韓という鮮明な対立構造を持っているが、樺太という小さな複合社会をとって見ると、加害／被害の関係は錯綜する。その経験を帰属集団を越えて理解してゆく努力は、逆にナショナル・レヴェルの対立を解きほぐすためのヒントを提供するかも知れない。

以上、一八本の論文を紹介した。テーマが多岐にわたるにもかかわらず、その内容にはかなりの関連性があることが分かった。読者においてもこれらを通読・比較して、それぞれ新たな関連性や未開拓の領域を発見していただければ幸いである。

いま、東アジアにおける学術交流はかなりの困難に直面している。二〇世紀末から今世紀初頭にかけて著しい進展を見た学術交流は、その後、国際情勢の険悪化に伴って停止に近い状態に追い込まれた。われわれはその中にあって、未来の東アジアに平和を確保・増進するには学術レヴェルの交流を深め、それを通じて互いへの敬意を育むことが不可欠であると信じ、このプロジェクトを遂行してきた。ここに論文集を刊行して一旦完結するが、また別の形で継続すること、また他の方々がより良い企画を始め、東アジアの学術交流を発展させてくださることを望んでいる。

三谷　博
張　翔
朴　薫

I 環境

1　前漢黄河と『水経注』黄河の特性比較
――リモートセンシングデータを利用した黄河古河道の研究

長谷川順二

はじめに

中国第二の大河である黄河は幾度となく氾濫を繰り返し、河道を移動してきた。中国の歴史地理学においては「黄河変遷史」という専門の項目が建てられ、現在に至るまで多くの研究者によって検討がなされている(1)。筆者はこの黄河変遷史に対し、文献資料の検討を中心とする従来の手法に加え、リモートセンシング（Remote Sensing、以下「RS」）データと現地調査という新たな情報を導入することで通説の再検討を試み、前漢の黄河については復元を完了した(2)。また後漢以降の黄河(3)についても、『水経注』（北魏、六世紀）の記述を起点として復元を行った(4)。

従来の黄河古河道研究では、黄河の河川や地形的な特性は時代が変化しても常に同一であると考えられ、それを前提とした検討が進められてきた(5)。しかし数千年に亘って河道変化を繰り返してきた黄河が、果たして本当に同一の特性を維持し続けたであろうか。

筆者は二〇〇四―〇八年に前漢黄河、二〇一三―一六年に『水経注』黄河を対象として現地調査を行った。この現地調査では、それぞれの地域において地表面に残存する地形の特性がまったく異なることを確認している。前漢黄河の地域では微高地や貝殻堤と呼ばれる特殊な地形が確認できた。他方、『水経注』黄河の調査では、黄河由来の微高地や堤防、三角洲等はまったく確認できなかった。

ＲＳデータでも同様に、前漢黄河の大部分は地形データＳＲＴＭ－ＤＥＭを用いることで痕跡を判読できたが、『水経注』黄河が流れていたと想定される地域では、ＳＲＴＭ－ＤＥＭによる地形の差異が見られなかった。この手法によっても現地調査の結果が裏付けられたのである。

文献を見ると、『史記』『漢書』の記す前漢黄河の支流・分流は「屯氏河」「屯氏別河」など僅かしか確認できない。一方、『水経注』には「漯水」「済水」を始めとして多くの黄河支流が記されており、黄河本流と同じ方向に並走したという。また王尚義によれば、後漢から南北朝、唐代にかけての約八〇〇年間には「溢（越流）」に関する記事は何度か見られるが、「決（決壊）」という表記は確認できないという。(6)

このように、前漢黄河と『水経注』黄河ではすべての手法から見て差異が確認できる。この差異は何に由来するのだろうか。本章では両時代の河道を復元し、周辺地形の検討に基づいて両河道の特性比較を行う。

一　従来の黄河変遷説

水利電力部黄河水利委員会によれば、「黄河は一九四六年以前の三〇〇〇―四〇〇〇年間において決壊や氾濫が一五九七回発生し、改道は二六回発生した」という。(7) このうち部分的な変化ではなく完全に別の河道へと変化する大規模なものは六―七回とカウントされるのが一般的である。(8) 本章では紀元六九年から南北朝期を経て唐代に至る(9)「『水経注』黄河」を中心として検討する。

1　後漢以降の黄河

黄河の河道研究は南宋期の程大昌『禹貢山川地理図』および『禹貢論』に始まるとされるが、当時の変遷説には後漢以降の河道は含まれていなかった。『水経注』に記される北魏河道が黄河変遷説の一つに含まれるようになったのは、清代の胡渭『禹貢錐指』以降である(10)。書名に見られるように程大昌に始まる黄河研究は『禹貢』、つまり『書経』を含むいわゆる経学研究の流れを汲む。一方『水経注』は地理書であり、近年は特に陳橋駅らによる優れた論考が登場したことで「酈学」と称されるようになり、学問分野の一角を占めるようになったが、経学研究とはまた別の流れになっている。この二つの流れを統合したのが胡渭の『禹貢錐指』である。

しかし『水経注』の黄河がその他の時代のものと同一視されなかったのには、他にも理由が考えられる。現在の黄河は、その河道の両岸に堤防が築かれる。一方、『水経注』にはまったく異なる形の黄河が記される。『水経注』によれば、当時の黄河は下流平原において非常に多くの支流と合流・分流を繰り返していたとされる。特に漯水と済水の二河川は下流平原全域で並走を続け、最終的には河口付近に至るまで『水経注』黄河を含む三河川が並走してそのまま渤海へと流下したとある。これは現在の黄河とも、筆者が復元した前漢黄河の特性ともまったく異なる。

2　『水経注』の黄河記述の概要

北魏期当時の黄河が『水経注』にどのように記されているのかについて、筆者がすでにまとめている(11)。ここでは特に、山東省東阿県付近から河口に至るまでの範囲を概観してみる。

北魏期の黄河は『水経注』によれば現在の山東省東阿県付近で北へ流れを変えるとあるが、詳細に見てみると、黄河はこの東阿県付近で奇妙な挙動を見せる。東阿県の南側で「鄧里渠」という分流が派生するが、十数キロほど北へと流れたところで再度合流するのである。このような挙動は、自然堤防に囲まれた現在の黄河では見られない。前漢黄河では逆に一〇〇キロ単位での中規模変動が見られたが[12]、このような小規模な分流・再合流は確認できない。

鄧里渠と再合流した北魏期黄河はそのまま北へ向かい、現在の禹城市を経て臨邑県付近で再度東へ向きを変える。この辺りになると城市の数が減少するのか、記述される城市の数が極端に減少する。ただし最終的には河口付近で「厭次」「千乗」を経由して渤海へと流下すると記されている。さらに『水経注』の記述に従うと、黄河は河口付近で漯水・済水という二本の河川と並走して渤海へと流下している。河口に三角洲を形成している現在の黄河や、前漢黄河には見られない現象である。

しかし黄河変遷史において、『水経注』に記される北魏を中心とした河道は長い間、黄河変遷の一時代とは見なされてこなかった。清代の胡渭がすでに『禹貢錐指』で挙げているように、これにはいくつか理由が考えられるが、その一つに後漢の明帝期に実施された「王景」の治水工事が極めて有効に働いたため、正史等では黄河に関する記述が他の時期と比べて極めて少なくなったという説がある。黄河変遷に関する従来の研究では、前漢末期に変動を開始した黄河は河南省濮陽市付近から東へと流出した。後漢王朝は第二代明帝の時代に王景という技術者に命じて黄河の安定工事を実施し、王景は一〇〇〇里に及ぶ長大な堤防を建造して黄河河道をふたたび安定へと導いた[13]。この河道は北魏期の『水経注』や唐代の『元和郡県志』、北宋初期の『太平寰宇記』に記される河道とおおむね一致することから、後漢から北宋初に及ぶ一〇〇〇年間は黄河の大規模変動が発生しなかった「安流期」と考えられている。この状況を清代の魏源は「千年無患」と称し、それは一九六二年に譚其驤が提唱した安流説へとつながっている[14]。

二 RSデータと現地調査の比較

前節では主に文献記述に基づき、前漢黄河および『水経注』黄河の姿を見てきた。本節ではRSデータと呼ばれるデジタルデータによる画像解析の結果と、筆者が二〇一三年四月と二〇一五年七月、二〇一六年五月の三度に亘って河南省―山東省へ赴き、実施した現地調査で収集した現地の地形情報の二つに基づいた『水経注』黄河の姿を追ってみる。河南省濮陽市から山東省東阿県を経て高唐県に至る範囲はすでに検討済み[15]なので、本節ではその北側に位置する臨邑県から当時の河口にかけての範囲について述べる。

1　臨邑県北側

ALOS AVNIR2では臨邑県城の西側から北側へと走る痕跡が確認できた（図1）。北側には湿地帯として比較的明瞭な痕跡が存在し、一部は近年開園した「紅壇寺森林公園」となっており、現地では堤防の痕跡も確認できる。コロナ画像ではより明確に河道痕を確認できる（図2）。これを判読すると図3のように復元できる。いま、現地では「沙河」と呼ばれ、新修『商河県志』によれば宋代以降に黄河が流入したことで沙泥が堆積し、沙河と呼ばれるようになったとある[16]。

清代の康基田『河渠紀聞』および『黄河水利志述要』の記述は、この辺りの地域を対象としている。康基田『河渠紀聞』の「地形が低く、沼地や湿地帯が多く点在する」という観察は、現在のこの地域でも変わっていない。『黄河水利志述要』ではこの記述に「地形が低いとあるのは、大河故道自体ではなく、その南北の地区を指して言っている」と注釈を入れ、古道自体が低くなっているわけではないという見解を示している。確かに前漢期の古道や明清期に南流していたいわゆる「廃黄河」、現在の黄河河道などはすべて黄河自身の形成した自然堤防によって周囲より高くなっている。しかしこの地域においては自然堤防の痕跡は見当たらない。SRTM‐DEMを用いた傾斜度解析でも、馬頰河や徒駭河などの現行河川付近を除いたほとんどの地域で起伏の存在しない平坦な地形となっている。

二〇一三年に現地調査で対象地域を訪れたところ、SRTM‐DEMですでに確認したようにこの地域はひたすら

図1 臨邑県～商河県（ALOS AVNIR 2）：宇宙航空研究開発機構／リモート・センシング技術センター

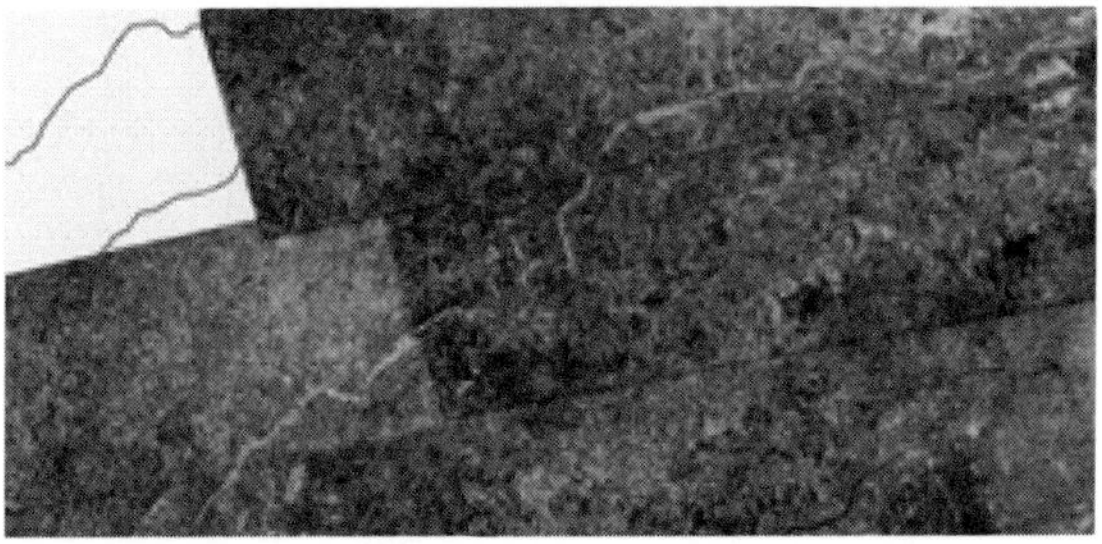

図2 臨邑県～商河県（コロナ）：USGS（アメリカ地質調査所）

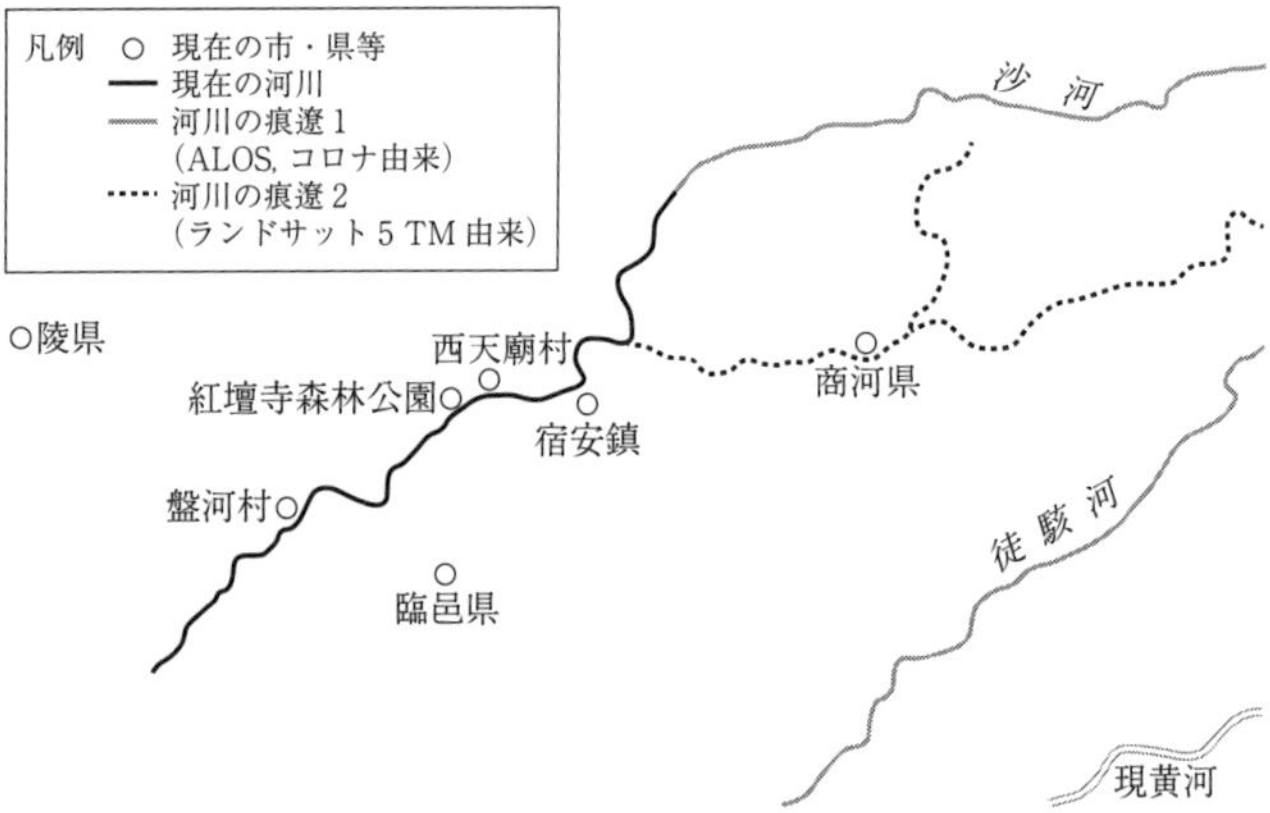

図3 臨邑県～商河県の河道痕跡（ALOS AVNIR 2，ランドサット 5 TM，コロナから判読）

平坦な地形が広がり、前述の渠道が堤防を持たずに周辺の地表からわずかに掘り下げられたのみの、いわゆる「掘込河道」(17) であったことを確認した（図4）。

図4　臨邑県魏家村北側（2013年4月筆者撮影）

2　東営市付近（北魏黄河河口）

河川工学においては、黄河などの大河川が海へと流れ込む箇所では、三角洲と呼ばれる特徴的な地形が形成されるとしている。現在の黄河では山東省墾利県北側で、前漢黄河では河北省孟村回族自治県を頂点とした三角洲の痕跡が確認できた(18)。

しかし『水経注』に記される北魏期当時の黄河には三角洲の特徴が確認できないばかりでなく、河口部分では黄河の他「漯水」「済水」という計三本の河川が並走していたことが読み取れる。

大河川が海へと流れ込む箇所では河水の流下によって海底の土壌が攪拌され、独特の地層が形成される。これを「デルタローブ」と呼び、河口の痕跡と見ることができる(19)。薛春汀らによれば、『水経注』に記される黄河の入海地点である東営市付近の渤海にも「デルタローブ」が確認できるため(20)、前漢以後から唐宋期の間にこの付近に黄河が流れ込んでいたことはほぼ特定できる。

つまり北魏期当時の黄河は前漢黄河や現黄河とは異なり、河口部に三角洲を形成しなかったと考えられる。また二〇一五年と二〇一六年に実施した現地調査においても、東営市街および周辺で『水経注』黄河の河口と思しき痕跡は確認できなかった(21)。他方、SRTM-DEMおよびランドサット5TMデータを用いて東営市付近の地形解析を行ったところ、東営市付近に三本の並走河川の痕跡を確認した（図5）。『水経注』の記述によると、この三本は北から『水経注』黄河、漯水、済水の順番となる。馬莉娟らによればこの東営市一帯は「東営凹陥」と呼ばれる構造地形とされる(22)。中国語の「凹陥」とは日本語で「背

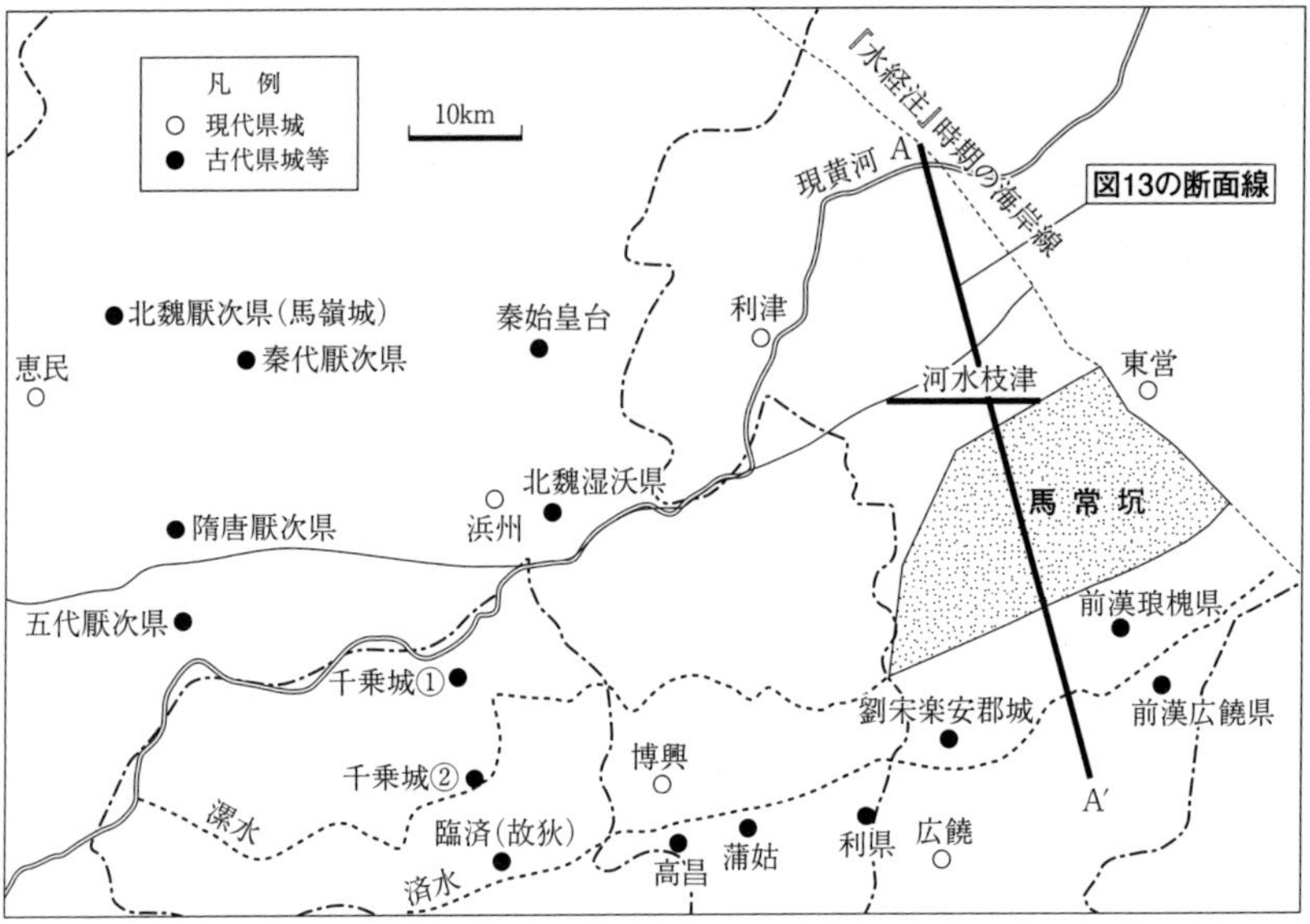

図5 RS データに基づく東営市周辺の古河道（SRTM-DEM, ランドサット5TM）

斜地形」を指し、東西方向に走る複数の筋状地形が確認できる。前述の三本の河道痕跡は、これらの筋状地形と一致する。

「三角洲を形成しない河口」、「筋状地形と三本の並走河川」という二点の関係については、形成過程と合わせて次節で検討する。

三 地形・地質面に見る黄河の特性

現在の黄河は「善淤、善決、善徙」という漢字六字で表される。「非常に濁っており（淤）、頻繁に決壊（決）し、時に河道を移す（徙）」という意味である。

濁っているのは河水に多くの黄土を含むためであり、この黄土が下流で河底や両岸に堆積して天井川を形成する。そして天井川となった黄河は決壊を起こして周囲に河水を流出し、時に決壊前とは別の河道を形成する。黄河はこうして幾度となく改道を繰り返すことで、広大な黄河下流平原を形成した。

1　現黄河および前漢黄河の地形的特徴

黄河は下流平原地帯へと流れ出す鄭州市付近で一〇キロ幅に及ぶ堤防が形成され、堆積が進行した黄河の河床は堤防の外側に位置する開封鉄塔付近の地面よりも高い位置にあり、いわゆる「天井川」と呼ばれる状態になっている。この堤防は地域によって幅が変化し、山東省済南市付近では鄭州よりも狭く、五キロ幅程度となる。この堤防幅はおおむね黄河の経由期間の長さに比例すると考えられる(23)。

黄河を囲むこの堤防は歴代王朝が治水目的で建造したとされ、古くは春秋期の斉の桓公に由来すると考えられてきた。日本の中国古代史研究では、黄河の治水という大規模工事を実施するために巨大な権力が必要であるとして、統一的な国家権力の形成要因と考えた木村正雄の学説(24)が長らく通説となってきた。しかし、筆者はRSデータに基づく前漢黄河の流路とその形成過程を復元し、これらの学説が成立しないことを証明した(25)。以下、その要点を紹介する。

地形学的に見ると、黄河下流平原は黄河によって形成された巨大な扇状地形であり(26)、その範囲は、北は天津市から南は山東半島南縁の連雲港市を越えて塩城市付近にまで到達する。一般的に扇状地を形成する河川は扇状地表面には残存せず、地下へ染み込んで伏流水を形成することが多いが、黄河は扇状地の主構成要素であるきめの細かい黄土によって地下に染み込むことを阻害され、扇状地表層を辛うじて流れる非常に不安定な河川となった。

この「自然堤防―天井川」と「扇状地形」が、現在の黄河を特徴付ける二つの主要素である。現在および前漢黄河は周囲に自然堤防（あるいは人工堤防）を形成しているため、この堤防が阻害要因となり、下流平原では金堤河を除いて途中で分流・合流する自然河流は存在しない（人工的に建造された渠道は除く）(27)。

前漢黄河の復元を行った際に感じたのは、「黄河の痕跡は水平方向ではなく垂直方向（高さ）に残っている」点であった。これは現在の黄河も同様で、黄河の名前の由来でもある大量に含まれた土砂が堆積し、河道の左右に自然堤防を形成する。平坦な下流平原では蛇行しつつ流下するので堤防の幅は拡がる一方で、現在の黄河でも山東省済南市付近で五キロ前後にまで拡がっている。ＳＲＴＭ－ＤＥＭを利用して下流平原全域の地形を概観したところ、山東省聊城市から徳州市へと連なる長大な微高地（両者の地名を取って「聊徳微高地」と呼ぶ）を発見した。当初は二〇キロに及ぶ幅を持つこの微高地が黄河堤防に由来するものとは見なかったが、現地調査の結果と文献記述を照合したところ、この微高地が前漢以前の黄河によって形成された自然堤防の最終形態であったことが判明した(28)。

『漢書』溝洫志の記述は、木村正雄を始めとした従来の学説では「戦国時代にはすでに黄河に堤防を築いていたことの証拠」と考えられ、この「二五里（＝現在の一〇キロ）」という幅は各国がそれぞれ過度の衝突を避けるために言わば緩衝地帯として設けたものとされていた。しかし緩衝地帯という思考がこの戦国時代に早くも存在したことはともかく、戦国時代の数百年に亘って維持し続けていたというのは考えがたく、むしろこの幅は黄河が自ら建造した「自然堤防の幅」であると見るべきである。

2　『水経注』黄河の地形的特徴

一方、『水経注』黄河はこれらの黄河に関する常識とは異なる特徴を有している可能性が高い。『水経注』を中心とした文献記述および現地調査とＲＳデータから想定される、他の時代の黄河には見られない『水経注』黄河独自の特性として、「自然堤防が形成されていない」、「河口に三角洲が形成されない」、「支流・分流が存在する」という三点が挙げられる。

「自然堤防」について、前漢黄河復元の際には「金堤」あるいはその他の名称の堤防が各時代の地理書に記されており、それらの記述を参考として微高地の存在を突き止めた。しかし『水経注』黄河の河道と想定される地域にはこれらの記述は存在しない。前節で挙げた現地調査やＲＳデータを用いた地形解析でも堤防あるいは微高地の痕跡は確認できず、むしろ地表からわずかに掘り下げられただけの河道を多く見かけた。河川工学ではこのような河道を「掘込河道」と呼び、現在の黄河のような両岸に堤防を築く「築堤河道」とは区別している（図6）。

「河口の三角洲」についても、一〇〇キロ四方に及び、現在でも拡張を続けている現在の河口部を見ると、『水経注』黄河に三角洲が存在しなかったとは考えがたかったが、SRTM-DEMでの解析および現地調査の結果を見る限り、やはり三角洲が形成されなかったと考えるのが妥当である。

「支流・分流」については、すでに挙げたように、『水経注』には黄河の支流あるいは分流に関する多くの記述が見られ、その中でも特筆すべきは「鄧里渠」の存在である。(29) 数十キロ単位の分流からの再合流という現象は、少なくとも堤防に囲まれた現在の黄河では一切確認できない。

この三つの特性を並べると、さらにもう一つの特性が浮かび上がる。「自然堤防」は河水に含まれる沙泥が河道の外に流出して形成される地形である。「河口の三角洲」も同様に、沙泥が河川から海へと流出する際に形成される。そして「支流・分流」は「自然堤防」が形成されなかったことの証左である。これらはすべて当時の黄河の堆積作用が弱くなっていたことを示す。つまり、『水経注』黄河の当時は、河水あるいは含まれる沙泥が現在や前漢期と比べて少なく、堆積が進展しなかった可能性が高い。(30)

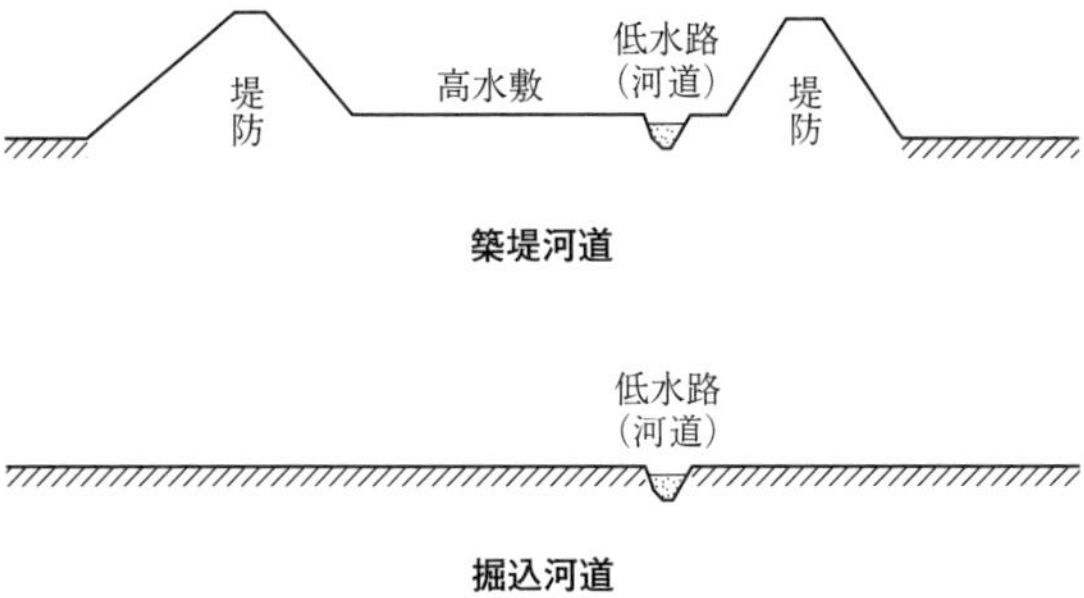

図6　築堤河道と掘込河道

3　河口の「三川並走」

もう一つ、『水経注』黄河に関する特徴的な地形について検討する。『水経注』の記述に基づくと、北魏当時の黄河河口には、黄河の他に「漯水」「済水」という計三本の河川が渤海に流下していたと考えられ、『水経注図』でもそのように描かれている。しかし現在の黄河河口では河口部に三角洲が形成されているため、黄河本流に並走する河川は見当たらない。筆者が復元した前漢黄河でも、孟村回族自治県を頂点とした三角洲の痕跡が確認できることから[31]、現在と同様に河口部の並走河川は存在しないと考えられる。なぜこのような違いが生じるのか。類似の地形事例を参照して、河川の形成過程から実在性を推測してみる。

日本にも愛知県から岐阜県にかけての濃尾平野に「木曽（濃尾）三川」として有名な木曽川・長良川・揖斐川がある（図7）。しかし桑原徹によれば濃尾三川は造山運動あるいは地質構造という広域を対象とした要因で生成したものであり[32]、『水経注』に記される黄河河口とは合致しないように思われる。

そこで別の類例として、河口付近ではないが新潟県十日町市付近を見てみる。この地域では、信濃川と支流の魚野川が南北方向に並走している。両河川は十日町市北側の旧川口町（現長岡市）で合流し、そのまま越後平野を流れて日本海へと出ている。断面図を見ると信濃川と魚野川を挟んだ中間に位置する魚沼丘陵が少し盛り上がった形状となっており、地形断面図では魚沼丘陵を軸線とした背斜構造であることが確認できる（図8）。

またもう一つの類似点もある。「油田の存在」である。新潟は現在でこそ油田はほぼ消失しているが、古代日本においては「燃水《くそうず》」と呼ばれる石油の産地であったことが『日本書紀』などの文献に記されている[33]。一方、『水経注』黄河の河口付近でも、二〇一三年および二〇一五年に現地調査を行った際、東営市から浜州市、恵民県、臨邑県に至る広い範囲で随所に油井ポンプを見ることができた（図9）。現地調査で訪れた東営市から臨邑県にかけての地域には、一九八〇年代以降に開発が進んだ「勝利油田」と呼ばれる油田が存在する（図10）。

信濃川と魚野川の事例では、背斜構造によって成立した丘陵部を挟んで南と北に二本の河川が並走している。これらの事例を参考として、『水経注』黄河と漯水・済水の関係性についてＳＲＴＭ‐ＤＥＭ等地形データを用いて考察してみる。

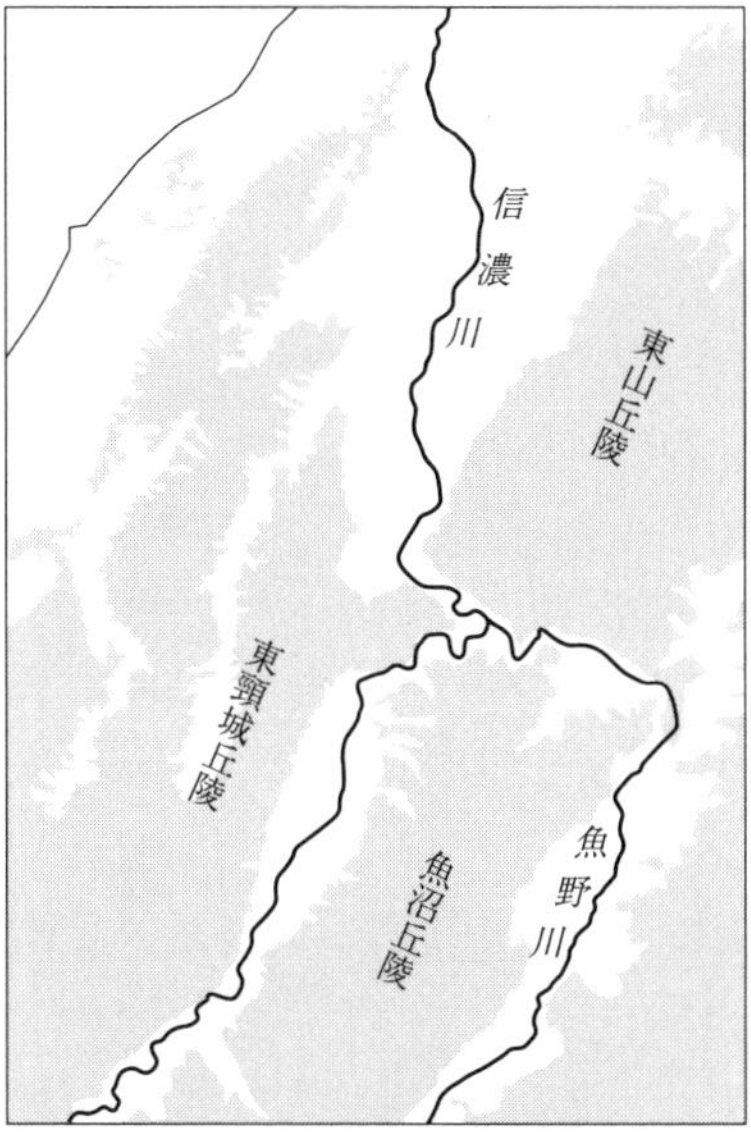

図8　信濃川・魚野川と魚沼丘陵

図7　濃尾三川（日本）

4　『水経注』黄河の形成過程

『水経注』には、当時の黄河は河口部まで漯水・済水という二本の河川が並走していたと記されている。また『水経注』黄河の河口と推測した現在の山東省東営市付近には、SRTM-DEMを用いたところ平坦な地形が広がるのみであり、前漢黄河や現黄河に見られる三角洲の痕跡はおろか自然堤防の痕跡も確認できない。また河南省濮陽市から

図9　恵民県の油井（2013年筆者撮影）

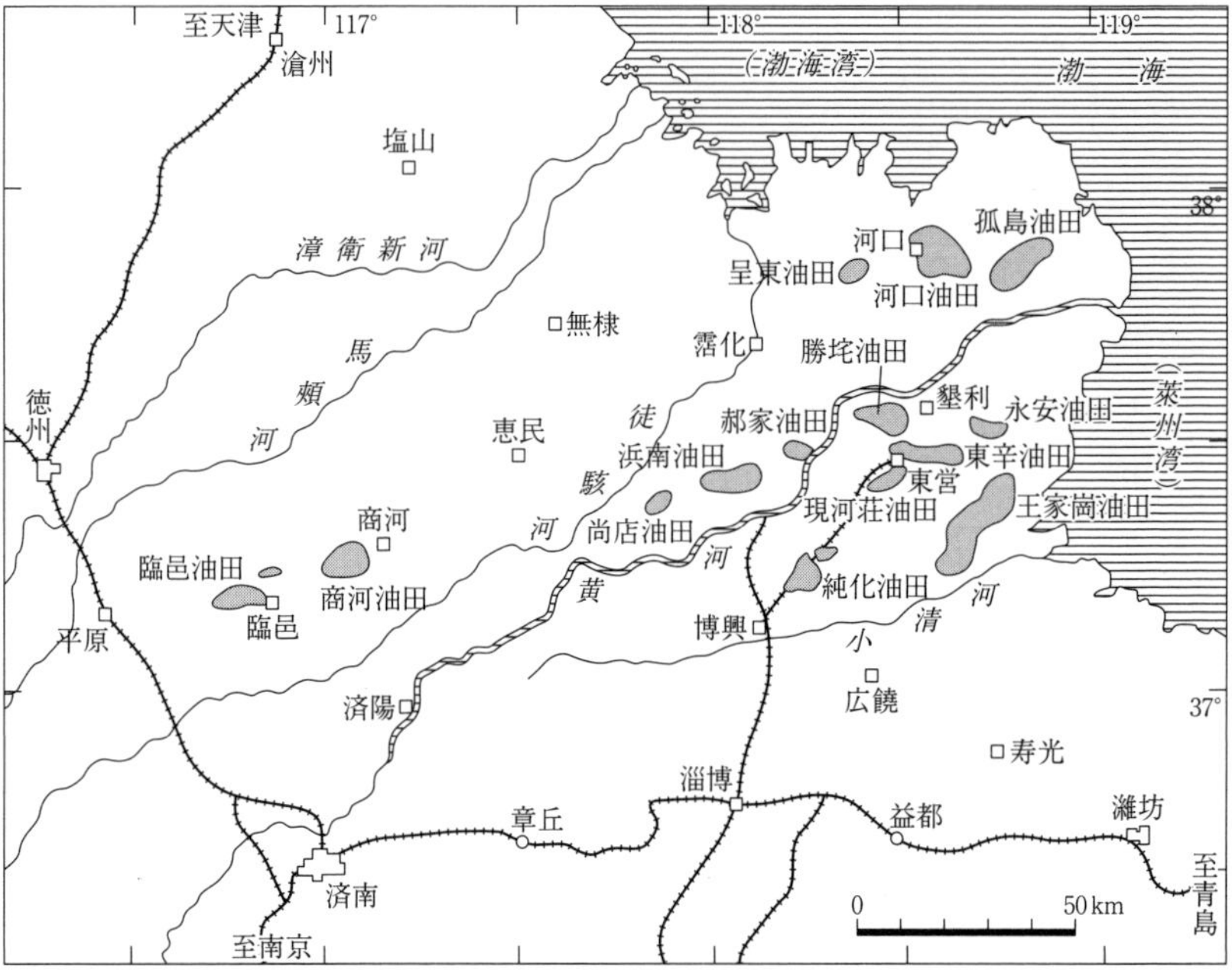

図10 勝利油田分布

注）石油学会編『ガイドブック世界の大油田』（技報堂出版，1984年）より．

東へ向かって山東省東阿県へ至る、現在の金堤河と一致するラインには自然堤防が確認できるが、東阿県から北へ向かって河口に至る広大な範囲においては自然堤防の痕跡が確認できない。

さらに現地調査では禹城市や高唐県・臨邑県・恵民県などの各所で自転車を用いて地形の起伏を確認したが、極めて平坦な地面が広がるのみであり、自然堤防の痕跡が確認できたのは一ヵ所だけであった。これはRSデータの解析結果と一致している。

ここで注意すべきは河口から西（厳密には西南西）方向へと連なる勝利油田である。現在の石油探査では、油田を探す際に一つの指標がある。一八八五年にホワイトが提唱した「背斜説」である。(34)「背斜」とは褶曲地形の一種であり、堆積した地層が両面からの圧力によって上方に突出した形状を持つ（図11）。地表面から見ると突出しているが、地層下方では「トラップ」と呼ばれる形状を備える。石油は水より軽く、透水層において石油は上層に貯まる特性を持つため、「トラップ」などの地層構造へと貯まりやすいというのが、ホワイトの「背斜説」である。つまり地表面に背斜構造を備えた地点では、油田が発見されやすいということになり、実際にこの説に従って多くの油田が発見されてきた。

筆者がRSデータで解析を行った東営市付近の地域について、馬莉娟らは「東営凹陥」と称し、背斜構造であるとしている[35]。さらにこの「東営凹陥」はより巨大な「済陽拗陥」と呼称する構造地形の一部であり、李徳生は最終的には河南省濮陽市にまで連なる巨大地質構造帯であるとしている[36]。

『水経注』に記される北魏期黄河のうち、河南省濮陽市から山東省東阿県を経て臨邑県付近へと南北方向に流れる河道についてはすでに検討を完了しており、この臨邑県で東方向へと向きを変える。この臨邑県は前述の「済陽拗陥」の西端に当たり、東側は東営凹陥、つまり『水経注』黄河の河口部分に合致する。つまり、『水経注』黄河のうち臨邑県—東営市に至る範囲は「済陽拗陥」とほぼ一致すると考えられる。実際、『水経注』黄河の河口と推測される山東省東営市で発見された「勝利油田」は西南西に当

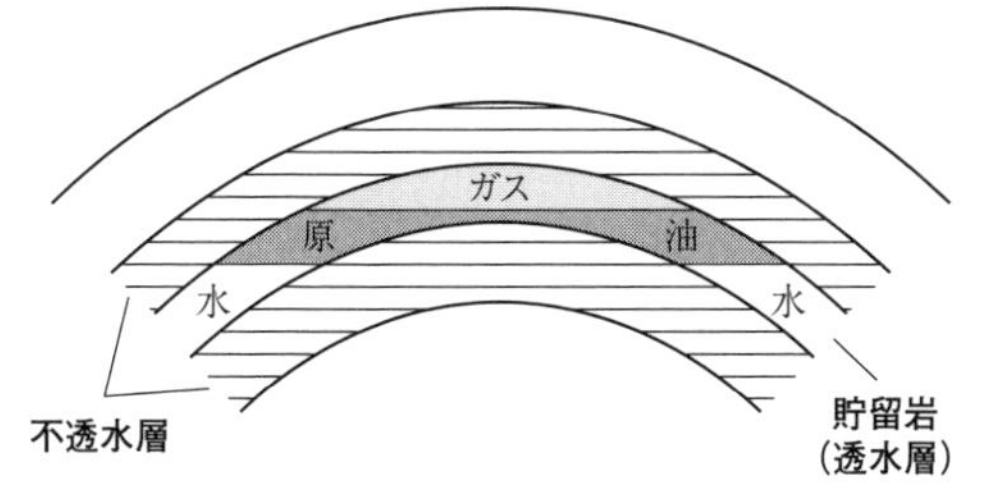

図 11　背斜トラップ

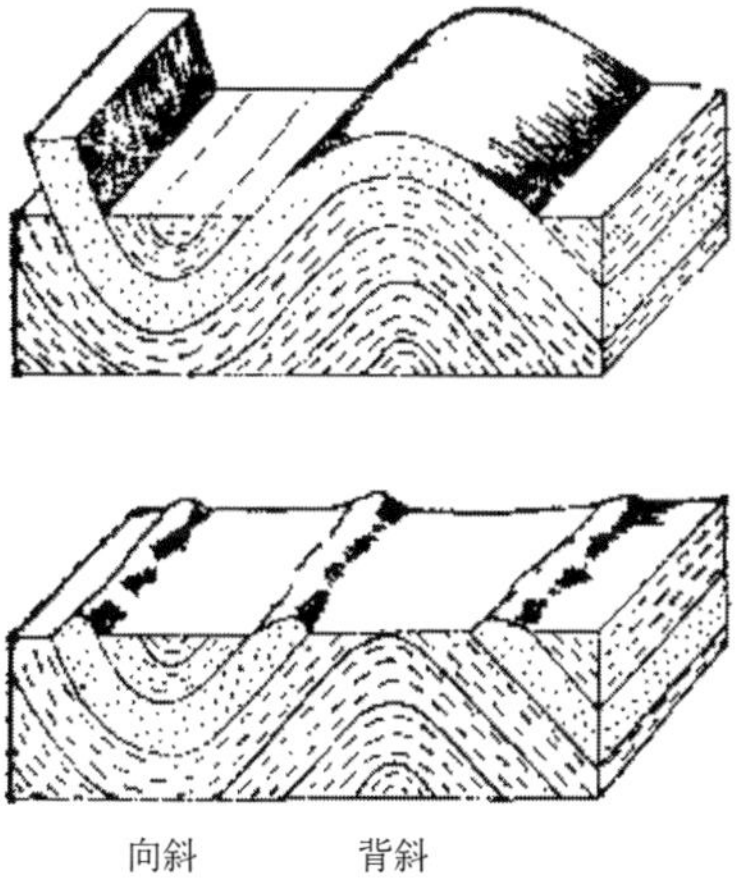

図 12　褶曲地形模式図

注）葉俊林・黄定華・張俊霞『地質学概論』地質出版社，1996 年.

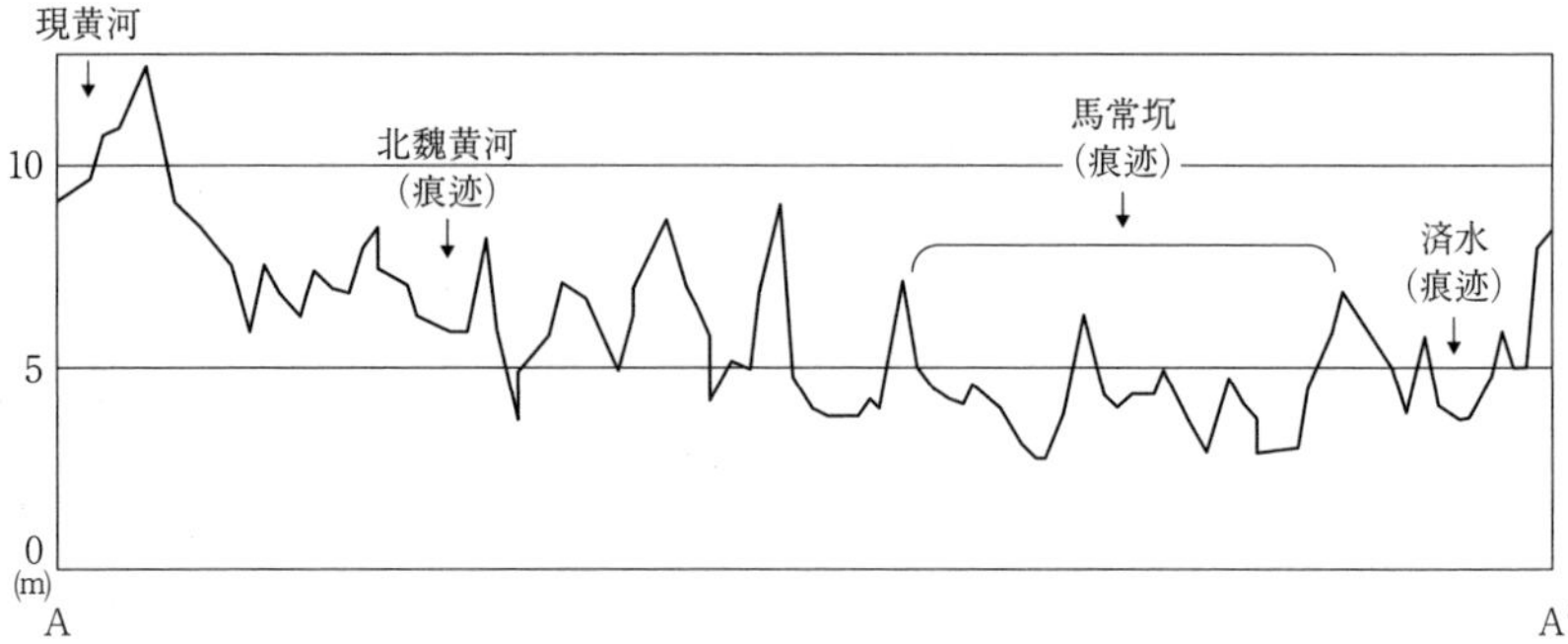

図13　東営凹陥断面図（SRTM-DEMに基づき筆者作成）

たる山東省臨邑県の方向へと連なっており、『水経注』に記される当時の黄河河道の方向と一致する。

背斜構造にはもう一つの地形的特徴がある。上方へ向かって突出した堆積層は雨水などの浸食作用によって露出する。堆積層のなかに比較的堅い地層と柔らかい地層があると、柔らかい地層は早々に浸食されるが、堅い地層はそのまま残る。これにより背斜軸に沿って並走する幾筋かの溝状地形が形成されることがある（図12）。これが新潟県十日町市の信濃川・魚野川で見られる背斜構造と並走河道の成因である。

同様のことが『水経注』黄河の河口でも発生したのではないかと考え、SRTM-DEMを用いて北魏期黄河の河口と思われる現在の山東省東営市付近の断面図を作成した（図13）。すると、何ヵ所かに特徴的な凹凸が確認できた。この凹凸は前述の「東営凹陥」の地形構造と一致する。またこの断面図を見ると、『水経注』黄河と済水の間に漯水河道よりも幅の広い凹んだ部位を見つけた。『水経注』では漯水の河口部に「馬常坑」という陸側に切れ込んだ入り江があるという記述があり、凹んだ部位と一致する。ここからも三本の河川痕跡が前述の順番であることがわかる。

以上の点を取りまとめ、先に復元を完了した河南省濮陽市〜東阿県〜高唐県[37]と合わせて、黄河下流平原全体の『水経注』古河道復元図を作成すると、次のようになった（図14）。

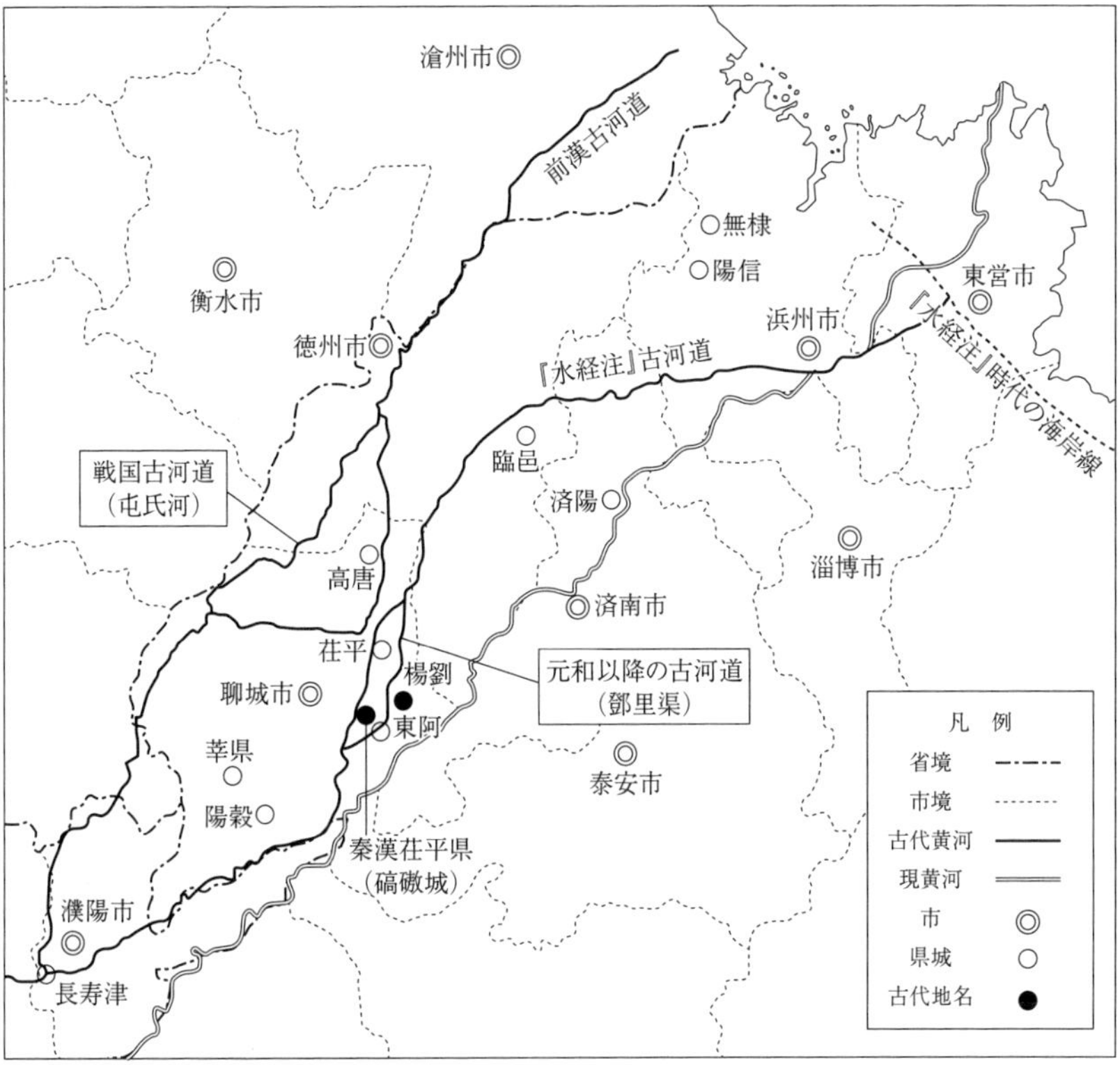

図 14　『水経注』古河道復元図

おわりに

以上のように『水経注』の記述に基づき、RSデータ解析と現地調査を行うことで、北魏期当時の黄河の状況を確認した。本章において確認できた事項は以下の通りである。

①現地調査およびRSデータSRTM-DEMでは、前漢黄河と現黄河では広い範囲で存在している自然堤防由来と考えられる起伏が確認できなかった。つまり、『水経注』当時の黄河は自然堤防を形成しなかった。

②河口部では漯水、済水と並走して渤海へとそのまま流下し、三角洲を形成していない。

③下流平原では黄河本流を含む複数河川が並走あるいは合流・分流してい

た。

表 歴代王朝の決溢徙回数

王 朝	決	溢	徙	合計
王莽新	0	0	1	1
後 漢	0	2	0	2
三 国	0	1	0	1
西 晋	0	1	0	1
東晋十六国	0	3	0	3
隋	0	0	0	0

注）王尚義注(6)論文による.

①②は現地調査およびRSデータを利用した現地の状況把握の結果である。前漢黄河では滑澶・聊徳の二つの微高地、および孟村回族自治県を頂点とした三角洲の痕跡が明瞭に確認できた。現黄河でも河道の両側に堤防が形成され、現河口である東営市北側では現在も成長を続ける河口が確認できる。これと比べると、『水経注』に記される北魏期の黄河は、まったく異なる河川特性を持つことが判明した。

③は『水経注』の記述に基づく。現在の黄河下流平原、特に北魏期の黄河が流れていたと推測される前漢黄河と現黄河に挟まれた地域では非常に多くの人工渠道が形成され、以前の状況を確認することが非常に困難である。しかし、この『水経注』の記述に基づいて当時の状況を推測すると、相当数の中小河川が複雑に錯綜していた可能性が考えられる。今回現地調査で訪問した地域では河川の多くが掘込河道であり、堤防を形成した河川はほとんど存在しなかった。

本章の冒頭で取り上げた王尚義は、正史の記述を収集整理して王朝別の黄河決壊・越流回数を取りまとめたが、前漢以前は数多くの「決」(決壊)が記録されているのに対して、王莽新・後漢から隋代にかけては一度も「決」と記されず、幾度か「溢」(越流)が記されるのみであるとした(表)。

譚其驤はこの「決」記述がないことをもって、後漢から唐代にかけて黄河が安定していたとする「安流説」を唱えたが[38]、王はこの「溢」を重視して安流説を否定した。しかし本章で復元した『水経注』河道および地形状況に基づくと、別の側面が見えてくる。

1 地形状況に見る『水経注』黄河のすがた

ここで「決（決壊）」と「溢（越流）」の違いを確認しておく。「決」は文字通り堤防が決壊し、河水が河道の外側（堤内地）へ到達することを指す。一方で「溢」は「あふれる」と読み、同様に河水が河道の外側へ到達するが、必ずしも堤防決壊は含まれない。つまり、むしろ堤防決壊がなかったからこそ「溢」と記した可能性も考えられる。『水経注』を始めとする文献・現地調査・RSデータの三種類の情報を総合的に検討した結果、当時の黄河に自然堤防が形成されなかったことが判明した。自然堤防がない以上、堤防破壊を指す「決」は発生のしようがない。発生するのは堤防破壊がなく、河道から溢れる「溢」のみである。また『水経注』河道の形状は堤防のない「掘込河道」であった。この形状もまた、容易に「溢」が発生していたことを示す。

しかし「決」と「溢」の間に、周辺への被害に対する優劣はない。たとえ決壊が発生しなくとも、黄河ほどの大河川であれば「溢」が発生した時点で、かなりの広範囲に影響が及ぶはずである。しかし譚其驤がすでに述べているように、この時期の正史には黄河下流平原での黄河による被害記録は記されていない。そこで、もう一つの地形的特徴である「三川並走」がポイントとなる。

2　「三川並走」と洪水被害の関係

「三川並走」とは筆者の造語で、この時期の黄河と他の二本の河川があたかも並んでいるかのように流れていた状況を示している。北魏当時の黄河河口では「漯水」「済水」の二本の河川が並走していた。

ただしこの三本は、実は位置関係が固定されていない。黄河下流平原のうちでも上流側に当たる濮陽付近では、漯水は『水経注』黄河の北側、済水は南側に位置し、二本の河川が黄河を挟んで流れていた。しかし河口の東営市付近では、北から『水経注』黄河、漯水、済水の順に並んでおり、『水経注』黄河と漯水の位置が逆転している。

第三節で、河口に当たる東営周辺は「東営凹陥」と呼ばれる背斜構造を持ち、それはさらに広範囲な「済陽拗陥」

という組織地形によって臨邑県まで伸びていて、臨邑から先は東北から西南に走る構造が濮陽東側にまで到達しているという事実に触れた。この形状は、まさしく『水経注』に記される当時の黄河河道に一致する。さらにランドサットTMデータを用いて地質解析を実施したところ、東阿県から聊城市周辺では南北に並走する河の痕跡が見つかり、その一つが『水経注』で「鄧里渠」と呼ばれる黄河の分流であったことが判明した(39)。これらを総括すると、当時の黄河周辺には鄧里渠のような分流あるいは並走する河道が数多く存在したのではないかと推測される。かつそれらはすべて背斜構造に由来する溝状地形と考えられる。これは『水経注』に記される黄河とその分流・支流の位置関係とも合致する。

これらの黄河と並走する漯水・済水をはじめとした中小河川の存在は、当時の黄河下流平原での黄河被害の少なさを説明する。当時の黄河には自然堤防がなかったので、上中流で大雨が降るなどして河水が増量すると、下流では「溢」が発生する。しかし溢れた河水は周辺に並走する漯水や済水などの並走河道に流れ込み、それ以上には拡がらない(40)。おそらく当時の人々はこの被害範囲を経験則で知っており、被害の及ぶ地域には最初から定住していなかったのではあるまいか。

3　従来の黄河研究における問題点

以上のように、「『水経注』黄河は前漢黄河や現在の黄河とはまったく異なる特性を持っていた」ことが分かった。しかし、第二節で挙げた清代の『河渠紀聞』と『黄河水利志述要』の関係に見られるように、目前に事実を告げられても、それを見ようとしない例は数多く見られる。

河川などの自然物を対象としている場合、正史の記述が少ないため、他の自然物・地域・時代など似通った事例から知見を流用してくることが多い。しかし、時にはその流用元との現場の特性が合致していないことも十分に考えられる。自然物を対象とする研究の場合、常に現実の事物や地域性・時代性などを考慮して検討する必要がある。

黄河の場合、従来の研究では『水経注』黄河は前漢黄河や現在の黄河と同一の特性を持つと考え、それは安流説まで導き出してきたが、本章の結論はその前提条件が誤っていたことを示した。現在も残る現地の状況や、河道の形成過程の仕組みにまで思考を及ぼして検討することが重要である。

（1）　黄河変遷史のうち、前漢黄河から『水経注』黄河にかけての時期における黄河の変化については、長谷川順二『前漢期黄河古河道の復元――リモートセンシングと歴史学』（六一書房、二〇一六年二月）第一部第一章を参照。

（2）　筆者の行った前漢黄河の古河道復元については、長谷川前掲注(1)書を参照。

（3）　現在の黄河変遷説によれば前漢末から後漢にかけて第二回の黄河改道が発生し、前漢黄河とは別の河道に移動した。この河道は南北朝を経て唐末の河道変化に至るまでの長い期間に亘って大規模な河道変化が発生しなかったとされる。河道の位置情報は北魏期に成立した『水経注』に詳細に記されているため、本研究では「『水経注』黄河／河道」と呼称している。

（4）　後漢以降の黄河古河道復元については、以下の論文を参照。長谷川順二「リモートセンシングデータを用いた黄河古河道復元――後漢初期の第二次改道に関する考察」（『日本秦漢史研究』第一五号、二〇一五年三月）、長谷川順二「リモートセンシングデータを利用した『水経注』に記される北魏期黄河古河道研究――河南省濮陽市～山東省東阿県～茌平県～高唐県」（『人文』第一四号、学習院大学人文科学研究所、二〇一六年三月）、Hasegawa Junji, Remote Sensing Data: A Comparison of Distinctive Features of the Yellow River during the Former Han and the Yellow River Described in the Shuijing Zhu. *Memoirs of the Research Department of the Toyo Bunko*, 75, 2017.

（5）　例えば『黄河水利志述要（修訂版）』（黄河水利出版社、二〇〇三年）は清・康基田『河渠紀聞』の「平原県から北側には昔の黄河の痕跡が未だに残存しており、地形は全体的に低く、みな湿地帯や沼地になっている」という記述に対して、「「地形は全体的に低く」とは大河故道《（ママ）》の南北地区を指して述べているのであって、故道本体を指してはいない」（一三四頁）という注を付けている。この記述については第二節で検討する。

（6）　王尚義「隋以前黄土高原自然環境的変遷対黄河下游河道及湖泊的影響」（『山西民族師範学院学報』一九八九年第一期）。

(7) 水利電力部黄河水利委員会編『人民黄河』(水利電力出版社、一九五九年)。
(8) 北宋から金・元に至る時期は黄河の乱流期に当たり、幾度も河道が変化したとされる。この期間の改道をどのようにカウントするかは研究者によって異なる。
(9) 『水経注』黄河の開始を紀元六九年とする説について、詳しくは長谷川順二「リモートセンシングデータを用いた黄河古河道復元——後漢初期の第二次改道に関する考察」(『日本秦漢史研究』第一五号、二〇一五年三月)を参照。
(10) 前掲注(1)参照。
(11) 長谷川順二「リモートセンシングデータを利用した『水経注』に記される北魏期黄河古河道研究——河南省濮陽市~山東省東阿県~茌平県~高唐県」(『人文』第一四号、学習院大学人文科学研究所、二〇一六年三月)。
(12) 前漢武帝期の中規模改道については、長谷川順二『前漢期黄河古河道の復元——リモートセンシングと歴史学』(六一書房、二〇一六年二月)第二部第五章および第三部第一章を参照。
(13) 前後漢交替期の黄河変動と王景治河については、長谷川順二「リモートセンシングデータを用いた黄河古河道復元——後漢初期の第二次改道に関する考察」(『日本秦漢史研究』第一五号、二〇一五年三月)を参照。
(14) 魏源は清代の官僚・文人で『海国図志』等の著作がある。『籌河篇』では後漢期の王景が実施した治水工事を指して「王景河、千年無患」と記している。譚其驤はこの「千年無患」について、これまでの王景による治水工事の功績とする説に対して、新たな要因を提唱した。黄河中流のオルドス高原では、前漢期には移民政策が進められ、大規模な農地化が進展した。これによって黄河中流での保水能力が減退し、武帝期以降の水災頻発につながった。一方、後漢に入ると北方遊牧民族が侵入したことで森林への回帰が進み、中流の保水能力が回復したことで、少なくとも後漢から唐末にかけての八〇〇年間は安定していたとする「安流説」を提唱した(譚其驤「何以黄河在東漢以後会出現一個長期安流的局面」『学術月刊』一九六二年二期)。以降、この「安流説」について多くの賛同や反論が登場している。「安流説」をめぐる議論について、詳しくは濱川栄「漢唐間の河災の減少とその原因」(『中国水利史研究』第三四号、二〇〇六年)を参照。
(15) 河南省濮陽市から山東省東阿県を経て高唐県に至る『水経注』黄河の復元については、長谷川順二「リモートセンシングデータを利用した『水経注』に記される北魏期黄河古河道研究——河南省濮陽市~山東省東阿県~茌平県~高唐県」(『人文』第一四号、学習院大学人文科学研究所、二〇一六年三月)を参照。
(16) 「沙河。古くは商河と称し、宋代以後は黄河の水が流れ込んだことで河道に沙が堆積し、そのため沙河と改称した」(商河

県志編纂委員会編、新修『商河県志』第二編「自然環境」、済南出版社、一九九四年）。

(17)「掘込河道」について、詳しくは本章第三節を参照。

(18) 前漢黄河の三角洲については、長谷川順二『前漢期黄河古河道の復元――リモートセンシングと歴史学』（六一書房、二〇一六年二月）第二部第四章を参照。

(19) 渤海・黄海におけるデルタローブと歴代黄河との関係性については、齋藤文紀「アジアの大規模デルタ」（日本第四紀学会編『地球史が語る近未来の環境』東京大学出版会、二〇〇七年）を参照。

(20) 薛春汀・周永青・朱雄華「晩更新世末至公元前七世紀的黄河流向和黄河三角洲」『海洋学報（中文版）』二〇〇四年一期。デルタローブと黄河改道の関係については、長谷川順二『前漢期黄河古河道の復元――リモートセンシングと歴史学』（六一書房、二〇一六年二月）第一部第二章を参照。

(21) これは東営市の開発にも関連する。東営市は一九六一年四月に勝利油田（後述）が発見されたことで急速に発展し、一九八三年一二月に地級市となり、現在は人口一八〇万人の大都市にまで成長した。この急速な開発の進行によって痕跡が消失した可能性も考えられる。勝利油田と東営市の開発の関係性については、以下の文献を参照。山東省東営市地方志編纂委員会編『東営市志』（斉魯書社、二〇〇〇年）、東営市統計局・国家統計局東営調査隊編『東営統計年鑑二〇一四』（中国統計出版社、二〇一四年）。

(22) 馬莉娟・何新貞・王淑玲・任建業「東営凹陥沈降史分析与構造充填演化」（『石油地球物理勘探』二〇〇〇年六期）。

(23) 現黄河は一八五五年以降の一六〇年間で幅五キロ（山東省済南市付近）―一〇キロ（河南省鄭州市付近）だが、前漢黄河は前六〇二―後一一年の約六〇〇年間で幅二〇キロの微高地を形成した。つまり、経由期間が長いほど自然堤防あるいは微高地の幅が広くなる傾向が見られる。SRTM‐DEMを利用した前漢黄河と現黄河の堤防幅比較については、長谷川順二『前漢期黄河古河道の復元――リモートセンシングと歴史学』（六一書房、二〇一六年二月）第三部第三章を参照。

(24) 木村正雄『中国古代帝国の形成　新訂版』（比較文化研究所、二〇〇三年）。

(25) 復元した前漢黄河に基づく前漢以前の黄河下流平原の状況と木村説の再検討については、長谷川順二『前漢期黄河古河道の復元――リモートセンシングと歴史学』（六一書房、二〇一六年二月）第三部第二章を参照。

(26) 黄河下流平原の地形的特性については、尹学良『黄河下游的河性』（中国水利水電出版社、一九九五年）および長谷川順二『前漢期黄河古河道の復元――リモートセンシングと歴史学』（六一書房、二〇一六年二月）第一部第二章を参照。

(27) 二〇一六年五月に河南省蘭考県を訪れ、現在の黄河が北東へと屈曲するポイントを観察した。この地域には旧黄河が南東へ流下していたときの痕跡が残存していたが、黄河の南東側に建造された堤防には水流を調節する堰が建造されていた。

(28) 『漢書』溝洫志の「二五里」という記述は現在の度量衡に換算すると一〇キロとなり、両幅で二〇キロとなる。詳細は長谷川順二『前漢期黄河古河道の復元――リモートセンシングと歴史学』（六一書房、二〇一六年二月）第三部第二章を参照。「蓋し隄防の作、近くは戦国に起き、百川を雍防するは、各自らの利を以てす。斉と趙・魏は、河を以て竟と為す。趙・魏は山に瀕し、斉地は卑下し、隄を作るは河を去ること二五里」（『漢書』巻二九・溝洫志）。

(29) 酈里渠については、長谷川順二「リモートセンシングデータを利用した『水経注』に記される北魏期黄河古河道研究――河南省濮陽市～山東省東阿県～茌平県～高唐県」（『人文』第一四号、学習院大学人文科学研究所、二〇一六年三月）を参照。

(30) 一般的に河川に含まれる沙泥が減少するだけでなく、河川の流量が減少した場合でも河水の運搬能力が減退し、沙泥が下流まで到達しなくなる。

(31) 前掲注(18)参照。

(32) 桑原徹「濃尾盆地と傾動地塊運動」（『第四紀研究』第七巻第四号、一九六八年）。

(33) 『日本書紀』天智天皇七年条に「越国献燃土与燃水（越の国、燃土と燃水を献上する）」とある。「越の国」は越後、つまり現在の新潟県であり、この「燃水」が石油とされている。

(34) I. C. White , The Geology of Natural Gas, *Science*, Vol. ns-5, Issue 125, 26-June, 1885.

(35) 前掲注(22)参照。

(36) 李徳生「渤海湾及沿岸盆地的構造格局」（『海洋学報』一九八〇年四期）。

(37) 前掲注(15)参照。

(38) 前掲注(14)・譚其驤論文参照。

(39) 前掲注(29)参照。

(40) 『資治通鑑』後周紀三に「(黄)河、楊劉自り博州に至ること百二十里、連年東潰し、分して二派と為り、匯して大沢と為り、瀰漫すること数百里」とある。前漢黄河の最大範囲（聊徳微高地の幅）二〇キロと比べて、二倍近くの広大な面積だが、恐らく東西四〇キロに及ぶこの楊劉（現在の東阿県楊柳）と博州（現在の茌平県博平鎮）の範囲が、『水経注』黄河（＋漯水、済水）が広がる最大範囲だったと思われる。

（付記）　本研究はＪＳＰＳ頭脳循環を活性化する若手研究者海外派遣プログラム「リモートセンシングデータを利用した黄河流域の歴史と環境」、中国上海・復旦大学歴史学博士後流動站、およびＪＳＰＳ研究費２６３７０８２９（基盤研究Ｃ「リモートセンシングデータを用いた『水経注』黄河および支流群の復元」）の助成による成果になります。

2 明代湖南省の環境と疫病
——通時的・空間的研究

金　賢　善
（鈴木　開　訳）

はじめに

感染症は直接的に人類の健康と生命を脅かすものとして、戦争や飢饉とともに人類の歴史上最も大きな恐怖の一つであり、人類が出現して以来ずっと苦痛を与え続けてきた。幸いに一九六〇年代以後、ワクチン接種と保健衛生の向上などにより、急性感染症は減少を続け、一九六九年、アメリカの公衆衛生局長ウィリアム・スチュアート（William H. Stewart）が、「伝染性疾病はいまや大部分が終わりを迎えた」と宣言するに至った。数十年間、われわれは感染症が消え去っていくという歓喜の中にあり、あたかも感染症は未開発または後進国の象徴のように思われていたこともあった。

しかし、サーズ（SARS）、鳥インフルエンザなどの感染症が出現すると、全世界は恐怖に陥り、その辛い記憶もまだ消えないうちに、再びエボラ（Ebola）、マーズ（MERS）、ジカ熱（Zika virus）などの感染症の恐怖に直面しなければならなかった。近年の歴史学者の感染症史に対する関心は、こうした現実と無関係ではなく、中国では二〇〇二年のサーズ流行以後、疾病史研究が活発になされている。特に明清期の江南、華北、そして沿海地域の研究が比較的盛んに行われ、近年は歴史地理学の側面から疫病の地理学的特徴とその発生メカニズムを明らかにしようとする研究も活発になされている。

湖南省は、「湖広熟すれば、天下足る」という表現の流行からわかるように、湖北省とともに中国の重要な穀倉地帯であった。同時に、「江西、湖広を塡たす」「湖広、四川を塡たす」という形で内陸に向かって進んだ大規模移民は、明清期の湖南省の重要な地位を如実に示してくれる。こうした重要性にもかかわらず、当該期の湖南省をはじめとする華中地域の研究は依然として不足しており、対象となる時代についても先行研究には清代や民国時期に集中するという偏りが認められる(1)。

一方、狂牛病、ライム病（Lyme disease）、エイズ、サーズなど新しい感染症は、自然環境と人間のあいだの均衡が崩れた時に始まった。すなわち、均衡を保っていた自然環境が環境の開発などによって崩れ、災厄の形を取って再び人間のもとに帰ってきたのである。このように感染症が環境と人間行動の関係変化に起因するという事実は、感染症史研究における環境の重要性を力説してくれる。

したがって本章では、明代湖南地域の環境変化と感染症の相関関係を集中的に明らかにしてみようと思う。まず、疫病発生の時期的な頻度および範囲を分析する。同時に空間的な分布を、ArcGIS(2)を利用した地図を制作して感染症の発生が集中した地域およびその推移と特徴を探る。あわせて感染症発生の時間および空間的特徴をもとに、湖南省の感染症を山間部と平野部に区分してその特徴および原因を明らかにし、自然環境と人間開発による生態系破壊、また気候変化、人口の増加といった多様な観点から環境と感染症の相関関係を考察する。そのことによって、単純な感染症の歴史ではない、感染症を通じた歴史と環境史に対して新たな接近を試みる。

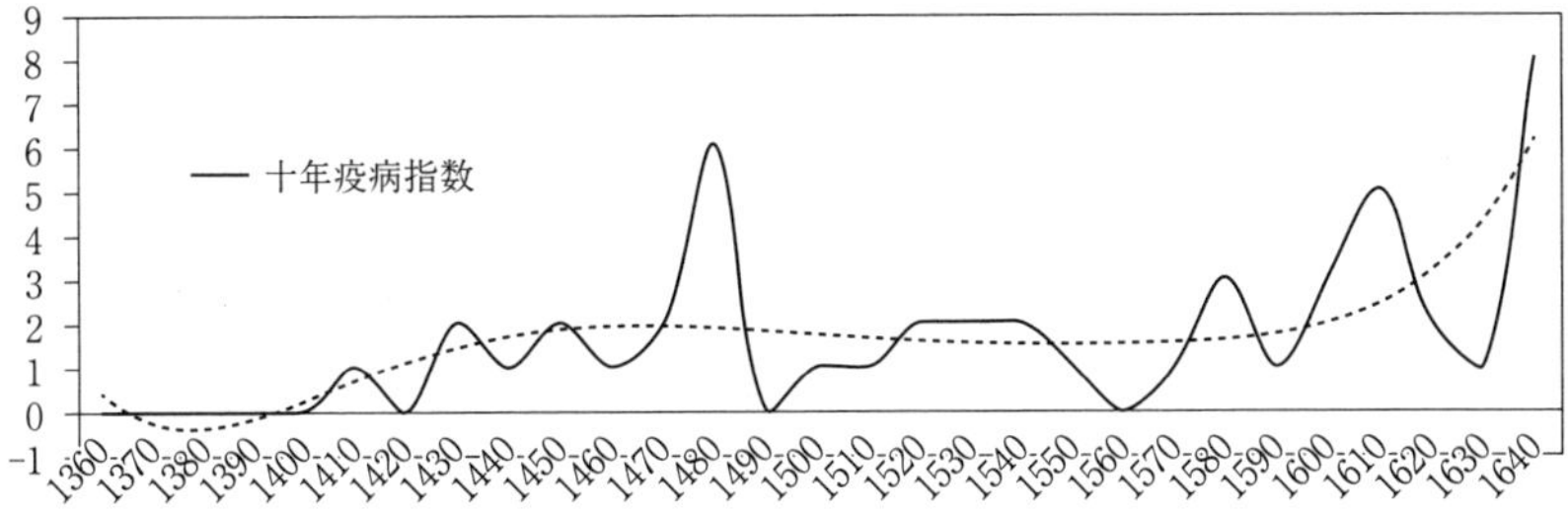

図1　明代湖南省十年疫病指数

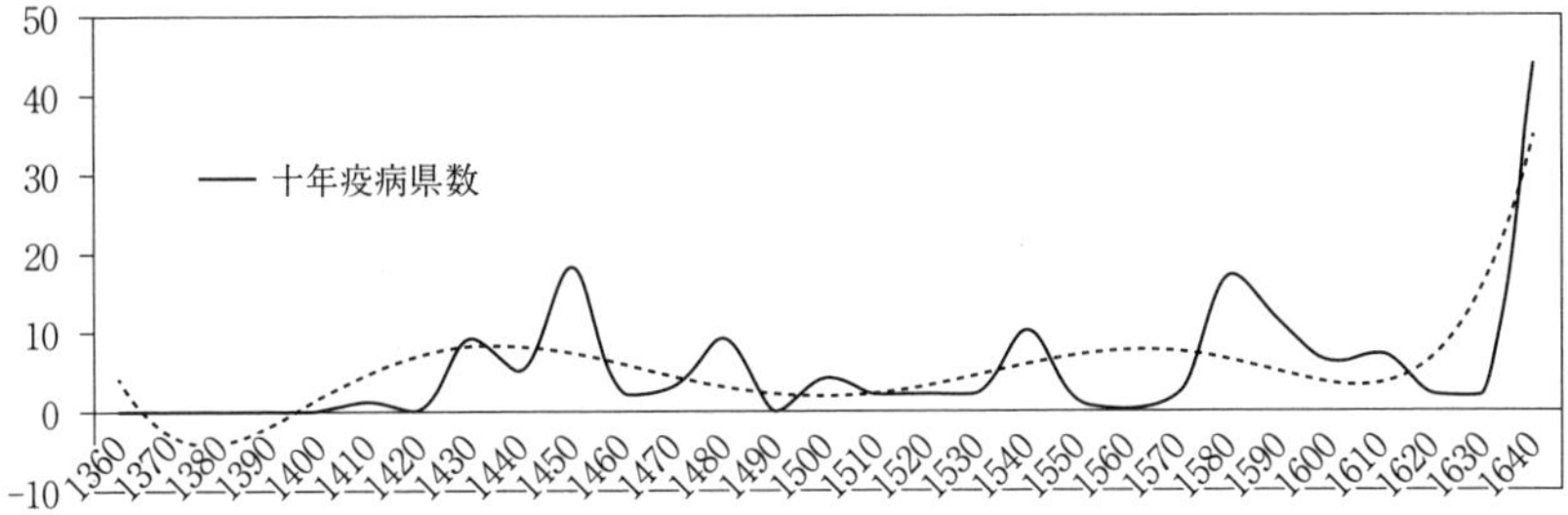

図2　明代湖南省十年疫病県数

一　明代湖南省の疫病分布

1　明代湖南省の疫病の時期的分布

感染症関連資料と、そのなかでも特に地方志に登場する「疫」は、感染症と関係があり、現代医学でよくいわれる「急性伝染病（Acute Epidemics）」に該当する。ほかに癘、疫癘、瘟、瘟疫、疾癘、癘気、疫気、疾疫、傷寒、時行なども使用される。明代の二七七年間（一三六八―一六四四）において、湖南地域では計四五年間、一三七回の感染症が発生した。図1は「十年疫病指数」で、一定の空間範囲、すなわち明代湖南地域において連続する一〇年間に発生した疾病の年数を表したものである。これによって一定地域の感染症の周期と趨勢の変化を知ることができる[3]。「十年疫病指数」では、大小七回の波があるが、そのうち一四八〇年代と一六一〇年代に比較的高い数値を示し、一六四〇年代には急に高い数値を記録している。全体的に、疫病は増加趨勢をみせている。

図2「十年疫病県数」は、一〇年間に疫病が発生した県の数を示したもので、一〇年間に湖南省で流行した疫病の空間範囲を表している。「十年疫病県数」を通じて、空間分布を検討すると、一四五〇年代と一五八〇年代に比較的高い数値をみせ、一六四〇年代に急激に増加する。「十年疫病指数」と比較すると、「十年疫病指数」で高い数値を記録した一四八〇年代と一六一〇年代は疫病県数では比較的低い数値をみせる。これは疫病は絶えず発生するものの、その流行する地域は比較的に局所的だったということを意味する。その反面、「十年疫病県数」で高い数値を記録した一四五〇年代と一五八〇年代は、疫病が短期間に広い地域で流行したことがわかる。一方、一六四〇年代以降、疫病は指数と県数の双方で極めて高い数値を記録した。疫病の流行が比較的長期間持続し、流行範囲もまた、とても広

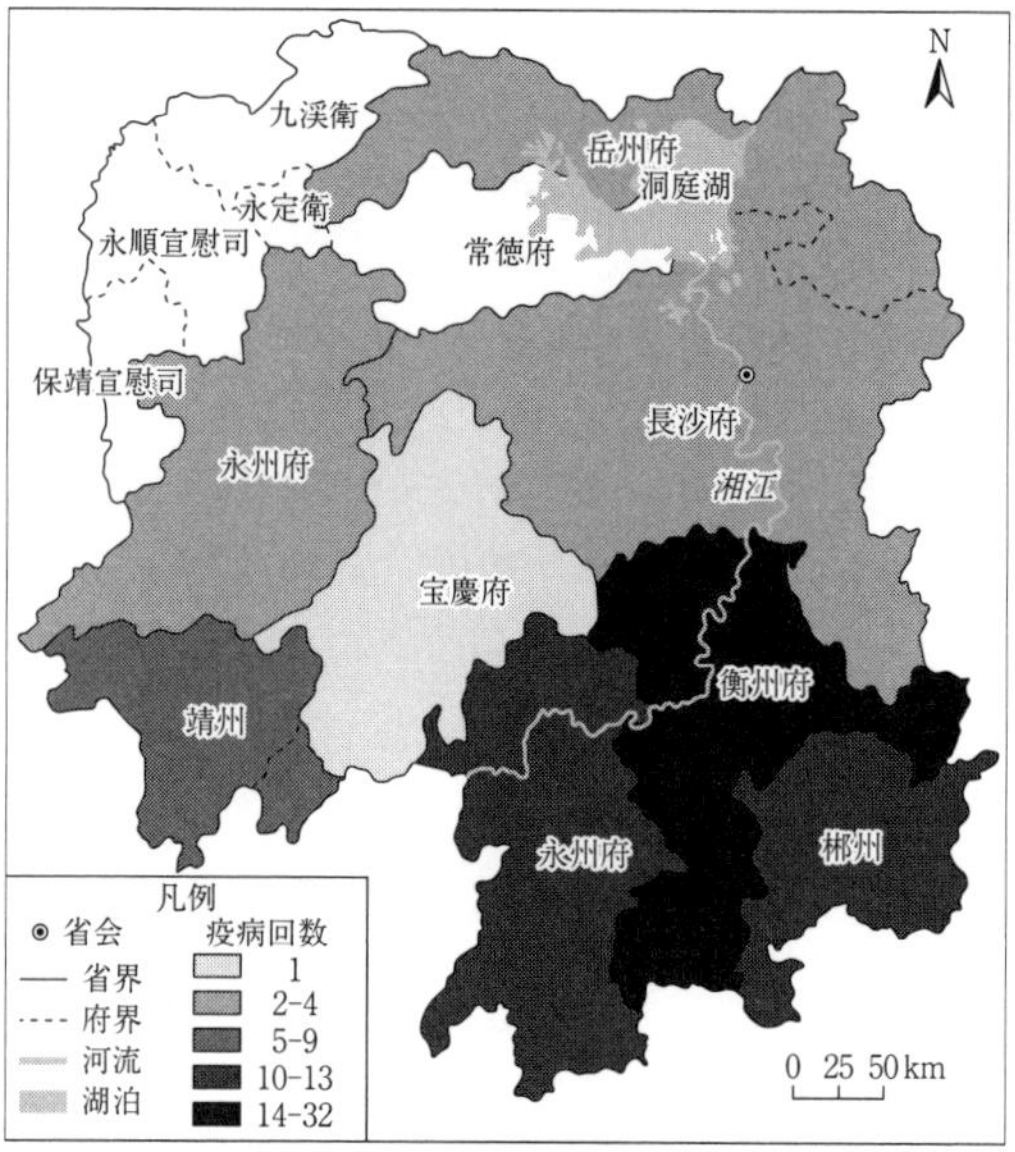

図3　明代1580年以前の湖南省の疫病分布図

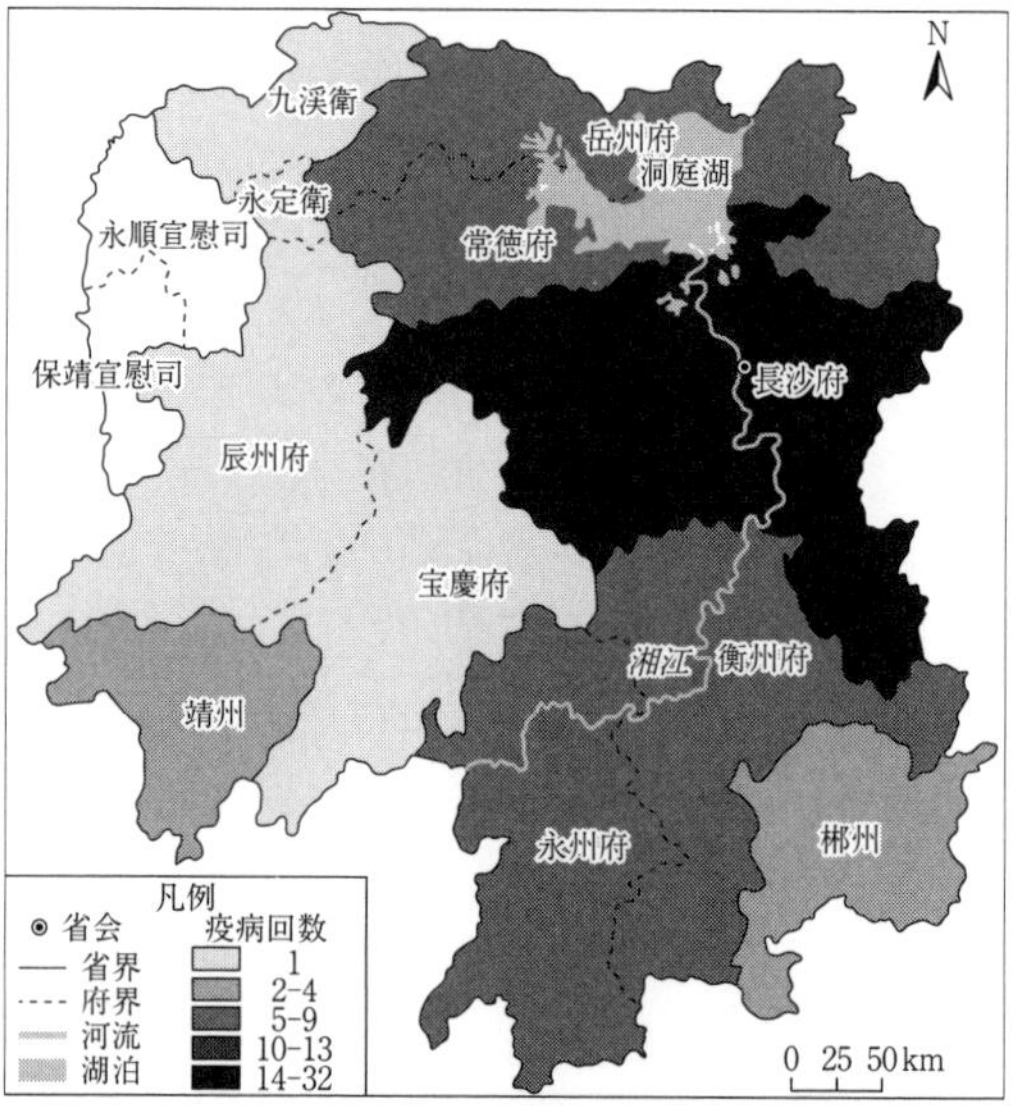

図4　明代1580年以後の湖南省の疫病分布図

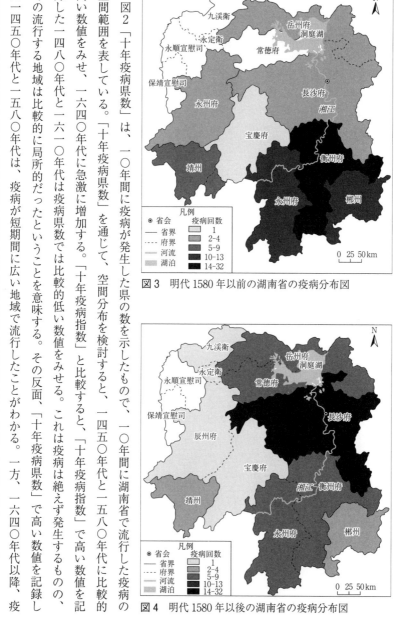

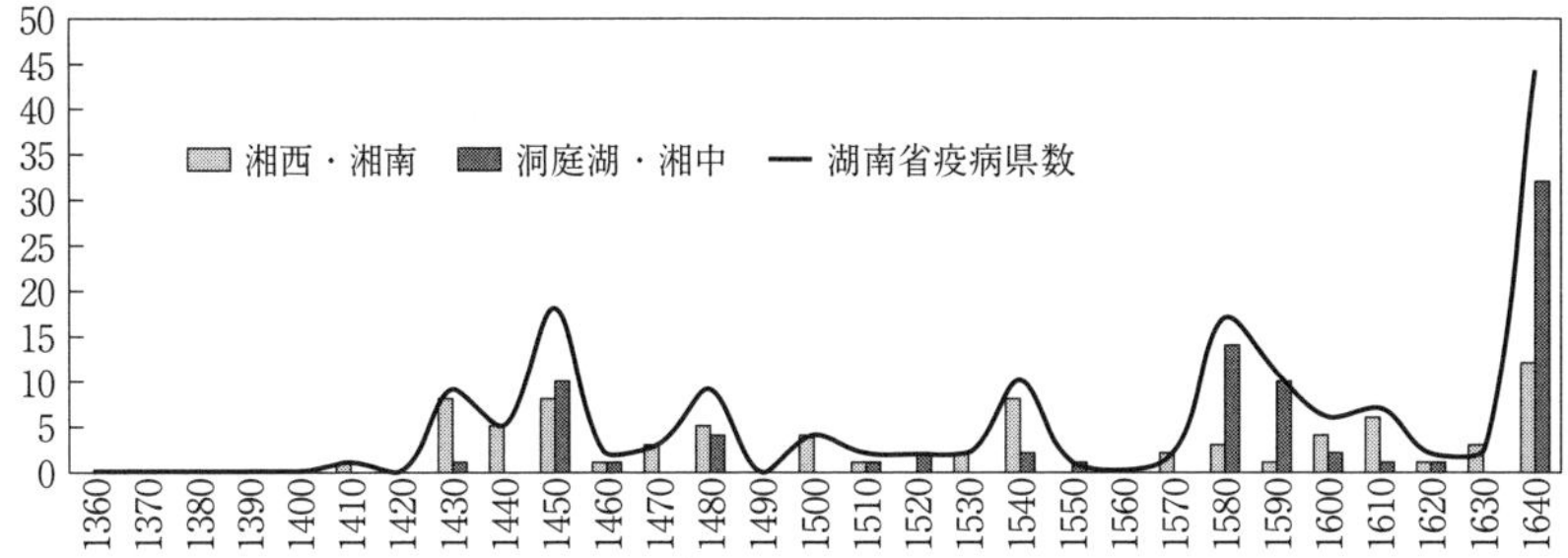

図5　明代湖南省平原と山岳地区の十年疫病県数図

表1　明代湖南省の人口と疫病表

区域	面積（km²）	成化8年（1472年）	正徳7年（1512年）	万暦6年（1578年）	人口密度（1578年）	疫病県数（回）
洞庭湖	30,173	115,290	94,139	427,774	14.1	29
湘中	46,181	253,374	270,512	556,809	12	45
湘南	40,617	220,378	189,535	349,466	8.6	49
湘西南	56,261	8,189	11,359	389,461	6.9	21
湘西北	38,568	73,439	67,718	185,730	4.8	5

＊張国雄『明清時期的両湖移民』陝西人民教育出版社，1995年，157-159頁をもとに作成.

い地域にわたっていたことがわかる。つまり、一六四〇年代以後、疫病はかなり爆発的に流行したといえる。全体的にみて、明代後期になるにつれて疫病は頻繁となり、特に一五八〇年以後、非常に深刻化したのである。

2　明代湖南省の疫病の空間分布

次に、空間分布を検討すると、期間全体では衡州府三九回、長沙府二七回、郴州一五回、靖州一五回、永州府一四回、岳州府一一回、常徳府七回、辰州府四回で、衡州府と長沙府で最も頻繁に発生している。しかし、一五八〇年以前だけを見ると、疫病が頻繁だったのは、衡州府の三一回、郴州の一〇回、永州府の一〇回であった。一五八〇年以後では、長沙府二四回、衡州府八回、靖州、岳州府、常徳府が各七回であった。図3と図4は、府を単位として疫病の発生回数を表示したもので、時間の経過にともなう空間変化をより明確に知ることができる。

一五八〇年以前に疫病が頻繁であった衡州府は、湘中あるいは湘南地域にあり、郴州と永州府は湘南の山岳地域に相当する。靖州は湘西南の山岳地域である。

他方、一五八〇年以後に疫病が頻繁に発生した長沙府は、湘中あるいは洞庭湖の平原にあり、岳州府と常徳府もやはり洞庭湖の平原であった。すなわち、明代湖南省の疫病は一五八〇年以前までは湘南と湘西南の山岳地域および湘中地域に広まっていたが、一五八〇年以後には、洞庭湖の平原と湘水流域もしくは湘中地域で頻発した。図5は「明代湖南省十年疫病県数」を山岳地域と平野地域に分けて表示したもので、地域ごとの疫病の発生頻度をより明確に知ることができる。

人口の増加と城市の発達は疫病が流行するうえで非常に重要な要素であり、疫病と人口密度はだいたい正比例の関係にある。洞庭湖の平原の場合、明代に人口密度が高く、継続して移民が流入した。湘中地域もまた湖南地域のうち人口が最も多い地域であった。しかし、明代の湖南地域の場合、人口が比較的少なかった湘南と湘西地域に疫病が頻発している。一般則と異なる現象で、疫病と人口の関係を考える際に興味深い。

二 環境と疫病

1 山岳地域の地理環境と疫病

明代湖南省の疫病は一五八〇年代以前までは八〇%以上が湘南と湘中・湘西地域で頻発した。図6はDEM（Digital Elevation Model）地図と一五五二年までに発生した疫病を結合したもので、当時の疫病発生地域の地理的特徴をより明確に知ることができる。

明代湖南の山岳地域の場合、人口が少なく、未開発の地域が残されていた。それとともに、湘南と湘西の山岳地域は苗族、土家族、瑤族などの民族が代々居住する地域で、「漢は山に入らず、蛮は峒に出でず」という民族隔離政策が行われていた。同時に、険峻な山岳地形によって、この地域は独立的で閉鎖的な地域となった。一方、疫病は自然災害の後に頻発するが、山岳地域は平野地域に比べて災害が頻発せず[4]、たとえ旱災などの災害が発生したとしても、その被害は平地に比べて少なかった。山岳地域で主に栽培されていたトウモロコシやサツマイモなどの作物は耐寒性が比較的強く、また野生のワラビやクズが豊富で、災害や飢饉に比較的柔軟に対応できた。山間僻地または人口が希少で災害が頻発しない地域は、感染症が比較的少ないはずであるが、にもかかわらず、明代湖南省の山岳地域では疫病が頻発していた。その原因は何であろうか。

（1）瘴病の分布　明代湖南の山岳地域で疫病が頻発した原因を説明するのに先立って、まず疾病の地方性や風土病について説明する。特殊な疾病、例えば住血吸虫症、マラリア、デング熱のような特定地域で持続的に発生する感染症疾患を地方病（Endemic Disease）や風土病という[5]。

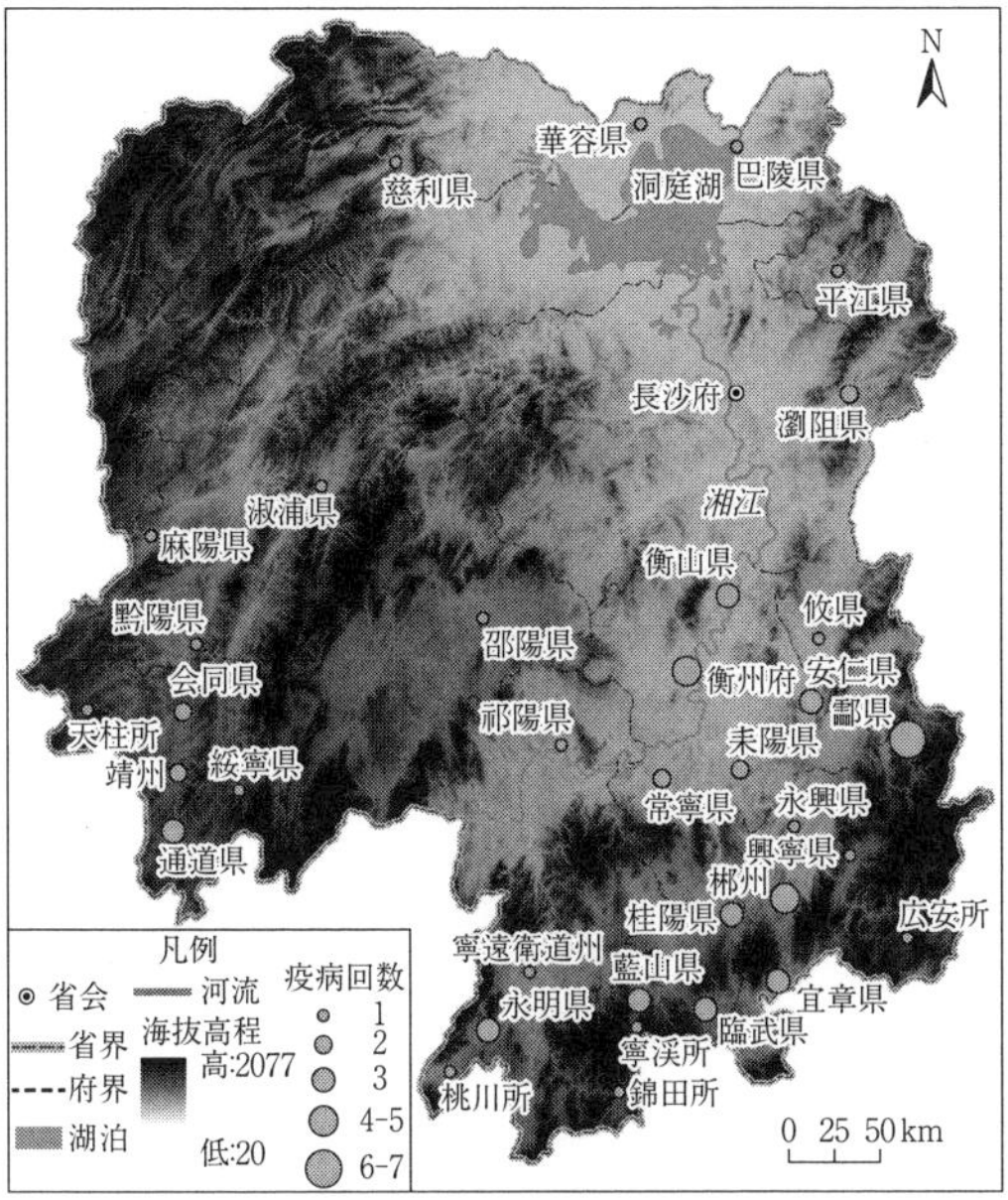

図6　明代1580年以前湖南DEM疫病分布図

明代の『五雑組』をみると五嶺は瘴郷であるとの言及がある[6]。湖南省もまた五嶺地域に該当し、瘴気に満ちて人々が居住を避ける地域であった。特に永州府、郴州、靖州など、湘南および湘西の山岳地域は瘴気が広がる地域で、清末に至っても依然として瘴気が蔓延していた[7]。表2は湖南省の山岳地域の瘴気および瘧疾に関する記録である。

瘴の意味について簡単に検討すると、古代の文献では比較的登場が遅く、『説文解字』には言及がない。『礼記』では「四面に章有り」とし、『釈文』では「章、本或いは障に作る」とある。また清代の阮元が『周

表 2　湖南省の瘴気と瘴病の記録

地　域	瘴気と瘴病の記録	出　処
永順府	四山には嵐気と霧が冥濛し，正午に近づかないと晴れ間がみえず，夏と秋の間になると，瘧を患う人が多いが，嵐気の影響を受けたことによる．夏と秋の大半は瘧痢を患う．	乾隆『永順府志』巻十「風俗」
桂陽県	多くの傷寒が瘧にかかる．……もし霜雪が降らなかったり，霪雨が時期を過ぎても降り続いたり，強い陽光が旱を招いたりすれば，瘴癘は瘴を引き起こす．	同治『桂陽県志』巻十八「風土」
郴州	蛮地は多くの傷寒が瘧にかかる．……瘴病はそれによって起きる．瘴の時期は三月に始まり九月に終息する．また高温多湿な時，寒冷な時は少ない．	嘉慶『郴州総志』巻二十一「風俗」
酃県	山谷の民は多くが伝染する疾病にかかる．ふつう瘴は秋に発生し，冬まで続き，厳寒の時になるとようやくおさまる．	同治『酃県志』巻七「戸口(風俗)」
辰州府	瘴癘が蓄積されるところ，瘧疾が最も多く，死に至る人もまた多い．	乾隆『辰州府志』巻十四「風俗考」

礼』を校勘したものをみると、「毛本、障を瘴に改む」とし、瘴と障はその意味が同じといえる。『外台秘要方』をみると、「おおよそ瘴と瘧は分けて二つとしているが、実は一つである。或いは最初は寒く後になって熱が出、或いは最初は熱が出て後になって寒くなるが、嶺南地域は瘴といい、江北は瘧と呼ぶ」とある。(8) つまり瘴病は現代医学ではマラリア（Pernicious malaria）に相当する悪性瘧疾を指すものと思われる。(9)

瘧疾はマラリア蚊（Anopheles）が媒介するマラリア原虫（Plasmodium）が引き起こす感染症で、熱帯や亜熱帯地域で流行する。山岳地域はマラリアの自然疫源地（natural epidemic focus）であって、感染症発生の潜在的可能性を持つ地域である。

一方、この地域は山林資源と鉱山資源が豊富で、明代中国の重要な木材生産地の一つであった。各種高級木材と薬材が豊富で、宮廷御用に使用された。明初には宮闕建築のため、大量の木材が伐採された。例えば永楽年間、朝廷に献上するため酃県の万羊山で大規模伐採が行われ、ひどい暑さで疫癘が起き、営堡中に多くの死者が出た。(10) 朝廷に献上するために大量伐採を行った結果、疫病が発生したのであり、生態系の均衡が破壊され、人間と病原体であるマラリア蚊の接触比率が増加し、瘧疾が爆発的に発生した可能性が高い。

皇木（宮殿を建てるために皇帝が派遣した大臣が購入した木材）の伐採のほ

か、この地域では伐採した木材を販売して利益を得ていた。例えば、桂陽県は、「畑が少なく山が多い。山裾が広がり、材木の利益がとても大きい。明の時に本県に属する商人を呼んで砍伐したので、道端に溢れかえっていた」[11]。山林の伐採は土砂崩れと洪水を引き起こし、生態システムの均衡を崩し、様々な環境問題を引き起こした[12]。特に生態系の変化による感染症の媒介体と人間との接触頻度が増加し、疫病発生が増加したのである[13]。

また、郴州、桂陽県、宜章県などの地域では、銀、鉄などの鉱物が豊富で、多くの人々が集まって鉱山を開発し、その過程で疫病が拡散した。当時の記録によれば、開発による十の害悪のうち、「瘴気と嵐気で疫病が一層ひどくなったことが九番目の害」とあり、これを通じて鉱山開発の過程で疫病が猖獗を極めていたことがわかる[14]。

一方、地広く人稀な地域であった湘南および湘西の山岳地域には、明代に至って数多くの移住民が流入した。一般的にマラリアに感染すれば、ある程度の免疫力を獲得することができるが、マラリアが発生しない地域の人が危険地域に入ると、免疫力がなく、容易に感染して症状が深刻化してしまう。つまり、山岳地域は自然環境が劣悪で瘴気が多く、外来移民の増加と開発は必然的にこの地域の疫病の増加に影響をおよぼすのである。

その反面、感染症が一方的に移住民にのみ不利に作用したわけではなかった。山岳地域でマラリアなど風土病に伝染するのとは対照的に、山岳地域では天然痘などの疾病は稀であった[15]。だが、外部から絶え間なく人が流入し、外部との関係が次第に緊密になっていくと、容易に天然痘にさらされ、爆発的に流行した。感染症はどちらか一方に影響をおよぼすというものではなく、相互交流の歴史ということができる。

このほか、山岳地域では、「土寇」（山寇、土匪）、農民起義、王朝反乱が絶えず発生し、土家族、瑤族、苗族など数多くの異民族が、様々な反乱を起こした。「大兵の後、必ず大疫有り」との言葉通り、山岳地域での戦乱は疫病猖獗の重要な原因であった。一六〇〇年、通道県での疫病もやはり戦火によって広まった。各種の動乱のうち、盗賊および軍人は劣悪な環境下での密集した生活により、容易にチフス性疾患などに感染したと考えられる。同時に、政府が反乱を鎮圧する過程でも疫病の爆発的な流行が度々発生した。例えば一五四三年、貴州の銅仁、平頭の竜子賢、竜科桑が反乱を起こし、麻陽県などを囲み略奪をほしいままにした。これに対して明政府は都御史万鎧に鎮圧を命じた(16)。翌年、麻陽県、黔陽県、靖州、会同県、通道県、郴州地域で疫病が蔓延しているが、これは時期的に苗族を鎮圧する過程で発生した可能性が高い。

また、山岳地域は、飢饉および疫病が発生した時、居住民が容易に盗賊となり、その地域は「招寇の藪」として知られるようになる。境界を越えてなされる盗賊活動は疫病を伝播させる役割を果たしたのであり、実際に一四八四年、鄠県で夏に飢饉が起き、盗賊が出没し、秋になると疫病が流行した。

一方、山岳地域は災害と疫病が発生したにもかかわらず、朝賑の恩恵を受けられなかった。瘴病にはその地域に対する偏見と民族蔑視という文化概念が含まれており(17)、森のなかには不穏分子が溢れているという認識から、明政府の山岳地域に対する関心は治安維持に集中した。例えば一五〇七年、靖州に疫病が発生し、四〇〇〇名余りが死亡した。続いて湘黔境界の苗民竜童保と竜麻陽が反乱を起こしたが、明政府は劉丙、沈林らを派遣してこの地域の鎮圧に力を注いだ。また、この地域は経済的にあまり重視されておらず、疫病をはじめとする各種災害に対する救恤も比較的少なかった。一五三一年、郴州に深刻な旱魃と飢饉が発生し、御史張禄作が賑済を要請したが、賑恤の記録はどこにもない。つまり、明初に湘南と湘西地域は疫病が頻発したにもかかわらず、政府の救恤を受けられず、適切な対応をとることができなかった。

(2) 瘴病の分布地域の縮小　中国の瘴病の分布地域は次第に縮小していった(18)。例えば戦国の時代には秦嶺と淮河の境界が分布地域の境界であったのが、隋唐五代の時代には大巴山・長江が境界となった。宋元時期の瘴病は主に四川、重慶、雲南など西南地域および湖南、江西、福建など南方地域で流行した。明清時期に至って、南嶺が瘴病分布の境界となり、現在は雲南と広西、貴州などに縮小した。こうした発生地の漸進的な縮小は、人間の活動と気候変化の結果といえる。

まず、中国北方民の移動による南方地域の開発によって、中国の瘴気分布地域は次第に縮小した。湖南地域の人口をみると、湘南は成化八年（一四七二）の一二万三七八人から万暦六年（一五七八）の三四万九四六六人に増加し、湘西南は成化八年の八一八九人から万暦六年の三八万九四六一人に、湘西北は成化八年の七万三四三九人から万暦六年の一八万五七三〇人に増加した。こうした人口の増加は、瘴病分布地域の縮小に明らかに影響をおよぼしている。その一方で、移民者が流入した後、数世代が経過するにつれて、当該地域の住民の間にある程度の免疫力が形成されていった可能性もある。

第二に、前述したように瘴病の分布地域は地理環境と密接な関係があり、地理環境の変化は瘴病分布地域の変化をもたらす。自然環境の側面では、瘴気は雲と霧が多く、湿度が高く、蒸し暑い熱帯の山林地域で発生する。だが、山林開発以後、湿度が低下し、雲と霧が減っていくと、瘴気の分布地域もやはり減少するようになる。すなわち、山林の開発は生態環境を変化させ、その結果、各種風土病を形成する環境要素もまた絶えず失われていった。

次の乾州庁の記事は、清の中葉以後、山林の濫伐と気候の変化を表した資料で、山林の濫伐後に発生した気候変化が瘴病にどのような影響を与えたのかをみせてくれる。

苗族の反乱が平定されてより以後、気候がやや変化した。以前は四方の山に樹木が鬱蒼と生い茂り、それ故に山中の霧と瘴気がとてもひどかった。今は濫伐で木が一つも残らず、天空がはっきりとみえ、無理に開墾された（ために）、気候がとても暑くなって人を圧迫し、夏に入っても雨の恵は常に少ない。毎年日照りが続いて嘆息して心配し、蚊と蟎もまた多く人に嚙みつくので、今と昔ではとても異なっている。(19)

最後に、瘴病地域の縮小は気候変化にその原因を求めることができる。既に、郴州と酃県の瘴気関連の記録からみたように、瘴病は地域的な気候や風土と密接な関連を有していた。特に、瘴病は蚊という媒介体を通じて伝播するが、こうした面から瘴病の流行は蚊の生長繁殖の状況と深い関連がある。気候が寒冷化し乾燥すればするほど、蚊の個体数と活動範囲が減り、瘴病の分布範囲も縮小する。明清時期の中国は〝小氷期〟に入り、気候が次第に寒冷化していた。これは明らかに瘧疾蚊の生長と繁殖に影響を与えている。

康熙五六年（一七一七）、康熙帝と近臣が交わした会話は、気候が次第に寒冷化していることと、瘴病の分布の関係を明快に示してくれる。「雲貴両広はもともと瘴気があり、以前に将軍頼塔が雲南に進征したとき、八百人は留めて広西に在ったが、皆瘴気で負傷した。今聞くところ、雲南はただ元江にわずかに瘴気があるだけで、残りは全て清和で、内地と異なるところがない。大学士蕭永藻が補って言うことには、広西もまた専ら潯州以南にわずかに霧と嵐気があるが、桂林等府は、全く瘴気がない、と」[20]。湖南地域については気候変化と瘴病の分布範囲に関する記録を見つけ出すことはできなかったが、雲南や広西の状況と大きく異なることはないと思われる。

全体的にみて、明代の人口増加と伐採による環境の変化は、山岳地域で疫病が爆発的に流行する重要な要因となった。だが、長期的にみると、こうした変化は気候の変化とともに地方病たる瘴病発生地を縮小させる重要な役割を果たしたと見られる。その反面、山岳地域の濫伐により環境の緩衝装置が消失して、災害後の疫病が発生する確率が次第に高まり、さらに外部との交流の増加により、特に清代に至って天然痘などの感染症が入り込み、流行するようになった。

2 明代湖南省平野地域の災害および気候変化と疾病

（1）自然災害と疫病　明代湖南の疫病は一五八〇年代に疫病指数が突然上昇し、範囲も非常に広まって、主に洞庭湖と湘江の流域で蔓延した。これらの地域は明初から大量の人口が流入し、明代を通じて湖南省は比較的高い人口を維持した。ところで、感染症の三大要素は病原体、環境、宿主であり、人口の増加は宿主の増加を意味する。また、人口が増加すれば生活ゴミもまた増加し、病原体が生息しやすい環境となって、疫病が頻発した。高い人口密度、発達した城市など、明末にこの地域で疫病が頻発した原因はとても複雑で多様であったが、一五八〇年と一六四〇年のみ疫病指数が高い理由は何であろうか。

明末の洞庭湖平原と湘中地域の疫病は、自然災害が重要な原因の一つであった。明代の洞庭湖と湘中地域は計六五回の疫病のうち五一回、つまり七八%が自然災害の後に発生した[21]。自然災害は、病原体の生息環境を変化させて短期間の繁殖を可能とし、同時に容易に飢饉を引き起こす。飢饉で人々の栄養状態が悪化すれば免疫力が弱まり、感染症にかかりやすくなる。つまり「大災の後、必ず大疫有り」という中国の俗言があるように、災害と感染症はしばしば同時発生する緊密な関係にあった。洞庭湖平原の一帯は、特殊な自然地理環境によって水害が発生しやすく、明清以来、江湖のほとりの低湿地に垸田を大々的に開発すると、水害がさらに頻発した。明代以後の水害の被害は、旱害の被害を上回るようになった。だが、当時の水害発生頻度を勘案すると、水害後の疫病発生頻度はそれほど大きくない[22]。特に、一五八八―九〇年に蔓延した疫病は旱災後に爆発的に流行したもので、一五八八年の長沙県、善化県、安郷県、一五八九年の善化県、益陽県、醴陵県はまず水災が発生し、いくらも経たないうちに旱災が発生して、疫病が爆発的に流行した。翌年、長沙県、善化県、湘潭県、瀏陽県、湘郷

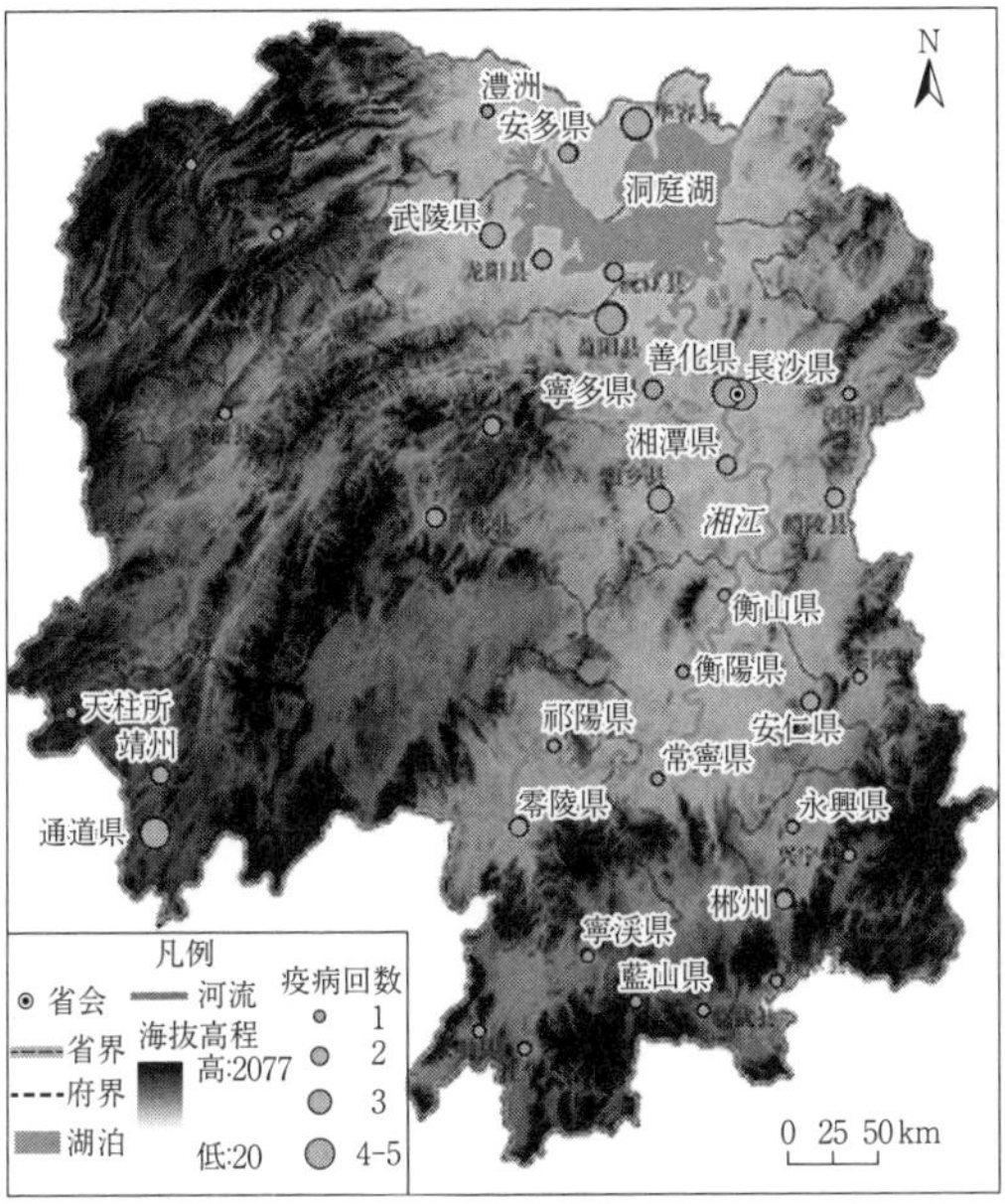

図7　明代1580年以後の湖南DEM疫病分布

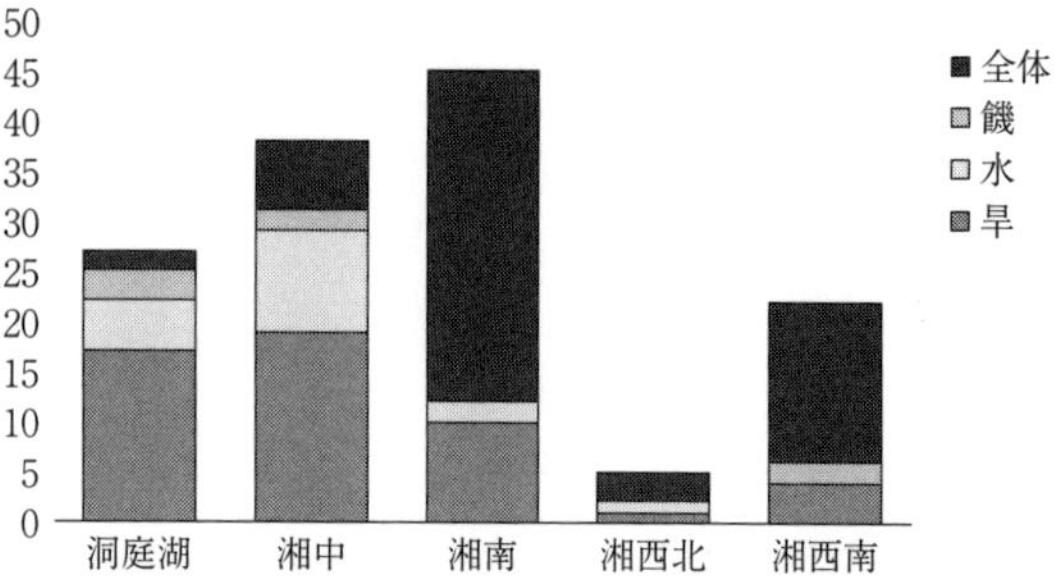

図8　明代湖南省の疫病原因分析図表（疫病県数（回））

県、茶陵州、沅江県、益陽県、安化県、衡州府でも旱災が発生した後、疫病が流行した。

図8は疫病の原因を分析したもので、明代には旱害後に疫病が頻繁に発生したことがわかる。

当時、深刻であった疫病は、単に湖南省のみのものではなかった。一五八八—九〇年の江淮流域で旱災が発生して以後、大規模な疾病が爆発的に流行した。[23]『万暦邸鈔』によれば、一五八八年三月、山、陝、河南諸省、応天、蘇、松、嘉、湖、杭、紹の全てが凶年になって、疫病で死ぬ人が一万を数えた。一五八九年には、江西、湖北、湖南、貴州などで疾病が蔓延した。すなわち、一五八八—九〇年に、中国の多くの地域で疫病が猖獗を極めたが、これは当時、旱害後に発生していた疫病が湖南省の独特な地理と気候の特徴というよりは、当時の広域的な気候と環境の影響を受けたことを教えてくれる。

これと関連して、一五八一—八六年の河北では大頭瘟と呼ばれる感染症が爆発的に流行した。河南でも一五八一—八八年に同一の感染症が流行した。一五八八年には南直隷と浙江、徽州に伝播し、広い範囲にわたって流行した。一五八九—九一年に湖南省で流行した疫病もやはりその時期と距離についてみると、大頭瘟と関連があると思われるが、名称と症状に対する記録がなく、いまのところ推測の段階にとどまっている。[24]

次に、一六四三—四四年の旱災後には、歴史上ほかに類例がないほど疫病が猛威を振るった。まず一六四三年、武陵県、竜陽県、華容県、醴陵県、安仁県、零陵県、郴州、永興県、宜章県、常寧県で旱災が発生し、疫病がかなり流行した。一六四四年には長沙県、善化県、寧郷県、益陽県、沅江県、華容県、安仁県、澧州、永定衛、安郷県、常寧県で疫病が爆発的に流行した。特に寧郷県、益陽県、沅江県、華容県、安仁県、常寧県の場合、数年にわたる長い旱害で飢饉が非常に深刻化し、疫病で多くの人が死亡した。当時の人口減少は自然災害と李自成をはじめとする各地の農民反乱や明清交代といった社会動乱などいろいろな要素が合わさって起きたもので、疫病による純粋な死亡率を把握することは難しいが、依然として当時の死亡率は高いと推測できる。同時に、人口から考えてみると、湖南省のそれは一五七二年の一九〇万から一六八五年の一〇〇万へと、毎年平均七・五三％の割合で減少し、明末清初の人口減少によって、湖南省は再び地広く人稀な地域となった。

一六二八—四一年に、中国では西北、華北、華中、華東など一六の省で、近五〇〇年間のうち持続時間が最も長く、範囲が最も広く、最も深刻な旱災が発生した。同時に、一六三八年、一六三九年、一六四一年と蝗災が発生し飢饉に拍車をかけた。湖南の場合、一六三八年は巴陵県、益陽県、沅江で、一六三九年は華容県、安郷県、一六四一年は澧州、石門県、岳州で蝗災の記事がみえるが、飛び回る蝗の群れは天を覆うほどであり、蝗が通り過ぎた場所には稲、草、木の葉はもちろん、家のなかの衣服ひとつも残らないほどであった。蝗による災害は農作物と生態環境を破壊して飢饉を容易に惹起し、多くの人々を餓死に追いやり、栄養失調により疾病に対する抵抗力を低下させた。こうした状況は疫病の勃発と拡散に有利な条件となるが、疫病を直接的に拡散する役割を果たすわけではない。しかし、蝗災は乾燥した気候と密接に関連し、飢饉を引き起こした。この点で当時の疫病の主要な原因の一つだったと言える。

当時の疫病について、呉有性は「崇禎辛巳（一六四一）、疫気が流行し、山東、浙省、南北両直で、感染する者が最も多かった。五・六月にますますひどくなり、門を閉じても伝染した」と述べている(25)。華北地域で真っ先に流行した疫病は、一六四〇年に河北、河南、山東、江南地域に広がった。つまり、一六四〇年代に蔓延した疫病は、湖南地域でのみ発生したのではなく、全国で大規模に発生した普遍的な現象であったといえる。図9は、明代中国の疫病の県数を示したもので、湖南平野地帯の疫病県数の曲線と類似した曲線を描いている。

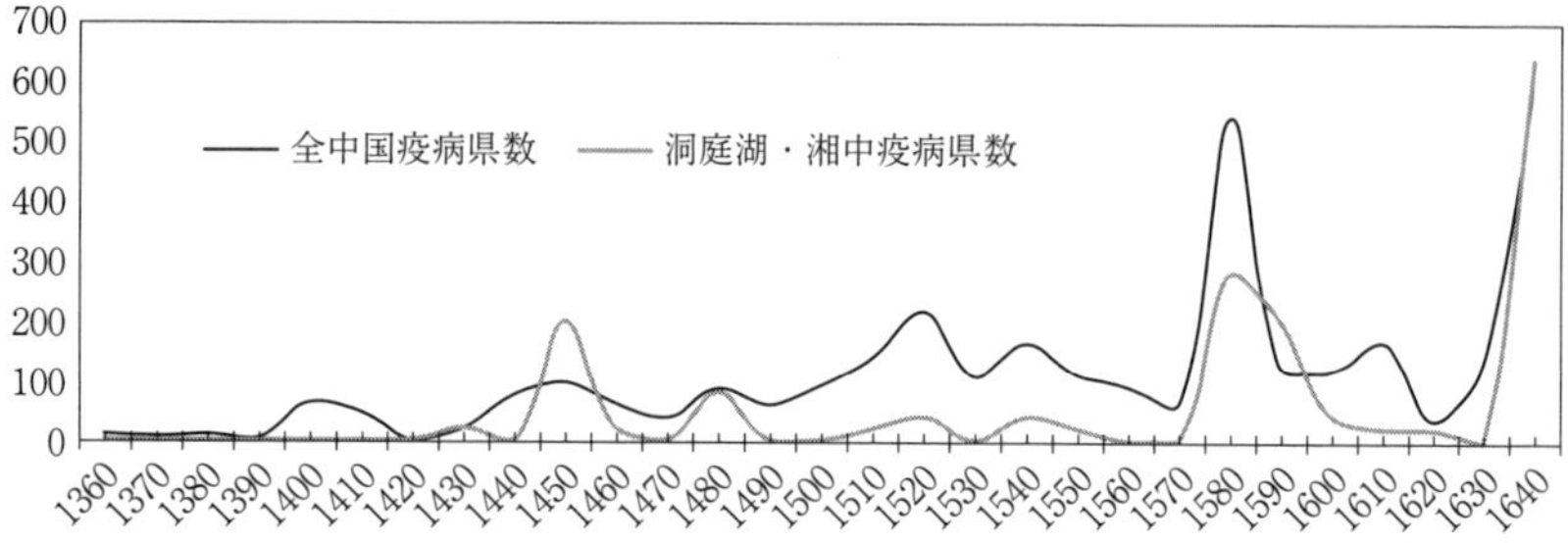

図 9　明代中国の疫病と湖南省の疫病県数

注）張濤『明代疫災時空分布及環境機理研究』華中師範大学博士学位論文，2015 年，78 頁をもとに作成．

（2）小氷期の気候と疫病　当時の中国および湖南で発生していた疫病の原因は旱災であるが、当時の旱害は中国の歴史上最も長く、二〇省にあまねくおよぶほど範囲が広かった。湖南地域の場合、一六四三年には湘潭県、湘郷県、醴陵県など一九の県にまたがって旱災が発生した。明末に湖南地域はもちろん、全中国で旱害が発生した原因は何であろうか。

気候学者は地球表面の平均温度がもし三℃下降すれば、大気中の水分が二〇％程減少して、深刻な旱災を引き起こすという。明末の旱災は当時の寒冷化した気候によるもので、一六―一八世紀はそれまでの時代に比べて地球の多くの地域で寒冷な気候が持続した。湖南地域でも崇禎年間に寒冷な気候による動植物の凍死がよく起こった。例えば一六三八年の長沙県、善化県、湘陰県、益陽県などの地域では、一二月にたくさんの雪が降り、尺を数えることができないほど積もり、一六四〇年の永定では鳥や動物が凍死するほどの寒冷な気候が持続した。

一般的に、気候変化は人類の健康に直接または間接に影響をおよぼすが、感染症においてもその発生を増加させ、罹患しやすくするといった影響をおよぼす。龔勝生は、寒冷期には様々な疫病が頻発し、温暖期には疫病の発生が比較的少なく、疫病と気候変化に密接な関係のあることを指摘した。つまり、寒冷な気候と疫病はとても緊密な関係にあり、明代中・後期における疫病の大流行は、一七世紀の寒冷な気候と関連がある。(26)

そのうえ、気候変化は生物種の地理分布を変化させる。一部の学者は、気候変化は特定の微生物が、突然変異したり、大量増殖したりして、大規模に人間社会に侵入して、感染症を引き起こすと指摘している[27]。例えば、特定の生物の分布地域が拡大したり、季節段階（Phenological phase）を変化させて、人類と病原体の携帯者との接触頻度が増加したりすると、感染症の分布範囲が拡大する。

最後に、寒冷化し乾燥した気候は飢荒を引き起こし、疫病の流行に影響をおよぼす。気温が低下する分、作物が生長できる時間が減少し、飢荒が起きやすくなる。ひとたび飢荒が発生すれば、災民は、草の根、木の皮などで食いつなぐが、結局は栄養不足のために免疫力が低下して疫病にかかり、大流行が発生しやすくなるのである[28]。

明末に寒冷化した気候と、それによる旱災は、当時の中国の全体的な気候の特徴であり、これによって中国の広い地域で疫病が発生した。湖南地域の疫病もまた、独特な地理環境に由来するというよりは、当時の中国の気候と環境の影響下に発生したといえる。

当時流行していた疫病の実体について、これまでの研究はおおむね鼠疫とみている[29]。本章では、ほかの省からとみられるネズミの流入や、症状などの病の実体を確認する端緒をつかむことはできなかった。だが、次の事実を検討すると、ペストの可能性が高い。

第一に、死亡率や死亡者を検討してみると、大量の死亡を引き起こす感染症の数は限られている。現在、三大国際検疫対象とされているのは急性の熱性感染症で死亡率の高い鼠疫、天花（Smallpox 天然痘）、霍乱（Cholera）であるが、このうち霍乱は中国にもともと存在せず、一八二一年以後になって国外から流入したものである。天花は、幼い子供たちが感染するのが大部分であり、死亡率は二〇―四〇％に過ぎない。また、身体接触や飛沫による伝播では広い地域で流行しにくい。つまり、疫病流行の広さ、高い死亡率と死亡対象者[30]、疾病の流入時期などを考慮すれば、三者のうち鼠疫の可能性が非常に高いと思われる。

第二に、気候が病原体におよぼす影響をみると、明末の寒冷化し乾燥した気候は鼠疫の流行にとても有利である。

気候変化とそれが引き起こす生態環境の変化は、必然的に宿主に重要な影響をおよぼし、さらに人間界における流行に影響をおよぼす。ペストの宿主であるネズミノミは、温度が高く、かつ空気がかなり乾燥したり、降雨量が極度に多かったりする環境では生存できず、温度があまりに低い場合には冬眠する。したがって、温帯では一般に春と夏に発生し、熱帯では冬と春に発生する。南方の降水量の多さはネズミノミの増加を抑制し、気候が乾燥した北方の場合は降水量の増加はペストをかえって深刻化させる。つまり、明末の寒冷化し乾燥した気候条件は、温帯の南部に位置する湖南地域のペスト流行に非常に有利であった。

最後に、農民起義軍の動向と関連させて検討すると、一六四〇―四一年、安徽省の合肥で大疫が流行した時、張献忠は湖北地域や安徽省などを転々として官軍に対抗したが、一六四三年になって武昌県に撤収し、南下して湖南に入った。以後、岳州府と長沙府の湘陰県を陥落させ、長沙県を占領して、湖南は張献忠の占領地となった。この年、岳州府の華容県は雑多な兵賊の往来がみられ、旱災と飢荒による疫病が流行した。つまり、張献忠が湖南に入ってくる過程で、湖北地域で流行していた鼠疫が一緒に入ってきた可能性がある。当時、湖南地域で発生していた疫病が鼠疫であると断定するには無理があり、旱災と飢饉によって他の疫病が同時に流行した可能性を完全には否定できない。しかし、高い死亡率や気候の特徴を勘案すれば、鼠疫であった可能性を排除することはできない。

他方、明代湖南の洞庭湖と湘中地域は、「米穀送出地」として経済的に非常に重要であり、災害発生時には他地域と比較して「皇恩」を受けることが多かった(31)。しかし、万暦年間には財政状態が急速に悪化し、災害が発生しても、王朝にこれを救済できる経済的能力はなかった。結局、明末は旱災と蝗災が深刻化したにもかかわらず、荒政はほとんど施行されなかった。万暦二七年(一五九九)以後には、大災害と大飢饉でなければ、蠲免はもちろん、改折も要請できなくなった。さらに、明末の政府は税収確保のため「三餉」を賦課したが、過重な賦役は明末に頻発した災害とあわせて疫病の流行を誘発した。一六四二年に旱災と蝗災、そして疫病が発生したが、税負担は増加している。

おわりに

本章では、明代湖南省の環境変化と感染症の相関関係を集中的に検討した。まず、明代湖南地域の疫病発生の頻度を時間と空間に即して分析した。さらに、湖南地域を山岳と平野地域に区画して、その地理や環境といった要素と関連させて疫病発生の特徴を把握した。

疫病の時空分布の特徴を指摘すれば、一五八〇年以前まで湖南地域の疫病は湘南・湘西などの山岳地域を中心とした散発的なもので、限定的な地域で発生した。一方、一五八〇年以後には、洞庭湖と湘中地域を中心とした平野や丘陵地帯で頻発し、広い地域で爆発的に流行した。

次に、明代湖南地域の疫病を環境との関連性のなかで検討した。明初、疫病が主に流行していた湘南と湘西などの地域は、人口密度が低く、未開発な地域であるにもかかわらず疫病が頻発したが、それは地理および自然環境と関連があった。明代には、これらの山岳地域ではいたるところで濫伐が行われ、その過程で病原体との接触が増加し、疫病が起きやすくなっていた。また、移民が絶えず流入したが、彼らは瘧疾のような疾病への免疫がなく、感染しやすかったものとみられる。同時に、山岳地域では王朝への反乱や各種の動乱が頻発し、彼らが略奪をこととしたり、政府が反乱を鎮圧したりする過程で疫病が猖獗を極めることもあった。

他方、中国における瘴気の分布地域は次第に縮小していった。特に、人口の増加と濫伐、鉱山開発は地理環境を変化させ、瘴気の範囲を縮小させた。また、明末の寒冷気候により、湖南の瘴病発生率は低下していった。

一五八〇年代以後、湖南の疫病は洞庭湖平原と湘中地域を中心に広範囲で流行した。災害はしばしば疫病と同時に発生するが、平野地域の場合、水災と旱災が頻発し、その影響が非常に大きかった。特に一五八八年と一六四〇年の旱災と蝗災は極めて深刻で、飢饉と疫病が同時かつ爆発的に流行した。当時は、湖南地域に限らず中国の多くの地域で旱災と蝗災が発生し、疫病もまたこうした災害の延長線上に発生した。当時の旱災は寒冷な気候によるものであり、一七世紀は気候が最も寒冷化した時期であった。歴史上、寒冷な気候と疫病は極めて密接な関係にある。寒冷な気候は特定の微生物が突然変異を起こしたり、大量増殖したりする原因となり、疫病の爆発的な流行を引き起こす。また、飢荒も起こりやすくなり、それによって人々の免疫力が低下した状態になると、感染症が発生しやすくなる。当時流行した疫病の種類であるが、高い死亡率と死亡対象者、気候が病原体におよぼす影響、外部からの張献忠軍の流入などを考慮すると、鼠疫の可能性が高い。

明末の寒冷化した気候とそれによる旱災と蝗災は、当時の中国の全体的な特徴であり、湖南地域の疫病もまた湖南の独特な地理環境に起因するというよりは、当時の気候と環境全般の影響により発生したものである。これは単純な疫病の地域分布の変化とは言えず、環境による疾病体系全般の変化を意味する。万暦以後、明政府の救済措置はほぼ皆無であり、むしろ税収確保のための「三餉」が賦課されたが、過重な賦役が災害と疫病の流行に拍車をかけたことは明らかである。明初には、この地域の災害にはさかんに朝賑が行われ、それが疫病の流行を抑制した。対照的かつ示唆的な事実であろう。

（1）　楊鵬程「清季湖南疫災与防治」『湖南工程学院学報』第二期、二〇〇六年、同「一九一二年以前湖南的疫災流行与防治」『湖南城市学院学報』第二期、二〇一〇年、楊鵬程・曹海「兵燹水旱交乗瘟神疫癘肆虐——一九一九—一九二〇年湖南疫災研究」『湖南科技大学学報（社会科学版）』第五期、二〇一二年。

（2）　Geographic Information System: Arc Map, Arc Catalog, Arc Tool Bax により構成された統合アプリケーションで、地図を作成したり、データの管理、分析、編集を行ったりする。近年、中国では感染症に関連する研究が非常に盛んである。歴史地理学ではＧＩＳを用いて疫病の時空間分布とその変化や推移を分析することに関心が集まっている。一方、歴史学では疫病の発生原因とその結果を明らかにすることが目指されている。本章では、歴史地理学的方法を用いて、疫病の時空間分布を綿密に明らかにした後、気候および環境変化が疫病の発生と流行にどのような影響を与えたのか考察した。

(3) 龔勝生「中国疫災的時空分布変遷規律」『地理学報』第六期、二〇〇三年、八七〇—八七八頁。図表の正確性を期して一六四〇年代は一六四九年までを含めた。

(4) 湖南は、地域ごとに地形や植生などが異なり、自然災害にも地域的差異が明確に現れる。旱災の場合、「湘中旱重、山区較軽」といわれるように、湘中地域が山岳地域に比べ深刻であった。

(5) 강영희『생명과학대사전《生命科学大事典》』아카데미서적、二〇〇八年、一七〇八、一四三二頁。

(6) 謝肇淛『五雑組』中華書局、一九五九年、一〇八頁。

(7) 瘴気と瘴病の地理分布の統計および分析は、龔勝生「二〇〇〇年来中国瘴病分布変遷的初歩研究」『地理学報』第四期、一九九三年と梅莉・晏昌貴・龔勝生「明清時期中国瘴病分布与変遷」『中国歴史地理論叢』第二期、一九九七年を参照。

(8) 王燾『外台秘要方』山西科学技術出版社、二〇一三年、一二〇頁。

(9) 瘴病が瘧疾を指すことは一般に知られているが、依然として疑問が残っている状態である。馮漢鏞は瘧疾、痢疾、脚気、大気汚染による一酸化炭素中毒、硫黄中毒、水質汚染による烏脚病（Black foot disease）、癌種、熱帯病、地方病、寄生虫病、水質汚染や大気汚染による疾病全体を瘴病とみる。馮漢鏞「四川的瘴気及其防治」『巴蜀科技史研究』四川大学出版社、一九九五年を参照。

(10) 王直『抑庵文集后集』巻二六「曽処士墓表」（『四庫全書　第一二四二冊　集部一八一　別集類』上海古籍出版社、一九八七年、九〇頁）。

(11) 嘉慶『桂陽県志』巻二「賦役志」。

(12) 明清時代、長江中流地域の山岳地域開発と、それによる自然環境の毀損については、정철웅『자연의저주《自然の詛呪》』책세상、二〇一二年、第三章を参照。

(13) 一例として、西アフリカで熱帯雨林地帯まで農耕法が拡大し、火田民が増加すると、従来の生態学的均衡に影響をおよぼし、マラリアが猛威を振るい始めたという。윌리엄 맥닐（著）、허정（訳）『전염병과인류의역사《伝染病と人類の歴史》』한울、一九九二年、六二頁。

(14) 光緒『湖南通志』「大清一統志」「喩国人郴州鉱廠十害論」。

(15) 乾隆『辰州府志』巻一四「風俗」をみると、「瑶人不知医、最畏痘疹」と瑶族は唯一、天花、すなわち天然痘を恐れた。

麻疹と天花は、一定の人口規模と城市発展によって必然的に発生する。これらの地域は、こうした疾病が発生するのに見合う条件がなかったので、却って脆弱だった。

(16) 夏燮『明通鑑』中華書局、一九五九年、二一九八頁。

(17)「蛮瘴之地」「蛮煙瘴海」「蛮雲瘴雨」「蛮嶺瘴煙」など、瘴病と関連した用語を分析すれば、瘴は蛮と関連があり、「烏煙瘴気」のように否定的な意味を内包している。張文「地域偏見与族群歧視——中国古代瘴気与瘴病的文化学解読」袁暁文・陳国安主編『中国西南民族研究学会建会三〇周年精選学術文庫・重慶巻』民族出版社、二〇一四年。

(18) 龔勝生「二〇〇〇年来中国瘴病分布変遷的初歩研究」『地理学報』第四期、一九九三年。

(19) 光緒『乾州庁志』巻五「風俗」。정철웅『자연의저주《自然の詛呪》』책세상、二〇一二年、四五五頁から再引用。

(20) 龔勝生「二〇〇〇年来中国瘴病分布変遷的初歩研究」『地理学報』第四期、一九九三年、三一四頁から再引用。

(21) 古代の文献記録は大部分が疫病の原因について説明していない。したがって本章では『中国気象災害大典（湖南巻）』および地方志資料を利用して、疫病の原因を分析した。疫病発生直前もしくは疫病発生時に単一の自然災害が発生すれば、その災害を疫病の原因として処理し、二種類の災害が相次いで発生した場合、最初の災害をその疾病の原因と判断した。

(22) 先行研究によると、明代は、水災一五七回、旱災一二四回と水災が最も頻繁であった。しかし、水災発生後の疫病発生は明代に酃県と善化県で各二回、武陵、竜陽、華容、益陽など一一の県で各一回、発生しているが、これは旱災発生後の疫病発生に比べて低い数値である。一方、清代になると、水災発生後の疫病発生比率が上昇するが、これは明代の寒冷な気候下で水因性（Water born disease）の疫病発生には適さない環境であったためと推測される。清代の疫病発生については、金賢善『明清時期両湖疫災——時空分布、影響与社会応対』華中師範大学博士学位論文、二〇一六年を参照。

(23) 明代の疫病と旱災には緊密な関係がある。張濤『明代疫災時空分布及環境機理研究』華中師範大学博士学位論文、二〇一五年によれば、明代の疫災と旱災は、時間分布において相関係数が〇・八六一と非常に高い。

(24) 大頭瘟が現代医学の観点からどの疾病に属するかはいまだに定説がない。曹樹基は、当時の大頭という病名を喉がはれる現象と判断して、これをペストと断定した。しかし、浅川は明代万暦年間の華北地域で流行した感染症を大頭瘟と称したことは明らかであるが、現代医学の観点から大頭瘟がどの疾病に属するかという問題について、研究者の意見は一致をみていないと指摘している。浅川「万暦年間華北地区鼠疫流行存疑」『学海』第四期、二〇〇三年、一九一―一九三頁を参照。

(25)『中国医学大成13　瘟疫論』上海科学技術出版社、一九九〇年。

(26)　龔勝生「中国疫災的時空分布変遷規律」『地理学報』第六期、二〇〇三年、八七〇頁。

(27)　Andrew B. Appleby, "Disease, Diet, and History", *The Journal of interdisciplinary History*; 8(4), 1978, pp. 725–735.

(28)　アップルビー（Andrew B. Appleby）は、気候変化が感染症流行の原因の一つであることを完全には否定していないが、その影響は間接的であるとしている。また寒冷な気候は、むしろ一部の病原体や媒介生物の活動を抑制させると指摘している。Andrew B. Appleby, "Disease, Diet, and History", *The Journal of interdisciplinary History*; 8(4), 1978, pp. 725–735.

(29)　史料の大半が感染症を疫と表記しており、症状についての記録も稀で、感染症の実体を明らかにすることは困難である。にもかかわらず、当時の疫病の実体を明らかにしようとする努力が続けられてきた。曹樹基は万暦・崇禎年間に発生した疫病を全てペストと断定している。しかし、浅川、鄧鉄濤は一六四〇年代の疫病のみをペストとみるべきだとし、ダンスタン（Helen Dunstan）も一六四三—四四年の一部地域で流行した疫病がペストである可能性が高いとしている。

(30)　死亡した人々のこと。明清時代の記録をみると、天然痘が流行した後、総じて幼い子供が死亡する。当時の疫病流行以後、数多くの成人が死亡しており、このことから、当時流行していた疫病が天然痘ではなく、ペストであったと推測できる。

(31)　明代の岳州府で一五回、長沙府で一三回、常徳府で一三回の朝賑が行われたが、これは湖南の朝賑の九〇％に相当する。蔣仁梅「明代湖南的朝賑研究」湖南科技大学碩士論文、二〇〇八年、三三—三五頁を参照。

Ⅱ　政治体制（前近代）

3 新羅の宦官官府を探して

——洗宅（中事省）の性格についての再検討

李 在 晥
（植田喜兵成智 訳）

はじめに

中国唐代の宦官は、伝統時代から知識人に関心をもたれ、近代の歴史研究においても重要なテーマの一つとしての位置を占め、すでに「陳腐な主題」、「研究が終わった主題」とみなされるほど、多くの研究が進められてきた(1)。しかし、新羅の宦官については、同時期に唐と活発に交流し、制度と文化的な側面において大きな影響を受けていたにもかかわらず、現在まで全く関心が向けられてこなかった。韓国史において新羅の宦官は、宦官の起源を追究する過程で、新羅時代に宦官が存在したと言及される程度に過ぎなかった(2)。

『三国史記』には、興徳王の妃・章和夫人が亡くなったとき、王は夫人を忘れることができず、女侍を近づけず、左右で使令するのは「宦豎」だけであったという記録が残っており(3)、少なくとも新羅下代に宦官が存在し、王のそばで侍奉する任務を受けもっていたことは明らかである。しかし、彼らがどのような官府に所属し、具体的にいかなる役割を担っていたのかはいまだ検討されていない。これは、新羅の宦官について知ることができる史料が極めて少ないためである。

本章は、木簡などの出土資料と『三国史記』職官志の断片的な記録を組み合わせ、唐の宦官機構である内侍省と比較しつつ、新羅官制のなかで宦官が所属していた官府を探し出すことを第一の目標とする。宦官官府の探索に成功したならば、高麗にあった独特の宦官・内侍制度の淵源を新羅に求められるのかについても検討してみたい。

一　新羅中・下代の「中使」・「内養」と中事省

新羅の宦官について直接的に言及した記録は『三国史記』興徳王元年の記事が唯一である。しかし、金石文に登場する「中使」の存在が新羅の宦官を追究する端緒となる。「中使」は新羅下代の僧侶碑文において、国王と高僧のあいだの交流を仲介する役割を担うものとして登場する。景明王が立てた「鳳林寺真鏡大師宝月凌空塔碑」は、真鏡大師が入寂すると、王が「中使」を派遣し賻資を伝えたと記し、[4] 高麗太祖二三年（九四〇）に建立された「普賢寺朗円大師悟真塔碑」には、新羅の景哀王が朗円大師に「中使」崔暎を派遣して招聘したという記録がある。[5] 光宗五年（九五四）に建立された「太子寺郎空大師碑」では、新羅の神徳王が「中使」を派遣して郎空大師の行寂の葬礼を監護させた事実が確認される。[6]

「中央で給使する人」あるいは「中央から派遣された使者」などの意味に解釈できる「中使」という呼称が、中国ではじめて登場するのは後漢代であり、[7] すでに宦官たちが中使として皇帝の使者となり活躍している。[8] このころは宦官のほかに宮女や皇宮の養馬人が中使の任務を受けもつ場合もあったが、南北朝時代を経て、基本的に中使に宦官のみを任命することが固定化された。[9] 唐代になると、「中使」が宦官使職全体に対する概括的な名称として使用され、さらには宦官自体を指すようになった。[10]

当時、中国から宦官が中使として渤海・新羅など周辺国に派遣された事例が数多く見られ、唐が渤海に送った使節の場合、定期的な使節の七五％が宦官であった[11]。新羅は、他の国家に比べて文章と礼楽にすぐれていたことを認められ、相対的に宦官より儒学的素養を備えた学者的官僚が対新羅使臣として選ばれる傾向があったとはいえ[12]、唐の宦官中使が対新羅外交活動において活躍したことは明らかである[13]。「中使」・「中貴人」であったことが記録のうえで確認されるものとして、内史高品の何行成が聖徳王三二年（七三三）に使臣として新羅を訪問した事実があり[14]、新羅の質子の金允夫が旧例によって入蕃する中使の副使となり本国に戻ることを要請した記録も残されている[15]。

新羅側でも唐に使節を派遣し外交活動を展開するとき、唐の宦官勢力を意識していたので、「中使」の用例を認識していなかったはずがない。したがって、新羅の僧侶碑文に現れる「中使」もまた「宦官の使者」の意味から大きく逸脱しないものと推測できる。僧侶碑文では、「中使」と同一の役割を担当した者に対して「星使」、「中涓」、「中官」などの表現も使用しているが[16]、これらすべてが同様に宦官を指し示す用語だった。特に「中官」は、「内官」とともに一般官僚と対比して、宦官自体を示すさいに多く用いられた名称であった[17]。

一方、「興寧寺澄暁大師宝印塔碑」には「献康大王、遽飛鳳筆、微赴竜庭、仍以師子山興寧禅院隷于中使省、属之」とあり、こうした「中使」たちの官府として「中使省」が存在したことを示してくれる。「中使省」はその意味と発音における類似性を勘案すると、「皇竜寺九層木塔刹柱本記」、「鳳林寺真鏡大師宝月凌空塔碑」などに見える「中事省」と同一の実体と判断できる[18]。「鳳林寺真鏡大師宝月凌空塔碑」で真鏡大師を招聘するために、「中事省内養金文式」を派遣したとあり、同碑文の後半部分では、前述したように入寂した大師の葬礼に賻資を伝達するために「中使」を送ったことが見え、中事省内養金文式が中使だったことを確認できる。

またこの語を通じて、中使省＝中事省に「内養」という官職をもつ者が存在したことがわかる。「内養」は唐では高品・品官・白身など宦官を構成する身分集団とともに登場する用語であり、宦官のなかで天子と私的に親密な関係を有した側近を指す[19]。八三二年、渤海に派遣された内養の王宗禹の事例のように、「内養」という官職をもった宦官が外交舞台で活動していた[20]。ここから「中使」の場合と同様に、新羅は「内養」という官職の唐での意味を認識し、これを受容していたと考えられる。

新羅で「内養」という官名を使用したのは、上記の事例以外にも存在する。景明王八年（九二四）に撰述された「興寧寺澄暁大師宝印塔碑」には、真聖女王二年（八八八）に「東宮内養」安処玄を澄暁大師折中に派遣した事実が記録されている。後段で再度検討するつもりであるが、『三国史記』職官志によると、東宮にも中事省が設置されており、この「東宮内養」は東宮中事省所属の内養であることがわかる。

そして『三国遺事』原宗興法厭髑滅身条によれば、新羅の仏教公認過程において重要な役割を果たした朴厭髑、すなわち異次頓が「内養者」だったという[21]。該当記事の後段部分では、「春宮」すなわち東宮において轡をならべた仲間たちが血の涙を流して互いに顔を見つめ合ったとあるので、ここでの「内養者」もまた東宮中事省所属の内養を意味するものといえるだろう。これまでの研究では、これを「舎人」と同じものとみなし、単純に闕内近侍職として説明してきたが[22]、前述の事例と同様に王と私的親密関係をもつ宦官を指す用語として見たほうがよいだろう。

ただし、『三国遺事』の該当記事は、元和年間（八〇六―八二〇）に南澗寺沙門の一念がつくった「髑香墳礼仏結社文」を引用したものである。したがって、「内養」という官職が法興王代に実際に存在したというよりも、一念が九世紀初めの用語を使用して、類似した性格の地位にあった異次頓を表現したものとみられる。しかし、ここでは王の意思を慮ることのできない「朝臣」に対比される存在として「内養者」が登場していることから、新羅下代の「内養」に対する認識が唐代のそれと大きく異なっていなかったものと推測できる。

『三国史記』職官志によれば、中事省（中使省）は、元来「洗宅」という名称をもっていたが、景徳王代に改名された。景徳王は、地名と官号を大々的に改めた。その変化の志向は、名称を中国式に「雅化」するものであり、これを

「漢化」政策の一環とみなすのが一般的である。こうした大幅な名称の変更が実質的な制度「改革」をともなったものであったのかについては疑問があるものの[23]、唐制を意識した改名だったという点に異見の余地はない。

唐で宦官の使者を表す「中使」の名をもつ「中使省（中事省）」という名称を選択し、その官府に中使が属しているという点は、その官府が宦官と何らかの関連があることを示している。かつ宦官を表す「内養」という官職をもった存在が所属していたことは、これが宦官の官府だったという推定に説得力を与える。結局、新羅で宦官官府を探すならば、中事省がその候補としてもっとも有力であるといえる。

しかし、既存の研究では、新羅の中事省を唐の内侍省のような宦官機構と関連づけていない。李基東は、洗宅（中事省）を国王の近侍機構と理解した。本来、王命を奉じる国王直属の行政官府であった執事省が新羅下代に入ってから上大等と同一の性格の官職として外廷化すると、国王は従来の国王の秘書機構であった洗宅を中事省と改称し、一種の内朝を形成して執事省の実権を吸収するようになったという[24]。そして、このような中事省は、唐の三省のうち中書省と類似した性格をもっており、高麗初期の内議省を経て中書省にその系譜が継承されたと推定している[25]。それ以降、中事省についてはこうした理解が通説となった。

中事省（洗宅）が三省六部の中核に該当する中書省の前身であったのか、あるいは唐の内侍省に該当する官府であったのかを確認するためには、実際に担当した職務の性格を調べてみる必要がある。次節ではこの官府が実際に受けもった職務を検討し、唐や後代の高麗・朝鮮時代の宦官官府の職掌と比較してみることにしよう。

二　東宮出土木簡からみた洗宅（中事省）の職掌

中使省（中事省）については新羅下代の金石文資料だけではなく、『三国史記』職官志にも簡略ながら関連記録が残されている。設置された時期と地位の高低がわからない未詳官職のうちに「中事省」が含まれているが[26]、実際には職官志に「洗宅」なる官府があり、景徳王代に改称されて「中事省」となったことは前述したとおりである。職官志に二か所見える「洗宅」に関する記録は次のとおりである。

（a）洗宅。景徳王が中事省に改めたが、のちにもとに戻された。大舎が八人、従舎知が二人である[27]。

（b）洗宅。大舎が四人、従舎知が二人である[28]。

『三国史記』職官志は官府名を単純に羅列しているだけであり、官府間の上下統属関係を正確に把握することは難しい。しかし、おおむね前後の官府名と比較することで、（a）は内省傘下の国王直属機構であり、（b）は東宮省・東宮衙の御竜省の次に言及されていることから、東宮所属の官府として理解されてきた[29]。（a）から推定すると、本来「洗宅」という名称をもっていたこの官府は、景徳王一八年（七五九）正月に百官の号を漢式に改めたとき、「中事省」に改称され、恵恭王一二年（七七六）正月に百官の号を復旧したとき、再び「洗宅」と呼ばれるようになったものと理解できる。右で検討した新羅下代の金石文に「中事省」「中使省」という名称が確認されることから、職官志には記録されていないが、恵恭王代（七六五―七八〇）以降のある時期にまた改名が行われたとみられる。文聖王一七年（八五五）に金立之が撰した「昌林寺無垢浄塔願記」の関係者のリストに「専知修造官　洗宅　大奈麻　行西林郡太守金梁博」なる者が見えるので、八五五年までは「洗宅」という名称が維持されており、八五五年から八七二年のあいだのある時期に「中事省」「中使省」に再び改名が断行されたと考えられる[30]。

ところで、『三国史記』職官志には洗宅がいかなる職掌をもっていたのかに関する情報が全く残されていない。幸いにも一九七五年、東宮と月池（当時の名称は雁鴨池）の発掘過程で発見された木簡のなかに「洗宅」という文字が確認され、これらの木簡から洗宅が担当した職務の一部を推測できる。

まず一九一号木簡で「洗宅」が二か所墨書されていることが確認されており、判読案は次のとおりである。

一九一号

（表面）× 　壴洗宅家　×

（裏面）×　壴洗宅家　×

表・裏面に同一の内容が墨書されていることが特徴的である。最初の文字を「賣」、最後の文字を「處」とみて、「□が洗宅というところで売る」と解釈する見解も出されたが[31]、最後の文字は明らかに「家」であり、最初の文字も「壴」とすることに無理がないと考えられる。「壴洗宅の家」ほどの意味に解釈できるだろう。壴氏の姓をもった洗宅の家に送る物や、その家から宮に送った物に付けられていた木簡と考えられる。この木簡を通じて、洗宅の職掌を類推するのは難しいものの、「洗宅」は官府名であると同時に官職としても使用されていたことがわかる。前述したように「昌林寺無垢浄塔願記」の「洗宅　大奈麻　行西林郡太守　金梁博」についても、「洗宅」の次に職名がなく、「大奈麻」という官等がすぐに続いている。こうした表記上の特徴は、高麗の「内侍」を連想させるが、この点については後段で再度言及する。

次に注目されるのは、案一四八四号木簡（報告書一号木簡）である[32]。この木簡は、発掘調査報告書で一号木簡として紹介されたが[33]、『韓国の古代木簡』には収録されておらず、二〇〇七年に国立慶州博物館の『新羅文物研究』創刊号で「案一四八四」という新しいナンバリングとともに赤外線写真が公開された[34]。これ以降、橋本繁と李文基の判読案が提示された[35]。これを基にして該当木簡の判読文を紹介すると次のようになる。

案一四八四

（表面）「×　洗宅白之　二典前四□子頭身沐浴□□木松茵」

（左側面）「×　〔　〕□迎一入日□□　」

（裏面）「×　　　十一月廿七日典□　思林　」

この判読案は橋本繁の判読案とほぼ同じものである。李文基は左側面の最後の文字を「了」と読み、裏面の未判読文字を「左」と読んだが、現在の赤外線写真ではこれを確認することが難しく、判読不可能とした。文章の順序は表面↓左側面↓裏面であり、[36]「洗宅が二人の典の前で申し上げる」という内容で始まり、文書作成日時と担当者の姓名を記録して文章をしめくくった文書木簡と判断される[37]。文書の本文に該当する部分に未判読字が多く、正確な内容を把握することは難しいものの、「沐浴」や敷物を意味する「茵」字が見え、沐浴用品との関連を推定できる[38]。この沐浴が日常的な衛生行為であるのか、儀礼と関連する行為であるのかはこの資料からだけでは理解できない。ただし、洗宅がそれと関連した日常用品に携わる業務を、別の二人の典と連携して担当していたことは明らかである。

一八五号木簡もまた洗宅の職掌を推定するうえで重要な資料となる。この木簡の場合、特に表面に「牒」という文字が判読されたことで、文書木簡として大きな関心がもたれた[39]。判読文を提示すると次のとおりである。

一八五号

（表面）「▽□遣急使□高城醢缶」

（裏面）「▽辛番洗宅□□瓮一品仲上」

内容上の順序は不明瞭であり、『韓国の古代木簡』に掲載された順序を基準にして表面と裏面を設定した。表面と裏面の内容がひとつながりのものであるのか、別個のものであるのかは議論の余地が残っている。以前、表面の五番目の文字を「牒」と読んだ判読案は、二〇〇七年に鮮明な赤外線写真が発表されてから揺らぐこととなった。表面の八番目の文字は、「醢（ひしお）」の異体字である「醢」と判読され、東宮月池出土木簡の性格を明らかにするうえで大きな影響を与えた。類似した文字が一九三号・一九五号・二一四号・二一六号など、別の木簡でも確認されている。これらと似た様式に「助史」が記された木簡（一八三号・一八八号・一九四号・二一一号・二一二号・二一五号・二二二号）が確認されており、相当数の木簡が発酵食品の保管と関連したものとみられる。

最近、この一八五号木簡の「醢」については塩を指す「鹽」の古字である「醢」とみる新たな判読案が提起された[40]。判読案の再検討が必要になりつつあるが、この判読案に従うにしても、食品が収められた缶に関して、高城に急使を派遣するという全般的な内容理解自体には無理がないと思われる。

「辛番洗宅」から始まる裏面の場合、中間にある二つの文字の判読が不明瞭なものの、内容上、それは甕に入れられた内容物と推定され、「一二」は甕の数量、「品仲上」は内容物の品質等級であると考えられる。東宮月池で出土した木簡一八三号・一八九号・一九五号などでひしお、あるいは塩辛と推定される「醢」「助史」[41]などが甕に入れられて保管されたことが確認できることから、この甕に入っていた内容物、または飲食物のことと推定できる。表面と裏面の内容が一連のものとすれば、内容物は高城から持ってきた醢、あるいは塩といえるだろう。この木簡は洗宅が特定の飲食物の搬入や保管に関連した業務を担当していたことを示してくれる。

このように東宮月池出土木簡で確認される洗宅の職掌は、沐浴用品の受給やひしお・塩辛など飲食物の管理など、宮中の雑務といえるものであるが、これは洗宅＝中事省を高麗中書省の前身とみなす既存の通説的理解に反するものである。李文基は、前述の検討と同様に、木簡に現れた洗宅の性格を分析して、八世紀中・後半段階の洗宅は国王と王室家族の日常的な宮廷生活を支える下級の供奉機構としての性格を備えていたと結論づけている。しかし、彼は遅くとも九世紀中・後半には官府としての地位に変化が発生し、李基東が描写した近侍・文翰機構的性格をもつことになったとした[42]。すなわち、東宮月池出土木簡で確認される洗宅の様相は、八世紀中葉の姿のみを反映したものと理解したのである。

しかし、東宮月池出土木簡が特定の時期に一括して廃棄されたとみるのは難しく、その作成年代は八世紀中・後半と断定することはできない。したがって、東宮を築いた六七四年から新羅が滅亡した九三五年までを出土木簡の上下限と設定できる[43]。さらに八世紀中盤には「中事省」にその官府名が改称されていたことから、東宮月池木簡に現れた

「洗宅」が八世紀中・後半の様相のみを反映していると断定するには無理がある。八世紀以前から使用された「洗宅」という名称が九世紀中盤までそのまま使用されていたとみられる点も、洗宅の基本的な職掌に大きな変化がなかったことを暗示する。

結局、東宮月池木簡で確認される宮中の雑役は、終始一貫して、洗宅＝中事省の基本的な職掌であったということができる。『三国史記』職官志で確認される景徳王代の漢式改名以前は、官府名称のほとんどが名前から直接的に担当業務を類推することができるほど単純な命名であったことを考慮すると、宦官のもっとも基本的な職務とみなされる「門戸掃除之役」が、「家をきれいにする」という意味をもつ「洗宅」の名称の由来だった可能性も想定できる。

このように、同時期の唐で宦官を指す「中使」と「内養」を官府名や官職としてもち、宮中の雑役を基本職掌とする洗宅＝中事省は、唐制と比較した場合、公的領域において天子の詔勅を受けて伝達する役割を本来の職務としてもつ中書省よりは、私的領域において皇帝および皇后に侍奉し、掖庭局・宮闈局・奚官局・内僕局・内府局を傘下に置いて宮中の諸業務を総括する内侍省と相通じる点が多いといえるだろう(44)。『経国大典』(45)は朝鮮王朝の宦官機構である内侍府の基本職掌を「監繕・伝命・守門・掃除之任」とするが、これもまた新羅の「洗宅」の名称と機能によく符合するといえよう。

一八五号木簡とともに、直接的に「洗宅」や「中事省」への言及はないものの、類似した形式と機能が確認されている一八三号・一八八号・一八九号・一九三号・一九五号・一九七号・二一一号・二一二号・二一四号・二一五号・二一六号・二二一号・二二二号などの食料品に関連する荷札木簡は「監膳」の職掌に対応し、「洗宅」という名称自体は同じく「掃除」の職掌に対応するものとみることができる。また「洗宅」「中事省」の語は見られないが、これらが宮門警備の管理に関する一八六号木簡と、キーホルダーと推定される二一三号木簡および「東宮衙鎰」「思政堂北宜門」「合零闌鎰」などが記されている錠前などの「守門」の業務と関連する多様な遺物と一緒に出土していることが注目される。

すでに検討したように、一八五号木簡の裏面には「瓮」の受給や保管と関連する主体として「辛番洗宅」が見え、発酵食品「助史」と関連する一八三号木簡には「丙番」も確認される。この点に注目して、甲乙丙丁戊己庚辛壬癸など十干によって区分される番上制度の存在を推定する見解が提起されている。[46]一方、「辛」の干号が付いた「番」は「洗宅」の前にも付随している。このことから、「洗宅」の内にもいくつかの番に分かれた組織が存在した可能性が想定できる。これは、朝鮮時代の内侍府に長期勤務の「長番」と、交替で出退勤する「出入番」が存在していたことを想起させる。[47]甲番から辛番まで少なくとも八個以上の干号をつけた番に分かれ、交替で宮中雑役に勤務する洗宅の組織を考えることができる。

このように木簡資料から確認できる洗宅（中事省）の組織は、中書省ではなく、内侍省により類似しているといえる。結局、『三国史記』職官志をはじめとした諸資料において確認しうる官府・官署のうち、新羅下代に存在したことが明らかな宦官の所属官府としては、洗宅（中事省）よりも適当なものを見出すことはできない。

三　中事省の二元化と高麗の内侍

中事省（洗宅）が宦官たちの所属官府であったとしても、それがただちに宦官のみの所属する官府であったことを意味するわけではない。中国史では宦官官府が士人によって代替されたり、兼用されたりする事例がいくつか確認されている。新羅の場合にも九世紀中盤以降、資料から宦官であると断定できない人物が中使の職務を担当する事例が確認される。

文聖王一七年（八五五）に作られた「昌林寺無垢浄塔願記」の「専知修造官　洗宅　大奈麻　行西林郡太守　金梁

博」と景文王一二年（八七二）に作られた「皇竜寺九層木塔刹柱本記」の「崇文台郎　兼春宮中事省　臣　姚克一」がそうした人物に該当する。金梁博は、別の資料において官歴を確認できないものの、「行西林郡太守」という地方官の職を有していることから、宮中で雑役に従事していた宦官と見るのは難しい。姚克一の場合、『三国史記』の列伝は彼の官職が「侍中兼侍書学士」に至ったとしている。[48]『三国史記』新羅本紀では彼の侍中補任の記事が確認できず、真骨が独占する最高位級の官職に上ることのできる身分とは見られないことから、侍中職に上ったという記録は誤りであるとみなすのが一般的である。[49]とはいえ、彼は崇文台郎や侍書学士など文翰職を歴任しており、やはり宦官であったとは考えられない。

一方、真聖女王七年（八九三）に撰述され、景明王八年（九二四）に建立された「鳳巌寺智証大師寂照塔碑」には景文王が智証大師に送った使者として、近侍のうち元聖王の昆孫である金立言を選抜したという記録がある。[50]彼が中事省の所属であったのか明確ではないものの、高い身分の人物が近侍として中使と同様の役割を担当する場合があったことを示しているといえよう。

『三国史記』職官志では洗宅が大舎と従舎知という比較的低い職位の官職のみで構成されていたものとして現れる。したがって、文翰官や高位の子弟が右に検討した宮中雑役従事者とともに洗宅（中事省）に所属していたと見るのは難しい。現存する資料によると、九世紀中盤以降にそうした性格の人物が確認されるので、それ以前のある時期に発生した変化として見るのが自然である。

とすれば、内侍省と類似した中事省（洗宅）が九世紀中葉に地位と役割を大きく転換させ、侍従・文翰機構に脱皮することで、国王の側近の内庁に再編されることになったとみるべきだろうか。[51]このように解釈するには、中事省（洗宅）を高麗時代の中書省の前身とみなす通説を前提にせねばならない。しかし、残された史料を通じて、この時期に中事省が内朝を形成し、外朝化した執事省の実権を吸収して成長する姿は確認しがたい。

文献資料や金石文資料から確認できる中使の活動は、第一節で羅列したものがすべてであり、彼らが担当した任務は、高僧に国王の贈物や賻物を伝えたり、国王の代わりに高僧を王宮に招聘したりすることだけであった。これは、国王の私的代理人として中使が担当するもっとも基本的な職務であり、高麗や朝鮮時代の史料に確認できる姿と異なる点が多い。使職を帯び各官府・官署を掌握したり、地方統治・軍事運営に関与したりした痕跡はいかなる資料からも確認することができない。

朝官と対比され、政治的な発言を許されていたのは、ただ異次頓の事例のみであるが、たとえこれが事実として認められるとしても、時期的にかなりさかのぼる法興王代のことである。中国の皇帝権と宰相権（臣権）の対立を前提にする内朝と外朝の概念を、潜在的王位継承権者である国王の近親たちが王位継承順位にしたがって宰相職に上った新羅の状況に適用可能であるか、根本的な疑問を投じざるをえない(52)。

注目すべきは、王の近しい親族や文章・書道に精通した人物が中使の役割を担当した場合、彼らがみな別の職を有したまま、それに加えて洗宅（中事省）を兼ねたという点である。姚克一は文翰職である崇文台郎を本職として春宮中事省を兼ね、金梁博は行西林郡太守という地方官職にあった。金立言もまた建功郷令という職をもっていることが碑文の後段部分で確認できる。地方官としての本職を有している者が常時国王のそばに留まって侍奉したと見るのは難しい。王の近親や文章・書道などに特別な才能を見せた人物に中事省＝洗宅の職を兼務させ、特定の事案に関して王に侍奉したり代理人としての役割を遂行させたりしたと考えられる。

とすれば、それ以前と同様に常時宮中雑役を受けもった中事省（洗宅）所属の官員のほかに、高僧との交流などで「伝命」の役割を担当する兼職中使が登場したことによって、中事省が二元化されたと考えられる。このように中事省組織の二元化が生じることになった背景には、中代以後、臨海殿で開催された群臣宴や外国使節との宴会、そして高僧との交流など、王の私的領域においても文芸的能力が要求される状況が漸次増加したことが挙げられる。

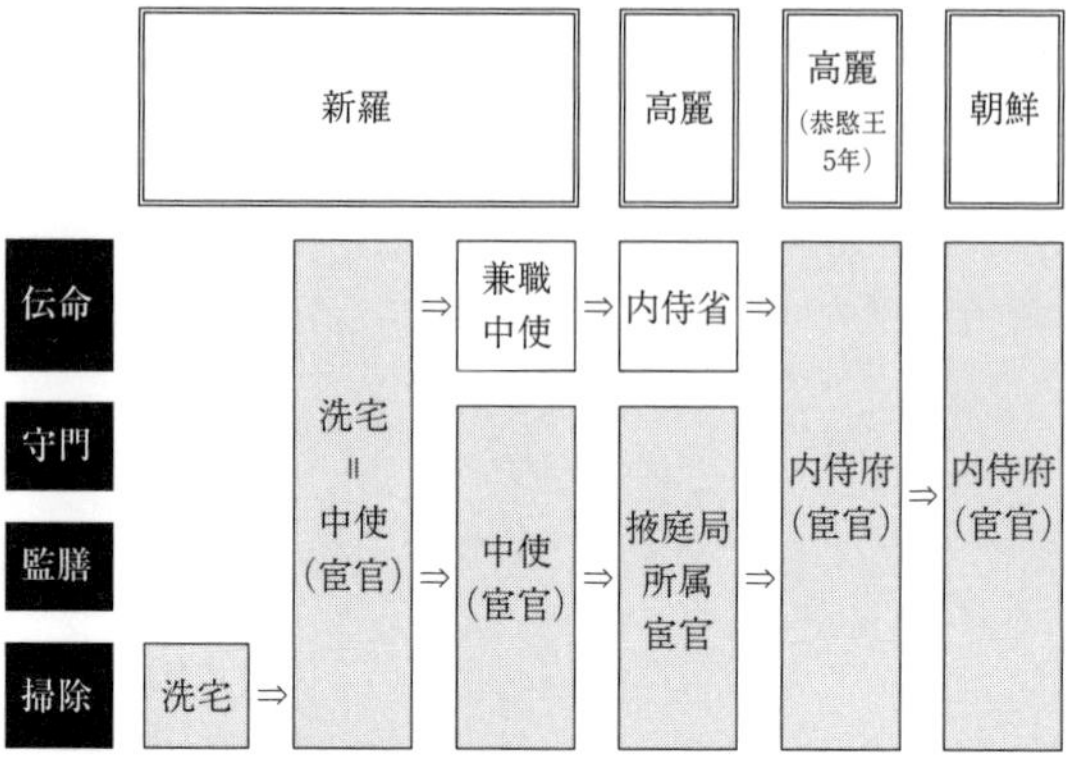

図　内侍／宦官官府の変化様相

私的領域で王命を伝達する職務が彼らに任される一方、宦官の職務はむしろ宮中雑役に限定され、その成長は抑制された。宦官が勢力をもつのは国王との親密性を基盤とするためである。興徳王の周辺に「宦豎」だけがいたという『三国史記』の記録が、宦官にとりまかれた君主に対する批判的論調を帯びていないという点は、宦官が朝官たちに脅威を与えるほど成長していなかった当時の状況を暗示するものであろう。

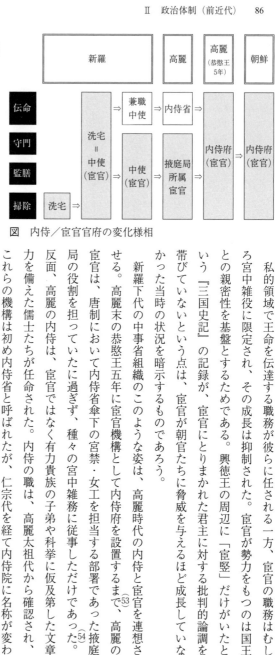

新羅下代の中事省組織のこのような姿は、高麗時代の内侍と宦官を連想させる。高麗末の恭愍王五年に宦官機構として内侍府を設置するまで[53]、高麗の宦官は、唐制において内侍省傘下の宮禁・女工を担当する部署であった掖庭局の役割を担っていたに過ぎず、種々の宮中雑務に従事しただけであった[54]。反面、高麗の内侍は、宦官ではなく有力貴族の子弟や科挙に仮及第した文章力を備えた儒士たちが任命された。内侍の職は、高麗太祖代から確認され、これらの機構は初め内侍省と呼ばれたが、仁宗代を経て内侍院に名称が変わった[55]。このような高麗の内侍は、内侍省が宦者の官府であった唐・宋の制度とは全く異なっていた。しかし、高麗がいかにしてこのような独特の内侍制度をもつことになったのかについては現在まで詳細に検討されてこなかった。

唐・宋制と異なるこのような制度が国初から存在していたとすれば、その淵源を新羅に求めるのが自然である。高麗で内侍に任命された人物を一瞥すると、おおむね三つの形式によってその事実が記述されている。「内侍」に続いて官府・官職および姓名が順番どおりに書かれている例がある反面、「内侍」の次に官職および姓名だけが表記された場合もあり、「内侍」と姓名だけが記述された事例も存在する[56]。これは、内侍省あるいは内侍院の内部において職制が分化されていなかったことを示すものであり、新羅において職名がなく官府の名前だけを官職として使用した一九一号木簡の「曺洗宅」、および「洗宅」の次に官等・官職・姓名が記録された「昌林寺無垢浄塔願記」の「洗宅大奈麻　行西林郡太守　金梁博」を連想させる。また高麗の内侍は、内侍職のほかに常に異なる官職を帯びていたことから、内侍職は兼官あるいは派遣官であるといえる(57)。これもまた新羅下代の宦官でない中使と相通じる姿といえるだろう。

結局、高麗の内侍は、新羅下代に王の近親の青年と文芸能力の保有者が本来宦官機構であった洗宅＝中事省を兼職しつつ国王の近侍の役割を担当したことに起源をもつものと考えられる。こうした流れのなかで宦官ではない朝官が兼職あるいは派遣官として高麗の内侍省を専有することになり、宮中の雑役を管掌した既存の中事省の宦官は、高麗に至って内侍省から排除され、別途掖庭局に編制されたと見ることができる。

おわりに

これまでの議論を整理すると次のとおりである。『三国史記』には王妃を失った興徳王が女侍を近づけず、周辺にただ宦竪のみを置いたという記録があり、新羅に宦官が存在したことは明らかである。新羅下代の僧侶碑文においては国王と高僧のあいだをとりもつ役割を担った存在として「中使」が確認される。これらの官府としての中事省、あるいは中使省が存在し、「内養」という官職をもった者がここに所属した。「中使」と「内養」はすべて唐において宦官を指す語として広く用いられ、宦官がこのような官職を帯びて渤海・新羅などに使臣として派遣された事例がしばしば見られる。新羅はこうした単語の意味を明確に認識して使用していたと見られる。

既存の見解では、新羅ではそれまで国王直属の行政官府であった執事省が外廷化する一方で、中事省が国王の近侍・文翰機構として内朝を形成して執事省の実権を吸収し、高麗の中書省にその系譜が続いたとみる見解が定説となっていた。しかし、雁鴨池出土木簡によると、洗宅（中事省）は沐浴用具の受給あるいは特定の飲食物の搬入や保管に関する業務など、宮中の雑役を管掌していたことが確認されている。これは「監膳・伝命・守門・掃除之任」という唐の内侍府の基本職掌と一致する。したがって、中事省は高麗の中書省よりは新羅と同時代の唐の宦官機構であった内侍省に対応する機関であるといえる。

ただし、九世紀中盤以降の金石文では王の親族子弟や文翰職従事者など、宦官とみるのが難しい者たちが中事省を兼職する事例が確認される。国王の私的領域で文章や書道などの能力を必要とする状況が増加しつつあり、その状況に応じて宦官以外の人物に中使を兼任させ、王に近侍するようにしたものとみられる。しかし、金石文で確認できるそれらの任務は、国王と高僧の間をとりもつ中使という基本的な役割だけであり、これを越えて内朝を形成したり、政治的影響力を追求したりする様相はまだ見出すことができない。

宮中雑役を担当する宦官と、王族子弟や文芸的能力をもとに国王に近侍する兼職者によって中事省が二元化された現象は高麗に継承され、宦官が内侍省から排除されて掖庭局のみに編制され、宦官ではない貴族子弟や科挙に及第した儒士が兼職官あるいは派遣官として内侍省を独占する高麗独特の制度を形成することになったものと見られる。

（1）柳浚炯「唐代 宦官 問題의《の》 再認識――研究史 考察 및《および》 皇権運営과의《との》 関係 分析을《を》 中心으로《に》」『中国史研究』第七七輯、二〇一二年、二八六頁。
（2）李愚喆「高麗時代의《の》 宦官에《に》 対하여《ついて》」『史学研究』一、一九五八年、一九頁。
（3）「冬十二月、妃章和夫人卒、追封爲定穆王后。王思不能忘、悵然不樂。群臣表請再納妃、王曰、隻鳥有喪匹之悲、况失良匹。何忍無情、遽再娶乎。遂不從、亦不親近女侍、左右使令、唯**宦竪**而已」（『三国史記』巻一〇、新羅本紀一〇、興徳王元年）。
（4）「寡人忽聆遷化、身惻慟情、仍遣昭玄僧榮會法師、先令吊祭。至于三七、特差**中使**賚送賻資、又以贈諡眞鏡大師塔名寶月凌空之塔」。

(5)「本國景哀大王、聞大師德高天下、名重海東、恨闕迎門、遙申避席、仍遣中使崔暎、高飛鳳詔、遠詣鴦廬、請扶王道之危」。

(6)「聖考大王、忽聆遷化、良惻仙襟、特遣中使、監護葬儀」。

(7)「永元十六年、徵拜將作大匠。明年、和帝崩、典作順陵。時盛冬地凍、中使督促、數罰縣吏以厲霸」（『後漢書』巻二五、魏霸伝）。

(8)陳巍・董劭偉「漢末三国中使考」『重慶交通学院学報（社科版）』第五巻第三期、二〇〇五年、七七—七八頁。

(9)寧志新『隋唐使職制度研究（農牧工商業編）』中華書局、二〇〇五年、八頁。唐飛「唐代中使研究——以中使与唐代政治・軍事之関係為中心」揚州大学碩士学位論文、二〇一〇年、一二—一三頁。

(10)寧志新二〇〇五年前掲書八頁。柳浚炯二〇一二年前掲論文三一七頁。

(11)権悳永「八、九世紀〝君子国〟에《に》 온《来た》 唐나라《国》 使節」『新羅文化』第二五輯、二〇〇五年、一一七頁。

(12)権悳永前掲論文一二〇頁。

(13)新羅・渤海に派遣された唐の宦官使臣については、小宮秀陵「新羅・渤海에《に》 온《来た》 唐 宦官使臣의《の》 拡大와《と》 그《その》 背景」『歴史와《と》 現実』八九、二〇一三年参照。

(14)崔致遠「上太師侍中状」、張九齢「勅新羅王金興光書」。

(15)「寶曆二年十二月、新羅質子金允夫、請准舊例。中使入蕃、便充副使、同到本局譯詔書、不許」（『冊府元亀』巻九九九、請求）。

(16)「仍貫籍于大皇龍寺、徵詣京邑、星使往復者、交轡于路、而岳立不移其志」（「双渓寺真鑑禅師大空塔碑」）、「遽出書一編、大如椽者。俾中涓授受、乃門弟子所獻狀也」（「聖住寺朗慧和尚白月葆光塔碑」）、「恩命中官爭刻焉」（「沙林寺弘覚禅師碑」）。

(17)「玄宗在位既久、崇重宮禁、中官稱旨者、即授三品左右監門將軍、得門施棨戟」（『旧唐書』巻一八四、宦者伝序）。

(18)李基東『新羅骨品制社会와《と》 花郎徒』一潮閣、一九八四年、二三七—二三八頁。

(19)室永芳三「唐末内侍省内養小論」『長崎大学教育学部社会科学論叢』第四三号、一九九一年。

(20)「戊辰、內養王宗禹渤海使廻、言渤海置左右神策軍左右三軍一百二十司、畫圖以進」（『旧唐書』巻一七下、本紀一七下、文宗六年一二月己未朔）。

(21)「元和中、南澗寺沙門一念撰髑香墳禮佛結社文、載此事甚詳……昔在法興大王垂拱紫極之殿……於是朝臣未測深意、唯遵理國之大義、不從建寺之神略……粵有内養者、姓朴字厭髑……時年二十二、當充舍人、……春宮連鑣之侶、泣血相顧、月庭交袖之朋、斷腸惜別……内人哀之……」（『三国史記』巻三、興法三、原宗興法厭髑滅身条）。

［訳者註］異次頓は法興王の近臣。五二七年、新羅において法興王が仏教の公認をはかったさい、群臣の反対にあった。仏教公認を主張する異次頓は、王に自らを斬るよう求め、王は命じてその首を刎ねたところ、白乳のような血が噴き出す奇跡が起きた。これによって群臣も仏教を認めるようになったという。『三国遺事』によれば、異次頓の死を悲しんだ法興王は泣いて衣を、宰相は冠を濡らし、東宮の同僚たちや友人たちも嘆き悲しんだことが記されている。

(22) 李基東一九八四年前掲書二三八―二三九頁。一方、李文基は中事省内養を唐の内養と関連づけて解釈しつつも、新羅の中事省が宦官府であったことは認めていない（「新羅 洗宅（中事省）의《の》 機能과《と》 官制的 位相의《の》 変化」『歴史教育論集』第五一輯、二〇一三年、二九八頁。

(23) 李在晥「新羅真骨研究」ソウル大学校国史学科博士学位論文、二〇一五年、一四四―一五〇頁。

(24) ［訳者註］上大等は新羅の最高官職。一王代に一人任命され、王と進退をともにするのが原則であった。

(25) 李基東一九八四年前掲書二四〇―二四六頁。

(26) 「其官銜見於雜傳記、而未詳其設官之始及位之高下者、書之於後。葛文王・檢校尙書・左僕射・上柱國・知元鳳省事・興文監卿・太子侍書學士・元鳳省待詔・記室郎・瑞書郎・孔子廟堂大舍錄事・參軍・右衛將軍・功德司・節度使・安撫諸軍事・州都令・佐・丞・上舍人・下舍人・中事省・南邊第一」（『三国史記』巻四〇、志九、職官下外官）。

(27) 「洗宅、景德王改爲中事省、後復故。大舍八人、從舍知二人」（『三国史記』巻三九、志八、職官中）。

(28) 「洗宅、大舍四人、從舍知二人」（『三国史記』巻三九、志八、職官中）。

(29) 李基東一九八四年前掲書二三四頁。

(30) 以上の推定は李基東一九八四年前掲書二三四―二三五頁に拠る。

(31) 李文基「雁鴨池 出土 木簡으로《にみる》 본 新羅의《の》 洗宅」『韓国古代史研究』六五、二〇一二年、一八一頁。

(32) 本章における木簡のナンバリングは、基本的に国立昌原文化財研究所『韓国의《の》 古代木簡（改訂版）』二〇〇六年に従ったが、この木簡は『韓国の古代木簡』に載っていないため、別途のナンバリングを使用する。

(33) 文化公報部文化財管理局『雁鴨池――発掘調査報告書』一九七八年、二八八頁。

(34) 咸舜燮「国立慶州博物館 所蔵 雁鴨池 木簡의《の》 새로운《新たな》 判読」『新羅文物研究』創刊号、二〇〇七年、一四三頁。

（35）橋本繁「雁鴨池 木簡 判読文의《の》 再検討」『新羅文物研究』創刊号、二〇〇七年、一〇六頁。李文基二〇一二年前掲論文一八四頁。

（36）李文基前掲論文一八五頁。

（37）尹善泰「木簡으로《に》 본《みる》 漢字文化의《の》 受容과《と》 変容」『新羅文化』第三二輯、二〇〇八年、一九五頁。

（38）李文基二〇一二年前掲論文一八七頁では、文書本文の前段部分を「四□子」を「ある動物の子四頭」と見て、「ある動物の子四頭の頭と体を水できれいに洗った」と解釈したが、動物を洗うという意味で「沐浴」という用語を使用するのは一般的ではない。

（39）李成市「韓国出土の木簡について」『木簡研究』一九、一九九七年、木簡学会。李鎔賢「統一新羅の伝達体系と北海通――韓国慶州雁鴨池出土の一五号木簡の解釈」『朝鮮学報』第一七一輯、一九九七年（『韓国木簡基礎研究』新書苑、二〇〇六年所収）。尹善泰「新羅의《の》 文書行政과《と》 木簡――牒式文書를《を》 中心으로《として》」『講座 韓国古代史』五、駕洛国史跡開発研究院、二〇〇二年。橋本繁二〇〇七年前掲論文。李文基二〇一二年前掲論文。

（40）権珠賢「新羅의《の》 発酵食品에《に》 대하여《ついて》」『木簡과《と》 文字』第一二号、五〇頁。

（41）［訳者註］「助史」は現代朝鮮語音では「조사《ジョサ》（josa）」であり、ひしおや塩辛を意味する「젓《ジョッ》（jeos）」とは音が類似していることから、この語を「醢（ひしお）」と関連した何らかの加工食品を指す新羅固有語を記したものとする説がある。

（42）李文基二〇一二年前掲論文一九三―一九七頁。

（43）橋本繁二〇〇七年前掲論文一〇七―一〇八頁。

（44）洗宅（中事省）も「省」級の官府名をもっているので、内侍省のように隷下に多様な官府を有していた可能性が高い。『三国史記』職官志は、いくつかの事例を除くと官府間の上下隷属関係をほとんど記録しておらず、具体的な様相は確認しがたい。

（45）［訳者註］朝鮮王朝の基本法典。世祖（一四五五―六八）によって編纂が命じられ、段階的に戸典（戸籍、租税、土地制度）、刑典（刑罰、奴婢制度）、吏典（文官の諸制度）、礼典（儀礼、外交、科挙制度）、兵典（軍事、武官の諸制度）、工典（土木建築、手工業制度）が成立し、成宗（一四六九―九四）の即位後の一四七〇年に頒布・施行された。その後も増補と改正を経て、一四八五年、最終的に完成・施行された。

（46）橋本繁二〇〇七年前掲論文二一二頁。

(47)「長番及出入番者 毎日給仕一」（『経国大典』巻一、吏典、内侍府条）。これとは性格を異にするものの、高麗の内侍にも次のように左番・右番の区分があった。「內侍左右番、爭獻珍玩。時右番多紈袴子弟、因宦者、以聖旨、多索公私珍玩書畫等物。又結綵棚、載以雜伎、作異國人貢獻之狀、獻青紅盖二柄、駿馬二匹。左番皆儒士、不慣雜戲、其所貢獻、百不當一。恥不及、借人駿馬五匹以獻、王皆納之、賜左番白銀十斤、丹絲六十五斤・右番白銀十斤・丹絲九十五斤」（『高麗史』巻一八、世家一八、毅宗二、一九年四月甲申）。

(48)「又有姚克一者、仕至侍中兼侍書學士、筆力遒勁、得歐陽率更法。雖不及生、亦奇品也」（『三国史記』巻四八、列伝八、金生）。

(49) 李基東一九八四年前掲書二四〇頁。

(50)「……妙選近侍中可人 鵠陵昆孫立言爲使……」。

(51) 李文基二〇一二年前掲論文。

(52) 李在晥二〇一五年前掲論文九四—九七頁。

(53)「內侍府。恭愍王五年、改宦官職、設內詹事・內常侍・內侍監・內承直・內給事・宮闕丞・奚官令。後置內侍府、……」（『高麗史』巻七七、百官志二）。

(54) 李愚喆一九五八年前掲論文二五頁。

(55) 李貞薫「高麗 前期 内侍와《と》 国政運営」『韓国史研究』一三九、二〇〇七年、五一頁。

(56) 金載名「高麗時代의《の》 内侍——그《その》 別称과《と》 構成을《を》 中心으로《として》」『歴史教育』八一、二〇〇二年、九三—九四頁。

(57) 金載名前掲論文九七頁では派遣官、李貞薫前掲論文五四頁では兼職官としている。

4　一六世紀朝鮮「山林之士」の台頭と薦挙制論議

金　映　印
（大沼　巧　訳）

はじめに

一三九二年、朝鮮が建国された。性理学者が高麗から朝鮮への易姓革命を主導し、性理学理念を根幹とした新たな国を設計した。以後五〇〇余年間、朝鮮は性理学の国として存続した。朝鮮は性理学に「正学」の地位を付与し、価値判断の準拠としての権威を認めた。時代により程度の差はあったものの、性理学者の社会的地位もまた強固だった。性理学的素養を具えた彼らが政府を導き、性理学を学んだ者が継続して官僚に充てられた。性理学の国・朝鮮を支える政府と支配エリートである士の間の関係は一見とても単純なもののように見える。しかし、実際の歴史はそのように単純ではなかった。

朝鮮では政府から距離をおき官僚制外部に自身を位置づけていた学者、いわゆる「山林之士」[2]が高い権威を保有し、強い影響力を発揮した。彼らは学者をもって自任しており、官僚制の中に完全には入らなかったことで、むしろ政治的な力を持つことのできた存在だった。彼らの中には、その権威と影響力が政府高官大臣のそれを凌駕することもあった。このような現象は朝鮮社会の性理学化の水準が大きく飛躍した一六世紀に現れ、一七世紀に至り全盛期を迎えた。「山林之士」の権威と活躍は朝鮮中期以後の政治文化の主要な軸をなした。

本章では、朝鮮社会で「山林之士」が権威を獲得し、政府内で地歩を拡大していく過程を薦挙制（官僚を推薦により登用する制度）に関わる論議のなかから考察することで、性理学理念に基づいて、朝鮮が作り上げた政治文化の主要な一面を照明しようと思う。

一　性理学の拡散と「山林之士」の時代

朝鮮は一六世紀に性理学理念が社会各方面により徹底的に具現される段階に至った。この過程は政府の主導下でなされた。国王と朝野の官僚が朝鮮社会の性理学化を導いたのである。ところで、まさにこの頃、もう一方では政府と距離をおく山林之士が次第にその存在感を現し始めていた。

性理学理念の拡散は出仕及び科挙の勉強から離れ、学問修養に没頭する士を生み出した[3]。性理学では士に社会的責任意識を持つことを強調した。しかし、政府に入り官僚として服務することが社会的責任を履行する唯一の方法ではない、いわゆる治国・平天下のために官職は必須でないという主張だった。その根底には、世の中の道徳秩序は統治権力によってつくられるものではなく、人間個々人が自身の生まれ持った道徳性を悟り、開発することで具現されるものであるという信念があった[4]。士として優先しなければならないのは、根気強い学問の修養であった。政府官僚になることを目標とすること、そしてそのために科挙の勉強に没頭することは、意識の高い士ならしないものとみなされた。ところで、このような論理にしたがえば、最も理想的な人材は基本的に政府の外に存在することになる。したがって、性理学社会で政府はこのような者たちを見つけて呼び出すため積極的な努力を要求され、ゆえに在野で人望を得た士は科挙でなく、薦挙（推薦）を受けて出仕をしたり、王から招かれて朝廷に出て行ったりした。

一七世紀以後、朝鮮には「山林」と称される者たちが存在した。朝鮮中・後期政治史と思想史で、山林は抜かすことのできない存在であり、著名な学者及び政治家のうち相当数がまさにこの山林だった。山林とは本来朝廷と対比される空間を指しているが、朝鮮では特定人物を指し示す言葉としても使った。この場合、山林は「山林遺逸之士」、「山林読書之士」、「山林宿徳之士」、「山林抱道之士」などの略語だった。しかし、在野の学者一般をすべて山林と称したわけではない。学問と徳行で名望が高く、王から招かれ官職を除授されるなど、特別な待遇を受けた者たちだけが山林と呼ばれ得た(5)。山林は朝廷に出て学問を講論し、国政に関して助言をしたり、批判したりし、朝廷で意見が食い違っている重大事案について是非を断ずる役割を果したりもした。朝鮮時代の代表的な山林に数えられる鄭仁弘、宋時烈、許穆、朴世采らは宰相の座まで与えられたことがある。しかし、山林であれば基本的に官職保有の如何や政府内での公式的な地位の高下と関係なく、高い権威と影響力を有していた。

山林という存在と関連して、特に注目されるのは、その資格要件である。山林と認められるためには科挙出身であってはならなかった(6)。すなわち、どれほど学問と徳行に優れ、名望が高い学者であっても、科挙に及第して官僚になった人物であれば、山林になることはできなかった。したがって、山林は科挙に出て行かず、王を頂点とする官僚制内に包摂されることを拒否した者だけが上がることのできる座であったということができる(7)。山林とみなされるには、官職に出て行く過程の問題が決定的な作用をしたことが分かる。そして、このような山林の時代が開かれるまでには数段階の漸進的な変化があった。

二　一六世紀前半――山林之士の進出と薦挙制

朝鮮は科挙制を通じて政府官僚を選抜した。科挙制は前の高麗時代にも施行されたが、朝鮮時代には中央集権的な官僚制国家が樹立され、官僚登用制度としてその比重がより大きくなった。科挙制は明らかに朝鮮時代の歴史像を規定する重要な部分の一つである。しかし、科挙制のみでは朝鮮の歴史の特徴を十分に説明しきることはできず、朝鮮の支配エリートがどのようなビジョンをもって国を導いていったのかも正確に究明することができない。

人材選抜及び登用問題に関する朝鮮性理学者の想像力とビジョンは決して科挙制のみに限定されるものではなかった。究極の目的はあくまでも賢能な人材を求めることだった。科挙制はこのための絶対唯一の方案ではありえなかった。朝鮮王朝の成立後五〇〇年近くの長期間にわたって、科挙制が廃止されたことはなかった。しかし、出仕路をより広げなければならないという問題提起もまた途切れることなく続き、いわゆる「立賢無方」の原則（人材を登用するに際して、その親密さや貴賤にかかわらず行うという原則）が持続的に呼び出され、強調された。科挙制が開放的な人材選抜制度であり、立賢無方を実現する最善の方案であるという認識は朝鮮時代の人々からは見出しがたい。

科挙制に対する批判的認識は単に制度運営上の腐敗と紊乱、または試験内容の細部や方法に対する不満から生ずるものだけではなかった。性理学理念の徹底した具現を志向する者であるほど視線はより根本的なところに向かっていた。おおむね科挙制より理想的なモデルとして考えられていたのは郷挙里選制度だった。郷村共同体の公論を土台に薦挙された人材を登用する方式、というのがその核心である。経学の素養や製術（詩や文をつくること）以前に真の人材なら具えねばならない徳行という要素は、試験のような方式で評価・検証することはできず、実際に相当な時間日常をともにし、その人を直接経験した者のみが把握することのできることだったからである。また、人材選抜問題は常に人材養成及び風俗教化という問題に直結しやすかったが、郷村共同体の内部で賢能な者を選び、構成員らに彼を尊敬し礼遇するようにさせることは、それ自体で教育効果を帯びることができた。その一方、科挙制は人々に幼時から科挙及第を目標に勉強させるため、常に得失を計算する心を持たせることになるので、道徳的人間に成長させるには害を及ぼすと考えられた。要するに、科挙制は人材の選抜という側面だけでなく、望ましい人材を育て社会風俗を正すという効果の面でもよからぬ制度と認識されたのである。ただし、科挙制については、人心が公正無私であることを期待することが難しい時代に最悪の状況を避けられるようにする制度だという認識が存在し、これのみがその施行を正当化したのである(8)。

一六世紀に入り、性理学理念をより徹底的に具現するための多様な努力が傾けられていた時点でも、科挙制廃止が積極的に主張されることはなかった。しかし、科挙制の根本的な問題と限界が以前より深刻に認識されるようになり、その上で人材選抜制度の改革が論議された。その中で、主に論じられたのが薦挙制の活性化問題だったのである。理想的な時代なら完全に施行できる方式だった薦挙制をすぐそのまま復旧することはできないまでも、せめてその制度の意義だけは意識しつつ、現実に可能な範囲で具現しようとしたのである。

山林之士の台頭については、薦挙制のなかでもいわゆる「遺逸薦挙」の施行の実態とその推移に注目しなければならない。遺逸薦挙は国初以来、草野に埋もれている人材まで発掘して、登用せねばならないという認識のもとに断続的に施行された。朝鮮では、国家の制度的土台を立てた鄭道伝が頒布した『朝鮮経国典』に〈貢挙〉条と別途に〈挙遺逸〉条が設定されており(9)、その内容は朝鮮初期の法典である『経済六典』にそのまま収録された(10)。しかし、これはしばらく現実的にそれほど有意味には機能しえなかったものとみられる。遺逸薦挙が本格的に強調され始めたのは一五世紀後半、成宗代だった。ついで、一六世紀前半、中宗代になって歴史の前面に登場した。当時の薦挙制に関する論議はおおむね科挙制に対する疑問から出発した。しかし、現実的に科挙制を廃止することは難しい状況だったため、科挙制だけで人材を選抜・登用していては出仕路がとても狭く、真に優秀な人材が官に収容されていないというタイプの論議が主に提起された。次いで、科挙から離れて学問と徳行を磨いた名望ある山林之士を朝廷に呼び入れ登用せよ、という要求が続き、遺逸薦挙が以前よりも活性化した(11)。

中宗代前半期の薦挙制論議は一五一八—一九年「薦挙科」（別名「賢良科」）施行で一段落した。この論議は当代の改革勢力を代表した趙光祖（一四八二—一五一九）らが主導した。薦挙が以前に比して活性化したとはいえ、薦挙を受け出仕した彼らの政府内での地位と役割はいまだにその限界が明確にあった。蔭叙（科挙を経ず、父や祖父の功績にしたがってその子孫を特別に官僚に採用すること）を通じて出仕した人々に比べればおおむね優待を受け、参上職（朝参［中央にいる官員が正殿に集まり王に挨拶をする朝会］に参与することのできる正三品から従六品までの官位をもつ官員）への進出も次第に活発になっていったとはいえ、いわゆる清要職（学識と門閥の高い人物に与える重要な官職）は依然として科挙出身の文官にだけ許容された。薦挙とはまさにこのような問題を打開するため施行されたものだった。薦挙とは中国・漢代に施行されていた賢良科の形式を模倣したもので、全国から人材を薦挙させた後に最終的には王が主管する策問の試験をふませた。

薦挙科の本質はやはり薦挙による選抜にあった。ところが、薦挙科は「薦挙別試」とも称された。科挙の一種である「別試」の名目で行われたためである。朝鮮の科挙制には三年に一度定期的に行われる式年試以外に施行時期や手続きなどに関する定則のない別試があったが、薦挙科はまさにこの別試制度を根拠に施行したものだった。要するに薦挙科は薦挙制に科挙の名目をかぶせ、事実上薦挙を通じて選抜された彼らに科挙及第者と同じ資格を与えるためのものだった。薦挙科に及第した人物の中には、先にすでに薦挙を通じて出仕した者が多数含まれており、彼ら「薦挙出身」は薦挙科の及第を通じて清要職への進出が可能な「科挙出身」という資格を得ることができたのである(12)。

しかし、直後に己卯士禍(13)（一五一九）が発生したことで、趙光祖一派は放逐され、薦挙科も廃止された。その後、しばらく薦挙制論議も萎縮した。しかし、中宗代の末期になると「遺逸薦挙」論が再び活性化し始め、このような雰囲気は仁宗・明宗代まで継続した。この時期に徐敬徳（一四八九―一五四六）、成守琛（一四九三―一五六四）、曹植（一五〇一―七二）ら各地の名のある山林之士が遺逸で薦挙され、職務を授けられた。遺逸薦挙の理念は一六世紀前半期から、朝鮮社会に確固とした位置を占め、その理念を実践できる社会的環境も次第に整えられていった。

三　一六世紀後半――山林之士の地位強化

薦挙を通じて山林之士を政府内に引き入れ、彼らの地位を強化するための努力は継続して行われた。宣祖代はこの問題において、再度の重要な転機となった時期であり、変化を引き出す戦略において以前の時期とは差異があった。以前中宗代に施行されていた薦挙科の方式は再度試みられることはなかったのである。薦挙制は趙光祖らの己卯士林が成し遂げた主要な成果の一つであり、より広い視野で見れば、成宗代以来、薦挙制に対する意識が絶えず発展してきた結果でもあった。しかし、後日、己卯士林に対する継承意識を標榜した者たちの間でも、薦挙制活性化のため苦心した者たちにおいても、薦挙科は模範の役割を果たせなかった。

薦挙科の施行は己卯士禍後、趙光祖一派が最も多くの批判を受けたものの一つであった。彼らが自派勢力を朝廷に扶植する手段として薦挙科を利用し、そのために選抜が公正でなかったという主張が行われ[14]、それは薦挙科廃止を決定する根拠となった。薦挙科で選抜された者がおおむね趙光祖一派に分類される人物だったことは事実である[15]。反対派の批判は純粋な中傷謀略とはいえなかったのである。しかし、このような問題が薦挙科の選抜方式それ自体に由来するものとはみなしがたい。薦挙という方式を選ぶ場合、いつでも発生しうる問題だからである。要するに、私情が介入しやすいことは薦挙制一般の弱点であり、薦挙科特有の弊害ではないのである。

薦挙科は直ちには科挙制に手を付けがたい状況で薦挙による選抜を活性化し、被推薦者の地位を強化させる最も現実的な方案だったといえる。ただし、薦挙科はたとえ本質は薦挙制に近いとはいえ、あくまでも科挙という名目で実施されるものであった。事実上、薦挙を通じて選抜された者が科挙出身という肩書を獲得する方法だったのである。政府内で薦挙出身の地歩を拡大するための手段として施行されたが、薦挙科を経た薦挙出身はもはや薦挙出身ではなくなった。少なくともこの当時までは、ある官僚が科挙出身か、薦挙出身かということはそれほど重要な問題と考えられていなかったものと思われる。それゆえに、そもそも薦挙科のような方式が試みられ得たのである。しかし、時間が経つにしたがって、薦挙出身と科挙出身の間の本質的な差異が強調され、士の出身が彼らの地位と密接に連結されるようになった。同じ薦挙制の活性化を目指しても、薦挙科が施行されていた時代と同一の目的で薦挙科が選択肢から脱落した時代との差異は重要な歴史的変化を暗示する。

宣祖代の論議を見ると、薦挙を通じて出仕した山林之士のために試みられた戦略は、政府に入ってきた後にも山林之士または薦挙出身としての本来の性質をそのまま維持させ、むしろこれを強調することだった。いまやこれがかえって彼らの権威を高める道となった。これは、性理学理念にしたがって学問的・道徳的権威がより重視され、世の中を導いていく究極的権威と責任は学問修養を正しく遂行した彼らにあるという認識が朝鮮社会に確固と根付くことによって生じた変化だと考えられる。志が高く、道義を守り、経明行修した山林之士であるとか、人望を土台に他の者の薦挙を通じて朝廷に出てきた者であるとかという理由で、自ら官職を求め科挙で出仕した一般官僚より信ずるに値するとし、優れた人材としてより貴び優待せねばならないという主張が続いた(16)。

朝廷における山林之士の地位と役割は個人間での差異が少なくなかった。しかし、一六世紀以来、相当数の薦挙出身に対し、初職として六品の参上職が与えられるなどの優遇が与えられていた。そこでの問題は政治的に重要で力を発揮することのできる地位にどれほど円滑に進出できるかであった。まず注目される地位は司憲府台の官職であった。

朝鮮の官僚は出仕の経路にしたがって文官、武官、蔭官に区分された。蔭叙、薦挙など科挙以外の経路で出仕すれば蔭官に分類された。文官と蔭官は官職任用で差異があり、文官が優待された。議政府・吏曹・礼曹・兵曹・承政院の堂下官、司諫院、弘文館、藝文館、成均館などには文官だけを任用するように法的に規定されていた。ところが、有力官署の一つとして監察機能を担当する司憲府はこれに該当しなかったので、薦挙出身の進出路として司憲府がまず注目されたのである。

宣祖代、これと関連した論議を主導した代表的な人物が李珥（一五三六―八四）であった。彼は、法的に台官を文官職に限定しなかったという事実を根拠に、薦挙出身を台官に任用することで「祖宗の良法と美意」を具現せよという論理を立て、王を圧迫した。彼はまた、世宗代をはじめとする先代の王朝でも科挙が実施されたが、科挙出身だけが重用されたわけではなく、科挙を経ずに卿相の地位まで昇った者も多かったという事実を強調した。薦挙出身の任用慣行を変えることは祖宗の法を改変するものでなく、かえって祖宗の法と意を復元するものだという主張だった。[17]

李珥は中宗代における己卯士林の失敗で非科挙出身が台官になる道が閉ざされてしまったと認識していた。[18] 歴史的事実としては、国初に非科挙出身が重用された背景には、いまだに科挙制だけで政府に必要な官員を十分に確保できないという事情があったと推定される。しかし、李珥は別の解釈を立て、人材を選抜する際に科挙制だけに依存しないのは、本来朝鮮という国が志向する方向だったと理解したのである。

以上は既存官僚制の枠内で求賢の理念を実践しようとする方案だったが、もう一方では既存制度の枠を超えてその理念の実践を模索する動きも現れ始めた。山林之士や薦挙出身の経筵（御前で経書を講義すること）への参与を提唱する論議が代表的である。本来経筵には科挙出身の文官だけが参与することができた。ところが、中宗代から学問的実力を高く評価された山林之士が薦挙を通じて朝廷に進出するようになると、この問題が提起された。一五七五年（宣祖八）李珥は賢士を求め、経筵に参与させることを当代の急務に数えた。[19] 求賢を実践することは山林の賢士を招いて官職を与えるまでが全部ではなかった。重要なことは、高い学徳をもつ者が王や朝廷官僚らと容易に意見を交せるようにし、彼らが影響力を発揮できるようにすることだった。そこで注目されたものが、君臣が定期的に会す経筵の場だったのである。李珥は経筵参与資格に関する既存の規則を改革することを主張し、薦挙を通じて出てきた山林之士に閑職を与え、経筵を兼帯させる法案を提案した(20)。

君臣がともに学問を講論し、時政を論議する経筵に参与することは山林之士にとって最も理想的な職務であった。山林之士が司憲府に多く進出するようになったこともまた、制限規定がなかったためだけでなく、職務適合性を考慮した結果であった。実務行政を担当する官職よりは時政を監視し、是非を論じる台官の職務の方が適していると考えられたのである。さらに、彼らは一般官僚よりためらいなく王に直言でき、またそのようにしなければならない存在と認識された。山林の賢士とたたえられて王から招かれ、朝廷に出て行った彼らは、官職に任用されたのちにもその他一般の官僚とは区別される本質と地位を持つ存在、すなわち「賓師」の地位にある存在とみなされた。李珥は『聖学輯要』為政編で〈用賢〉章を冒頭に掲げ、賢人は君主が恩恵を施して選んでやる対象ではなく、君主の師父となる存在であるということ、したがって君主が彼らに対して敬意を表し礼を尽くして会わねばならず、また君主が彼らの諫言することを行い、発言を聴きいれるとき、彼らを臣下に迎えることができるという点を強調した(21)。

このような雰囲気の中で薦挙出身を蔭官の範疇から分離しようとする試みも現れた(22)。優待を受けられず、重用もされない蔭叙出身とともに蔭官という同一範疇に括ることは薦挙出身の地位強化に障害となったためである。李珥は法典が官職任用に制約をおいている「未出身人」という語は蔭叙出身を指すものであり、山林の賢士はそれに該当しないと見た。賢士と呼んでおいてどうして蔭叙出身のような待遇ができるのか、という主張である。厳格な法と制度のなかの存在である科挙及び蔭叙出身と異なり、山林の賢士は当然「格外」または「法外」の待遇を施さねばならない対象とみなした(23)。このような過程を経た結果、山林之士は破格に待遇されるようになり、高官大臣の地位に上る事例が増加し[24]、その権威と地位は確固たるものになった。一七世紀という山林の時代はこのように始まったのである。

おわりに

李珥は「上は大臣から下は微官末職の庶官まで、みな退こうという意を持っていれば国事はまだやっていくことができ、士として朝廷に立つ者がみな退こうという意を持つならば国事はやっていけないようだ」という言葉を残したと伝えられている[25]。この言葉は、①「上は大臣から下は微官末職の庶官」、すなわち官僚と、②「士として朝廷に立つ者」を対比させる構造になっている。一般的に士が朝廷に立てば、言い換えれば士が出仕すれば官僚になるものと考えるものである。しかし、ここで李珥は朝廷に進出はしたが一般官僚とは区分される士という存在に言及している。また、根本から政府を導き、国を支える力は、官僚制に完全に編入されない彼ら士から出てくるといっている。

少し不自然に感じるかもしれないこの言葉は、朝鮮時代における山林之士の歴史を知っていれば容易に理解ができる。先に見てきたように、山林之士の社会的地位が高まり、政府内での活躍に対する期待が大きくなっていた時代の現実が反映された言葉だったのである。これが性理学思想を土台に社会を改革しようとした人物が残した言葉だという事実も銘記する必要がある。しばしば朝鮮を性理学社会と呼ぶが、性理学思想を根拠として構築された社会の制度と文化が具体的にどのような特徴を持ったのか、朝鮮社会を構成する数多くの柱のうち何が性理学理念の影響によるものなのかについての説明はいまだに多くが不十分で不正確なままである。本研究は性理学的な政治文化とはおよそどのようなものであったかを解明するための試みとして出発した。山林之士に関連する特別な政治文化は性理学社会たる朝鮮の主要な一面であった。これが朝鮮社会の異なる部面から現れる特徴とどのように関連していたのか、また朝鮮社会の全般的な性格とどのように照応するのか、今後より広い視野から深みのある研究が進められねばならないだろう。

（1）〔訳者註〕性理学は朱子学を含む儒学の一つの系統で、教説の中心に宇宙を通貫する「理」とそれが人に内在した「性」を据えた。朝鮮史研究においては一般的にこの用語が使われるが、中国でも「理学」のように類似した系統が存在し、朝鮮独自の思想とは言い難い。

（2）「山林之士」と類似する言葉としては、「遺逸（之士）」、「遺賢」、「隠逸之士」、「山林処士」、「林下之士」、「巌穴之士」、「草野之士」、「山野之士」などがある。本章は、一七世紀「山林」の時代について前史を調べてみようという問題意識のもとに書いた文章であるため、論の便宜上、「山林之士」という用語を用いた。

（3）一六世紀朝鮮の場合、前半期に発生していた幾度かの士禍及び戚臣の勢力拡大のような政治現実の問題、地方社会の経済的発展と教育文化水準向上なども山林之士増加の異なる背景となった。禹仁秀『朝鮮後期 山林勢力研究』一潮閣、一九九九年、一三―一四頁。申炳周「一六세기《世紀》 処士型士林의《の》 台頭와《と》 学風――南冥曹植과《と》 花潭 徐敬徳을《を》 중심으로《中心に》」『奎章閣』二一、一九九八年、三七―四〇頁参照。

（4）Peter K. Bol、김영민《キム・ヨンミン》訳『역사《歴史の》 속의《中の》 성리학《性理学》』예문서원《芸文書院》、二〇一〇年、二〇八―二四五頁。

（5）禹仁秀前掲注（3）書、六―一三頁。

（6）ここで科挙は大科を意味する。及第時、生員や進士称号が与えられる小科は含まれない。

（7）오수창《呉洙彰》「一七세기《世紀》 조선의《朝鮮の》 정치《政治》세력과《勢力と》 산림《山林》」『조선시대정치《朝鮮時代政治》、틀과《枠と》、사람들《人々》』한림대학교출판부《翰林大学校出版部》、二〇一〇年、四二頁。

（8）このような認識と論理は、中宗代薦挙制論議の中からその例を確認することができる。『中宗実録』巻二七、中宗一二年（一五一七）四月己巳。『中宗実録』巻三二、中宗一三年（一五一八）三月庚戌。『中宗実録』巻三五、中宗一四年（一五一九）四月壬辰。

（9）『三峯集』巻一三、「朝鮮経国典」礼典、〈挙遺逸〉。

（10）『太宗実録』巻一六、太宗八年（一四〇八）一一月庚申。

（11）中宗代薦挙制実施現況については、鄭求先『朝鮮時代 薦挙制度研究』초록배《チョロクベ》、一九九五年、七六―一〇〇頁を参照すること。

(12) 崔異敦『朝鮮中期士林政治構造研究』一潮閣、一九九四年、八八―一一七頁。
(13) ［訳者注］己卯士禍は、中宗からの信頼が厚く改革を推進していた趙光祖らを、それに反発する南袞・沈貞・洪景舟らが中宗を煽動して刑死や配流に追い込んだ事件。
(14) 『中宗実録』巻三七、中宗一四年（一五一九）一一月癸亥。『中宗実録』巻三七、中宗一四年（一五一九）一二月癸酉。
(15) 鄭求先前掲注(11)書、一〇八―一一〇頁。
(16) 『宣祖実録』巻七、宣祖六年（一五七三）一二月丁未。『宣祖修正実録』巻一七、宣祖一六年（一五八三）四月壬子。
(17) 『宣祖修正実録』巻一七、宣祖一六年（一五八三）四月壬子。
(18) 『宣祖実録』巻七、宣祖六年（一五七三）一〇月己未。
(19) 『宣祖実録』巻九、宣祖八年（一五七五）六月辛卯。
(20) 『宣祖実録』巻九、宣祖八年（一五七五）六月辛卯。
(21) 『栗谷全書』巻二四、「聖学輯要」為政上、〈用賢〉。
(22) 『宣祖修正実録』巻一七、宣祖一六年（一五八三）八月庚戌。
(23) 『宣祖実録』巻八、宣祖七年（一五七四）二月甲戌。
(24) 『顕宗改修実録』巻四、顕宗元年（一六六〇）一二月壬午。「国朝故例、未登第者、曾無入侍経筵之規。至宣廟朝、文成公李珥、始請以処士成渾、出入輔導、其後仍以為例。台憲之除、亦始於其時矣。先是、雖学行徳望表著者、皆不過蔭職常仕、自此草野之士、皆進用於常調之外、或至大官、蓋美挙也」。
(25) 『英祖実録』巻一二六、英祖五一年（一七七五）一二月壬申。「上自大臣、下至微末庶官、而皆有欲退之意、則国事尚可為也、士之立於朝者、皆有欲退之意、則国事若不可為」。

Ⅲ　政治思想（前近代）

5　秩序至上か、君主至上か
――司馬光の政治観念に対する再検討

姜　鵬
（弓場苗生子　訳）

はじめに――中央集権と君主専制の差異

今日、司馬光（一〇一九―一〇八六）は多くの学者によって専制君主制の擁護に努めた者と見なされている。[1] 蕭公権は『中国政治思想史』において「司馬光は君主制支持者の最たるものである（光、尊君之極）」と評し、孟子に言う「民を貴しと為す」の古義は既に司馬光らの解するところではなかったとまで述べている。[2] このような結論が導き出された所以は、蕭氏が専ら『資治通鑑』第一篇の「臣光曰く」に始まる箇所をその最も重要な論拠としている部分にある。この「三家為諸侯論」と名付けた評論において司馬光は、君臣の名分において秩序を実現することは治政の鍵を握る部分であると強調している。その文中で、「文王卦を序ずるに、乾坤を以て首と為し、孔子之に系けて曰く、天尊く地卑しくして、乾坤定まる、卑高以て陳なりて、貴賤位す。君臣の位は、猶お天地の易うべからざるがごときを言うなり」[3] と述べるがごとくである。

現存する中国政治思想史の概説書の中で、蕭公権の著作は最も影響力を持つものと言える。[4] 蕭公権の論証手法およびその結論を例に取ると、そこにおいては少なくとも三つの問題が見出される。まず第一に、司馬光本人と君権との間の緊張をどのように理解するかという点である。精確な統計を行うことは出来ないとしても、司馬光の文章に慣れ親しんだ読者であれば、このような結論を導き出すことは難しくないであろう——すなわち、時政を上奏するにせよ歴史を評述するにせよ、およそ君主というものは、司馬光の筆下において最も多く批評される人物類型の一つであるということである。ましてや、王安石による法制改革に反発する中で、司馬光は実際に君主の意向と対峙していたのであるからなおさらのことであろう。

次に、「専制政体」という言葉をどのように定義するかという点については、蕭公権は曖昧な表現を用いるのみで明確な説明を行っていない。前掲の『中国政治思想史』における司馬光を論ずる章の中で、「専制」の語は「司馬光は宋代という専制政治体制の発展が完成に近づいている時期に生を享けた（司馬氏生宋代専制政体発展近于完成之時）」、「およそこのような諸々は、全て君主に対する尊崇を専制政治体制の眼目として打ち出す意図に基づくものであった（凡此種種、用意無不在推尊君主為専制政体張目）」、「専制に基づく中央集権の見方に則って封建制下の分権政治を解釈することさえあった（甚至以専制天下集権之眼光解釈封建天下分権之政治）」の三ヵ所に見える。ただし蕭氏は終始、何をもって「専制政体」と言うのか、君主体制と集権体制・専制体制とがどのような関係にあるのかという点について厳密な定義を与えていない。筆者が考えるに、皇帝制度の成立以後における中国古代の政治体制を検討するに際しては、「中央集権」と「君主専制」という二つの概念を厳格に区別する必要がある。そして、両者における最も重要な相異は、宰相制度の有無にある。「中央集権」と「地方分封」とを対比として捉えるなら、これらは中国古代において重要な二種の政治体制モデルと言えよう。「中央集権」と「君主専制」とは組み合わせて用いることが出来る政治形態ではあるが、しかしながら、これは「中央集権」方式を採用する場合、必ず同時に「君主専制」がなされるという意味では決してない。余英時先生は『現代儒学的回顧与展望』において、明清両代における君主専制の強い圧迫の下、儒学の中心的な行動路線は宋儒が奉じたところの「得君行道」から「移風易俗」へと転換し、またその関心の方向も朝廷から社会へと移行していたと指摘する。そしてその原因は、朱元璋による宰相制度の廃止以降、もはや君権に対抗する力を有する存在は無くなり、儒学者らが「行道」することも叶わなくなった点にあるとしている(5)。筆者は余先生によるこの評釈に対して大いに賛同するものである。ただし、余先生は宋代と明清の体制については未だ区別を設けず、宋代もやはり「君主専制」の時代に属すると考えられているが、この一点について筆者の見方は違う。思うに、完成された宰相制度を備えた帝制期にあっては、たとえ「中央集権」を施いたとしても、それは「君主専制」と同義という訳ではない。漢の武帝の時代、外廷の大臣による干渉を避けるために内朝官を創設したことに始まり、唐代に至り翰林学士が現れるまで、皇帝制度においては常に内朝官を代理として利用し、宰相を代表とする外朝官に対抗させて、皇帝自身の権力範囲を拡大することが試みられた。しかし、歴史は同時に内朝官が不断に外朝化する過程をも提示してきたのである。これは皇権を制限し、対抗しようとする意思と力が絶えず存在していたことを証明するものと言い得る(6)。よって筆者が考えるに、「君主専制」の政治体制は宰相制度が薄弱な時期にのみ存在し、そしてそれは宰相制度を徹底的に廃除した明清期において殊に顕著であったのではないか。つまり宋代においては、強大な「中央集権」制度は存在していたが、しかしながらそこに「君主専制」は無かったのである。すなわち、蕭公権が司馬光を「専制政体」の擁護者と位置づけながら、「専制政体」に対し厳密な定義と区分を与えず、さらに宋代の基本的な政治体制について明快な説明を行わなかったことについて、筆者は適切でなかったと考えるのである。

第三に、蕭公権がその根拠とするのは僅かに「三家為諸侯論」中に見えるいくつかの語句のみに過ぎない。もしも司馬光の作品全て、特に『資治通鑑』の一部始終をしっかりと精読したならば、それでもなお頑なに司馬光を「君主専制」の擁護者と認め得るだろうか。

筆者は『資治通鑑』を通覧した上で、「三家為諸侯論」中の多少の言説だけに基づいて、司馬光を「君主専制」体制の擁護者であると決めつけるのは全く適当ではないと考える。この見方に対する反証は『資治通鑑』の他の章節中に見出せるのみならず、「三家為諸侯論」の中においてさえ、司馬光は自身の基本的立場――すなわち、彼が「君主専制」体制の擁護者では有り得ないということを証するものである――を明確に示している。

「三家為諸侯論」は確かに司馬光の基本的な政治観念を集約しつつ反映していると言える。しかし憚りながら、蕭公権を含む国内の学者の多くは、この文章を読解する際にその要旨を得ることなく、ただ文字上の表面的な部分に汲々とするのみで、末節にとらわれて温公思想の精義を見失ってしまっているように思う。君臣の名分における不可侵性は、司馬光が企図したところの、人と人とが緊密に連なり合う理想的社会秩序の一環に過ぎず、この秩序の本質を表したものではなく、況してやその全てという訳では決してないのである。

一　『資治通鑑』における人物評価の記述法

より全体的な視点から司馬光の政治倫理観念を理解するために、一旦「三家為諸侯論」は脇に置き、先に『資治通鑑』中の別の箇所を見ていきたい。『資治通鑑』は第六八巻に三国中の魏、建安二二年の記事において曹丕が如何にして魏国の太子となったのか、その過程を載せている。同書で故事を記すに当たり作者が採用する手法は非常に多様であり、例えば「経伝合一」の方法を用いる時は、まず読者に「魏は五官中郎将であった丕を太子とした」という結果を知らせ（これは『春秋経』における簡略な記事の書き方に類似する）、その直後に「初」字を先頭に置いて、倒置法によりその結果をもたらした関連する過程を追記する（『左伝』の経文解釈の方法に近い）。その追記の中で、『資治通鑑』は曹丕・曹植が競い合う関係に在ったことを描出し、次いで曹操と幾人かの重要な官吏らとの議論を書きつらねている。誰が魏王の爵位を継承すべきかを論ずる部分では、『資治通鑑』は崔琰・毛玠・邢顒・賈詡の四人の官吏による発言を取り上げる。曹操はこのうち初めの三人とは密書を通してやり取りしたが、最後の賈詡とは直接面談を行ったという。『資治通鑑』の原文を以下に引く。

> 魏、五官中郎将丕を以て太子と為す。
> 初め、魏王操丁夫人を娶る、子無し。妾劉氏、子昂を生む。卞氏、四子、丕・彰・植・熊を生む。王、丁夫人をして母として昂を養わしむ。昂、穰に死す。丁夫人哭泣すること節無し。操怒りて之を出し、卞氏を以て継室と為す。植、性機警にして、芸能多く、才藻敏贍なり。操之を愛す。操、女を以て丁儀に妻せんと欲し、丕、儀の目眇なるを以て之を諫止す。儀、是に由りて丕を怨み、弟黄門侍郎廙、及び丞相主簿楊修と与に、数々臨菑侯植の才を称し、操に立てて以て嗣と為すことを勧む。修、彪の子なり。操、函を以て密に外に訪う。尚書崔琰、露版もて答えて曰く、春秋の義は、子を立つるには長を以てす。加うるに五官将は仁孝聡明なり、宜しく正統を承くべし。琰、死を以て之を守らん、と。植は、琰の兄の女婿なり。尚書僕射毛玠曰く、近者袁紹は嫡庶分たざりしを以て、宗を覆し国を滅ぼせり。廃立は大事なり、宜しく聞すべきところに非ず、と。東曹掾邢顒曰く、庶を以て宗に代うるは、先世の戒めなり。願わくは殿下、深く之を察せよ、と。丕、人をして太中大夫賈詡に問わしむるに自ら固くするの述を以てす。詡曰く、願わくは将軍、徳度を恢崇し、素士の業を躬し、朝夕孜孜として、子の道に違わざれ、此の如くせんのみ、と。丕、之に従い、深く自ら砥砺す。他日、操、人を屏けて詡に問う。詡、嘿然として対えず。操曰く、卿と言うに答えざるは、何ぞや、と。詡曰く、属ろ思うところ有り、故に即ち対えざるのみ、と。操曰く、何をか思う、と。詡曰く、袁本初・劉景升父子を思うなり、と。操大いに笑う。[7]

『資治通鑑』のこの記事を分析すると、いくつかの点に気づかされる。第一に、発言を列示された四名の官吏はいずれも例外なく曹丕を支持していたこと。第二に、曹植の妻の叔父である崔琰が発言の最初に配されていること。第三に、四名の発言者はその所論においていずれも嫡長子による継承の正当性を中心的に強調していることである。こここには『資治通鑑』作者による意図的な記述手法が見出される。すなわち、ここではまず、曹丕に有利な言論のみが選ばれているということが知られる。さらに、こうした類似する意見を集めて羅列するという形式は、読者に対して曹丕が継承することの正当性をより強く印象づけるものである。『資治通鑑』の作者自身について評するならば、彼もまた曹丕の継承を支持する傾向を持っていたことは疑いのないところであろう(8)。ただし、話はまだここでは終わっていない。『資治通鑑』にはこれに続けて以下のように記述する。

操嘗て出で征するとき、丕・植並びに路の側らに送る。植、功徳を称述し、言を発するに章有り、左右目を属し、操も亦た悦ぶ。丕、悵然として自失す。済陰の呉質、耳語して曰く、王当に行くべし、涕を流して可なり、と。辞するに及びて、丕涕泣して拝す。操及び左右咸な歔欷す。是に于いて皆な以えらく、植は華辞多くして誠心及ばず、と。植は既に性に任せて行い、自ら雕飾せず。五官将は之を御するに術を以てし、情を矯めて自ら飾り、官人左右並びに之が為に称説す。故に遂に定められて太子と為る。

左右長御、卞夫人に賀して曰く、将軍太子に拝せらる、天下喜ばざるもの莫し、夫人当に府蔵を傾けて以て賞賜すべし、と。夫人曰く、王自ら丕の年大なるを以て、故に用て嗣と為す。我は但だ当に教導する無きの過を免かるるを以て幸と為すべきのみ、亦た何為ぞ当に重く賜遺すべけんや、と。長御還り、具さに以て操に語る。操悦びて、曰く、怒りて容を変ぜず、喜びて節を失わざるは、故に最も難しと為す。太子、議郎辛毗の頸を抱きて言いて曰く、辛君、我が喜びを知るや不や、と。毗、以て其の女憲英に告ぐ。憲英嘆じて曰く、太子は、君に代わって宗廟・社稷を主る者なり。君に代わるは、以て戚えざるべからず。国を主るは、以て懼れざるべからず。宜しく戚えて懼るべし、而も反って以て喜びと為す、何を以てか能く久しからん。魏は其れ昌えざらんか(9)。

このように、『資治通鑑』は後続の文章中で曹丕と曹植との争いの結果を知らせているが、曹丕が競争に勝利した要因を指摘して「これを御するに術を以てし、情を矯めて自ら飾る」と記している。この叙述には以下の二点が暗示される。まず第一に、曹操は嫡長子が継承するという原則に対しては固執しない立場を取ったため、曹丕はなお「術を以て自ら飾る」ことに望みを掛ける必要があったという点、第二に、曹丕は自らを偽り装うことに長けた者であったという点である。引用文の最後の一節に、『資治通鑑』の作者は辛憲英の口を借りて、曹丕の軽薄さについて批判している。その前の文で曹操が卞夫人の「怒りて容を変えず、喜びて節を失わず」といった態度を評価したことは、さらに前の丁夫人による「哭泣すること節なし」という行為に対応すると見なし得るが、同時に後の文における曹丕の有頂天のあり様を際立たせる効果を果たしていると言えよう。『資治通鑑』による、曹丕の没後の箇所に記された蓋棺定論（当該人物の死後に初めてその功罪を評すること）式の評価をも考え合わせると、人品につけ行動様式につけ、曹丕は決して『資治通鑑』作者が好むところの人物ではなかったという結論が導き出される[10]。

このような読解においては、一つの矛盾が浮かび上がる。すなわち、『資治通鑑』作者は曹丕を好まず、本書の中には曹丕の人物像に対する極めて否定的な描写さえ認められるのにも関わらず、曹丕と曹植の争いという出来事を叙述するに当たっては曹丕を支持しているという点である。しかるに、この矛盾に関しては、『資治通鑑』作者は嫡長子継承の制度を支持したのであって、曹丕個人を支持していた訳ではないと考えるならば容易に解決される。『資治通鑑』が強調したのは秩序と、この秩序を支える各々の規則自体が有する価値と重要性に他ならない。自らを飾る曹丕を善しとしない一方で、嫡長子継承制に適合する曹丕を支持するというのは、まさしく『資治通鑑』の作者が秩序・規則そのものについて絶対的な価値を認めていたこと、さらにそれは人物に対する好悪によって左右されなかったことを示すものと言える。つまり、いかなる情況下においても、秩序とその背後にある規則とは必ず遵守されなくてはならないと考えていたのである。

反対に、高尚な品格を備えた者がもしも秩序とその背後にある規則に違背したならば、これもまた相応の批判を受けることとなる。『資治通鑑』一七二巻に収められる、伊婁謙が高遵を寛恕した故事はこうした場合の例証と言える。

周の武帝は斉に侵攻する前に、伊婁謙を使者として北斉に遣わし情勢を調査させたが、参軍高遵が斉人に情報を売ったために伊婁謙は斉国に拘禁されることとなった。晋陽を攻略したのち武帝は伊婁謙を救出し、高遵の処遇を彼に委ねたが、伊婁謙はついにその罪を寛恕することを選び、高遵を「元の通りの待遇とした（待之如初）」という。もしも司馬光が続く評論中において注意を促すことが無かったならば、恐らく読者の多くは伊婁謙の人格に敬服し、彼の行為を称讃することであろう。

果たして、司馬光は評論の中で周の武帝と伊婁謙とに対してそれぞれ批判を行っている。まず武帝に対する批判としては、「有功を賞し、有罪を誅するは、此れ人君の任なり。高遵、使を異国に奉じ、大謀を漏泄するは、斯れ叛臣なり。周の高祖、自ら戮を行わず、乃ち以て謙に賜い、之をして怨みを復さしむるは、政刑を失するなり」とある。ただし、およそ批判を要する歴史事件においてその範囲が君主と人臣とにわたる場合、司馬光は一方的に臣下の行為のみを責めることは決してなく、寧ろ君主に対する批判を要の位置に据えることとすらある。これは司馬光の史評における最も顕著な特徴の一つであり、このことが持つ意義に関しては後文で詳細に論じたいと思う。同じ箇所の評論において、司馬光は続けて伊婁謙に対し「孔子謂えらく、徳を以て怨みに報いば何を以て徳に報いん、と。謙たる者、宜しく辞して受けず、諸を有司に帰し、以て典型を正すべし。乃ち請うて之を赦し、以て其の私名を成す、美は則ち美なれども、亦た公義に非ざるなり」と批判している[(11)]。つまり、個人の徳行が公義に違背した場合、徳行はその意義を失うだけでなく、司馬光においては有害とさえ見なされるのである。司馬光が評論中に挙げる「政刑」の概念や、「諸を有司に帰し、以て典型を正す」という行為の記述は、いずれも理想的な秩序と合致する制度・規則を指している。この文章は前に示した曹丕・曹植による争いの章節と対比を成しており、秩序・規則自体の有する価値が、個々人における品格の美醜や学行の高低と無関係であることを逆方向から説明するものである。これを施政者の立場に置き換えて論ずるなら、その唯一なすべきことは秩序の尊重と規則の遵守ということになろう。

二　国家護持と礼制護持の間

しかしながら、このような秩序・規則観に対しては、必ず以下のような疑問が投げかけられることであろう。すなわち、ひたすら型通りに秩序と規則を遵守していては現実の情況において受動的になりかねず、国家や政権の危急の秋に当たってどう対応するのか。もしも王（皇）位継承者を選択する場合などに嫡長子の継承制度を専ら強調した結果、商の紂王のような暴君や晋の恵帝のような知的障害者を選んでしまうとしたら、それでもなおこのような原則を厳守すべきなのか。嫡長子の継承に固執しないだけでより良い選択が可能となる場合、例えば微子を紂に代わって王としたならば商朝はその統治をより長くすることが出来たであろうが、こうした情況下においても臨機応変にすべきではないと言うのか、やはり秩序と規則の厳守を求めるのか、等々である。

この疑問に対して、司馬光は既に回答を与えている。そしてその回答は、蕭公権が司馬光を「専制政体」の擁護者であると論証する際に用いた「三家為諸侯論」のうちに存するのである。この箇所の評文には、蕭公権が注意を払わず、その他全てのあらゆる政治思想研究者もまたほとんど引用や解釈を行ったことがない部分がある。すなわち筆者は、「是の故に微子を以てして紂に代わらば則ち成湯は天に配せしならん、季札を以てして呉に君たらば則ち太伯は血食せしならんも、然るに二子は寧ろ国を亡ぼすとも而も為さざりしは、誠に礼の大節の乱すべからざるを以てなり」という一文を、司馬光の政治思想を理解する上で鍵となる記述であると考える。(12) 商の帝乙には上から微子啓・中衍・紂の順に三人の息子があり、そのうち紂のみが王后の産んだ嫡子であった。帝乙は微子啓の聡明さを認め、これを立てて継嗣としようとしたが、当時の太史は「妻の子有らば、妾の子を立つべからず(13)」という法規を根拠に大いに争ったとされる。そして法を遵守した結果、紂王が帝位を継ぎ、商朝は滅亡するに至ったのである。また、呉王寿夢には四人の息子がおり、一番年少だったのは季札と呼ばれる者であった。季札は嫡長子ではないものの最も才知に富んでいたため、寿夢は王位をこれに与えようとしたが、季札は果たして辞退したという。季札の長兄である諸樊もやはり彼に王位を継がせようとしたので、季札はこれから逃れるために敢然と呉国を離れた。後に諸樊の息子と他の兄弟である余昧の息子とが王位を争う事件が起こり、呉国はついに夫差（諸樊の孫）の代に滅亡してしまう。[14] 以上が司馬光の評論中に引用される典故である。

微子という人物に内包される性格は非常に複雑であるため、ここでは季札を例として、司馬光の観点が従来の政治家・史評家のそれとどのように相異するかを見ていきたいと思う。唐代の高名な学者であり、古文運動の先駆けとして知られる独孤及（七二五—七七七）はかつて『呉季子札論』を著した。この論書において、独孤及は季札に対し「先君の命を廃するは、孝に非ず。子臧の義に附すは、公に非ず。礼を執り節を全うし、国を簒い君を弑せしむるは、仁に非ず。出でては能く変を観じ、入りては乱を討たざるは、智に非ず」と、痛烈な批評を行っている。独孤及によれば、季札が辞退して王位に就かなかったことが呉国の滅亡を招いたのであり、彼はただ自身の些末な事情をのみ顧みて、国家の大義をゆるがせにしたのだとする。また、人物の賢愚と継承の原則・制度との関係をどのように考えるべきかという点については、独孤及は「夫れ国の大経は、実に嗣を択ぶに在り。王は徳の建たざるを慎む、故に賢を以て則ち年を廃し、義を以て則ち卜を廃し、君命を以て則ち礼を廃す」[15] と述べている。すなわち、独孤及が挙げる継嗣を選ぶ際の三つの基準とは賢・義・君命であり、もしもこの三者に違背するならば、たとえ年・卜・礼という三つの基準に適合しようとも廃黜し得ると説くのである。この書の全文を通覧するに、独孤及が言うところの「義」とは、呉国の隆盛・永続という目的に合致する行為を指すと考えられる。「賢を以て年を廃す」とあるのは明確に嫡長子継承制に疑義を呈する言説であるが、さらに注目すべきは、独孤及が君命を礼よりも優先されるものとして強調している点である。

独孤及によるこの史論は後世に一定の影響を与え、宋人が編んだ『文苑英華』と『唐文粋』にも選録された。宋初三先生の一人に数えられた石介（一〇〇五―一〇四五）もまた、特に『季札論』一篇を著してこれに反駁している。独孤及の見方は、国家の隆盛・永続を最高目標とする考えの上に成立するものと言える。一方、石介の所論の核心部分を概括するなら、例えば実際の国家（或いは政権）が隆盛・永続することに勝る目的など有るのかと問われたとしたら、石介は「有る」と回答するであろう。季札の譲位が持つ意義について、石介は次のように説いている。

季札の明且つ智を以て、豈に呉国の季子を以てせば則ち存し、諸樊を以てせば則ち亡ぶを知らざらんや。豈に能く其の先人の国を保つは則ち孝と為し、其の先人の祀を覆絶するは則ち不孝と為すを以わざらんや。蓋し以謂えらく、父と子とは、天下の大親なり。兄と弟とは、天下の大倫なり。周室既に衰え、王政絶えり。天子争い立ち、諸侯簒奪す。弟其の兄を殺し、子其の父を殺す、国として之れ無きは無し。且つ大いに懼る、後世父子の親、兄弟の愛有るを知らず、皆な以て子は以て其の父を簒うを得、弟は以て其の兄を奪うを得と為し、則ち親愛滅することを。故に托くるに子臧を以てし、諸樊に譲るなり。噫、季札は苟しくも譲るに非ず、万代の父子兄弟の親を存するなり。

この文章の冒頭においても、石介は同様に「一身を殱せしめて以て万代君臣上下の分を存する者は、夷斉なり。一国を墟にして以て万代父子兄弟の親を存する者は、季札なり」と称讃している。つまり、万代に連なる父子の親しみは「礼」の具体化に他ならず、この「礼」を維持するためならば、国家が転覆し、政権が滅亡するという代価さえも払うに足ると考えるのである。ここにおいて、石介が「礼」の価値を具体的な国家・政権よりも高く位置づけていたことが知られる。文章の末尾では、石介はさらに独孤及の論点を批評して、「独孤及、季札論を作りて云云するは、豈に季札の所存を知らんや。吁、及は徒だ先君の命を廃するは孝に非ず、其の国を滅するは仁にあらざるを知るのみ。独り知らず、先君を奉じて以て孝を為すは孝の末、一国を全うして以て仁を為すは仁の小なることを。其の先君已没の命を奉ずるよりは、先王大中の教を存するに孰若ぞ。其の一国将墜の緒を全うするよりは、万世簒弑の禍を救うに孰若ぞ。嗚呼、季札の意遠いかな、及豈に之れを知らんや」と記す(16)。歴史背景から考察すると、石介を含む宋代の学者らが王位簒奪の違法性と危険性を強調し、簒奪と辞譲に反対した歴史上の人物・事件を表彰したことは、五代期に相次いで蜂起した反乱を誡める教訓的意義を持つとともに、社会文化を解釈する上での自らの理解を示すものと言えよう。しかるに、このような歴史的省察は、全ての学者を単純に絶対忠君の思想に赴かせることはなく、石介は「先君を奉じ、以て孝と為す」のは「孝の末」であるとして「君命」の有する最高権威を否定し、独孤及の論と真っ向から対立する姿勢を示した。つまり、「君命」の絶対的な権威を否定するという立場から、石介は「国」の存在が具える最高の意義を否定して「其の一国将墜の緒を全うするよりは、万世簒弑の禍を救うに孰若ぞ」と説いたのである。

独孤及を尊君思想に駆り立てた背景としては、安史の乱以降、中央政府の権威が振るわなかったことが注意されよう。もしも石介の文章中に示される「君命」「国緒」の概念を用いて両者の論点を概括するとしたら、独孤及の観点は君命を尊んで国緒を延ぶということになろうか。翻って石介の見方は、「国緒」が必要とされる時節に君命を廃するだけでなく、国緒を失うことすらも可能であるとする。他方、この二つの観点の間には、さらに中間の状態が有り得る――すなわち、必要な情況にあっては君命を退けて国緒を維持する、というものである。この点に関して、石介の文章は触れていないが、司馬光の「三家為諸侯論」においてはこれに対する言及が存する。

司馬光の在世は石介よりやや遅い時期に当たる。彼が「三家為諸侯論」中において季札に論及した際、石介の影響を受けていたか否かを確定する術は無いが、思想の方面から分析するなら、司馬光の観点は確実に石介と立論の基盤を共有していると言える。司馬光によれば、ある特定の王朝・国家・政権の存続と利益とは最高の「義」には当たらず、また当然ながら人々の行為を評価する上での最高の基準とも成り得ない。ここにおける最高の「義」と基準とは、すなわち「礼」と秩序である。このことは、前引の「三家為諸侯論」中の「二子は寧ろ国を亡ぼすとも而も為さざりしは、誠に礼の大節の乱すべからざるを以てなり」という記述によって証し得よう。たとえ国が亡びたとしても、「礼」に適う以上、微子と季札の行為はやはり正当なものであると考えるのであって、ここにおいて「礼」は国家（政権）の存亡よりも高く位置づけられるのである。司馬光はここで「君命」の問題については論じていないが、これは季札が君命に背いて辞退したために、「君命」は「礼」の下位概念として既にこの論証の中に含まれているからである。このように、君命や現実の国家・政権を護持することはいずれも司馬光の政治観念中における最高目標ではない。それでは、蕭公権等の学者が司馬光を「専制政体」の擁護者として非難する時、司馬光が擁護したというのは誰の「専制」なのか、ここでの「専制」の主体はどのように位置づけられるのであろうか。

司馬光がその所論において、軽々しく「国緒」を放棄すべしと説いていないという点は、石介の『季札論』に比してさらに発展した部分と言える。たとえ国家（政権）の存亡は最高の基準ではないという見方を否定しないとしても、社会秩序が始終動揺のうちに置かれるならば人民の幸福に反することとなる。『孟子』の中には斉の宣王と孟子との間で交わされた「湯武革命」に関する対話を載せるが、宣王の質問には「臣にして其の君を弑すは可なるや」とあり、これに対して孟子は「一夫紂を誅するを聞くも、未だ君を弑するを聞かざるなり」と回答している[17]。すなわち、孟子は「湯武革命」の正当性を肯定するのであるが、これは不合理な社会秩序を積極的に改めようとする観点から言ったものである。ただし社会秩序が極端に不合理な状態にあるということは、そうそう確信的に見定められる訳ではない。故に司馬光は能動的に「国緒」を改めるための厳格な条件を設け、これによって秩序の安定性を維持しようとしたのである。司馬光は「三家為諸侯論」中において、「桀・紂の暴、湯・武の仁有るに非ざれば、人之に帰し、天之に命じ、君臣の分、当に節を守り死に伏すべきのみ」と述べている[18]。この一文については、二段構えの理解がなされるべきであろう。第一に、司馬光は「革命」に絶対的に反対する立場を取ってはいなかったという点、第二に、「革命」を行うに際しては厳格な条件に合することを求めたという点である。要するに、一つ言えるのは司馬光による議論の背景と孟子による議論の背景には大きな差異が有り、司馬光の観点が孟子と反対の立場にあると見なすことは直ちには出来ないということである。革命が正当性を持ち得る境界を厳格に規定する言説には、司馬光の持つ二つの特徴が表われていると言える。まず一つ目に、司馬光が実際の政治の舞台の中心に身を置いた政治家であったということ、二つ目に、司馬光は保守主義の色彩が強い政治家であったということである。

三　君臣関係における礼と君主の責任

最後に、司馬光の政治観念体系において君主が果たす役割について論じたいと思う。蕭公権は司馬光に対し「民を貴しと為す」の古義を解さないとして非難したが、案ずるに『孟子』に「民を貴しと為す。社稷はこれに次ぎ、君は軽しと為す」と言うのは、国家において最もかけがえがないのは民であり、社稷と君とはある程度代替が利くと説くものである。(19)『資治通鑑』および司馬光のその他の著作においては、不適格な君主であれば廃黜し、交代させ得るとすることのような考えは決して批判の対象とされていない。むしろ、「伊霍故事」という歴史資料を用いて暗愚・暴虐な君主を廃黜し得ることを証明している箇所などは、『資治通鑑』は『漢書』よりもさらに徹底した態度を示しているように思う。『漢書』は霍光が昌邑王の勢力を処刑したという出来事を記すに当たり、昌邑王の配下が殺される前に「当に断ずべきに断ぜずんば、反って其の乱を受けん（当断不断、反受其乱）」と高らかに叫んだということまで描写しているが、(20)『資治通鑑』は同じ故事を載せるに際して、この部分を削っているのである。(21)筆者が考えるに、「当断不断、反受其乱」の八字は、この事件の本質が霍光と昌邑王の政治闘争にあったことを暗示し得る。『資治通鑑』では、この部分を削除したことにより荒淫の君が廃せられるという故事の主題がより鮮明かつ簡潔に示されるようになったのである。また南朝の時、荒淫暴虐の君が数人廃せられたことについても同様に、『資治通鑑』の文からは積極的にこれを支持する姿勢が読み取れる[22]。したがって、司馬光の政治観念中、その者が資格を全く満たさない場合には、君主でさえも代替し得る一要素に過ぎないと見なされたことが知られよう。

中国古代の政治家・思想家たちにとって、「君」とは秩序を構成する上で必然的に求められるものであった。たとえ孟子といえども、「無君」という枠組みに基づいて社会秩序を築くことは不可能であろう。孟子は楊朱・墨子を斥けて「楊氏我を無す、是れ君を無するなり」と説いている[23]。すなわち「君」の問題に関して、司馬光の観念は孟子と一致する部分があったと言える。まず第一に、「君」を政治秩序中における不可欠の要素と考える点、第二に、一個人としての君主がその役目に不適格である時、これを代替可能な要素と捉える点である。これら両者の思想における異同については、厳密な分析を行う必要があろう。司馬光が『疑孟』を著したからといって、安易に彼を孟子の対極に位置づけることは避けるべきである[24]。

天人感応説が次第に淘汰されていく情況において、宋代中期には皇権を神聖視しない見方もまた一般化していった[25]。『資治通鑑』は教訓的意義を有する個別の事項を除き、基本的には「神鬼の事は、皆な書かず」の原則を受け継いでいる[26]。そして例外となるいくつかの故事もまた、出来事それ自体よりも教誡に重点を置いた[27]。ゆえに司馬光の政治観念における君権理論の基礎は人間であって、神的なものではない。彼は「三家為諸侯論」の中で「夫れ四海の広き、兆民の衆きを以て、制を一人に受け、絶倫の力、高世の智有りと雖も、奔走して服役せざる莫きは、豈に礼を以て之が綱紀と為せばなるに非ずや」と説いているが[28]、ここに見える「礼」とは秩序を維持する上で鍵となる概念と言えよう。すなわち、秩序の要請により、「礼」は「君」と「臣」とを分かつのである。ただし既に見てきたように、司馬光が擁護するのは「君」ではなく、また「臣」でもない。それは君と臣との間の「関係」であり、「礼」によって規定される秩序自体に他ならないのである。

この思想は石介の『季札論』においても大変明瞭に表現されている。ここで石介は伯夷・叔斉が武王に対して紂を伐つことを諫めた事例を改めて論じ、以下のように述べる。

夷・斉の明且つ智を以て、豈に紂の不仁にして、天下を塗炭にするを知らざらんや。武王天に順いて人に応じ、至仁を以てして至不仁を伐ち、民を塗炭中より提し、安楽泰然に至らしむるなり。蓋し以謂えらく、尭は舜に禅り、舜は禹に禅り、禹は子に伝うるや、天下の大公なり。而して舜や、賢なり。禹や、賢なり。啓や、賢なり。尭・舜の禅譲、禹の伝嗣、皆な与に賢なり、以て法るべし。湯、桀を伐ち、武、紂を伐つや、天下の大義なりと雖も、而も桀・紂は君なり、湯・武は臣なり。臣たるを以て其の君を伐つ、以て訓うべからず。尭・舜・禹は皆な賢に伝え、而して湯始めて臣たるを以て桀を伐つ。湯既に臣たるを以て桀を伐ちて自ら君と為り、武王又た臣たるを以て桀を伐ちて自ら君と為る。且つ大いに懼る、後世尭・舜・禹の大公の命を以てして賢に伝えるを知らず、但だ湯・武の大義を以て桀・紂を伐つことのみを知りて、而ち将に大義の名を仮りて其の君を戕賊簒弑せんとする者有らんことを。故に馬前に諫め、首陽に死するなり。噫、夷・斉は義を苟めにするには非ず、万代の君臣上下の分を存するなり(29)。

石介は伝統的な夷・斉の故事に対して新たな解釈を行い、夷・斉が武王を諫めたことは、決して紂を守るためではなく、「分」を守るための行為であったと考えた。ここにおいて、君主が聖君であるか暴君であるかは何ら問題とならず、重要となるのは「分」である。この「分」を維持するという目的のためならば、たとえ聖君が暴君を伐つという場合であっても、この行動は推奨するに値しないことになる。なぜならば、このことが後人によって簒奪行為を肯定する前例とされかねないためである。夷・斉は武王が紂を伐つことは既に天理と民心に適い、必定の趨勢であることを知りつつも、それでもなお自らが抱く「分」が破壊されることへの焦慮を明らかにしたのであった。このような石介の観点は、五代に相次いだ君臣簒奪の乱に対する反省であり、当時の時代背景に基づくものであると見なし得る。しかしながら、この観念が実際の歴史背景を超越した抽象的意義を具えていることもまた否定されるべきではない。

「君主―秩序」という対概念において、石介は君主の持つ重要性を薄め、秩序こそが本質であると強調した。すなわち、夷・斉が秩序を尊重し、それが賢君であれ暴君であれ、君主個人を尊重しなかったことを称讃して手本とすべき態度と評したのである。この考え方は司馬光の歴史・政治に対する評論においても同様に示された。また、石介が論及した「分」は、司馬光の「三家為諸侯論」でも「礼」における重要概念として大切な役割を果たしている。「臣聞く、天子の職は礼よりも大なるは莫く、礼は分よりも大なるは莫く、分は名よりも大なるは莫し、と」の一文に説かれるがごとくである(30)。

もし秩序こそが本質であるとしたら、つまり君主は秩序の階級の頂点に位置しながらも当人は必ず秩序に服従せねばならないのであって、君主の方が秩序をコントロールするという訳では決してない。この点を踏まえたならば、司馬光が何故『資治通鑑』の評論において君主に対する批判を強めたのかが了解されよう。これについては、前文に挙げた高遵の事件にまつわる周の武帝への批判以外にも、さらに二つの例証を示し得る。一つは、霍光の死後、その一族が滅亡したという史実に対する評論であり、もう一つは馮道の事跡に対する評論である。霍氏が滅んだことについてこれを記した後、『資治通鑑』はまず班固による評を引用する。すなわち、班固は霍氏の禍に対し霍光が「無学無能であり、道理に暗かった（不学亡術、闇于大理）」ためについに報いを受けるに至ったのであるとするが、その直後に司馬光は自らの評論を示している。司馬光は霍光自身に問題があったことを否定しないものの、班固に比して、漢の宣帝に対する批判を強めている点が注意される。ここでは宣帝の冷酷非情さを咎めるのみならず、さらに霍氏の禍は宣帝の企てによるものとまで言及されている(31)。次に、馮道に対する評論にもこれと類似する箇所が見受けられる。『資治通鑑』は馮道の死後を説明する際、欧陽修の『新五代史』にある著名な評論を引用し、馮道に焦点を当てつつ、この時代における恥を恥とも思わぬ士風を批判する見解を紹介する。司馬光はこれに続く評文においてやはり五代期の君主に対する批判を数多く記しているが、これは馮道のような存在が現れたことにはその時代の君主にも同様に責任があるという考えに基づいている。つまり、彼らが綱紀を護持し、人才を適切に登用するという職責を満足に果たさなかったことを非難するのである[32]。そもそも、『資治通鑑』巻頭の「初めて晋の大夫魏斯・趙籍・韓虔を命じて諸侯と為す」の部分、およびその後の「三家為諸侯論」を顧みるに、司馬光による批判の重点は、周の天子が不当にも礼と綱紀の維持に努めなかったという点に集中し、魏・趙・韓を批判の中心としていないことが知られる。「三晋の諸侯に列するは、三晋の礼を壊るに非ずして、乃ち天子自ら之を壊るなり」と言うがごとくである[33]。これらの批判は、君主は必ず秩序に服従すべしという見解を司馬光が有していたことの証左と言える。換言するなら、君主の行為・意志と秩序の要請との間に矛盾が生じた時、司馬光は秩序の維持の方を優先するということになろう。

おわりに

これまでの分析を通して、以下のような結論が得られる。すなわち、司馬光の政治観念において、最も重要とされたのは秩序である。秩序は君主・臣民が各々自らの役割を果たし、協力して成し遂げられるべきであるが、これは決して秩序の階級の頂点に位置する君主に対し、他に異論を挟ませない絶対的な権威を認めるものではない。君主の権威は、秩序の要求に合致する時にはじめて有効性を持つに過ぎないのである。したがって、秩序における君主とは廃黜することが許された代替可能な要素であって、真に廃すべからざるは秩序それ自体に他ならない。このような認識に基づくならば、恐らくは安直に司馬光を「専制政体」の擁護者と見なしたり、更には彼を「君主専制」の支持者であると決めつけたりすることは不可能なはずである。

二〇世紀前半の中国社会は激動の時期に在り、民族革命思潮による先導の下、学者らにおいては西方の文明を手本として中国古代の政治文明・政治思想を批評することが習いとなっていた。そしてこうした学者はしばしば「二〇世紀の欧米人が得た最高の成果を基準として、二〇世紀の進歩した視点から古人を評釈する」といった誤りに陥ったのである。これは古人に対し非常に不公平なものであって、蕭公権の司馬光に対する批評もまたこの一例と言えよう。司馬光が生きた一一世紀においては、同時代の西方にも「無君」にしてかつ秩序を備えた政治構造は無かったのであるし、たとえ二〇世紀の西方における先進国家であっても徹底的に君主制を廃した国はいくつも無い。司馬光が君主という存在の合理性を否定しなかったという理由だけで、彼を「専制政体」の擁護者と決めてかかり、その複雑な思想と立論の背景とを子細に読み込まないとしたら、これは全く道理に合わないことであろう。蕭公権の例に代表される考えは今日の中国にあってなお大きな影響力を持ち、筆者が是正の必要を認めるところである。あの時代の学者には切実に新たな中国を希求する余り、往々にして実直に古人を読み解く辛抱強さに欠ける傾向があったが、もし現在の中国の学者がやはりこのような道筋に則って安易かつ乱暴に中国古代思想の問題に取り組むならば、われわれの古人を読み解く能力は今後も失われていくこととなろう。

(1) 司馬光の政治思想に対するこれまでの研究者による評価については、方誠峰が『北宋晩期的政治体制与政治文化』において示した概説を参考されたい。第一章第二節「司馬光的政治主張」北京大学出版社、二〇一五年、一一―一二頁。
(2) 蕭公権「司馬光」『中国政治思想史』第一五章第一節、遼寧教育出版社、一九九八年、四四三―四四六頁。
(3) 「三家為諸侯論」の全文は『資治通鑑』巻一に見える。中華書局点校本、一九五六年初版、一九九五年印刷本、二―六頁。
(4) 劉沢華が総主編を務める『中国政治思想通史』は、中国政治思想史を論ずる概説書における最新の叢書と言える。その中に収められている孫暁春主編『中国政治思想通史・宋元巻』は、依然「尊君卑臣、事君不二」を司馬光の最も基本的な政治思想内容としている（人民大学出版社、二〇一四年、一〇七―一一一頁）。これを蕭氏の論点と比較すると、創見や新説はそう多くはない。したがって、ここで蕭公権の見解を取り上げることも、恐らく時代遅れの言説には当たらないであろう。
(5) 氏の所著『現代儒学論』（上海人民出版社、一九九八年）一―五七頁。特に三一―三五頁を参照。
(6) このテーマは既に本稿で論ずる範囲を超えているため、参考として祝総斌先生の『両漢魏晋南北朝宰相制度研究』（中国社会科学出版社、一九九〇年）および毛蕾博士の『唐代翰林学士』（社会科学文献出版社、二〇〇〇年）等の関連書籍を示すに留める。

（7）『資治通鑑』巻六八、二一五〇―二一五一頁。

（8）ここでは大まかに「『資治通鑑』の作者」という呼び方を用い、直ちに「司馬光」とはしないこととする。これはこの部分の文章が「長編」の形から最終稿に至るまでにどのような変化を遂げたのか、明確に知る術が無いためである。周知のごとく、「長編」は司馬光の助手によって完成されたものであり、この部分の「長編」は、劉攽（一〇二三―一〇八九）の手に成る可能性が高い。しかしながら、この文章の表面的な部分に対する司馬光の貢献がどの程度であったにせよ、文の背後に存する理念は少なくとも彼から引き継がれていることであろうし、そもそもこの著述自体が司馬光の主導によるものなのだから、この点については何ら問題にならないと思われる。

（9）『資治通鑑』巻六八、二一五一―二一五二頁。

（10）『資治通鑑』の曹丕に対する最終的な評価は、巻七〇・黄初七年（二二六）「帝之為太子也」以下に見える（二二二七―二二二八頁）。

（11）『資治通鑑』巻一七二、五三六五頁。

（12）『資治通鑑』巻一、三―四頁。

（13）胡三省『資治通鑑』の註記より再引用、『資治通鑑』巻一、三頁。微子啓と紂といずれが立つべきかという問題は、『史記』巻三『殷本紀』（中華書局点校本、一九八二年版、一〇五頁）にも見える。ただし、胡三省による補注には『史記』の内容に含まれない説が多く存する。

（14）『史記』巻三一『呉太伯世家』一四四九―一四六一頁。

（15）『毘陵集』巻七、『四部叢刊』初編本、上海商務印書館、一九二二年再版影印、一〇頁b―一一頁b。

（16）『徂徠石先生文集』巻一一、陳植鍔点校本（中華書局、一九八四年）一一八―一一九頁。

（17）『孟子』巻二『梁恵王章句下』。朱熹『四書章句集注』（中華書局点校本、一九八三年）二二一頁に拠る。

（18）『資治通鑑』巻一、三頁。

（19）『孟子』巻一四『尽心章句下』。朱熹『四書章句集注』本、三六七頁。

（20）『漢書』巻六八『霍光伝』（中華書局、一九六二年）二九四六頁。

(21)　対応する段落は『資治通鑑』巻二四、七八七頁参照。
(22)　紙幅の都合上、関連する議論にまで言及することが叶わないため、これについては祝総斌による「従「宋書・蔡興宗伝」看封建王朝的「廃昏立明」」という論考を参考されたい（同氏著『材不材齋史学叢稿』中華書局、二〇〇九年、三三九―三四九頁）。
(23)　『孟子』巻六『滕文公章句下』。朱熹『四書章句集注』本、二七二頁。
(24)　『疑孟』は決して孟子による民貴君軽の説に対して疑問を呈するものではない。『温国文正司馬公文集』巻七三（四部叢刊初編本、九頁a―一四頁a）を参照。『四庫全書総目』には元代の学者である白珽の所著『湛淵静語』の説を引用し、司馬光の『疑孟』は主に王安石を意識して著されたと見る。王安石は『孟子』が子部から経部へと昇格された経緯に深く関わった人物である。『四庫全書総目』巻一五二『伝家集』条（中華書局、一九九五年縮印本、一三一五頁中段）参照。
(25)　このテーマに関しては、劉浦江「「五徳終始説」之終結」（『中国社会科学』二〇〇六年第二期、一七七―一九〇頁）、［日］小島毅「宋代天譴論的政治理念」（［日］溝口雄三・小島毅主編『中国的思維世界』孫歌等訳、江蘇人民出版社、二〇〇六年、二八一―三三九頁）を参考されたい。
(26)　劉義仲『通鑑問疑』文淵閣四庫全書本、一六頁b。
(27)　司馬光『答範夢得書』に「及妖異止于怪誕、詼諧止于取笑之類、便請直刪不妨。或……妖異有所儆戒、詼諧有所補益、並告存之」と見える。『全宋文』第五六冊、上海辞書出版社、二〇〇六年、八〇―八一頁。
(28)　『資治通鑑』巻一、二頁。
(29)　『徂徠石先生文集』巻一一、一一八頁。
(30)　『資治通鑑』巻一、二頁。
(31)　『資治通鑑』巻二五、八二〇―八二一頁。
(32)　『資治通鑑』巻二九一、九五一〇―九五一三頁。
(33)　『資治通鑑』巻一、六頁。

6 日本型兵学の成立
――山鹿素行の朱子学批判をめぐって

唐 利国
（蔣建偉・阿部 亘・廣瀬直記 訳）

はじめに

山鹿素行（一六二二―八五）は江戸前期における最も重要な儒学者の一人である。彼はかつて林羅山の門下に入って朱子学を学んだが、一六六八年に朱子学に激烈な批判を加えた『聖教要録』を刊行し、自ら「聖学」と称する経学解釈体系を打ち出した。近代以来、素行の新説は、学界では日本的儒学、即ち「古学」の始まりと見なされてきた。この日本近世思想史上の著名な出来事については、すでに豊富な研究成果がある。一方、注目すべきことに、素行は儒学者であるのみならず、同時に名高い兵学者でもあった。『聖教要録』の刊行後、彼はついに独自の兵学流派、即ち「山鹿流兵学」を確立し、戦闘術としての伝統兵学から「武士階級の為の政治学・倫理学」としての近世兵学への転換を成し遂げた(1)。

素行は以上二つの領域において相次いで思想的転回を行なったが、この両者の間に如何なる関連があったのか。この問題に関しては、従来あまり論じられてこなかった。前田勉氏はかつて素行の兵学思想の儒学における思想的転回への影響を論じたが[2]、本章はまた別の角度から以下の問題について考えてみたい。即ち、素行の儒学における思想的転回は、その兵学思想の発展にどう影響を与えたのか、またどうして山鹿流兵学の本格的な確立は、朱子学批判を前提としなければならなかったのか。

一　素行から見た近世政体の欠陥

『聖教要録』が刊行されたのは、四代将軍徳川家綱（在職一六五一―八〇年）の治世であった。当時、幕府の諸制度は概ね整備され、統治思想は武断主義から文治主義へと転じ始めていた。その一方で、戦国末期以来、武士による統一政権が次第に確立される過程で、旧来の寺院勢力に打撃が加えられ、一向宗の抵抗が鎮圧され、キリスト教の伝播が禁じられるなど、世俗の政権に対抗しうるあらゆる超越的権威が抑制されてきた。こうしたイデオロギー政策の基本的な方向性は依然として受け継がれていた。世俗の規範を強調し、それ以外の権威を否定する儒教は、幕府の政策に合致する。将軍補佐に命じられた保科正之（一六一一―七二）は儒学を好み、朱子学者の山崎闇斎（一六一八―八二）を尊んだ。

しかし、素行は当時の政治・思想状況に不満を抱いていた。彼は「風俗正しからざれば、治平に属すと雖も、其の末弊有り。唯だ風を改め俗を変じ、天下悉く道徳を一にして異端邪説行はれざれば、則ち君臣父子の道明らかにして、上下尊卑の分正しく、人々天地の徳を以て徳と為し、万代夷狄の風俗無きなり[3]」と言う。これは明らかに儒家の政教一致の理想に基づく現状批判である。人々の道徳が統一されず、異端邪説が依然として存在していれば、真の理想の治世とは言えないとする。

素行の言う異端邪説とは、主に仏教とキリスト教を指す。彼は当時における仏教の影響力に深い憂慮を示した。

「国俗は文暗く才乏しく、道徳教化薄く、専ら浮屠の邪説を信用し、賤門卑戸の匹夫匹婦も亦た念仏称名の功徳を貴ぶ。是に於いて浮屠宗門は衆多にして、異端は種々たり。寺院は市街閭里に林立す(4)」。仏教がひたすら浮き世離れした高遠な思想を主張するため、人々は現実生活を疎かにしてしまうと彼は考えた。「皆空無の談を為し、今日日用の間、君君為り、臣臣為るの所以を知らざるなり(5)」。キリスト教に対する素行の批判は、より厳しいものであった。「蛮国の邪法耶蘇宗門出でて、説は是に似て非、用は善に似て悪なり。誠に邪説暴行、天魔波旬の為す所と謂ふべし(6)」。山鹿はキリスト教の驚くべき思想的影響力をひしひしと感じていた。「近頃、南蛮耶蘇の宗門は民間に流布し、士民は其の邪説を信じ、死に至るまで宗門を変ぜず」。その結果、幕府が禁教した時、「本朝の士民此の邪説に因りて死に至るの輩は勝げて言ふべからず。此れは邪法魔寐の術と謂ふべし(7)」と述べた。山鹿からすれば、キリスト教の弊害は国家の安全すら脅かすものであった。「此れは其の弊に乗じて四辺を侵すの謀に非ざらんや。尤も忽にすべからざるなり(8)」。

異端思想が伝播する根本原因は、積極的な教化政策の欠如にあると、素行は考えた。人は皆道徳を追求する本能がある。もし「道徳の教化は無く、詳細の戒示は無くんば」、「終に異端に入り、正法を知らず(9)」ということになりやすい。しかし、素行は、幕府の当時の文教政策は人々の道徳的追求を的確に満足させることが全くできていないと見ている。「本朝は聖学学校の法興らず、師道立たざるが故に、人は偶たま道に志し徳を学ぶを思ふと雖も、皆仏門に入らざれば、則ち其の便を得ず(10)」。その結果、「人既に習ふ所の気に泥み著き、一度異端に陥り入れば、而して後に真の道徳を離るること弥いよ遠し。……是れ異端の世を惑はし民を誣ひ、蛮国の耶蘇弊に乗じて入るの所以なり(11)」と言う。そのため、素行は正しい教化こそ異端思想を徹底的に滅ぼすための有効手段だと主張した。「教化苟も能く熟すれば、異端の邪説其れ誰か之れを用ひん。拒まずして異見止むべく、禁ぜずして異端去るべし(12)」。また、「如何に修身を求むべきか、学問に若かず。……所謂学問とは聖人の教を学びて問ふなり(13)」と言うように、教化の内容は勿論儒学であった。

以上の認識に基づいて、素行は「学校を設け、道学を立」てること、「六芸」など儒教的な教化を実行することを積極的に提唱した。これは中国の伝統であり、日本において普及させるのは難しいのではないかという疑いの声が挙がったが、素行はこう反駁した。「之れを考ふるに、令の出づる所、記録の載する所を以てすれば、本朝は中古に至るまで亦た其の遺意有り。然れども戦国に及びては治教詳かならず。其の弊今日に至るも、更に今世の過ちに非ざるなり[14]」。素行はまた日本の風俗が本来儒家の理想に相通じ、中国にも遥かに勝るとさえ言い、一度儒学を普及させれば、直ちに効果が現われると宣揚している。「本朝の風俗は自然淳朴にして、道学の名を暁らずと雖も、然れども君臣・父子・兄弟・朋友・夫婦の道に於いて、禽獣の行跡に同じくする者、四方の辺鄙と雖も亦た希なり。此れは天照大神の神徳四方の末に遍く及ぶなり。……是れを以て之れを言へば、本朝の風俗は遠く異朝に過ぐるの処多し。若し聖学の化広がり、教導の節詳かなれば、風俗速やかに正すべし[15]」。ここで素行が神道の観念を援用しているのも、儒教を普及させるためである。また、彼が日本の優越性を宣揚するにあたって依拠した評価基準も、実は儒学由来のものであった。彼は仏寺や神社を儒家の教学場所に変えようとさえ主張した[16]。

素行は儒学を取り入れ、日本の政治を導こうとしたが、当時朱子学を信奉していた日本の儒者たちでは到底この任務を果たすことはできないと考えた。なぜならば、彼らは「口を開けば則ち太極至理を談じ、手を下せば則ち寂然不動の事を以てす。是れは一箇の理字に泥み著き、蔽塞偏倚にして、聖人の道を知らざるなり[17]」というありさまだったからである。そのため、素行の朱子学批判は専ら「理」に対する新たな解釈をめぐって展開した。

二　朱子学の「究理」から古学の「究理」へ

『山鹿語類』巻三三「聖学一」は、朱子学の「理」に対して、集中的な分析と批判を加えている。「程朱究理の説、其の重んずるは理の一字に在り。言ふこころは天地の間、事物の万差と雖も、其の本を索むれば、則ち一理にして分殊を為すなりと。……理は万物に散在すと雖も、而れども其の用の微妙なるは、実は一人の心に外ならず。是れ理の極むる処、未だ嘗て通ぜずんばあらざるの謂ひなり。而して其の究底を窮むる者は、類を以て之れを推せば、積習久しくして一旦豁然す。是れ程朱格物究理の極むるなり[18]」。素行からすれば、朱子学の「理」には二つの次元がある。即ち万物の本としての普遍的な「理」と万物それぞれに現われている具体的な「理」である。朱子学の「究理」は、具体的な理に関する知識を積み重ねることにより、普遍的な理への認識に到達することを最高目標としている。

一方、素行自身は、万物それぞれに現われている具体的な「理」、即ち「条理」しか認めない。「条理有るは之れを理と謂ふ。事物の間、必ず条理有り[19]」。「万物各一理有り。是れ其の用にして、条理有るなり[20]」。朱子学における万物の本としての普遍的な「理」について、素行は「理」と称するのは相応しくないと考えた。「天地万物は、其の形象陰陽五行に因り、其の本一つなり。而れども既に天地と為し、既に万物と為せば、則ち一理を以て之れを論ずべからず[21]」。ここで、山鹿は一つの共通の「理」によって天地万物を議論することをはっきり否定し、代わりに「本」即ち「其の本一つなり」を用いている。こうして、朱子学の「理一分殊」という概念は、「本一分殊」に置き換えられた。例えば、「五常」の問題について、山鹿は「之れを一理と謂ふも亦た可、之れを五理と謂ふも亦た可」という朱子の観点を批判し、「已に五常と曰へば、則ち一理と謂ふべからず。五常各其の用を異にして、各其の由りて行ふ所の条理有れば、混合すべからず[22]」と強調した。山鹿は五常の「其の源一貫より来たる」ことを認める。しかし、彼が強調するのは「五常既に日用の理にして、其れ分殊なり。其の本源の理は、五常の理と混合すべからず[23]」ということである。ここで、素行は「本源の理」という語を用いているが、それは「五常の理」と区別して議論を展開するための方便に過ぎない。実際には、素行は「理」の字を朱子学における普遍的な「理」にあてることを拒み、代わりに「本」

という字を用いるのである。

「理」の再定義により、素行は朱子学の「究理」と異なる「究理」説を提起した。ただ、万物の本源としての「理」を排除して、具体的な事物の「理」、即ち「条理」のみを残したため、素行の「究理」の対象は、例えば「凡そ事物の用、各其の理を究め、其の実を詳かにす。天地の常経を以てすれば、糾明すべし(24)」と言われるように、「事物の用」に関する具体的な道理に限定された。普遍性のある「天地の常経」は究理の前提と根拠であり、「事物の用」は究理の対象である。こうして、素行の「究理」は具体的な知識への追求のみを意味し、彼が「吾れ言ふ所の理は遠からず、離るるべからず(25)」と言うように、もはや本源的な哲学問題を含まないものとなった。

素行から見れば、普遍性と本源性を認識することは「聖人」の特権である。彼は聖人を常人を超越する存在として捉え、「人は万物の霊にして、聖人は億兆の霊なり(26)」と述べた。また、聖人は凡人には及びもつかない認識能力を有しており、「聖人は知至りて心正しく、天地の間通ぜざるは無きなり(27)」と論じた。そして、聖人は「天」に代わって「道」の意味を解明し、教化を実施するのであって、「聖人出でて天地の物は則ち惟れ精、惟れ正、人々因りて知るべく、由りて行ふべし。故に聖人は天に代はりて、此の道を窮め此の教を敷く(28)」ような存在なのである。そのため、聖人のみがあらゆる具体的な理に通じ、また天地の道を体認できる。これについては、「分、是れ殊に至るなり。千差万別を竟《お》へて来たり、聖人に非ざれば其の用を窮め尽くすこと能はず(29)」と述べ、また「道の大原は天地に出づ、之れを知り之れを能くする者は聖人なり(30)」と言っている。

それに対して、普通の人間は認識能力が限られていて、超越的な道理を追求することは徒労であるのみならず、異端に陥る危険さえあると素行は考えた。「凡そ聖人の道、日用平生の間に在り。若し遠く索め隠を考ふれば、則ち道遂に隠《か》くる(31)」。「人皆聖を希ふの志有り。其の知至らざれば、動もすれば異端に陥る(32)」。故に、聖人が普通の人に教えるのは具体的な道理に限られる。「道の大原、聖人恒に言はず(33)」、「聖人の教、悉く分殊の間に在り(34)」。普通の人は「道」

の意義を真に認識する必要がなく、日常生活で聖人の具体的な教導に従えばよい。即ち「百姓日に用ひて知らず[35]」である。

　こうした聖人観は、素行の「究理」論が確立されるにあたっての重要な一環であった。朱子学の「究理」論に掲げられる「豁然貫通」という最終目標は、「聖人学んで至るべし」という一種の楽観主義に基づく。素行は聖人と「百姓」との間に越えられない溝があると強調し、普通の人間が根源的なものを認識する可能性と必要性を否定した[36]。これこそが素行の古学と朱子学とを区別する要点なのである。

　幕藩体制にとって、朱子学は現実の支配秩序に相応しい倫理学説を提供するものであったが、その「道」を最高価値とする学問的態度は、秩序を疑ったり権力を批判したりする危険性を孕むものでもあった[37]。実のところ、素行が幕府からの弾圧を恐れることなく、朱子学を批判し得たのも、まさに彼が朱子学と似た思想的立場を有し、自分自身が聖人の道を認識できると信じていたからである。『聖教要録』によって幕府に弾圧された後、素行は傲然とこう言い放った。「其れ我を罪する者は、周公孔子の道を罪するなり。我罪すべくも道罪すべからず。聖人の道を罪するは、時政の誤りなり。……凡そ道を知るの輩、必ず天災に逢ふ。其の先蹤尤も多し。乾坤倒覆、日月失光、唯だ今世に生まれて時世の誤りを末代に残すを怨むのみ、是れ臣の罪なり。誠惶頓首[38]」。しかし、武家政権の安定性を維持する立場からすれば、このような批判的な学問態度が広まることが望ましくないのは言うまでもない。そういうわけで、素行は他者が個人的な見解によって聖人の道を推測することを痛烈に批判し、「貌《かお》賢者に似たり、推して道を定む。……一己の見を立つ。是に於いて道から離るること益ます遠く、終に大道に入るを得ざるなり[39]」と述べたのである。

　ただ、素行がその新しい学説の正確性を論証するには、自分自身が「聖人の大道」を認識できることを証明しなければならない。そのため、彼は「聖人の道は強ひて致すの処無し。唯だ天徳の自然に順ひて以て教化を施すのみ。吾が志既に立てば、則ち事習ひて之れを知るべく、其の本意推して自得すべし。況んや古の聖人、人を導くの為にして格言を垂るるをや。吾れ此れに据りて以て謹慎勤修すれば、則ち聖人の大道得べきなり[40]」ということを強調した。しかし、ここに素行の学問態度に内在された矛盾が露見している。即ち、独創的な思想家として、彼は聖人の道を「推して自得すべし」と主張する。これは彼が古学を創立するにあたっての確かな方法論的依拠である。その一方、政治教化の提唱者として、彼は人が一己の私見により「推して道を定むる」ことに反対する。これはその朱子学の究理説を批判する古学の論理的結果であった。

では、素行は自身の思考によって得たものが、他人の「私見」と違い、聖人の本意に合致することをどう保証するのか。彼はまず聖人の道統が孔子以後段々伝わらなくなったと強調することで、中日両国の朱子学者の経学解釈を全面否定した。そして、陰に陽に自分自身が新たに道統を継承したと主張する。例えば、『聖教要録』の「小序」では、彼は弟子の口を借りてこう言う、「聖人杳かに遠く、微言漸く隠れ、漢唐宋明の学者、世を誣ひ、惑を累ぬ。中華既に然り、況んや本朝をや。先生二千載の後に勃興し、本朝に垂迹して、周公孔子の道を崇び、初めて聖学の綱領を挙ぐ。身なり家なり国なり天下なり、文に於いて武に於いて、其の教学聞いて通ぜざる無く、為して効かざる無し。先生の今世に在るは、殆ど時政の化ならんか[41]」。晩年の著作『原源発機』では、素行は人の口を借りて「此れ人間の作に非ず、抑も神作ならんか[42]」と自ら評した。この時、彼はすでに聖人を自負していた[43]。実際、「其れ我を罪する者は、周公孔子の道を罪するなり」と揚言し、「道を知るの輩」と自負した際、彼はひそかに聖人をもって自任していたのである。なぜならば、彼の観念によれば、聖人でなければ「道を知る」ことはできないからである。即ち、「道の大原は天地に出づ、之れを知り之れを能くする者は聖人なり」（前引）である。

以上のように、朱子学における超越的「理」への体認を否定し、天地の道を認識する権力を聖人に帰した上で「道統」を独占し、「聖人」とさえ自負することによって、聖人の道を解釈する特権を自分自身に与えた。これこそが素行の理論の最終的な帰結である。

彼がこうして創立した古学は、一七世紀幕藩体制の安定化の需要にかなうものであった。支配秩序に危険を及ぼしうる思想的自由を厳しく抑制する一方、武士が政治に参加する意欲を高めるように努めた。以上の思想操作を通じて、素行は人の自由な思考を抑制しながら、自分自身に思想を創造する特権を賦与した。そして、その新しい儒学解釈体系を理論基盤として、素行は自分の姓氏を冠する日本近世兵学の新流派を確立するに至ったのである。

三　山鹿流兵学の確立

一六五六年、素行は『武教小学』、『武教本論』、『武教全書』などの著作を完成させた。この時、彼は依然として朱子学を信奉していたが、すでに儒学と兵学を融合させ、「武教」という名の兵学体系を構築しようと試み始めていた。[44]先行研究では、その理由として「武士としての山鹿素行」、即ち彼が学説を構築した際の社会的立場が比較的重視されてきた。[45]確かに、素行は「士為るの道、其の俗殆ど異俗を用ふるに足るか」[46]という問題意識から出発し、中国儒家の『小学』に対して、日本武家の『武教小学』を完成させた。しかし、「儒学者としての山鹿素行」の思想的立場も無視してはならない。さもなくば、彼が儒学によって武士の行動を指導しようと努めた意図が正確に理解できなくなるからである。それはつまり、「俗残《そこな》ひ教弛めば、則ち自ら異端に陥溺す。人心の危ふきなり」ということであり、[47]これが素行が『武教小学』を撰述した重要な理由でもあった。素行が武教論を提起したのは、一方では、軍事の重要性を強調して武家政治に適応するためであったが、もう一方では、儒家の理想によって当時日本の政治状況を改善し、「武有り教無し」から「武有り教有り」への転換を成し遂げようとしたからであった。

素行は『武教小学』の序文において、すでに日本の特殊事情に基づいて打ち出された武教が儒家の聖人の意に合致することを強調しはじめている。しかし、この時、彼はまだ聖人の道の普遍的な適用性と、日本の事情の特殊性を真に統一的に説明できる理論を提起するには至っていなかった。古学への思想的転換を成し遂げた後、素行は自らに「聖人の道」を解釈する特権を与えるようになり、また新たに兵学を定義する自由も得て、ついに山鹿流兵学を確立するに至ったのである。

山鹿流兵学の基本構想は、「兵法の大家とは、孔子・老子・孟子、諸先聖・先賢、皆兵法の大家なり。日本に於いては則ち聖徳太子より此の方袞袞《くんくん》たる諸公に至るまで皆兵法なり(48)」と言われるように、儒学によって兵学を解釈し、戦闘術としての伝統兵学を修身・治国を含む日本型兵学に転換させることにある。一方、孔孟などの人には兵法の教えもなく、兵書も伝わっていないではないか、という疑義に対しては、「当世の四書・六経は皆此れなり」と弁論する。なぜなら、「士法を正し、義を養ひ、天下を治め、国を治むるは、皆士の本なり」だからである(49)。自身の兵学と伝統兵学を区別するために、彼は時に戦闘術の部分を「戦法」と称した。例えば、楠木正成と源義経の兵法における業績を比較する場合、彼は正成は「智仁勇の三徳を具へ、平生武の正道を守り、心唯だ義を以て本と為すのみ」であり、「兵法の骨髄」を得たとする。それに対して、義経は「武の義」に則った行ないが生涯を通じて一つもないが、戦いになれば、「奇変計略古今匹ひ無し」であり、「兵法の皮膚」しか得ていないものの、また「戦法の骨髄」を得たとも言えるとする(50)。ここからも明らかなように、素行は兵法の重点を戦闘術ではなく、修身治国の術と捉えている。素行は「上兵は天下国家を治む。中は身を修め心を正す。下は身体を練り、手足能く習ひ、技芸能く勤むるなり(51)」と言うが、これは兵法の境地の高低に対する彼の評判を反映しているだけでなく、更にその兵学の各部分の軽重順序を表わしている。

新しく確立された山鹿流兵学は、儒家の徳治主義を取り入れ、武家政治を指導することに努め、武士の支配に道徳的合法性を与えようとした。素行は「武」の価値を強調し、政治支配が武力を基盤とすることを正当化する一方、「文」の価値を高揚し、礼楽文教を重んじ、幕藩政治の合理化を図った。

ただ、素行は「文武兼備」を提唱するが、その言論は往々にして「武」の価値への強調に偏っている。彼は「治国平天下の要法、文事と武備の両用に出でず。文を以て下を憐愛すと雖も、若し武を以て悪を懲するの法無ければ、則ち愛恵に流れて礼節を失ふ[52]」と考えた。そして、「治国平天下の要は尤も武備を厳にするに在り[53]」と言うように、「武」のみを強調することはあったが、文のみを強調することはなかった。素行が武を重視するのは、まず日本の民族性への観察に基づいている。日本人の勇猛で好戦的な気風に対しては、武力で秩序を確保しなければならないと彼は考えた。「辺鄙遠境の民と雖も、各々脇に短刀を挿し、言行合はざれば則ち立ちどころに生死を決す。是れ本朝の風俗なり。……是を以て、武暫く怠るの処有れば、則ち乱逆生じ易し[54]」。また、彼はとりわけ幕藩秩序下の平和が続くにつれ、武士が文弱になってしまうのではないかと危惧した。「治なれば乱を忘れ易く、安なれば危を忘れ易く、文なれば武を忘れ易きは、世間の常なり[55]」。さらに、素行からすれば、天下太平の時こそ、特に武勇を強調しなければならなかった。「治久しくするの世に於いて専ら武を修むれば、則ち文武正しきに合す[56]」。

しかし、粗野で文雅とはほど遠い近世の武士に対し、文武兼備を唱えることは、実のところ「文」を積極的に導入することにほかならなかった。山鹿は「本朝武を以て先と為す」と述べる時、武士による権力支配は既成事実であり、更に進んで文教を学んでこそ長治久安を保つことが出来ると指摘する。「武将の治世は武勇に在りと雖も、然れども其の勢ひ已に勇武を具へれば、専ら文を以て和して之れを用ふ。……武将にして又た文を盛んにすれば、則ち其の武威始めて永久に及ぶべし。事物皆一方に偏すべからざるを以てなり[57]」。

素行は「武」の内包を増加させ、文教政事・礼楽典章等を取り入れ、本来「文」に属する内容を「武」の名の下に入れた。そのため、「武を以て先と為す」という主張は、実際には文教政事という主張でもある。例えば、彼はこのように言う、「文は乃ち乱を招くの本なり」、「文を専らにして四書六経を学び、是れを以て武に怠る、乱の本なり。若し武を以てすれば、自然に賊退く」。「文」というものを「文を専らにし」て「武に怠る」と貶めながら、彼は「武」

の礼教化を提唱し、「武は礼を修め、文は乱を招く」という最終結論に達する[58]。また、素行はこう主張した。「人君の側近、専ら文学修行の徒を用ふるは、武学武義を盛んにし、武将の職を忘れざるに若かず。此れを以て本と為し、治教をして聖学の淵源に帰せしめ、王道を盛んにして風俗を正す。是れ則ち人君の必する所なり[59]」。ここでも、「文」を「文学」に限定し、「治教」「王道」などを人君が提唱する「武学武義」の目標としている。彼が追求したのは、依然として儒家の政治的理想だったのである。

総じて言えば、素行の文武論の基本的傾向は、「武を以て先と為す」ことを強調しながら、努めて文の要素を取り入れることにより、幕藩統治の合理化を図ることにあった。かつて戦士であった武士は、いまや文教の役割を果たさなければならない。しかしながら、その戦士としての伝統を否定するわけにもいかないし、特に武勇を誇りとする観念を捨てるわけにもいかない。そこで、素行は武士が儒学を受け入れるために相応しい論理を提供したのである。

素行にとって文と武は、いずれも統治のための具体的な手段であったことは言うまでもない。実のところ、彼が天下の興亡を決める鍵と考えていたのは、文でも武でもなく、徳にほかならなかった。「天下の興亡は徳の厚薄に在り。……所謂徳の厚薄とは、其の身の積む所の徳に由り、天下の万民之れに帰服し、遂に天下の主と為る。是れ徳に依りて興るなり[60]」。「徳を以て為す者は長く久し。力を以て為す者は久しからず。智を以て為す者は風俗に背く。時を以て為す者は眼前の利の為にして其の始終を全くすることを得ず。尤も審らかに思ふべきの義なり[61]」。徳治主義の現実的意義は、まず将軍・幕府が天皇・朝廷に代わって政権を取る正当性を論証することにある。「武家頗る王道を得るなり。天下有道に帰し無道に帰せざるは、水の終に下に流るるに同じ[62]」。

徳治主義は武家の施政を指導するための評価基準も提供した。例えば、素行は豊臣秀吉の朝鮮侵略をこう批判している。「若し我れ徳の正しきの処無く、下を服するの文徳無ければ、則ち縦へ遍く兵士を南蛮西戎に遣はしむるも、禍必ず蕭牆の内に起こる。況んや征とは、正なり。我れの正しきを以て、人の正しからざるを正す、是れ征と為す。

秀吉何の正しきことか有りて以て高麗の正しからざるを正さんや」[63]。また、「異端を攻むるは、斯れ害のみ」という孔子の言葉を引用して、「力を以て人を服せば、乃ち心服に非ず」と強調し、「聖人の教え」を普及するのは、「是れ徳を以て人を服するなり。徳を以て人を服するは中心悦びて誠に服するなり」[64]と主張する。渡辺浩氏が指摘するように、幕藩支配秩序はあくまで主に武威（「御威光」）によって維持されていたのであり、「超越的な道理」は事欠いていた。そこで、素行の学問は、まさに儒家の「聖人の道」を取り入れることにより、武家政治秩序の内在的欠陥を補おうと図ったのである。

山鹿素行が生きた一七世紀中・後期の日本は、まさに武断政治から文治主義に転換する時期であった。当時の思想界では、キリスト教は鎮圧され、仏教は体制の道具となり、神道は体系的な倫理を欠き、武士の伝統学問としての兵学は、依然として軍事の領域に留まっていた[65]。朱子学を代表とする儒学は、概ね幕藩体制を正当化する要求にかなっていたが、体制批判を招く危険性も孕んでいた。これを背景に、素行は「理」の概念を新たに解釈し、朱子学を批判して「古学」を創立した。彼は天地の大道を認識する権利を「聖人」の独占に帰することにより、一般人の自由な思考を抑制した。その上で、「道統」の継承者を自任し、自分自身に聖人の道を解釈する特権を与えた。こうして、素行は儒学によって「兵学」を新たに解釈する思想的根拠を得、最終的に独自の山鹿流兵学を確立した。幕藩体制イデオロギーの先駆的思想家として、彼は幕藩体制の正当性を積極的に肯定しながら、既存の支配関係の範囲内に理想的な善政を築こうと努めた。彼自身は不遇にあえぎ、政治的には活躍できなかったが、その門人は平戸藩・津軽藩などの藩政の確立過程で、積極的な役割を果たすことになった[66]。

（1）　堀勇雄『山鹿素行』吉川弘文館、一九八七年、七五頁。
（2）　前田勉氏は、山鹿素行は紀律違反者を排除する軍隊統制論に基づいて、無用者の排除を主張したのだとし、素行が「朱子学を批判する根源的な理由は、この無用者排除の論理であった」と述べている（前田勉『近世日本の儒学と兵学』ぺりかん社、一九九六年、一五四頁）。

(3) 広瀬豊編『山鹿素行全集 思想篇』第五巻、岩波書店、一九四二年、二五頁。
(4) 広瀬豊編『山鹿素行全集 思想篇』第五巻、岩波書店、一九四二年、三頁。
(5) 広瀬豊編『山鹿素行全集 思想篇』第五巻、岩波書店、一九四二年、三六七頁。
(6) 広瀬豊編『山鹿素行全集 思想篇』第五巻、岩波書店、一九四二年、二三頁。
(7) 広瀬豊編『山鹿素行全集 思想篇』第五巻、岩波書店、一九四二年、三六七頁。
(8) 広瀬豊編『山鹿素行全集 思想篇』第五巻、岩波書店、一九四二年、三六七頁。
(9) 広瀬豊編『山鹿素行全集 思想篇』第五巻、岩波書店、一九四二年、二四頁。
(10) 広瀬豊編『山鹿素行全集 思想篇』第五巻、岩波書店、一九四二年、二四頁。
(11) 広瀬豊編『山鹿素行全集 思想篇』第五巻、岩波書店、一九四二年、二四―二五頁。
(12) 広瀬豊編『山鹿素行全集 思想篇』第五巻、岩波書店、一九四二年、二四頁。
(13) 広瀬豊編『山鹿素行全集 思想篇』第四巻、岩波書店、一九四二年、二七頁。
(14) 広瀬豊編『山鹿素行全集 思想篇』第五巻、岩波書店、一九四二年、四五頁。
(15) 広瀬豊編『山鹿素行全集 思想篇』第五巻、岩波書店、一九四二年、四五―四六頁。
(16) 広瀬豊編『山鹿素行全集 思想篇』第五巻、岩波書店、一九四二年、四六頁。
(17) 広瀬豊編『山鹿素行全集 思想篇』第一〇巻、岩波書店、一九四二年、三七二頁。
(18) 田原嗣郎・守本順一郎校注『山鹿素行』日本思想大系32、岩波書店、一九七〇年、三五五頁。
(19) 田原嗣郎・守本順一郎校注『山鹿素行』日本思想大系32、岩波書店、一九七〇年、三四三頁。
(20) 広瀬豊編『山鹿素行全集 思想篇』第九巻、岩波書店、一九四二年、四一〇頁。
(21) 田原嗣郎・守本順一郎校注『山鹿素行』日本思想大系32、岩波書店、一九七〇年、三五五頁。
(22) 広瀬豊編『山鹿素行全集 思想篇』第九巻、岩波書店、一九四二年、四一〇―四一一頁。
(23) 広瀬豊編『山鹿素行全集 思想篇』第九巻、岩波書店、一九四二年、四一一頁。
(24) 田原嗣郎・守本順一郎校注『山鹿素行』日本思想大系32、岩波書店、一九七〇年、一六四頁。

(25)　広瀬豊編『山鹿素行全集 思想篇』第七巻、岩波書店、一九四二年、一四〇頁。
(26)　田原嗣郎・守本順一郎校注『山鹿素行』日本思想大系32、岩波書店、一九七〇年、三四八頁。
(27)　田原嗣郎・守本順一郎校注『山鹿素行』日本思想大系32、岩波書店、一九七〇年、三四一頁。
(28)　田原嗣郎・守本順一郎校注『山鹿素行』日本思想大系32、岩波書店、一九七〇年、三四八頁。
(29)　広瀬豊編『山鹿素行全集 思想篇』第九巻、岩波書店、一九四二年、二五〇頁。
(30)　田原嗣郎・守本順一郎校注『山鹿素行』日本思想大系32、岩波書店、一九七〇年、三四六頁。
(31)　広瀬豊編『山鹿素行全集 思想篇』第一〇巻、岩波書店、一九四二年、三七二頁。
(32)　田原嗣郎・守本順一郎校注『山鹿素行』日本思想大系32、岩波書店、一九七〇年、三四一頁。
(33)　広瀬豊編『山鹿素行全集 思想篇』第一〇巻、岩波書店、一九四二年、三四八頁。
(34)　広瀬豊編『山鹿素行全集 思想篇』第九巻、岩波書店、一九四二年、二五〇頁。
(35)　田原嗣郎・守本順一郎校注『山鹿素行』日本思想大系32、岩波書店、一九七〇年、三四七頁。
(36)　こうした立場は、ある程度素行自身の思考の深さを限定した。例えば、『聖教要録』性篇では、宋学の「天命の性」と「気質の性」に関する議論を「細は乃ち細なり。而れども聖学に無益なり」と批判している（広瀬豊編『山鹿素行全集 思想篇』第七巻、岩波書店、一九四二年、三四五頁）。その最終的な結論は、「性悪と曰ひ、善悪混と曰ひ、無善無悪と曰ひ、作用是れ性と曰ひ、性即理と曰ふは、皆性を知らざるなり。性は多言に渉るべからず」であった（広瀬豊編『山鹿素行全集 思想篇』第七巻、岩波書店、一九四二年、三四五―三四六頁）。素行は、実際に「性」の問題を徹底的に突き詰めるのを拒絶した。その理由は繁雑な議論が実践に役立たないからである。
(37)　前田勉氏は近世日本における朱子学の働きについて論じ、次のように述べた。「儒者は儒教の普遍的原理を保持することによって、現実社会・国家との間での緊張関係を孕む可能性があったからです」（前田勉「「武国」日本のなかでの朱子学の役割」『日本思想史学』第三三号、日本思想史学会編、二〇〇一年、三三頁）。
(38)　広瀬豊編『山鹿素行全集 思想篇』第七巻、岩波書店、一九四二年、三三一頁。
(39)　広瀬豊編『山鹿素行全集 思想篇』第七巻、岩波書店、一九四二年、一三頁。
(40)　広瀬豊編『山鹿素行全集 思想篇』第七巻、岩波書店、一九四二年、一三頁。
(41)　田原嗣郎・守本順一郎校注『山鹿素行』日本思想大系32、岩波書店、一九七〇年、三四〇頁。

(42) 広瀬豊編『山鹿素行全集 思想篇』第一五巻、岩波書店、一九四二年、三九三頁。
(43) 田原嗣郎「山鹿素行の誠——その思想の理論的構成」『北海道大学文学部紀要』第三六巻第二号、一九八八年、一一頁を参照。
(44) 堀勇雄『山鹿素行』吉川弘文館、一九八七年、三二〇頁。
(45) 田原嗣郎「山鹿素行と士道」田原嗣郎編『山鹿素行』（日本の名著12）所収、中央公論社、一九七一年、三七頁。
(46) 広瀬豊編『山鹿素行全集 思想篇』第一巻、岩波書店、一九四二年、五〇〇頁。
(47) 広瀬豊編『山鹿素行全集 思想篇』第一巻、岩波書店、一九四二年、五〇〇頁。
(48) 広瀬豊編『山鹿素行全集 思想篇』第一一巻、岩波書店、一九四〇年、三一九頁。
(49) 広瀬豊編『山鹿素行全集 思想篇』第一一巻、岩波書店、一九四〇年、三一九頁。
(50) 広瀬豊編『山鹿素行全集 思想篇』第一一巻、岩波書店、一九四〇年、二八四—二八五頁。
(51) 広瀬豊編『山鹿素行全集 思想篇』第一一巻、岩波書店、一九四〇年、三二〇頁。
(52) 広瀬豊編『山鹿素行全集 思想篇』第五巻、岩波書店、一九四二年、一九七頁。
(53) 広瀬豊編『山鹿素行全集 思想篇』第五巻、岩波書店、一九四二年、一九六頁。
(54) 広瀬豊編『山鹿素行全集 思想篇』第五巻、岩波書店、一九四二年、四〇五—四〇六頁。
(55) 広瀬豊編『山鹿素行全集 思想篇』第五巻、岩波書店、一九四二年、三一三頁。
(56) 広瀬豊編『山鹿素行全集 思想篇』第五巻、岩波書店、一九四二年、四三三頁。
(57) 広瀬豊編『山鹿素行全集 思想篇』第五巻、岩波書店、一九四二年、四〇六頁。
(58) 広瀬豊編『山鹿素行全集 思想篇』第一一巻、岩波書店、一九四〇年、五一〇頁。
(59) 広瀬豊編『山鹿素行全集 思想篇』第五巻、岩波書店、一九四二年、四三四頁。
(60) 広瀬豊編『山鹿素行全集 思想篇』第五巻、岩波書店、一九四二年、三五六頁。
(61) 広瀬豊編『山鹿素行全集 思想篇』第五巻、岩波書店、一九四二年、三五八頁。
(62) 広瀬豊編『山鹿素行全集 思想篇』では、ここの議論を削除している。恐らく近代日本に盛んであった皇国観念に迎合するためであろう。引用は、村岡典嗣『素行・宣長』大教育家文庫六、岩波書店、一九三八年、一二八頁に基づく。
(63) 広瀬豊編『山鹿素行全集 思想篇』第一一巻、岩波書店、一九四〇年、二九六頁。

(64)　田原嗣郎・守本順一郎校注『山鹿素行』日本思想大系32、岩波書店、一九七〇年、三七〇頁。

(65)　素行からみれば、「当世の兵学者皆名利の為なり」であった（広瀬豊編『山鹿素行全集　思想篇』第一一巻、岩波書店、一九四〇年、二五六頁）。このような学問は、当然幕府の文教政策を指導するに適していなかった。また、素行の兵学の師、北條氏長の北條流兵学も、兵学を「士法」「国家護持の作法」などと見ている（堀勇雄『山鹿素行』吉川弘文館、一九八七年、七〇頁）。ただ、その重点は「心」の修養にあり、依然として「精神主義的色彩」を帯び（尾藤正英「山鹿素行の思想的転回（下）」『思想』第五六一号、岩波書店、一九七一年三月、九六頁）、天下国家を志向する山鹿流兵学とは異なる。

(66)　前田勉氏は次のように指摘している。「素行の門人はいわゆる藩政の確立期に、在地性の薄い、藩主に直結する封建官僚として支配機構の整備とともに、藩主権力の強化に活躍した」（前田勉『近世日本の儒学と兵学』ぺりかん社、一九九六年、一五五頁）。ほかには、『山鹿家門人帳』及びその附録（広瀬豊編『山鹿素行全集　思想篇』第一五巻、岩波書店、一九四二年、六七六―七〇二頁）を参照。

Ⅳ　国際関係（前近代）

7　朝鮮王朝初期「向化倭人」

――平道全に関する研究

王　鑫　磊
（呉修喆　訳）

はじめに

朝鮮王朝初期（一四世紀末から一五世紀初頭）に現れた「向化倭人」は、当時様々な理由によって朝鮮半島に渡った日本人を言う。中には、朝鮮に長期的に滞在し、後に日本に戻った人もいれば、朝鮮王朝の臣民として朝鮮に残り、代々そこに定住した人もいる。この特殊な人々はある特定の時代に登場し、その形成には複雑な理由があり、独特な存在形態を持ち、歴史にある程度の影響を残した。その影響は単に日朝外交の問題にとどまらず、朝鮮王朝の内政にも及び、さらに広い視野から考察すると、その範囲は日朝両国を越えて、東アジア全域にも及ぶものであった。本章は、この時代の「向化倭人」の代表的人物であった平道全に焦点を当て、研究の切り口にしたい。彼の対馬との関係、朝鮮王朝に対する貢献及び朝鮮・対馬の間で生きた彼の悲しき末路という三点から、この人物の経歴を描き出すと同時に、「向化倭人」と一五世紀初東アジアの「倭寇」問題を明らかにしたい。

一　「向化倭人」とは――先行研究及び本章の問題意識

「向化倭人」に関する記載は、およそ一四世紀末から朝鮮王朝の各文献に集中的に現れるようになった。そのほか、「投化倭人」や「帰化倭人」「受職倭人」などの名称も見かけるが、基本的には同じ集団を指していると考えられる。すなわち、「向化倭人」とは、当時様々な理由で朝鮮半島に渡った日本人のことであり、朝鮮における長期的な定住を経て日本に戻ったか、あるいは最終的に朝鮮王朝の臣民として後の世代も朝鮮に住み続けた人々のことであって、その性質からして、現代における両国間の移民に近い。

「向化倭人」という現象をめぐる深い議論は、日韓両国の学界ですでに行われてきた。日本では、中村栄孝の著作『日鮮関係史の研究』（一九六五年）に見られる考察や、有井智徳「李朝初期向化倭人考」（一九八二年）、関周一「対馬・三浦の倭人と朝鮮」（一九九八年）、松尾弘毅「朝鮮前期における向化倭人」（二〇〇七年）などの論文が代表的であり、韓国では、李鉉淙「朝鮮初期向化倭人考」（一九五九年）、宋在雄「朝鮮初期向化倭人研究」（一九九六年）及び韓文鐘の専著『朝鮮前期向化・受職倭人研究』（二〇〇五年）などが挙げられる(1)。

以上の日韓研究者の先行研究では、マクロの視角に立って、「向化倭人」の基本概念、それと関係する日韓外交の諸問題、朝鮮王朝が「向化倭人」を管理するために行った制度的な措置など、多くの課題に対して詳細な検討と解答がなされている。ここでは韓文鐘・松尾弘毅論文を例に、その内容を略述したい。

基本概念について、研究者たちは「向化倭人」を学術用語として比較的統一的に使用しているが、同時に歴史文献上の「投化倭人」「帰化倭人」「受職倭人」などの名称にも関心を寄せ、中には各名称の間における些細な区別を指摘する研究者もいる。例えば、「向化」「帰化」が使用される場合、文化への憧れという意味を含むケースが多く、「投化」が使用されるのは、軍事行動と関連し、投降・亡命などの背景が見られるケースである。また、「向化倭人」の中でも、とりわけ朝鮮王朝に官職が授与された人々は「受職倭人」と呼ばれる。(2) 以上の研究は確実に、「向化倭人」という集団に対する基礎的な知見をより豊かなものとしてくれた。

先行研究で議論された重要な問題の一つは、「向化倭人」集団の分類である。例えば、韓文鐘は向化倭人となるに至った理由から、①投降した倭寇、②拘束された倭人や捕虜、③自ら「向化」あるいは逃亡した倭人、④送還された拉致被害者と同行する倭人、⑤倭僧、⑥使者だった倭人、⑦三浦の永住倭人及びその他、三浦の恒居倭人及びその他という七種類に分けている。(3) 一方、松尾弘毅は「受職」を根拠に、まず「向化倭人」を「受職向化倭人（朝鮮王朝において一定の官職に就き、政府に仕える者）」と「無職向化倭人（朝鮮半島に渡来した後、平民として居住していた者）」の二種類に分ける。次に、「受職向化倭人」をさらに、①倭寇の首領、②通交を目的とする者、③技術に従事する者と分け、「無職向化倭人」を、①倭寇、②「己亥東征」（日本名は応永の外寇）以前に朝鮮に拘束され、その後自ら「向化」した倭人、③投降倭人と分けている。(4) 類型化をめぐるこれらの研究は、「向化倭人」という集団が持つ来歴及び動向の複雑な様相を提示した。

日韓両国の研究者が注目したもう一つの問題は、朝鮮王朝が「向化倭人」を受け入れ、管理するために設けた制度である。韓文鐘は以下の面から朝鮮王朝の「向化倭人」に対する政策と待遇を詳細に分析している。①食料、衣服、土地と住居の下賜、②田租と賦役の免除、③名字と郷の恩賜、④月謝及び馬料の支給、⑤婚姻、⑥使用人の下賜、⑦科田の恩賜、⑧科挙試験参加、及び遁児職（非正規職）に就く許可、⑨祭祀への参加と香典、⑩犯罪の処理。(5) 松尾によると、朝鮮王朝による「向化倭人」政策は、大きく分けて「救恤」と「統制」の二つの面が確認できる。(6) 救恤とは、「向化倭人」にある程度の生活の保障を与え、受職者には俸禄、無職者には基本的な生活補助を与えるという方法である。一方、統制とは、行動範囲を制限することであり、主に居住地域を中心に「向化倭人」を集中的に管理する施策が取られていた。「向化倭人」は全国の範囲で自由に定住することが認められず、受職者は京城か、または職務によって派遣された地にしか住むことが許されなかった。無職者は政府が指定した数少ない地区にのみ定住することが認められ、住所を自由に変更することを禁止されていた(7)。管理制度に関する研究を通して、「向化倭人」が単に日朝外交上の問題ではなく、朝鮮王朝内部における政治問題であったことが浮き彫りになった。

要するに先行研究から分かるのは、いわゆる「向化倭人」とは、実質的には特定の歴史条件下において、日本の特定区域（主に対馬）の人々が朝鮮半島へ移動する現象であることである。その背景には、政治・外交・軍事・経済活動など、錯綜した複雑な要素による影響が見られる。

以上のようなマクロな研究のほか、ミクロな視点から「向化倭人」を研究する研究者も見られる。その中で主要となるのは個別の人物研究である。例えば、田村洋幸「中世日朝貿易の問題点——特に平道全を中心として」や、韓文鐘による「朝鮮初期の向化倭人と李藝」「朝鮮初期向化倭人皮尚宜の対日交渉活動」「朝鮮初期対馬島向化倭人平道全——対日交渉活動を中心に」の三篇がある(8)。日韓研究者による「向化倭人」の個別研究では平道全という人物が何度も登場する。彼に関する文献資料が比較的多いため、歴史書における出現頻度が高いのであろう。平道全の生い立ちや経歴についての研究はすでに豊富で、主に日韓貿易・日韓外交の領域に重きを置いた分析が展開されている。

本章も平道全という「向化倭人」を切り口にして研究を進めていくが、先行研究とは違う点に重きを置きたい。すなわち、平道全の経歴を分析する際、主に、対馬との関係、朝鮮王朝に対する貢献及び朝鮮・対馬の間で生きた彼の悲しき末路、という三つの問題を考察する。そのほか、「向化倭人」と一五世紀初めの東アジアの「倭寇」問題についても検討を加える。

二　「向化倭人」・平道全について

一四一九年六月、朝鮮王朝は「倭寇討伐」の名目で対馬に派兵したが、これを歴史上「己亥東征」と呼び、日本では「応永の外寇」と称する。朝鮮側は戦争を起こす大義名分を重んじ、戦争中に世宗大王の名義で相次いで三通の「教書」を発表した。「征対馬島教書」「諭対馬州書」及び「再諭対馬島書」である(9)。三通はそれぞれ朝鮮臣民と対馬島民を対象にし、戦争の道義性と討伐の正当性を表明するものであり、対馬島民を対象にした第二、第三通には、相手が悔い改め、自ら降参するようにとの願いが表されている。

例えば、「諭対馬州書」の中には、対馬の降伏を諭す次のような文章が書かれている。

> 若能播然悔悟、捲土来降。則其都々熊瓦(10)、錫之好爵、頒以厚禄。其代官等、如平道全例。其余群小、亦皆優給衣糧、処之沃饒之地、咸獲耕稼之利。歯於吾民、一視同仁、皆知盗賊之可恥、義理之可悦。此其自新之路、生理之所在也。計不出此、則巻土率众、帰於本国、其亦可矣。若乃不帰本国、不降於我、尚懐草窃之計、仍留於島、則当大備兵船、厚載糧餉、環島而攻之。歴時既久、必将自斃。若又精選勇士十万余人、面々入攻、則嚢中之物、進退無拠、其必孩稚婦女、靡有孑遺、而陸為烏鳶之食、水充魚鼈之腹也無疑矣。嗚呼、豈不深可哀怜也哉。此其禍福所在章々明甚、非茫昧不可究詰之事也。古人有言曰、禍福無不自己求者。又曰、十室之邑、必有忠信。今対馬一島之人、亦皆有降哀(衷カ)秉彝之性矣、豈無知時識勢通暁義理者哉。兵曹其移対馬島、諭予至懐、開其自新之路、俾免滅亡之禍、以副予仁愛生民之志(11)。

もし翻然として悔い改め、土埃を上げて投降してくるならば、都々熊瓦には立派な爵位を与え、厚禄を分かち与える。代官等は平道全の例の通りにする。その他の小者どもにもすべて十分に衣食を支給し、肥沃の地に配置し、農作業に有利なようにする。わが民と同列に扱い、平等に仁愛を施し、皆に、盗賊の恥じるべきこと、義理の悦ぶべきことを知らしめる。これこそ真人間に生まれ変わる道であり、たつきの在処である。これよりほかに企てがなければ、土煙を上げ衆人を率いて自国に帰るのもまたよし。もし自国に帰らず、わが国に投降せず、なお窃盗を企て、島に留まるのであれば、われわれは兵船を大いに準備し、兵糧を厚く載せ、島を囲んで攻める手立てをする。長く経てば、必ず自ら斃れるだろう。もしまた勇士を十万人あまり精選し、各方面から攻め入れば、袋のネズミの如く、進退窮まる状況になり、女子供までも、生き残ることのできる者はないだろう。死体が陸にあれば烏鳶に食われ、水に落ちれば魚や鼈の腹に充たされるに違いない。ああ、深く憐れむべきではなかろうか。禍福の所在が甚だしく明らかであり、ぼんやりして究明できないことではない。古人は「禍福は自分自身が引き寄せるものである」と言い、また「十軒ほどの村にも、必ず私（孔子）程度の忠厚信実な者はいるものだ」と言っている。今対馬にいる人間も、皆天から定められた常道に従う性を有しているのだから、時を知り、勢いを識り、義理に通暁する者がいないはずがない。兵曹は対馬に渡って予の想いを諭し、真人間に生まれ変わる道を開き、滅亡の禍を回避させ、予の人民を慈しむ志に添うようにせよ。

朝鮮王朝『世宗実録』によると、この教書は「上王命兵曹判書趙末生、致書於対馬島守護都々熊瓦（上王が兵曹判書趙末生に命じ、書簡を対馬島守護都々熊瓦に送った）」、「遣投化倭藤賢等五人賚往対馬島（投化倭人藤賢など五人に、これを持って対馬に行かせた）[12]」とある。この段落に、平道全という名が出ている。「教書」は平道全を「向化倭人」の代表として挙げており、当時朝鮮王朝・対馬両方に周知されていた人物であったことが分かる。では、この平道全とは何者なのか。

『朝鮮王朝実録』のみでも、平道全について多くの記述を目にすることができる。それらの記述を通して、平道全という朝鮮王朝初期における最も代表的な「向化倭人」の経歴を、簡単に把握することができる。

1　対馬島主の推薦により「向化倭人」となった平道全

平道全は、生没年不詳。若い頃は対馬島主宗貞茂に仕えていた。一四〇七年、宗貞茂の命によって使節として朝鮮に派遣され、同年、朝鮮で官職（員外司宰少監）を受領し、朝鮮王朝で「向化倭人」となった。つまり、対馬島主に属する官僚として、命を受けて朝鮮に渡ったのち、一転して朝鮮王朝の官僚になったのである。その経緯については、『朝鮮王朝実録』の中で以下のように書かれている。

対馬島守護宗貞茂、遣平道全、来献土物、発還俘虜[13]（太宗七年（一四〇七）三月十六日）。

対馬島の守護・宗貞茂が平道全を遣わし、土産を献上し、捕虜を返還してきた（太宗七年（一四〇七）三月十六日）。

以平道全為員外司宰少監、賜銀帯。道全、日本人之投化者也[14]（太宗七年（一四〇七）七月十五日）。

平道全を員外司宰少監とし、銀帯を下賜した。道全は投化した日本人である（太宗七年（一四〇七）七月十五日）。

実際、平道全の「向化」自体は対馬島主宗貞茂に促された結果であり、彼は宗貞茂が極力朝鮮国王に推薦した人材というわけである。

趙末生、許稠同坐礼曹、慰九州島節度使使人、且開諭対馬島使者曰、汝島土地墝薄、不能耕農、以盗窃為生。熊瓦之父貞茂及祖霊鑑、欲禁賊、帰命聖朝、以至誠送平道全以宿衛、朝廷憐其誠意、凡有所求、靡不聴従[15]。

趙末生、許稠が礼曹に同坐し、九州島からの節度使及び使者を慰労し、対馬の使者に勧告した、「お前の島は土地が痩せており、農耕することができないため、窃盗を生業としている。熊瓦の父貞茂及び祖父の霊鑑は賊を取り締まろうとして、聖朝に帰順し、至誠をもって平道全を送ってよこし、宿衛の職にあたらせた。朝廷はその誠意を憐れみ、求めることあらば、何でも聞き入れた」。

そのような推薦の仕方は、当時、もう一人の「向化倭人」となった表思温に関する記載にはさらに直截に記されている。

初、思温出来、啓請仍留宿衛、国家以無島主之文不許、思温遂還、賫宗貞盛之文而来、乃授職(16)。

最初来たときは、宿衛として朝鮮に留まることを求めたが、朝鮮は対馬島主の文がないので許さなかった。思温は帰ったが、宗貞盛の文を携えて再びやって来たので、今度は官職を授けた。

この文章によると、「向化倭人」になった表思温は、最初に朝鮮に来て向化を希望した時、朝鮮側の許諾が得られなかった。そこで彼は対馬に戻り、島主宗貞盛の推薦状を得てから再び朝鮮に向化を申し入れ、ようやく官職が授けられるようになったのである。公文書の重要性からも、朝鮮王朝が対馬島主に推薦された向化倭人を受け入れる件において、徐々に制度的な手続きが形成されたとみられる。

そういった意味で、平道全のような「向化倭人」の出現はすなわち、当時の二つの政治主体（朝鮮王朝と対馬）の双方に認可された人材移動と言えよう。そのような人材移動の背景として考えられるのは、関係の緊密性と特殊性だけではない。各自の利益に対する追求も反映されている。要するに、朝鮮王朝にとって、平道全のような人材は必要であり、対馬もこれによって、自国の利益を図るための人員を朝鮮王朝内部に据える目的を実現した。

平道全が朝鮮王朝に任官した後、朝鮮王朝の使節という身分で何度も対馬に赴いたが、それは身分の特殊性に基づいた妥当な配役だったと思われる。

護軍平道全還自対馬島。宗貞茂使人陳慰、献馬二匹、発還被擄人(17)。

護軍の平道全が対馬から戻ってきた。宗貞茂は人に慰安させ、馬二匹を献上し、捕虜を返還した。

遣護軍平道全於対馬島、報聘也(18)。

護軍の平道全を対馬に遣わし、答礼訪問させた。

賜対馬島宗貞茂米豆三百石。又賜米豆三十石、衣一襲、鞍一面於護軍平道全、遣於対馬島。道全、貞茂之麾下。

今遣之、要結和好、禁侵賊也[19]。

対馬島宗貞茂に米豆三百石を賜り、又、護軍平道全に米豆三十石、衣一襲、鞍一面を賜り、対馬島に遣わした。

道全は貞茂の麾下であった。今遣わしたのは、友好関係を結び、賊の侵入を取り締まるためである。

平道全は朝鮮王朝に仕える傍ら、対馬島主宗貞茂との連絡も欠かさなかった。朝鮮王朝のやり方に不満を覚えた宗貞茂は平道全に、機会を窺って朝鮮から離れ、対馬に戻るように諭す手紙を送ったこともある。

時宗貞茂通書平道全曰、「朝鮮向我之誠、今不如古。古者送米五六百石、今不送矣。汝亦乞暇出来可也[20]」。

この時、宗貞茂は平道全に書簡を送り、「朝鮮のわが国に対する誠実さは昔ほどではなくなった。昔は米五、六百石を送ってきたのに、今は送らなくなった。お前も暇を乞うて帰国すればよい」。

対馬島主が「向化倭人」になった平道全を相変わらず自分の部下として扱っていたことが、この書簡から垣間見える。自国の利益を図るために自ら朝鮮に「向化倭人」を推薦した、ということの裏付けになる。

2　平道全による朝鮮王朝への貢献

実際、平道全と対馬の間に切っても切れない繋がりがあることを朝鮮側も十分理解していたが、人材を尊重し、その力を発揮してほしいとの考えから、手厚く待遇することによって積極的に平道全を取り込もうとした。

命厚賻護軍平道全父喪[21]。

護軍の平道全の父の葬儀に、香典を手厚くするよう命じた。

賜護軍平道全家[22]。

護軍平道全に家を賜る。

賜大護軍平道全銀帯一腰[23]。

大護軍平道全に銀帯を一本賜る。

賜大護軍平道全衣二襲。道全請還本国掃墳、故賜衣遣之(24)。

大護軍平道全に衣を二着賜る。道全が墓参りするために帰国を申し入れたため、衣を賜って遣わした。

賜大護軍平道全襦衣一襲、且於慶尚道造家与之(25)。

大護軍の平道全に襦衣一襲を下賜し、さらに慶尚道に家を建造して与えた。

朝鮮側の優遇に応じて、平道全は怠ることなくこれに報い、朝鮮王朝のために力を尽くした。朝鮮王朝に仕えるにあたり最も突出していたのは彼の軍事的能力、主に海軍を指揮する才能であった。

平道全は武将だったため、彼の下には同じく対馬から渡来した、彼個人に忠誠を誓う将兵が随っていた。朝鮮側は一時期そのことを危惧し、彼を敢えて京城に駐留させず、東南沿海部の慶尚・全羅・江原一帯に派遣し、海域の守護、倭寇侵入の防御を任せていた。

遣平道全率其子望古及其徒八人、御倭於慶尚、全羅、江原道。朝議以道全狠戾不測、聚徒居京不便、因以散処之也(26)。

平道全に、子の望古及びその仲間八人を率い、慶尚、全羅、江原道で倭寇を防御させた。朝議において、道全が悪辣で制御が利かないため、仲間と京師に集住させておくと不都合だということになり、彼らを別々に住まわせた。

平道全は、彼が国境を警備していた間、倭寇をいかに防御するかという問題について、朝鮮側の消極的な防御策の弊害を鋭く突き、自ら出撃するという策略を申し出た。

平道全言於政府曰、「朝鮮之人、未戦之時先有還家之念、豈能勝敵乎。予則忘身委質、赴敵之日、当先殺妻、以固其無回還之念。胡為不勝哉。若遣我、則必有以報国」。政府以啓。道全時有小疾、知申事安騰問曰、「若汝疾何」。道全曰、「吾生長海中、山行水宿、今安枕肆志、暫不運動、故致気渋而疾作。今若受命発行、則疾当自愈。若予戦亡而不還、則予之爵禄願以伝之吾子」。上壮之、命率其徒十余人以往(27)。

平道全が政府に言った、「朝鮮の人は戦う前から家に帰りたがっております。それで敵に勝つことができましょうか。わたしはといえば身命を惜しまず、敵に立ち向かう日にはまず妻を殺し、家になど帰らないと気持ちを固めます。これで戦に負けるなどということがありましょうや。もしわたしをお遣わし頂ければ、必ずお国に報いるところがございましょう」。政府はそれを上申した。道全はその時軽い病にかかっていた。知申事の安騰が尋ねた、「お前、病気はどうするのだ」。道全が言った、「わたしは海で生まれ育ち、山や川を跋渉して参りました。この頃は枕を高くして眠り、快適に日を送り、しばらく運動しておりませんでしたので気が滞り、病いが起こった次第。もし命を受けて出発すれば、病いなど自ずと癒えるでしょう。もしわたしが戦で死んで帰ることができなければ、わたしの爵禄はわが子に継がせるよう願います」。主上は勇敢だと感心して、仲間十数人を率いて出立するよう命じた。

彼が率いた海軍は倭寇との実戦を通して、徐々に勢力が強大となり、当時の朝鮮王朝にとって重要な海上戦力となった。彼自身も軍功を積み重ね、上護軍（三品官）の位に上りつめた。

また、平道全は作戦を指揮する傍ら、朝鮮の海上戦力を向上させるために非常に有益なこともした。それは日本の造船技術を輸入し、朝鮮海軍のために戦艦を造ったことである。一四一三年一月、平道全の監督のもとに造られた日本式の戦艦は、漢江で朝鮮兵船と速度を競い合い、朝鮮軍が当時使用していた兵船より日本式戦艦のほうが性能的に遥かに上であることが明らかになった。

命試倭船。命代言柳思訥将本国兵船、与平道全所造倭船、較其疾徐於漢江。思訥復命曰、「順流而下、則兵船不及倭船三十歩或四十歩、逆流則几百歩矣(28)」。

倭船の使用を試みることを命じた。代言の柳思訥に、本国の兵船と、平道全が建造した倭船と、速度を漢江で比較するように命じた。思訥の報告にいうよう、「流れに沿って下った場合、兵船は倭船に三十歩あるいは四十歩及びませず、流れに逆らった場合、数百歩も及びません」。

「向化倭人」による朝鮮兵船の技術向上に対する貢献の例は他にも見られる。例えば、一四一九年の記載からも、人の移動に伴い実現した先進技術の伝播が窺える。

投化倭皮古沙古等上言、今観兵船体制、一船只着一尾、故一遇風浪、輒至傾覆。倭船則於平時懸一尾、遇風浪則又於両房各懸一尾、故無傾覆之患。乞依倭船例作尾。従之。(29)

投化倭人の皮古沙古らが上申して言った、「今、兵船の構造を見ますに、船一隻に一尾しか装着されておりません。このため一度波浪に遭うと転覆に至ります。倭船は普段、一尾を掛けておき、波浪に遭うとさらに二つの船房に一尾を掛けます。このため転覆の危険はありません。倭船の例に則って尾を作ることをお願い致します」。これは聞き入れられた。

技術の伝播以外にも、平道全の事跡から、日本の文化要素が「向化倭人」の移動とともに朝鮮に伝わっていった例も見られる。例えば、一四一五年六月、朝鮮に旱魃が起きた際、平道全は彼の責任の下で漢江で日本式の雨乞いをしたいと太宗に許可を求め、認められた。

上護軍平道全請祈雨於漢江。道全請曰、率日本国僧数人、依日本礼、於漢江水辺沈舎利、撃小鼓以禱、庶可得雨。従之。(30)

上護軍の平道全が漢江にて雨乞いをすることを請うた。道全が請うて言った、「日本国の僧数人を率い、日本の礼によって漢江の川辺に仏舎利を沈め、小鼓を打ち鳴らして祈れば、雨を得ることができるでしょう」。これは聞き入れられた。

また、平道全が朝鮮のために発揮した力は、情報諮問の面にも現れていた。よく知らない外部世界に関する情報を知ろうとする朝鮮側に、彼は自身の経験に沿って答えを提供した。例えば、一四一五年、太宗は琉球へ使節を派遣しようと考えた。その目的は倭寇に攫われ、転売された朝鮮人の返還であった。太宗は平道全を召し寄せ、琉球への海路を尋ね、使者の人選について相談した。

召平道全、問海路険易。左代言卓慎啓曰、「宜遣使琉球国、請還倭寇擄掠転売之人」。上然之曰、「分離族属、其情可惜。其率来者、当賞以職」。乃召道全問之、「上欲遣使琉球国、以其海険遠、皆不欲往、命被罪人中、選揀能不辱君命者以聞」。(31)

平道全をお召しになり、海路の状況を尋ねた。左代言の卓慎が申し上げた、「使節を琉球国に遣わして、倭寇が略奪転売した人々を返還するよう要請すべきです」。主上はこれに同意し、おっしゃった、「親族と離別するとは、その情は憐れむべきである。帰国した者には職を与え、褒賞としよう」。そこで道全を召して尋ねた、「主上は使節を琉球国に派遣されようとしているが、海路が険しくかつ遠いため、みな行きたがらない。そこで犯罪者のなかから君命を辱めることのない者を選別し、報告することを命じる」。

このように、朝鮮が琉球と交流し始める最初の段階において、「向化倭人」たちが参与することが多かった。一四三〇年に琉球に派遣された通事である金源珍、(32)一四六一年に李継孫に付き添い琉球使節をもてなした通事平茂続、皮尚宜(33)なども「向化倭人」であった。

対馬出身の日本人であるにもかかわらず、平道全が朝鮮の朝廷で十数年活躍できたのは、身分が特殊だったからである。朝鮮と日本の外交活動において、彼は橋渡しの役を果たした。例えば、一四一三年六月、日本の使僧慶勝が朝鮮に赴いたが、国王が宮殿で朝拝を受ける予定だった日が雨の関係で、謁見することができず、帰国しようとしたところ、大護軍平道全の引き合わせにより、無事に国王に謁見できた。(34)また、一四一四年七月、日本国王が使僧圭籌ら一行を、朝鮮に『大蔵経』『大般若経』を求めるために遣わした。朝鮮側は経書の贈与を許諾したが、地方の寺院から取り寄せる必要があるため、ことの進展が遅く、日本の僧侶が主事者の怠慢を訴えたところ、平道全が両者の間を取り持った[35]。また、一四一四年八月、対馬・小二殿・壱岐州・日向州からの使者百五人が、朝鮮に承諾された鐘の贈与が遅くなったことで、蔚山に集まり、「抜剣欲害郡人、恣行暴乱（剣を抜き、郡の人に危害を加えようと暴動）」を引き起こした。朝鮮側は平道全を調停役として遣わした[36]。

3　朝鮮と対馬の板挟みになり、悲劇的な終わりを迎えた平道全

朝鮮側に「向化倭人」と見做されていたものの、平道全のいわゆる「向化」は当初から一方的に朝鮮王朝に「帰順」するという意味合いではなく、彼は対馬と終始緊密に連絡を取っていた。そして、政治的にも対馬と完全に一線を画すことはなかった。朝鮮王朝に仕えていた間、彼は謹んで身命を投げ打って奉公していたと言える。恐らく、本心から両方が自分の帰属する場所と思い、必死に両者の間でバランスを取ろうとしていたのだろう。しかし、ほかでもなく、そのような心持ちが朝鮮王朝と対馬の間に敵対や衝突が起きた時、彼をジレンマに陥れてしまった。

彼は一向に対馬との接触と通信を回避せず、故国への感情を隠さなかった。一四一三年三月、中国側が倭寇問題で日本を討伐する動きがあると聞きつけた平道全は、左政丞河崙を訪ね、日本を救援するために帰国したいと国王に申し入れる考えを伝えた。しかし、河崙は帰国しないようにと平道全に勧告しただけでなく、その情報を日本に知らせるべきではないと伝え、このことをすぐに国王に報告した。

平道全詣河崙第、曰、「吾聞上国欲討吾国、吾欲往救、煩為申達」。崙答曰、「汝国之倭、侵上国境、皇帝怒曰、『蕞爾倭奴、侵掠我辺境、当発船万艘往討之』。汝国何其侵掠之甚耶。毋令汝国知之」。崙即啓曰、「道全問於臣、臣答之以此」。上曰、「予将答之亦如此[37]」。

平道全は河崙の邸宅に赴いて言った、「わたしは中国がわが国を討とうとしていると聞きました。行って国を救いたいのですが、上申をお願いできませんか」。崙が答えて言った、「お前の国の倭は中国国境を侵した。このため皇帝は怒って「チビの倭奴どもがわが辺境を侵しおった。船一万艘を派遣して討たねばならぬ」と仰った。お前の国はなぜこうもひどく侵略するのだ。お前の国にこのことを知らせてはならぬ」。崙はすぐにこのことを申し上げて言った、「道全がわたしにかくかくと尋ねたので、わたしはしかじかと答えました」。主上は言った、「余もそのように答えようとしていたところだ」。

当然、そのような言動は仇になり、彼は終始朝鮮側から完全な信頼を得られなかった。そんな中、一四一八年三月に起きた対馬島主が薬を求めた事件は、平道全と朝鮮側の関係における亀裂をさらに大きくした。『太宗実録』に次のような記載が見られる。

> 対馬島宗貞茂遣人求薬。平道全曾乞暇往見宗貞茂、今送伴人皮都知詣闕献書、辞曰、「宗貞茂去年九月発風病幾死、去二月小差、乞将清心元（丸）、蘇合元（丸）諸般薬材、付伴人送之」。又伝道全之言曰、「在前貞茂無病時、賊船過薩摩州向江南。今賊人議曰、「上将出来、貞茂亦病」、声言過薩摩州、遂過行朝鮮地境、儻或犯境、甚可慮也。宜達於国家、令各浦兵船謹於防守」。上覧道全之書曰、「彼雖求薬、安知服法乎」。兵曹参判李春生等啓曰、「今倭変可慮、送騎馬駅子於各道、堅実防御」。教曰、「送騎馬駅子則其勢甚急、外方必惊擾矣、但当移文知会[38]」。
>
> 対馬の宗貞茂が使者を遣わして薬を求めてきた。平道全は休暇を取って宗貞茂に会いに行っており、今回、部下の皮都知を朝廷に送ってよこして、文を献上してきたのである。その文にこうある、「宗貞茂は去年九月に風病が発症し、危うく死ぬところでしたが、去る二月にやや回復しました。清心丸、蘇合丸など諸種の薬材を部下に託していただき、送ってきて下さるようお願いします」。部下はさらに道全の言葉を以下のように伝えた。「貞茂が病にかかる前までは、賊船は薩摩州を通ってから江南に向かっていました。今では賊人はこう話

し合っています、「上将は外に出ており、貞茂も病にかかった」と。薩摩州を通って遂に朝鮮の地を越えてやると言いふらしています。もし国境を犯すとなると、それは非常に憂慮すべきことです。国家に伝え、各浦の兵船に謹んで防衛するよう命じたほうがよろしい」、と。王は道全の文を読み、「彼は薬を求めているが、服用方法は分かるのか」と言った。兵曹参判李春生などは、「今倭寇が憂慮すべき事案ですので、騎馬駅子を各道に送り、防御を堅実にしましょうか」と申したが、王は、「騎馬駅子を送るのは動きが急過ぎるので、外部を騒がせてしまう。文書伝達さえすればいい」と命じた。

対馬島主宗貞茂が病で薬を求めているとの情報を受け、平道全は真先に自ら見舞いに行った。だが、朝鮮国王に薬の支給をお願いするのに、自分の部下を一名のみ遣わしたのは不適切な行為であった。彼が部下に命じて伝えさせた伝言はさらに不適切なものであった。彼は、貞茂が病にかかるまでは、倭寇が対馬に憚って朝鮮方面を略奪しに来ず、「薩摩州を通って江南へ」向かっていたが、今は「上将は外に出ており、貞茂も病にかかった」との噂が倭寇の間に流れており、あらためて朝鮮に来て略奪を働く可能性があるため、防御線を固めるようにと、朝鮮に注意を促した。ここにいう「上将」は彼自身のことを指している。一見倭寇の動向に対する注意喚起のようだが、対馬島主の状況と結びつけて考えると、今まで倭寇を防御して来た功績を持ち出して朝鮮に薬を強要しているとも受け取られてしまう。朝鮮国王はその上奏文を読み、「薬を求めているが、服用方法は分かるのか」と一言だけ発し、倭寇の件には触れなかった。さらに、兵曹の「騎馬駅子を各道に送り、防御を堅実にしようか」という提案に対しても、情勢がまだ緊急ではないとして、騎馬駅子を送る必要性は低く、文書伝達さえすればいい、としか指示をしなかった。そういった反応から、朝鮮国王の平道全への態度はすでに明白であった。またそれは、すぐに別の形で、より顕著に現れた。

一四一八年三月二十日、対馬島主求薬事件の数日後、代言河演が上書し、「向化倭人」に対する資金援助の停止を求めた。それに対して国王は教勅を下し、提案を認めるのと同時に、平道全について次のように言及した。

代言河演啓曰、「投化倭人等来居我国、非一二年矣、而猶頼国家資生、其支費不貲、請自今勿復給粮」。教曰、「此人等初来我国、不習家産之時、宜給粮以補乏、既習我国之事而已成其生、可以耕田而食也。寄食我国、以為恒例、則無窮之欲何時而已乎。近者平道全与弟皮郎書賊人等造船一百五十隻、欲掠中国、其於往来辺鄙之患可勝言哉。我国因平道全等至今得保、此特権時之意也。賊等多逞不義、宜当自滅。若不自滅、則豺狼之暴何時而已。倘中国知我国交通而不救中国之患、則非特無事大之誠、其終必有腹心之疾。予以此慮之無已」[39]。

代言の河演が申し上げた、「投化倭人らがわが国に居住するようになってすでに長い年月を経ておりますが、なお国家に頼って生活し、莫大な費用を費やしています。以降、食料を支給されませんよう願います」。教書に言う、「これらの人がわが国に来たばかりで、家業に不慣れな時であれば、食料を供給して欠乏を補うべきだが、わが国での仕事に慣れて暮らし向きが立って以降は、自ら畑を耕して生きることができるはずだ。わが国に寄食することが恒例になってしまうとその欲求は止まるところを知らなくなる。最近平道全と弟の皮郎が賊人と内通し、船百五十隻を建造し、中国を侵略しようとしている。辺境を往来する危険性は言葉で言い尽くせない程だ。わが国が平道全らによって今まで命脈を保ったのは、これ特に一時的な配慮である。賊は多く不義を働くもの、殲滅しておくべきだ。さもなければ、ヤマイヌやオオカミの如き暴虐さは止むことがない。もし中国が、わが国が気脈を通じておりながら中国の外患を救わなかったと知れば、それは大国にお仕えする誠実さを損なうばかりか、遂には重大な災禍をもたらすだろう。わたしはこれが心配でならないのである」。

この教書に書かれている「賊人と内通」、「船百五十隻を建造」というのはおそらく当時平道全を危惧する朝廷役人による非難であり、確実な罪名ではなく、「中国を侵略しようとしている」も事実ではなかった。ただ、教書でこれを述べたということは、朝鮮の政治権力者がすでに平道全にマイナスな判断を下したということを意味する。「わが国が平道全らによって今まで命脈を保ったのは、これ特に一時的な配慮である」からは、朝鮮王朝が平道全を任用する初心がはっきりと読み取れる。要するに、朝鮮が自ら保つことを求める時代が去り、より重要な問題——中国との関係を考えなければならなくなったのである。もし平道全のような倭寇と曖昧な関係をもつ「向化倭人」をこのまま朝鮮で活動させれば、中国の朝鮮への見方に影響を及ぼしてしまう。当時と現在は事情が変わっている。したがって、平道全を代表とする「向化倭人」は朝鮮にとって「腹心の疾」となった。国王が「心配でならない」のもそのはずである。

そういった状況の中、平道全の朝鮮国内における境遇はすでに至る所に危険が潜んでいた。事態をさらに悪化させたのは、一四一九年五月七日に発生した、対馬倭寇が全羅道沿海部に侵入した「庇仁県倭寇事件」[40]である。平道全は当時朝鮮側の海防将領として、命を受けて応戦せざるを得なかった。

朴訔啓曰、「国家待倭人極厚、而今乃侵我辺鄙、無信如此。平道全厚蒙聖恩、官至上護軍、宜遣道全以助戦。今若不用其力、将焉用哉。殺之可也」。乃命以道全為忠清道助戦兵馬使、率其伴倭十六人以往[41]。

朴訔が申し上げた、「国家は倭人をきわめて優遇しておりますのに、いまわが国境を侵しております。信用ならないことかくばかりです。平道全は聖恩に浴し、官は上護軍にまで至っております。道全を遣わして援軍とすべきです。今もしその力を用いなければ、他に用いどころなどありますまい。殺してしまって構わないことになります」。そこで道全を忠清道助戦兵馬使に命じ、仲間の倭人十六人を引き連れて出立させた。

しかし、戦役の中、平道全の応戦は消極的だった。実際のところそれも理の当然で、なぜなら彼自身も下につく兵士も、毅然として同胞に剣を向けることなどできなかったからである。

朴齢、成達生等飛報、「尹得洪、平道全等期与処置使会於白翎島、将挟攻之、月十八日未時、得洪以兵船二艘先到白翎島、遇賊船二艘与戦、道全以兵船二艘継至挟攻。申時、獲倭一船、乃賊魁所騎船也。賊凡六十余人、得洪斬十三級擒八人、道全斬三級擒十八人、其余皆溺死。余船隠見雲涯、向南而去[42]」。

朴齢、成達生らの急報によると「尹得洪、平道全らは処置使と白翎島に会し、挟撃しようとした。十八日未時、得洪は兵船二艘を率いて先に白翎島に到着、賊船二艘と遭遇して交戦し、道全は兵船二艘を率いて後から到着、これを挟み撃ちにした。申時、倭の船一艘を捕獲した。賊の首領が乗っていた船である。賊およそ六十余人のうち、得洪は首級十三を取り、八人を捕らえ、道全は首級三を取り十八人を捕らえ、それ以外はみな溺死した。その他の船は垂れ込める雲に見えつ隠れつ、南に逃げ去っていった」とのことであった。

「庇仁県倭寇事件」によって引き起こされた戦役は、朝鮮側の勝利に終わったにもかかわらず、やがて「己亥東征」の導火線となった。事件発生後一ヵ月以上経った六月一七日、李従茂が世宗に水軍司令として任命され、戦艦二二七隻と一万七〇〇〇の大軍を率いて対馬を攻撃した(43)。

さらに嘆かわしいことに、「庇仁県倭寇事件」後、平道全は戦功を不正に申告したのである。その行動は彼と共に戦った将領尹得洪を憤らせた。平道全の立場に同情と理解を示していた尹得洪は、当初、道全の消極的作戦を公にしようとしなかった。しかし、戦功を不正に申告した平道全を見て考えを改め、実情を訴えることにした。

平道全率伴人十七名及尹得洪伴人朴英忠馳駅入京、詣寿康宮献俘及兵器衣甲。上王命厚饋酒食、仍賜道全鞍馬、英忠弓矢。上又賜道全米豆四十石、平八郎衣一領及米豆十石、其余伴人各米豆十石、英忠衣一領。八郎、道全弟、其十六人皆倭之従道全在京中者。道全与得洪追賊、得洪功居多。得洪以道全向化人、不与争功、道全自言己功居多、故賞之特厚(44)。

平道全は部下十七名及び尹得洪の部下朴英忠を率いて京に駆けつけ、寿康宮で捕虜及び兵器・服・鎧などを献上した。上王は酒食を厚く振舞い、道全に鞍馬、英忠に弓矢を賜った。また、道全に米豆四十石、平八郎に衣一領及び米豆十石、その他部下に各米豆十石、英忠に衣一領を賜ったのである。八郎は道全の弟であり、そのほか十六人は皆倭人で道全に付いて京中にいる者である。道全と得洪が賊を追撃したが、得洪の功が多い。得洪は道全が向化人であるため、功を争わなかった。道全は自分のほうが多く功績を得ていると言ったため、特に厚く奨励されたのである。

先是、平道全潜通於対馬島曰、「朝鮮近来待汝等漸薄、若更侵掠辺郡以恐動之、則必将待之如初矣」。及尹得洪逐倭於白翎島、道全自以日本人、不肯尽力、得洪先与賊戦、賊已敗矣、道全不得已助之。且見所知倭僧、請得洪勿殺、処置使成達生責之。道全先来闕下、以為己功、至是、得洪乃以実啓(45)。

これより先、平道全はひそかに対馬と通じ、「朝鮮側はあなた方に対して少しずつ冷淡になってきております。もしさらに国境を侵して恐動させてしまうと、必ずや当初のような態度に戻ってしまうことでしょう」、と言った。尹得洪が倭寇を白翎島に駆逐する際、道全は自分が日本人であるからと尽力せず、得洪が先に賊と戦って賊が敗戦したところ、道全がやむを得ず手助けをした。知っている倭僧を見ると、得洪に殺さないように願った。処置使の成達生はそれを責めた。道全が先に朝廷に戻り、自分の功として報告した。ここに至って、得洪は事実を上奏した。

これにより、世宗は平道全及びその家族全員を平壌に安置し、道全の手下を咸吉道一帯に分置するよう命じた。安置という名の配流であった。

宣旨、「道全幷妻孥等十四名、安置平壌、其伴人等分置咸吉道各官」。上命道全妻孥自備生業、間量給米塩、且与空閑家舎、俾遂其生(46)。

宣旨に言う、「道全及び妻子ら十四名、平壌に安置し、その部下らは咸吉道各官に分置する」。国王は道全の妻子に全員自ら生業を立てるように命じ、間に米と塩を量給し、空き家を与え、生活を送らせた。

その時から平道全一家の生活は困窮し落ちぶれていった。

礼曹啓、「平安道陽徳安置倭人平道全、計闊零丁、典売衣服鞍馬以資朝夕、其女子年壮未嫁」。上命道全女子令所居官給資粧嫁之(47)。

礼曹が申し上げた、「平安道陽徳に安置の倭人平道全は、貧窮し零落してしまい、衣服、鞍、馬を典売して生活費にあて、その娘は年齢がすでに壮年に達したにもかかわらず未だ嫁しておりません」。主上は道全に、官吏に嫁入り道具の費用を出させ、娘を嫁するように命じた。

「庇仁県倭寇事件」後、朝鮮当局による平道全の処置はかなり迅速だった。戦役が終わったのは五月二十三日であるが、平道全は六月三日に罪を問われ、そのわずか二週間後に朝鮮は対馬に出兵したのである。理由は分からなくもない。朝鮮は対馬に出兵する前に、国内における「向化倭人」系の将領と軍人を処置しなければならなかった。さもなければ、対馬への出兵は間違いなくその人たちに反対されただろう。また、対馬との戦役中に、「裏庭の火事」というような内部での衝突が起こってしまう危険性も大きかったからである。すなわち、朝鮮は「向化倭人」の中で最も位の高い平道全を徹底的に制圧することで、隠れた災いや後顧の憂いをかき消そうとしたのである。

実際、「庇仁県倭寇事件」は対馬が組織的・計画的に朝鮮を侵略した事件ではなく、対馬の倭寇が中国に向かう途中、食料が不足したため咄嗟に思いついた強奪であった(48)。ただ、朝鮮がこの事件を理由に対馬への攻撃を迅速に決めて実施したことを見ると、朝鮮側はある程度対馬に対して軍事的な意図があり、早くから策略を立てていたと思われる。それは朝鮮にいた平道全も気づいていたことで、「己亥東征」が発生する前、対馬島主への手紙の中に「朝鮮近来待汝等漸薄、若吏侵掠辺郡以恐動之、則必将待之如初矣（朝鮮側はあなた方に対して少しずつ冷淡になってきております。もしさらに国境を侵して恐動させてしまうと、必ずや当初のような態度に戻ってしまうでしょう）(49)」と書いている。

朝鮮王朝と対馬の関係からして、「心が二国に属する向化倭人」として、平道全は最初から悲劇に終わる運命だったのかもしれない。彼は、二国関係に挟まれて生まれた犠牲者と言えるだろう。「己亥東征」の際、すでに罪に問われ配流されていたにもかかわらず、朝鮮国王の「教書」では、彼の名と人物像が対馬島人を帰順させるために使われたのも、また皮肉なことである。

「己亥東征」後、朝鮮王朝と対馬の関係は再び友好的な状態に戻った。対馬島主宗貞盛は一四二一年、一四二六年の二度にわたって使者を派遣し、平道全を赦免して対馬に返すように朝鮮政府に求めたが、朝鮮側は応じなかった。

礼曹問（宗貞盛使人仇里安）曰、「来書有平道全系累之言、道全従仕本朝、官至上将。自作罪咎、故安置於外、其妻子并給口粮」。仇里安曰、「道全本以貞茂代官宿衛、今以見黜、故疑以本道之故得罪耳。非有他也(50)」。

礼曹が（宗貞盛の使い・仇里安に）問うた、「お手紙に平道全が拘束されている云々とありましたが、道全は本朝に仕え、官は上将に至りました。自ら罪過を作ったので外に安置し、その妻子には食料を給しています」。仇里安は言った、「道全はもともと宗貞茂の代官の宿衛で、今は排斥されてしまったものですから、当方とのことが原因で罪を得たのかと疑ったまでです。他意はございません」。

対馬州宗貞盛、左衛門大郎等奉書礼曹、再請発還平道全。礼曹参議金孝孫答書曰、「諭及道全重干邦宪、然得保性命、恩至渥也(51)」。

対馬の宗貞盛、左衛門大郎らが書簡を礼曹に奉り、再び平道全の返還を要請した。礼曹参議の金孝孫の答書に言う、「お手紙で道全に言及されましたが、道全は重ねて国家の大法を犯した人物です。にもかかわらず生命があるのですから、恩はこの上なく厚いのです」。

十五年後の一四三四年、朝鮮王朝の官僚右議政崔閏徳が再び平道全の赦免を提議したが、依然として反対の声があったため、ついに実現できなかった。

（右議政崔閏徳）又啓曰、「平道全寄食陽徳、窮困莫甚、請赦之」。安崇善啓曰、「道全対馬島倭也。厚蒙上恩、官至三品、宜当効力図報。歳在己亥、其子望古背国、道全於黄海道捕倭時、不肯力戦、与賊相応、罪在不赦。我太宗只黜於外、得保首領、斯亦幸矣。安有放赦之理乎」。上曰、「所言是矣(52)」。

（右議政崔閏徳が）再び申し上げて言った、「平道全は陽徳に寄食し、ひどく困窮しております。どうか赦免をお願いします」。安崇善が申し上げた、「道全は対馬の倭人です。厚恩を受け、官は三品にまで至りました。力を尽くして恩返しすべきです。それなのに己亥の歳、その子望古は国に背き、道全は黄海道で倭人を捕らえた際、力戦しようとせず、賊と内通しました。その罪は赦されるものではありません。わが太宗がこれを外に排斥するのみで、処刑しなかっただけでも幸福です。赦免する道理がありましょうや」。主上が言った、「その通りだ」。

その後、平道全に関する記述は史書に見られない。一五世紀初頭に朝鮮海域で活躍し、倭寇横行を背景に朝鮮半島を一時守ったこの「向化倭人」「御倭上将」は、東アジア地域における外交と軍事の角逐という環境のなか自身を守れず、悲劇的な最期を迎えたのである。

三　おわりに――「向化倭人」と一四世紀末一五世紀初頭東アジアの「倭寇」問題

朝鮮王朝の国力がまだ強固ではなかった初期、倭寇という軍事力の存在に対する危惧から、至近距離にある対馬との間には、安撫と友好の道しかなかった。対馬の立場から見ても、朝鮮との間で平和を保つことが最も望ましかったが、朝鮮との友好関係は事実上、対馬や日本の他の地域からの倭寇が中国方面に進出して略奪を働くためのルートをスムーズにし、さらには途中で物資の補給ができるようにすることでもあった。そのような特殊な歴史背景の下で、「向化倭人」が大量に現れ、朝鮮は「向化倭人」の力を借りて、発展に必要な人材と平和的環境を獲得し、対馬もそれ相応の利益を得たわけである。ただその陰で誰の利益が犠牲にされ、また誰が間接的な被害者となったのだろうか。

平道全の例を見ると、彼の倭寇防御における役割は即効的なものであった。彼に沿海部の護衛を任せてから、勝報はしきりに伝わり、倭寇の患はほぼなくなった。表面的に見れば、平道全の討伐が功を奏したことになるが、その後朝鮮と対馬の関係が緊張状態に陥った時の彼の言動と照らし合わせて考察していくと、倭寇と癒着していたとの非難もまた、根も葉もない噂ではないように思われる。別の角度から考えれば理解し難いことではない。要するに、平道全が駐在していた沿海部が、もし実際のところ、倭寇が西への進路と東への帰り道の中間における補給点となっていたならば、朝鮮王朝からすれば、海岸線の倭患が自ずと消えたように見えるが、中国側から見れば、倭寇による侵掠の損害は増える一方だったに違いない。

実際、この問題に論及した研究は少なくない。例えば、朝鮮王朝の建国当初、李成桂がうまく武力と外交手段を使って倭寇に対抗したため、倭寇はかわりに遼東・山東地域で略奪を行ったという。宗貞茂が対馬の政治を握っていた時期は、朝鮮王朝から大いに優遇され、宗氏も朝鮮に侵略しないとの約束を守り、朝鮮に協力して、他の倭寇を駆逐していた。それによって朝鮮は二十数年、海域の安寧を得、北方領土の問題に対応する余裕を得た。しかし、宗氏の言う「朝鮮を侵略しない」は、海賊活動をやめるということではなく、目標を中国に移すということだった(53)。さらに、一四世紀中葉から一五世紀初頭に明朝が直面した「倭寇の氾濫の黒幕」は朝鮮だった、と指摘する研究もある。対馬を籠絡し、倭寇が朝鮮に侵入しないことを確保したうえ、中国方面への倭寇の強盗行為を見て見ぬふりをするだけでなく、日本人が中国から強奪してきた盗品を朝鮮で販売するのを、一時期許していた、というのである(54)。

倭寇はあの時代における東アジア全体の問題である。朝鮮半島と日本に限定して考察すると、朝鮮王朝が「向化倭人」を使って沿海部の平和を手に入れたという結論になってしまう。しかし、視野を東アジア全体に広げれば、朝鮮半島が倭寇にとってもはや障害ではなく、ある意味助力ともなりうると、中国がより多く倭患の危険に晒されることになるということが分かる。このような問題、及びその連鎖反応の展開に関しては、さらに深い議論ができるのではないだろうか。

もちろん、朝鮮王朝がその問題を意識していなかったわけではない。ただ、どの政権にとっても、いかなる時でも、利害の酌量が必要であり、自国の利益が一貫して最優先にされる。朝鮮王朝は初期において、見て見ぬふりをして「倭を以て倭を制す」という策略を取った。それはあくまでその場しのぎの措置であり、長期的な目標としては、やはり身近な倭患を徹底的に解決することが必要であった。それは国家の安泰のためだけでなく、属国として中国（明）を取り囲んで守る義務でもあった。したがって、朝鮮の国力が安定し、軍事力が上がれば、必然的にそのような歪んだ局面を打ち破ろうとし、倭寇勢力、率直に言えば対馬との関係を変えようとすることは明白である。朝鮮王朝が対馬を攻撃した「己亥東征」は、そのような歴史的文脈において生まれた必然的な結果と言えよう。

倭寇のようなマクロな歴史問題に対しては、当然ながら様々な角度から研究・分析することが可能である。しかし、平道全という一人の「向化倭人」のようなミクロな事例を通して考察する意義は、生き生きとした歴史のディテールを見出すことができることであり、それはわれわれをして巨視的な歴史叙述に目を向けさせるのと同時に、リアルにあの時代を生きた個人・集団をも発見することが可能であることにある。彼らは歴史の参加者・経験者・造り手であり、彼らを通じて、われわれは歴史の真実により一歩近づけるのではないだろうか。

（1）　先行研究の詳細は、以下の通りである。①中村栄孝『日鮮関係史の研究』吉川弘文館、一九六五年。②有井智徳「李朝初期向化倭人考」『村上四男博士和歌山大学退官記念　朝鮮史論文集』開明書院、一九八二年、二七五―三六二頁。③関周一「対馬・三浦の倭人と朝鮮」『「地域」としての朝鮮――「境界」の視点から』（朝鮮史研究会論文集・第三六集）緑蔭書房、一九九八年、八九―一一五頁。④松尾弘毅「朝鮮前期における向化倭人」『史淵』（第一四四輯）九州大学大学院人文科学研究院、二〇〇七年、二五―五四頁。⑤李鉉淙「朝鮮初期向化倭人考」『歴史教育』（第四輯）歴史教育研究会、一九五九年、二〇―四八頁。⑥송재웅（宋在雄）『朝鮮初期向化倭人研究』韓国中央大学史学科大学院修士学位論文、一九九六年。⑦한문종（韓文鐘）『조선전기 향화・수직 왜인 연구（朝鮮前期向化・受職倭人研究）』국학자료원、二〇〇五年。

（2）前掲、松尾弘毅論文、二六―三〇頁。
（3）前掲、韓文鐘論文、二八―四七頁。
（4）前掲、松尾弘毅論文、三三―四二頁。
（5）前掲、韓文鐘論文、五五―八九頁。
（6）前掲、松尾弘毅論文、四二頁。
（7）前掲、松尾弘毅論文、四二―四七頁。
（8）先行研究の詳細は、以下の通り。①田村洋幸「中世日朝貿易の問題点――特に平道全を中心として」、『経済経営論叢』（一三―三）、京都産業大学、一九七八年、一九―四三頁。②한문종（韓文鐘）「조선초기의向化倭人과李藝」『韓日関係史研究』（第二八輯）、한일관계사학회（韓日関係史学会）、二〇〇七年、八九―一一六頁。③한문종（韓文鐘）「조선초기向化倭人皮尙宜의대일교섭활동」『韓日関係史研究』（第五一輯）한일관계사학회（韓日関係史学会）、二〇一五年、七一―九四頁。④한문종（韓文鐘）「조선초기대마도의向化倭人平道全――대일교섭활동을중심으로」『軍史研究』（第一四一期）陸軍軍史研究所、二〇一六年、七―二五頁。
（9）この三篇の教書は『東文選』巻二四「教書」に収録されている。徐居正編著『東文選』（全七冊）朝鮮古書刊行会、一九九四年、第一冊、四六五―四六九頁。
（10）「都々熊瓦」とは、朝鮮の文献における対馬島主宗貞盛に対する呼び方である。宗貞盛の幼名「都々熊丸」の誤りであろう。
（11）前掲、『東文選』第一冊、四六七―四六八頁。また、国史編纂委員会編『朝鮮王朝実録　世宗実録』（以下『世宗実録』）探求堂、一九六三年、巻四、一年七月一七日条。
（12）『世宗実録』巻四、一年七月一七日条。
（13）国史編纂委員会編『朝鮮王朝実録　太宗実録』（以下『太宗実録』）探求堂、一九六三年、巻一三、七年三月一六日条。
（14）『太宗実録』巻一四、七年七月一五日条。
（15）『世宗実録』巻一〇、二年一一月三日条。
（16）『世宗実録』巻一〇四、二六年六月七日条。
（17）『太宗実録』巻一六、八年一一月一六日条。

(18)『太宗実録』巻一七、九年四月二一日条。
(19)『太宗実録』巻二二、一一年九月一一日条。
(20)『太宗実録』巻一九、一〇年五月一三日条。
(21)『太宗実録』巻一八、九年八月八日条。
(22)『太宗実録』巻一八、九年一一月二九日条。
(23)『太宗実録』巻二四、一二年一〇月一七日条。
(24)『太宗実録』巻二六、一三年一二月一六日条。
(25)『太宗実録』巻二八、一四年九月二五日条。
(26)『太宗実録』巻一九、一〇年二月二七日条。
(27)『太宗実録』巻一九、一〇年五月二二日条。
(28)『太宗実録』巻二五、一三年一月一四日条。
(29)『世宗実録』巻四、一年六月二七日条。
(30)『太宗実録』巻二九、一五年六月一二日条。
(31)『太宗実録』巻三〇、一五年八月五日条。
(32)『世宗実録』巻五〇、一二年閏一二月二六日条及び『世宗実録』巻五一、一三年一月一一日条。
(33)『世宗実録』巻二六、七年一〇月二四日条。
(34)『太宗実録』巻二五、一三年六月一一日条。
(35)『太宗実録』巻二五、一四年七月一一日条。
(36)『太宗実録』巻二五、一四年八月七日条。
(37)『太宗実録』巻二五、一三年三月二〇日条。
(38)『太宗実録』巻三五、一八年三月一四日条。
(39)『太宗実録』巻三五、一八年三月二〇日条。
(40)『世宗実録』巻四、一年五月七日条の記載によると、「忠清道観察使鄭津飛報：本月初五日暁、倭賊五十余艘、突至庇仁県之都豆音串、囲我兵船焚之、煙霧曚暗、未辨彼我。上王即命征集当道侍衛、別牌、下番甲士、守護軍与当下領船軍、厳加備御

（忠清道観察使鄭津飛による報告：本月初五日早朝、倭賊の船が五十余艘、突然庇仁県の都である豆音串に押し寄せ、われらの兵船を囲んで放火した。濃煙は暗く、彼我が弁別できず。上王は直ちに当道侍衛、別牌、下番甲士、守護軍及び当下領船軍を召集させ、防御を厳しくした）」。

(41)『世宗実録』巻四、一年五月七日条。

(42)『世宗実録』巻四、一年五月二三日条。

(43)『世宗実録』巻四、一年六月一七日条。「三軍都体察使李従茂率九節制使、発巨済島、至海中風逆、還泊巨済。兵船：京畿十艘、忠清道三十二艘、全羅道五十九艘、慶尚道一百二十六艘、総二百二十七艘。自京赴征諸将以下官軍及従人、幷六百六十九、甲士、別牌、侍衛、営鎮属及自募強勇雑色軍、元騎船軍、幷一万六千六百十六、総一万七千二百八十五、賚六十五日糧以行（三軍都体察使李従茂が九節制使を率い、巨済島を発ったが、海で逆風に遭い、巨済に引き返した。兵船：京畿十艘、忠清道三十二艘、全羅道五十九艘、慶尚道一百二十六艘、総二百二十七艘。京から赴いた諸将以下官軍及び部下、併せて六百六十九、甲士、別牌、侍衛、営鎮属及び自ら募集した強勇雑色軍、元騎船軍、併せて一万六千六百十六、計一万七千二百八十五、六十五日分の軍糧を持って行かせた）」。

(44)『世宗実録』巻四、一年五月二四日条。

(45)『世宗実録』巻四、一年六月三日条。

(46)同上。

(47)『世宗実録』巻三四、八年一二月三日条。

(48)戦役中に捕虜になった倭寇によると、「吾系対馬島人、島中飢饉、以船数十艘、欲掠浙江等処、只縁乏糧、侵突庇仁、遂至海州、窺欲行劫（われは対馬人だ。島中に飢饉が発生したので、船を数十艘出して、浙江などの地域で略奪しようと思ったが、途中で食料が足りなくて、庇仁に侵入してから海州に至り、隙きを伺って強奪しようと思った）」。『世宗実録』巻四、一年五月一〇日条。

(49)『世宗実録』巻四、一年六月三日条。

(50)『世宗実録』巻一一、三年四月七日条。

(51)『世宗実録』巻三四、八年一一月一日条。

(52)『世宗実録』巻六三、一六年三月一日条。

(53)　呉大昕「朝鮮己亥東征与明朝望海堝之役——十五世紀初東亜秩序形成期的「明朝征日」因素」『外国問題研究』二〇一七年第一期、四六、四八頁。

(54)　張金奎「明初倭寇海上三角「貿易」略論」『求是学刊』二〇一四年第一期、一五二—一五六頁。

8 朝鮮・後金間の経済関係
——東アジア大乱の中の多角貿易と権力関係

辻　大和

はじめに

朝鮮王朝は、一五九二年から日本の侵略（文禄・慶長の役、壬辰・丁酉の乱）を受け、一五九八年に日本軍が完全撤退するまで、全土が戦場となり、大きな被害を被った。一方、朝鮮に隣接する、現在の中国東北部（マンチュリア）では一六世紀から経済ブームをむかえ、諸勢力が成長したが、次第にヌルハチ率いる建州女直のもとに統合されていった。一六一六年に後金が建国され、一六三六年には清が建国され、一六四四年に明が滅亡したのちに、清は北京に入城した。この明清交替の過程でも、朝鮮は相次いで困難に直面した。最終的に朝鮮はそれまで冊封をうけていた明と断交し、清に服属した。

そのなかで、一六二八年から一六三六年にかけて朝鮮は、明と後金の双方と通交と貿易を行っていた。一六二七年まで朝鮮は後金とは通交と貿易を行っていなかったが、一六二七年に後金が朝鮮に侵攻して（丁卯の乱）、講和が結ばれると、朝鮮は後金に年二回、使節を派遣して礼物を贈り、開市（互市）によって貿易を行うようになった。一六三七年に清（前年に後金から改称）が朝鮮に侵攻して（丙子の乱）、朝鮮を服属させた際には、清は朝鮮に明と断交させ、朝貢使節を清に送らせるようにした。一六二八年から一六三六年にかけて朝鮮は明とは冊封関係にあり、後金とは兄弟関係にあったわけであり、朝鮮はある意味で多国間関係を築いていた。しかし、当時の朝鮮と後金の経済関係については不明な点が多い。

まず一七世紀前半の朝鮮と後金（清）の通商に関連する先行研究の概況と課題について振り返っておきたい。朝鮮と後金との政治関係については、田川孝三が一六二二―二九年に朝鮮北部、平安道沖の椵島を占拠して後金を攻撃していた明将の毛文龍と朝鮮の関係を明らかにし[1]、稲葉岩吉が、朝鮮の光海君が明と後金の間で中立的な外交政策をとったことを解明した[2]。その後、江嶋壽雄は朝鮮が後金（清）に贈った礼物の数量的分析を行い[3]、劉家駒は朝鮮が消極的ながら後金との貿易を丙子の乱直前まで続けたことを明らかにした[4]。近年では韓明基が丁卯の乱後から丙子の乱までの期間に、朝鮮が後金から物資調達上、重要視されたことを明らかにした[5]。

しかしこれらの研究では朝鮮と後金との貿易で発生した問題や、それに対する朝鮮政府の政策やその背景に踏み込んだ分析は行われていない。朝鮮が消極的ながらも一〇年間にわたって後金と貿易を続けた原因、つまり朝鮮と後金の経済関係の意義はほとんど明らかになっていない。

そのような研究状況で、朝鮮が後金（清）に対して一六二八年から一六三七年にかけてとった貿易政策の内容やその背景を明らかにすることが本章の目的である。本章では以下、第一節で朝鮮・後金間の貿易の形態を整理した上で、第二節で朝鮮が対後金貿易においてとった政策の内容を論じ、第三節ではその背景を論じる。

一　朝鮮・後金間の貿易形態

後金は朝鮮の光海君八年[6]（一六一六）にヌルハチによって建国された。ヌルハチが仁祖四年（一六二六）に亡くなり、その子であるホンタイジが後を継ぐと、仁祖五年（一六二七）一月に後金は朝鮮に侵攻した。後金軍が朝鮮国内へ侵入すると、朝鮮は和平交渉を開始し、同年九月までに収束した(7)。その後両国は使節をお互いに送るようになり、使節は礼物のやりとりとは別に貿易を行い、さらに両国は国境での開市を行うようになった。

本節では朝鮮使節による礼物、国境での開市、両国使節による貿易について、それぞれの形態が成立した過程を考察する。

1　朝鮮使節による礼物

礼物には朝鮮国王が定期的に派遣した使節が携帯した礼物と、臨時の使節が携帯した礼物の二種類があった。仁祖五年二月の講和交渉の際に、後金の代表団の一員であった劉海が一定額の歳幣（年例の礼物）を後金に贈るよう朝鮮に求めたのに対し、朝鮮は贈り物は友好の情を主とするものであり、強要するものではないとし、歳幣を回避しようとした。この講和交渉は妥結せず、同年三月の交渉の際にも後金から歳幣の要求があったが、朝鮮はそれを拒否しようと図った(8)。

その後実際には、朝鮮は使節の派遣時に必ず礼物を後金に贈った。講和直後の仁祖五年六月に朝鮮が後金へ派遣した使節は朝鮮国王の書と礼物を持参した(9)。その時の方物を『朝鮮国来書簿』から見てみよう。表1は同書に収録される仁祖六年（天聡元、一六二八）七月一〇日に後金に到着した朝鮮使節の持参品のリスト（礼単）である。

表1　礼物の品目一覧

白綿紬50匹	豹皮８張	短剣５柄	鞍具２部
白苧布50匹	霜華紙80巻	長槍２柄	丹木100斤
紅色布50匹	油芚４部	弓子１張	胡椒８斗
青色紬50匹	花席15張	弓袋１部	
青布400匹	油扇100柄	大箭10箇	
虎皮４張	長剣５柄	馬２匹	

＊『朝鮮国来書簿』天聡元年７月10日条より作成.

表1の礼単に含まれる物品は朝鮮特産品が主であるが、丹木（東南アジア産の蘇木）、胡椒など朝鮮産でないものも少数含まれている。いずれも後金では貴重な物品が中心であった。

その後の礼物を見てみると、少なくとも春季と秋季には定例化した贈り物が確認でき、江嶋壽雄はそれを年二回の歳幣であったと見ている。[10] しかし『朝鮮国来書簿』はその方物を「歳幣」と記載せず、その額は毎回の使行の度に変動したことが確認できる。

2　開　市

仁祖五年（一六二七）三月の講和では、朝鮮と後金両国は国境の厳守と相互通交を定めたものの、両国間での開市は定めなかった。[11] しかし講和後も後金は義州を占領し続け、撤退する条件として開市を要求したため、朝鮮は仁祖六年（一六二八）二月二日までに開市を認めた。[12] そして同年同月中に第一回の開市が義州で行われ、朝鮮から後金へ米が三〇〇〇石送られた。[13] また同年三月、後金のイングルダイ（ingguldai／龍骨大）が義州対岸の鎮江を商人とともに訪れ、食糧の供給を義州に求めた。[14]

後金はさらに、朝鮮の北方国境に位置する咸興道会寧での開市も求め、朝鮮は仁祖六年九月までに会寧での開市を認めた。[15] しかし会寧に朝鮮の商人は集まらず、後金の不満を募らせた。後金側の記録『旧満洲檔』に載る、朝鮮から後金への説明によると、会寧は辺境であり道が険しく財が少ないために朝鮮国内の商人に敬遠されていたという。[16]

朝鮮政府が開市をやむをえず認めたのは、丁卯の乱により被虜人として後金に連れ去られた朝鮮人の贖還が、開市を通じてなされることを期待していたからでもあった。[17]

3　後金使節による貿易

後金が開市場に指定した義州および会寧に朝鮮の商人と物資が集まらなかったことを受け、後金は朝鮮の国境より内陸に使節を送り込んで貿易を行うようになった。たとえば仁祖六年（一六二八）一二月に、後金の使節であるイングルダイは漢城を来訪し、[18] 朝鮮から銀子八五両で紅柿や生梨などを買おうとした。[19] その際、一七世紀以降の朝鮮において事実上国防・外交に関する最高機関であった備辺司は、開市場以外の地における後金使節による貿易に対して次のような見解を示した。

備辺司が答えて啓した。「義州の開市はもとから約条があり、時期の限定は自ら約条に依って開市を行うべきです。しかし今日の状況は、以前とは頗る異なっており、毛文龍は〔陣営を〕設けており毎日間隙を見計らっていますので意外な略奪の恐れがあり、実に深く憂慮すべきことです」[20]。

この史料によると、備辺司は開市の時期は約条にしたがって行うべきであるとした上で、毛文龍による略奪の恐れがあると述べ、義州以外の場所での開市に慎重な見方を示していた。仁祖八年にも備辺司は開市場以外での後金による貿易に対して懸念を示した[21]。そもそも後金が年四回開市を実施することを朝鮮に求めたのに対し、朝鮮は年二回に縮小して開市を認めた経緯があった[22]。そのため後金使節は開市の実施回数の増加を朝鮮に求めていた可能性がある。

さて仁祖六年一二月の訪問の際、イングルダイらは朝鮮側に薬用人蔘の購入を強制して青布を買おうとした。その際の状況が次の史料に見える。

後金の使節が人蔘四八〇余斤を出してきて、青布一万九〇〇〇余匹に換えることを要求した。市廛商人は力を尽くして多く集めたが、なお未だ〔要求された〕数に満たず、〔後金の使節が〕暴力をふるって狼藉をなした。市廛商人は胸を叩き、声高に訴えた[23]。

ここではイングルダイが人蔘を代価に朝鮮から青布を買おうとしたことが述べられている。その青布の調達を漢城の市廛商人が担ったものの、指定量を集めることができなかったという。なお「青布」は明産の綿布名であり[24]、朝鮮では軍兵用に用いられていた[25]。多量に必要な場合、朝鮮は他ならぬ明将の毛文龍が占拠する椴島から青布を輸入していた[26]。そのため後金の急な要求への備えが朝鮮政府には備蓄されていなかったものと考えられる。一方、人蔘は後金が産地を領内に持っており、一七世紀はじめから人蔘の調達に苦心していた朝鮮にとって[27]、後金の人蔘は大きな魅力であったと考えられる。

その後イングルダイらは漢城からの帰路、平壌に至り、銀一〇〇両余を贈って馬に換えることを朝鮮側に要求した。朝鮮側は一夜で一〇匹の馬を購入することは難しく、平安道観察使であった金起宗は自分の馬をイングルダイに贈った。(28)

ほかの後金使節も朝鮮との貿易を求めた。仁祖一二年（一六三四）一二月に漢城を訪問した後金のマフタ（mafuta／馬夫達）は、持参した銀子九〇〇余両で諸色の緞子、黍皮（貂の毛皮）と紙、各様の彩色（顔料）、各種の薬物や緞子を求めた。(29)また仁祖一三年（天聡九、一六三五）四月に漢城を訪問したマフタは漢城で全額を取引することができず、帰路に平壌で貿易を行った。(30)

以上のように朝鮮政府は後金の臨時使節が開市場以外で貿易を行うことに対して消極的に対処した。後金汗に宛てた国書のなかで朝鮮国王は次のように述べている。

朝鮮国王が金国汗に書を致す、（中略）先年約条を定めたときは、ただわが国の使臣の一行だけが、例として商人を帯同し、両国の貿易に資することができた。貴国の使臣もまた商品を所持することがあって、辺境で貿易することを求めたことがあった。私は初めは前約と違うゆえに訝しんだが、〔貿易が〕続いてこれを考えるに、これもまた道理を損なうことに至らなかった。しかし春秋の使臣のほかに、また貴国の使臣が商品を持参して出来することは頗る限りがなく、渡す商品を得られない。弊国の物産では誠に応じることはできない。(31)

朝鮮国王によると、そもそも朝鮮の使節だけが商人を帯同して貿易を行うことができると約条したにも関わらず、後金使節が貿易を行おうとしている。また春秋の使臣以外に後金の使者が貿易することについては、朝鮮の物資が不足しているという。このように朝鮮国王は後金使節による規定以外の貿易活動に否定的であった。後金が欲する物資を朝鮮側では調達しきれないという状況があったためと考えられる。

4　朝鮮使節による貿易

前節の朝鮮国王の書に見られるように、朝鮮使節が後金に赴く際に、彼らが商人を帯同することは認められていた。仁祖八年（一六三〇）の朝鮮の使節に帯同した属吏（員役）は青布と南草（タバコ）を後金に持参した[32]。タバコは日本から朝鮮に流入し、光海君一四年（一六二二）ごろまでに朝鮮南部を中心に栽培が爆発的に増加していた[33]。しかし、後金に認められた貿易のみを朝鮮使節が行っていたわけでもない。仁祖一三年（一六三五）、朝鮮政府内で官僚を糾察する任務にあった司憲府は次のように朝鮮使節による後金への密輸を報告した。

司憲府が啓して言った。「祖宗の法制では国境は整然と区切られており、事大交隣で使者は冠をかぶり馬車は覆いをして往来していても、一人として密かに国境外に出ることは許さなかったのは、思うに災禍を恐れることが深かったためです。今、朴簹の一行は、朝廷が既に商賈を帯同する数を定めたにも関わらず、義州府尹の林慶業は敢えて朴簹の渡江の後に、ひそかに商人と商品を送り込み、深く瀋陽に入れました[34]」。

この史料によると、後金に赴いた朴簹の一行の場合は、約条で認められていた商人の人数を無視して、義州府尹林慶業（一五九四―一六四六年。のちに明に亡命するが清に捕らえられて殺害される）が一行の中に商人と商品を紛れ込ませたのだという。こうしてみると、朝鮮が後金との貿易で一方的に被害を受けていたわけでもないことがわかる。使節が両国を往来する機会を利用して貿易に関与した官が存在したのである。

以上のように、仁祖五年（一六二七）の講和締結に際し、朝鮮は後金から礼物の要求を受け、講和後に礼物を後金に贈った。続けて朝鮮は後金から開市の要求を受け、両国の国境に位置する平安道義州と咸興道会寧で開市を行うようになった。しかし開市には朝鮮の商人と商品は集まりにくく、後金使節は漢城や平壌など朝鮮内地に入った際に貿易を行った。朝鮮は後金との商取引に消極的であったが、自国使節が後金に入る場合には商人を帯同させており、貿易を行う官もいた。

二　朝鮮政府の対後金貿易政策

1　礼物への施策

朝鮮が後金への礼物に対してどのような施策をとっていたかをここでは検討する。

まず後金による対朝鮮貿易の目的から把握しておきたい。後金は朝鮮との貿易を通じて明との戦闘に備えることを大きな目的としていたと考えられる。後金は光海君一〇年（一六一八）から明との戦闘を続けており、明と貿易が行えなかった。仁祖九年（天聡五、一六三一）の段階では明からの戦利品や朝鮮との貿易で得た財貨を用いてモンゴルから馬を購入し、明との戦いを準備したと後金汗（ホンタイジ）が認識していた[35]。実際朝鮮との貿易は後金の国家的事業として行われていた。たとえば後金で朝鮮との貿易を担当したイングルダイは財政を掌る戸部の長官（承政）であり[36]、マフタは戸部の次官（参政）を務めていた[37]。こうした後金の貿易目的を朝鮮の備辺司がどのように理解したのかについては、仁祖一一年（一六三三）の史料に次のような記録がある。

備辺司が啓して言った。「金汗の答書を見れば、その目的は財貨を増やすことにあるようで、対決することにはないようです[38]」。

この史料では後金の目的は財貨を増やすことであると備辺司は分析している。つまり備辺司は後金による対朝鮮貿易の目的が国富蓄積にあると把握していたと考えられる。

こうした対後金認識を踏まえた朝鮮による礼物への実際の対応を次に検討する。具体的には、後金での仏教寺院修復に関して、仁祖一三年（一六三五）に行われた朝鮮からの礼物の例を見てみたい。仁祖一三年八月に、後金は旧都であったイェンデン城（興京城、ヘトアラのこと）での仏寺補修と、チャハル部からもたらされた仏像を祀る仏寺建設のために朝鮮に資材を求めた。そのことについて『仁祖実録』には「弊邦〔後金〕の寺はすでに建設しているが彩画〔の材料〕が欠乏しています。これは敬仏に関わるので、願わくは遅滞や誤りがありませんように云々」としか記載がないが(39)、後金側の史料によると、イェンデン城での仏寺補修と、大元のフビライ・ハーンのときにパスパラマが造らせた仏像がリンダン・ハーンのチャハルからもたらされ、これを祀る仏寺建設のため、朝鮮に顔料の粉、靛花、藤黄、石黄、石青、紅、大飛金、白蠟、松香を求めたのである(40)。

リンダン・ハーンは一五九三年にチャハル部に生まれ、一六〇三年にハーンに即位し、一六一七年にチベットから高僧ダクチェン・シェルパ・フトクトを招いて灌頂を授かっており、その際に、前述のパクパ（パスパラマ）が鋳造させた仏像がチャハルにもたらされた(41)。モンゴル族はチベット仏教を信仰しており、一五七八年にはアルタン・ハーンがチベットの高僧ソェナムギャムツォを青海に招いて仏教を復興していた(42)。そのため建国まもない後金にとって仏寺を修建することはモンゴル・満洲・漢の民族を統合するために必要だったと考えられる。

この後金の要求に対し、同年一〇月に朝鮮は後金の使節に託して顔料を贈った。以下の朝鮮国王書は、現在は台湾の中央研究院歴史語言研究所に所蔵される顔料の送り状である(43)。

朝鮮国王が金国汗に答書する。貴国の派遣官が平壌に至り、国書を送り届けた。貴国が、仏寺を補修しました大元の仏尊を得たことを承った。これは天が慈悲の教えを貴国の人に授けたものである。求めるところの顔料は別紙に記載して差し上げる。その中大緑と石青の二種は市に求めようとしたが得られなかった。ここではまだ送っていない。幸いに思いやりと信義を思う。〔天聡九年九月初九日董得貴が齎した書〕(44)

この史料から、朝鮮が後金の要請に応えて実際に顔料を贈ったことがわかる。そのなかで贈った顔料と贈らなかった顔料の二種類があったこともわかる。中大緑と石青の二種は朝鮮政府が顔料を市廛に求めたものの、調達ができなかったと述べている。朝鮮は後金の要求に常に応えていたわけではないことを示す一例といえる。

以上のように、朝鮮へ貿易のために派遣された官は、財政担当の戸部の上級職が務めていた。朝鮮の備辺司は後金の貿易の目的を、財政上の必要があるためと把握していた。後金への貢献に対する朝鮮の対応を見てみると、後金から仏寺修建のための顔料が朝鮮に求められたことがあったが、その際には朝鮮は貢献したものと貢献しなかったものの二種類があった。

2　開市への施策

次に朝鮮政府による開市への施策について分析する。朝鮮政府が後金との間で承認していた年二回の開市においては後金との間で紛争が生じたことがあった。それに関して以下、価格決定を巡る紛争と、商人の不正に対する施策について検討する。

（1）価格決定をめぐる紛争　朝鮮と後金が開市場で取引する価格に対して朝鮮側は不満を持つことがあり、特に仁祖九年（一六三一）から仁祖一二年（一六三四）にかけて大きな問題となった。問題の発端は仁祖九年四月に後金のイングルダイ一行が義州の開市場で朝鮮商人から不当に安く商品を買ったことにあった。そのことに関する義州府尹と宣諭使の報告は次の通りである。

義州府尹の申景玜と宣諭使の朴蘭英が急報して啓した。「開市の時龍骨大が商品の価格を安く定めたことは、掠奪と異なることがありません。さらに〔龍骨大が〕怒っていうことには「われらは先に牛馬の売買を求めたのに、牛はわずか五〇頭であり、馬は全く市に出ていない。われらの望むところは貨物を載せて運ぶことに過ぎない。もし終に許可しないのであれば、貨物を江岸に留置し、まさに数百人でもって安州や平壌などの地に直接入り、馬を得て来るのを期することになるぞ」ということでした(45)」。

ここでは義州府尹が、イングルダイが商品を安く買い付けたと報告し、さらにイングルダイが市に出た牛の数が五〇頭と少なく、馬が市に出ていないことに怒ったと報告したことがわかる。これを受け、朝鮮は同年（天聡五）八月に価格問題について後金に抗議を行った。その抗議の内容が盛り込まれた国書は後金側の史料『朝鮮国来書簿』に収録されており、その内容は次の通りである。

開市の流通は平価で貿易を行って、利が偏ったり害が偏ったりしないようにすべきであり、そうであってこそ久しく行うことができて弊害がない。このごろ義州開市の時、貴国の使者が強さを頼んで意気高く、多く非理をなし、あるものは安く価格を抑え、あるものは馬畜を略奪した。もし青布を商品とし、わが方の商人が瀋陽に至ればその価値は甚だ重く、貴方の商人が弊国の首都に至ればその価値は甚だ軽い。もし国境で互市をすれば、その中間の値を採ってその半分を得るべきである。今、商人を脅し、価格を定めるに甚だ軽くするので、商人は恨みを叫ぶのに極まりがない(46)。

これによると、朝鮮国王は開市での取引は「平価」で行われるべきであるとし、義州開市において後金の使者が安く取引し、馬畜を略奪したことを非難した。そして青布の価格は瀋陽が最も高く、漢城が最も安く、国境（義州）で取引するのであればその中間の価格で取引すべきであるとする。前述したように青布は明産の綿布であり、椵島を通じて朝鮮に明からもたらされていた。そのため瀋陽より漢城の価格が安かったのであろう。この朝鮮からの抗議に対し、後金は同年閏一一月に返答を行った。その返答は朝鮮の『仁祖実録』に次のように残されている。

金国汗が書を朝鮮国王に致す、（中略）また義州で価格を抑えたこと（勒価）と会寧での要求について言う。わが人にわれを欺く者がおり、王の人に王を欺く者がいる。これは厳しく追及せざるを得ないことである。本当にこの事があれば、それは両国の和好をそこなう。王はまさに義州の該当する官員に文を送り、勒価をした者の姓名並びに略奪した馬の毛色の詳細を調査して書に記入してもたらすべきである(47)。

この後金汗から朝鮮国王への返答によると、後金汗は朝鮮国王に対して義州での安値買い取り（勒価）および馬略奪に関する詳しい状況報告を求めた。問題はまだ解決していない。

その後も朝鮮は引き続き後金に価格問題を提起した。仁祖八年（天聰五、一六三〇）一二月に後金汗へ送った国書のなかで、朝鮮国王は朝鮮に嘘をつく者がいないとは限らないとした上で、後金の方が朝鮮より強国であるゆえ強者が弱者に強い行動に出ることがあると述べ、後金の安値購入、略奪を暗に非難した[48]。結局この価格決定をめぐる問題はどのように解決がなされたか確認できないものの、朝鮮は後金との開市においては朝鮮商人の利益を保護するよう、後金に対して継続的に求めていたことがわかる。

（2）開市における朝鮮商人の不正への施策　他方、朝鮮商人が後金との貿易において一方的に被害を受けていたわけでもなかった。そのような場合の朝鮮政府の施策を次に見てみたい。

仁祖一二年（天聰八、一六三四）に、朝鮮商人から後金へ引き渡される物品が不正に変えられる事件が起きた。同年に後金汗から朝鮮国王へ送られた国書が『内国史院檔』に残っており、事件の内容を知ることができる。そこでは後金汗は朝鮮商人が後金に販売した朝鮮産の緞子や布の質が低く、紙の数量が不足していると指摘し、「漢」の産品であるモチン[49]（毛青、青布）が不足していることを言い訳にしないように朝鮮国王に抗議していた[50]。

これに対し朝鮮国王は後金汗に謝罪の国書を送った。朝鮮は後金に謝罪したが、なお朝鮮商人の活動は流動的であり、利益追求の側面が強いとして商人取締の限界を訴えた。もちろん取締自体は行うとした[51]。

このようなことから、朝鮮商人が後金との貿易において不正行為を働いた場合、朝鮮政府は後金に謝罪するものの、商人の取締を厳格に行うことまでは後金に約束しなかったことがわかる。

3　越境採蔘への施策

以上のような貢献や開市といった貿易のほかに、後金と朝鮮の間で問題になったのは、朝鮮人が国境を不法に越境して後金産の人蔘を採取する行為（越境採蔘）であった。本来であれば後金との貿易によって朝鮮商人が後金産の人蔘を輸入すべきであるから、朝鮮人による越境採蔘は後金産人蔘を不法に奪うことであった。以下では越境採蔘に対する朝鮮政府の取り組みを検討する。

朝鮮と後金の間の国境は鴨緑江と豆満江であった。その国境を民が無許可で越境することについて、仁祖六年（天聰二、一六二八）に両国は厳罰処理を約束していた。その合意において、後金汗は朝鮮に対して朝鮮人の無断越境を禁止し、朝鮮から国境監視の提案があったことに言及している[52]。

しかしその後も国境侵犯の事例は数多く発生し、仁祖七年には朝鮮から後金への越境採蔘が発生した[53]。後金は仁祖一一年（天聰七、一六三三）には朝鮮の越境採蔘者を捕えている[54]。

この後、仁祖一三年（天聰九）に越境採蔘が多発した。仁祖一三年中の『旧満洲檔』記事から確認できる越境採蔘の事例を表2に整理した。これによると天聰九年の七月から九月の間に四回、朝鮮人が越境採蔘を謀って後金に摘発されたことがわかる。

こうした越境採蔘の多発を受けて同年九月に後金から朝鮮に抗議が行われたことは確実であり、同年一二月に朝鮮国王は後金汗に宛てた国書において越境採蔘を反省する意を示し、朝鮮の流民の行動としてその背景について言及した上で、ある程度、越境採蔘に理解を示した[55]。

次に朝鮮の北部地方における越境採蔘多発の原因を検討する。仁祖一三年（一六

表2　天聰9年（1635）中における越境採蔘事件一覧

報告の日付	事件の概要
天聰9年7月12日	Tulai Niru の Gaina が人蔘を取りに行き、人蔘を取りにきた朝鮮人4人を捕えた。
天聰9年7月18日	Fiyannggu Niru の Busantai が人蔘を取りに行き、人蔘を取りに来た朝鮮人18人の内2人を捕えた。
天聰9年8月1日	Jangsiha Antanu, Sahaliyan Otonggo が朝鮮から人蔘を取りに来たのを獲得して送ってきた。
天聰9年9月10日	江界白の Nio Ya Gagi が15人で人蔘を採取に来て、11人は逃げたが4人を Lafa の Daidu Bithesi が捕えた。

＊『旧満洲檔』の該当日条にもとづいて作成.

三五）に咸興道観察使が行った報告の中に、越境採蔘多発の原因が言及されている。

咸鏡道観察使の閔徽が急報して啓して言った。「碧潼等の鎮の居民三十余人が越境採蔘して、ついに被虜人となりました。思うに禁法が厳しいとはいっても、中央と地方の上部機関が貨物を送り、それで人蔘を購入させます。求めることが多いので、守令はやむをえず民間に〔代価を〕分けて給し、人蔘と交換して納めるようにさせます。その成り行きで法を犯さざるを得なくし、死を忘れて被虜人となるといいます(56)」。

この史料によると、朝鮮の中央と地方の政府機関が代価（貨物）を辺境の邑に送って人蔘を購入させており、守令がその負担を民に転嫁させるため、民が越境採蔘に駆り立てられているという。朝鮮の政府機関の動きが民の越境採蔘を促進していたことになる。

違法な人蔘取引の利益は大きかったと見られ、このような人蔘取引の統制が朝鮮国内で求められるようになった。違法な人蔘取引に対する備辺司の認識は次の史料の通りである。

備辺司が啓して言った。「最近蔘商は納税が少ないのに得る利益は多くございます。故に国内の人が争ってともに〔後金側に〕密入国する弊害は、ずっと禁ずることができません。収税を増やし、商利を奪うことで、禁令の一助とすることを請います(57)」。

この史料によると備辺司は、人蔘商人は納税を怠りながら、利益が大きいために、後金に密入国しているという認識を示した。そして備辺司は人蔘取引への課税を増やして、禁令の一助とすることを求めた。

以上のように、礼物については、朝鮮政府は後金の要請に応える場合と応えない場合があった。開市場での取引においては、朝鮮政府は朝鮮商人が価格面で不利に置かれた商人を保護するために後金と交渉を行った。一方で朝鮮商人の中に後金使節を騙して利益を得る者が発覚した際には、取締を厳格に行わず、越境採蔘の問題については政府機関が越境採蔘を促すことさえあった。ただし、弊害が多くても朝鮮政府は後金との貿易を中止することはなかった。

三　朝鮮の対後金貿易政策の背景

朝鮮政府は対後金貿易で朝鮮商人の利益を保護するために交渉を行っていた。では、朝鮮商人が不利益を被ることがあった対後金貿易を中止しなかったのはなぜだろうか。この節では後金との貿易に朝鮮がある程度応じた背景について、論じる。

朝鮮は平安道沖の椴島を通じ、青布や緞子をはじめとする明の物資を輸入していた。さらに光海君元年（一六〇九）に朝鮮は対馬に通交を許し、同三年から対馬から歳遣船が派遣されることとなり、日本の対馬との間に貿易が再開された。そのことで朝鮮に日本や東南アジアの産品が輸入されるルートが形成された。

朝鮮から後金へ贈られる礼物リストに入っていた胡椒と蘇木は朝鮮では産出せず、対馬から入手していた。対馬が己酉約条後に朝鮮に進上した胡椒と蘇木は、歳遣船一七艘と特送使船三艘でそれぞれ合計二〇〇〇両、三二八〇両であった(58)。また東萊倭館での公貿易においても胡椒と蘇木は水牛角とともに対馬から輸入された(59)。東南アジア産品は一六世紀以前の対馬には博多商人の手を介してもたらされていたが(60)、一七世紀以後は博多商人だけでなく、オランダ、イギリス商館からもたらされたと考えられる。たとえば一六一四年に対馬を訪問したイギリス東インド会社平戸商館のリチャード・コックス（Richard Cocks）は、日本に輸入される胡椒はほぼ全量が朝鮮向けであり、彼が対馬に持ち込んだ胡椒は高い値で売れたと本国に報告している(61)。また蘇木はオランダ東インド会社がシャムから平戸に持ち込んだ記録がある(62)。後金は朝鮮が日本から物品を輸入できることを熟知していた(63)。

他方、後金は朝鮮が後金と明との間を中継する貿易の状況を把握していた。たとえば仁祖一三年（一六三五、天聡九）に金国汗が朝鮮国王に宛てた書のなかに、朝鮮が後金と明の間で行った中継貿易への言及がみられる。それによると、後金汗は、朝鮮商人が本来なら一斤あたり一六両の価格の人蔘を、虚偽の理由をたてて後金から一斤あたり九両で獲得したのち、一斤あたり二〇両で椵島の漢人に転売したことを問題視していた[64]。それ以前から朝鮮商人は椵島に人蔘をもたらしていた。戸曹が仁祖六年に行った報告のなかには椵島に朝鮮の商人が集まり、人蔘を売っているとの説明がある[65]。東萊の倭館で対馬向けの人蔘輸出が増加する一六四〇年代までには、朝鮮は清との貿易を通じて人蔘の入手をすることが可能となっていた[66]。

以上のように、朝鮮は日本、明、後金の三者と貿易を行う窓口を持っていた。当時の東アジアにおいて、明と後金は戦争状態にあり、後金と日本は隔絶されていた。朝鮮だけがすべての周辺国と貿易を行うことができたのである。このような国際環境のなかで朝鮮は後金から特産物を入手し、明および日本との間で中継貿易を行ったのであった。

おわりに

本章では仁祖六年（一六二八）からの朝鮮の対後金貿易政策について論じた。その結果、明らかになったことは次の通りである。

仁祖五年（一六二七）の丁卯の乱後、朝鮮は後金と使節をやり取りし、礼物を贈るようになった。続けて朝鮮は後金から開市の要求を受け、国境の平安道義州と咸興道会寧で開市を行った。しかし開市には朝鮮の商人と商品は集まりにくく、後金使節は漢城や平壌など朝鮮内地に入った際に取引を行うようになった。朝鮮は後金との商取引に消極的であったが、自国使節が後金に入る場合には商人を帯同させていた。

礼物については、朝鮮政府は後金の要請に応える場合と応えない場合があった。開市場での取引においては、朝鮮政府は朝鮮商人が価格面で不利に置かれた場合は商人を保護するために外交交渉を行った。一方で朝鮮商人の中に後金使節に対して不正を働いた者が発覚した際には朝鮮政府は取締を厳格に行わず、朝鮮の政府機関の行為が越境採蔘を促進することさえあった。朝鮮政府は後金との貿易において弊害が多くても貿易を中止することはなかった。

朝鮮政府が、消極的ながらも後金との貿易を継続した背景としては、当時の国際情勢があると考えられる。朝鮮は明、後金、日本との間に貿易の窓口を持っていた。当時の東アジア諸国の中では最多の窓口数である。朝鮮からみれば後金は明産品、東南アジア産品、工芸品を輸出する格好の相手であり、明や日本への重要な輸出品である人蔘を輸入することのできる存在であった。朝鮮が後金と貿易を継続した動機はここにあったと考えられる。

このようにしてみると、朝鮮は後金との貿易を活用して東アジア国際貿易の仲介者として振る舞ったということができるであろう。とりわけ後金が日本や東南アジアなどの海域にアクセスできない状況、明と戦争中であるという状況のなかで、朝鮮は後金に不可欠な中継貿易の担い手として存在していた。そのために朝鮮は後金との間で商品の取引価格を巡って何度も交渉したり、朝鮮商人の不正をそれほど厳格に追及しなかったりするなどの対応を行ったのだと考えられる。

丙子の乱（仁祖一五年）で朝鮮が清に敗北して服属すると、以上述べてきたような朝鮮の中継貿易は大きく変容するが、本章では論ずることができなかった。丙子の乱後の朝鮮の対清貿易については別稿にて論じる予定である。

（1）田川孝三「毛文龍と朝鮮との関係について」（『青丘説叢』三、今西龍発行、近澤印刷部（京城）印刷並発売、彙文堂書店（京都）発売、一九三二年）。
（2）稲葉岩吉『光海君時代の満鮮関係』（大阪屋号書店、一九三三年）。
（3）江嶋壽雄「天聡年間における朝鮮の歳幣について」『史淵』一〇一、一九六九年、同「崇徳年間における朝鮮の歳幣について」『史淵』一〇八、一九七二年。両論文は江嶋壽雄『明代清初の女直史研究』（中国書店、一九九九年）に収録された。
（4）劉家駒『清朝初期的中韓関係』（文史哲出版社（台北）、一九八六年）。

（5）韓明基『丁卯・丙子胡乱과 東亜細亜』（푸른역사、二〇〇九年）。

（6）暦は太陰暦の年月日で記すが、朝鮮史料に依拠する場合、紀年は朝鮮の王位紀年を用いることとする。後金史料の場合は後金の年号（天聡、崇徳）も朝鮮の紀年に併記する。以下同様。

（7）鈴木開「朝鮮丁卯胡乱考――朝鮮・後金関係の成立をめぐって」『史学雑誌』一二三―八、二〇一四年八月、二三―二七頁。

（8）江嶋壽雄注（3）前掲書、四八〇―四八三頁。

（9）『朝鮮国来書簿』天聡元年七月一〇日条。

（10）江嶋壽雄注（3）前掲書、四八五―四八六頁。

（11）『満文老檔』太宗天聡第四冊、天聡元年三月三日条。

（12）『朝鮮国来書簿』天聡二年二月初二日条および鴛淵一「朝鮮国来書簿の研究（一）」『遊牧社会史探求』三三、一九六八年三月、八―一〇頁。

（13）劉家駒注（4）前掲書、五一―五二頁。

（14）『承政院日記』第二〇冊、崇禎元年三月二八日庚申条。

（15）『仁祖実録』巻一九、仁祖六年九月甲申条。

（16）『旧満洲檔』閏字檔、天聡二年八月二七日条。

（17）森岡康「丁卯の乱後における贖還問題」『朝鮮学報』三二、一九六四年七月、九四―九六頁。

（18）『仁祖実録』巻一九、仁祖六年一二月戊子条。

（19）『仁祖実録』巻一九、仁祖六年一二月辛卯条。

（20）「備局回啓曰。湾上開市自有約条、季朔之限自当依此行之。而但今日事勢、与前頓異、毛営設伏日候釁隙、意外搶掠之患、実深可畏」（『仁祖実録』巻一九、仁祖六年一二月辛卯条）。

（21）『仁祖実録』巻二二、仁祖八年二月丁丑条。

（22）『承政院日記』第二一冊、崇禎元年五月一七日条。

（23）「胡差出給人蔘四百八十余斤、責換青布一万九千余匹。市民等竭力湊合、猶未准数、鞭笞狼藉。市民叩心号訴」（『仁祖実録』巻一九、仁祖六年一二月丙申条）。

(24) 鮎貝房之進「市廛攷(三)」『朝鮮』三三四、一九四三年三月。
(25) 『承政院日記』第二二一冊、康熙九年一〇月八日条。
(26) 『承政院日記』第二六冊、崇禎二年閏四月九日条。
(27) 辻大和「一七世紀初頭朝鮮における人蔘政策の定立とその意義」『朝鮮学報』二一〇、二〇〇九年一月、六九頁。
(28) 『仁祖実録』巻一九、仁祖六年一二月丁未条。
(29) 『仁祖実録』巻三〇、仁祖一二年一二月辛亥条。
(30) 『旧満洲檔』満附三、天聡九年五月二六日条。
(31) 「朝鮮国王致書金国汗、(中略)上年定約時、只敝邦使臣之行、例帯商賈、以資両国通貨而已。乃者貴国使臣、亦有所持物貨。責貿於辺上、不穀初以有違前約為訝、継以思之、此亦不至害理。但春秋使臣外、亦有貴国差人持貨出来、頗無限節、勿得齎貨。敝邦物力誠無以応」(『朝鮮国来書簿』天聡八年一一月二日到来分)。
(32) 『乱中雑録』崇禎三年二月初二日条。『乱中雑録』は壬辰丁酉の乱に参戦した南原の趙慶男によって書かれた野史であり、『大東野乗』に収録されている。
(33) 『乱中雑録』天啓二年正月条。
(34) 「憲府啓曰。祖宗法制疆域有截、雖事大交隣冠蓋往来、而不許一人私出境外、蓋慮患之深也。今者朴簪之行、朝廷既定商賈帯往之数、而義州府尹林慶業、乃敢於朴簪渡江之後、潜送商貨、深入瀋陽」(『仁祖実録』巻三一、仁祖一三年一一月癸亥条)。
(35) 『満文老檔』太宗天聡第三九冊、天聡五年七月二八日条。
(36) イングルダイは『欽定八旗通志』巻一五六、人物志三六、英俄爾岱条によると天聡五年(一六三一)に戸部承政に就任した。
(37) マフタは『欽定八旗通志』巻一四八、人物志二八、馬福塔条によると天聡五年(一六三一)に戸部参政に就任し、天聡八年(一六三四)に戸部承政となった。
(38) 「備局啓曰、即見金汗答書、其意似在増幣、而不在渝盟」(『仁祖実録』巻二八、仁祖一一年三月戊戌条)。
(39) 「弊邦寺已処造苫乞彩画、此係敬仏、幸勿稽誤云」(『仁祖実録』巻三一、仁祖一三年八月乙酉条)。
(40) 『旧満洲檔』満附三、天聡九年七月二五日条。天聡九年分の『旧満洲檔』の引用は神田信夫、松村潤、岡田英弘訳註『旧満洲檔天聡九年』二冊(東洋文庫、一九七二—一九七五年)の現代日本語訳に従った。以下同様である。

(41) 石濱裕美子『清朝とチベット仏教――菩薩王となった乾隆帝』（早稲田大学出版部、二〇一一年）一四頁。

(42) 石濱裕美子注(41)前掲書、五頁。

(43) 「朝鮮国王答金国汗書」中央研究院歴史語言研究所内閣大庫所蔵（台北市）、登録番号〇三八一三六。漢文部分の翻刻文が『明清史料』丙編一に収録されており（満文は脱落）、図版が『明清檔案存真選輯初集』（中央研究院歴史語言研究所、一九五九年）、瀋陽旧檔、図版四九、九七頁に収録されている。

(44) 「朝鮮国王答書金国汗。貴差至平壌、伝致国書、承貴国修建仏寺又得大元仏尊。此天以慈悲之教授貴国之人也、所要彩画別録以呈。其中大緑石青弐種求諸市上而不得。茲未送副。幸惟恕亮。天聡九年九月初九日董得貴齎□□附 sure han i uyuci aniya i uyun biyai ice uyun de dongdukui gajiha bithe」。

(45) 「義州府尹申景玹、宣諭使朴蘭英馳啓曰。開市時龍胡勒定物貨之価、無異奪掠。且怒曰、我等先言牛馬買売事、而牛則僅五十首、馬則全不出於市。我等所望、不過載運物貨。若終始不許、則留置物貨于江辺、当以数百人、直入安州平壌等地、期得馬匹而来云矣」（『仁祖実録』巻二四、仁祖九年四月丙辰条）。

(46) 「開市通貨、必須平価交易、無偏利偏害事、然後方可久行而無弊。頃日湾上開市時、貴国差人、恃強負気、多作非理、或抑勒価値、或攘奪馬畜。如青布為貨、我商到瀋陽、則価甚重、貴商到敝京、則価甚軽。若境上互市、則当酌取其中方、得其半。今則刼制商人、定価甚軽、商賈号冤、罔有紀極」（『朝鮮国来書簿』天聡五年八月到来分）。

(47) 「金国汗致書朝鮮国王、（略）又言湾上勒価会寧徴責要索。我人欺我者有之、王人欺王者有之、是不可不厳究也。果有此事、是敗我両国和好。王当行義州該管官員、査勒価者姓名並攘奪馬匹毛色詳細開来」（『仁祖実録』巻二五、仁祖九年閏一一月辛酉条）。

(48) 『朝鮮国来書簿』天聡五年一二月二六日到来分。

(49) 史料中の mocin とは「毛青」のことであり（『大清全書』巻十）、「毛青」とは松江の上質の綿布を標缸という藍を用いて深青に染めるものであり明末に技術が完成した（『天工開物』巻上、彰施第三巻、諸色質料条）。

(50) 『内国史院檔』天聡八年檔、天聡八年三月二日条。『内国史院檔』の引用は、東洋文庫清代史研究委員会編『内国史院檔　天聡七年』（東洋文庫、二〇〇三年）および清朝満洲語檔案史料の総合的研究チーム編『内国史院檔　天聡八年』（東洋文庫、二〇〇九年）所載の現代日本語訳に従った。

(51) 『内国史院檔』天聡八年檔、天聡八年四月二七日条。

(52)『満文老檔』太宗第一〇冊、天聡二年五月二三日条。
(53)『朝鮮国来書簿』天聡三年六月一九日到来分。
(54)『内国史院檔』天聡七年檔、天聡七年一一月条。
(55)『満文老檔』崇徳第一冊、天聡一〇年正月一六日。
(56)「咸鏡監司閔徽馳啓曰。碧潼等鎮居民三十余人、越境採蔘、竟被擄。蓋禁法雖厳、而京外上司入送貨物、使之貿蔘。取責多門、守令不得已分給民間、責令貿納。故其勢不得不冒法、忘死至被擄云」(『仁祖実録』巻三一、仁祖一三年一〇月壬辰条)。
(57)「備局啓曰、近来蔘商納税少、而取利多。故内地之人、争相入往潛越之弊、終不可禁。請量加収税、稍奪商利、以為禁令一助」(『仁祖実録』巻三一、仁祖一三年一一月丙辰条)。
(58)『通文館志』巻五、交隣、年例送使条より集計。なお年例送使条による歳遣船の進上物品の統計は、田代和生『近世日朝通交貿易史の研究』(創文社、一九八一年)六一頁にある。
(59)『辺例集要』巻八、公貿易、己酉(一六〇九年)一〇月条。
(60)森克己「中世末・近世初頭における対馬宗氏の朝鮮貿易」『九州文化史研究所紀要』一、一九五一年三月、八―九頁。
(61)Richard Cocks 発イギリス東インド会社本店宛書簡(一六一四年五月)(『大日本史料』一二編一七、東京帝国大学文科大学史料編纂掛、一九一四年、四六四―四六八頁)。
(62)Elbert Woutersen 発オランダ東インド会社平戸商館宛書簡(一六一四年九月)(『大日本史料』一二編一七、東京帝国大学文科大学史料編纂掛、一九一四年、四九九頁)。
(63)浦廉一「明末清初に於ける日本の地位(二)」『史林』一九―二、一九三四年四月、二五八―二五九頁。
(64)『旧満洲檔』満附三、天聡九年一二月二〇日条。
(65)『仁祖実録』巻一九、仁祖六年一二月丁未条。
(66)篠田治策『白頭山定界碑』(楽浪書院、一九三八年)五三頁。

9 隠すという外交
――清に対する琉日関係の隠蔽政策

渡辺美季

はじめに

一八三二年、江戸時代末期の日本で『琉球年代記』という書物が出版された。そこには「古郡《ふるごおり》八郎《はちろう》漂流の話幷《ならびに》図」と題された短編が一枚の挿絵とともに収録されている。挿絵（図1）には、海上を帆走する船とそれに乗る人々、遠くの陸地などが描かれ、隅に「古郡八郎、琉球人の月代《さかやき》を剃る図」と記されている。月代とは、額から頭頂部にかけての頭髪を半月の形に剃った、前近代の日本人男性の一般的な髪形のことである。挿絵の題名から推察するに、丁髷《ちょんまげ》姿の人物が古郡八郎で、丸い髷《まげ》に長い簪《かんざし》を挿しているのが琉球人であるらしい。琉球人はどことなく嬉しげな表情であり、無理矢理に髪を剃られているわけではないようだ。

短編の内容は次のように要約できる。――ある時、日本人の八郎という人物が海難事故で琉球へ漂着した。国王の命令により四名の琉球人が八郎らを日本へ送還しようとしたが、途中で再び遭難し、今度は「明の国」に漂着してしまう。すると琉球人が悲しげな顔をして言った。「小国の浅ましさで、貴国（日本）には彼国（中国）へ往来することを憚り、彼国へは貴国へ従っていることを隠しています。今のわれわれの状態を見られたら、琉球が日本に属して往

図１　『琉球年代記』挿絵（国立国会図書館デジタルライブラリーより）

来していることを中国人が悟って、われわれは殺され、必ずや国家の憂いを招くでしょう」。そこで八郎は一計を案じた。髪を剃って丁髷を結い、和服に着替え、日本風の偽名を名乗り、日本人のふりをすればよい、と提案したのである。琉球人は誠に稀代の良策であると小躍りして喜び、月代を剃り、孝貴《こうき》は孝八《こうはち》、伊久麻《いくま》は伊之助《いのすけ》、美里二《みりじ》は道次《みちつぐ》、那古称《なこしょう》は古助《こすけ》と名を変えて上陸したところ、「日本人」として救助され難なく帰国することができたという。――短編に添えられた挿絵は、琉球人が日本人に変装して中国に上陸するために髪を剃っている場面を描いたものだったのである。

この短編の作者は大田南畝《なんぽ》（一七四九―一八二三年）で、蜀山人《しょくさんじん》などのペンネームで知られる江戸時代後期の著名な文人である。彼は幕臣として長崎奉行所に勤めたこともあり、日本の対外事情に詳しい人物であった。物語の末尾には南畝自身による「この漂流記は（略）ただ琉球人が月代を剃って明人の目をくらましたおかしさを摘んでここに載せるのである」というコメントが添えられている。このコメントや挿絵から、琉球人が髪を剃って日本人に化ける場面が、この短編の最大の見所であったことがうかがえる。恐らくこれを読んだ当時の日本人にとっても、珍しく、面白い話として受け止められたのであろう。

この短編は、実は単なる笑い話ではなく実話に基づいたものであった。当時の琉球に関わる記録を探すと、『琉球年代記』と同じような「事実」を幾つか見出すことができる。(1) 例えば一七一四年に、日本の薩摩藩の船が琉球へと航海し、薩摩に戻る途中で清に漂着したことがあった。(2) この船には、琉球最大の港町那覇で雇われた金城《かなぐすく》《（きんじょう）》・呉屋《ごや》という二名の琉球人が水主《かこ》として同乗していたが、彼らは中国に上陸する前に庖丁で髪を切って日本人の姿になり、金城は金右衛門《きんえもん》、呉屋は五右衛門《ごえもん》と変名している。またこの船の薩摩人船頭は、清における尋問に対し、琉球ではなく、薩摩の山川《やまがわ》港から鹿児島に向かう途中で遭難したと詐称し、琉球と日本の関係を清に対して隠匿していた。

また一八一五年に奄美大島から鹿児島へ向かう薩摩船が清に漂着した際にも、同船していた大島人二名が同様に名前を変え、髪を切って日本人に変装している。(3) 当時、奄美大島は薩摩藩の直轄領であったが、以前は琉球領であったことから島民は琉球風の髪型や名前を維持していた。さらにこの船には古渡七郎《ふるわたりしちろう》という薩摩の藩士が乗っており、それは『琉球年代記』の短編に登場する古郡八郎とよく似た名前である。したがって恐らく大田南畝はこの一八一五年の事件をモデルに短編を執筆したと考えられる。

一　琉球の歴史と中国・日本との関係

では、一体なぜ当時の琉球・奄美・薩摩の人々は、中国に対して薩摩（つまりは日本）と琉球との関係を隠していたのだろうか。それを説明するために、ここで琉球の歴史と中国・日本との関係について概観しておきたい。(4)

琉球は一二世紀前後から国家形成の動きを開始し、やがて一四世紀後半になると中国の新王朝・明（一三六八年成立）との朝貢関係が取り結ばれた。それは琉球国王が明皇帝の臣下として定期的に遣使・貢納する朝貢と、皇帝から国王に王号を授ける冊封を主な要素としていた。また朝貢の際の恩典として琉球には明における貿易（朝貢貿易）が

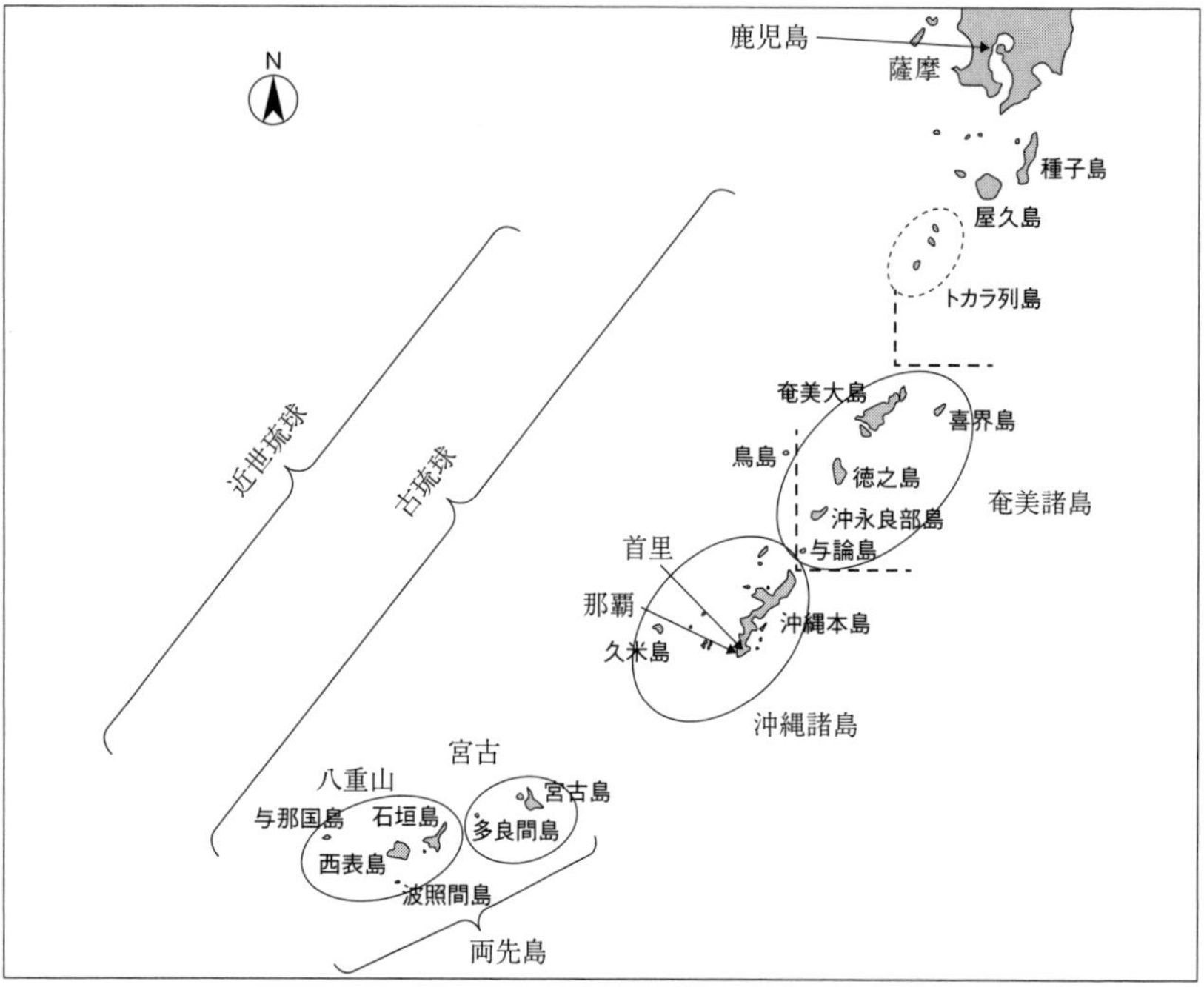

図２　古琉球と近世琉球の領域

認められていた。この関係の成立により、琉球は朝貢貿易で入手した大量の中国製品を元手に、明・日本・朝鮮および東南アジアの諸地域を結ぶ国営の中継貿易を盛んに展開した。こうして明の支配が相対的に安定していた一五世紀半ばからの約一世紀間、琉球は東アジア・東南アジアを結ぶ物流の担い手として商業的な繁栄を謳歌した。

ところが一六世紀後半に入ると明の弱体化が顕著になる一方で、日本では国内統一をめぐる動きが活発化し、その政治的・軍事的影響が琉球にも及び始める。結局、江戸時代に入ってまもない一六〇九年、琉球は、徳川幕府の認可のもと出兵した薩摩の大名・島津氏の軍勢に侵略され敗北する。そしてこの敗北により、琉球は日本——具体的には徳川幕府および薩摩藩——の政治的統制を受けるようになった。ただし幕府は明との君臣関係を有する琉球王権の存在を前提とした支配方針を採っており[5]、このために以後も「王国の形態」と「中国との関係」は維持された。

こうして琉球が島津氏に敗北した一六〇九年から、明治政府が琉球を沖縄県として日本に併合する一八七九年までの二七〇年間、琉球は「中国・日本に二重に従う王国」となった。この期間を研究者は一般に「近世琉球」と呼び、それ以前の「古琉球《こりゅうきゅう》」と区別している（図2）。古琉球とは異なり、近世琉球の外交相手は中国（明・清）・日本の二国にほぼ限定された。中国とは外交使節の往来のみ、日本との交通・流通は薩摩藩の統制を受けつつ、琉球からは貢納運搬などの諸公用で薩摩に頻繁に人員（全て男性）が派遣されるほか、全一九回と回数は少ないものの将軍・国王の代替わりの際に江戸まで使節が派遣された。一方、琉球へ出入りできる日本人は藩の許可を得た薩摩人男性のみに制限され、その琉球移住（定住）は禁じられた。日本の支配下に入ったことにより、近世の琉球は薩摩以外の日本人にとって、むしろ「遠い」存在になったとも言える。また近世琉球の大半において日本と中国の間には正式な国交はなく、長崎にやってくる民間の中国商船を通じた通商関係のみが存在した。従って君臣関係という形で中国・日本と正式な外交（国家間関係）を有していた近世期の琉球は、日中両国を繋ぐ存在であったとも言うことができる。

二　隠蔽政策の開始と展開

一六四四年、衰退の途にあった漢民族の王朝・明が農民反乱により滅亡し、替わって満洲族の王朝・清が中国を征服した。これを知った琉球は、当初、明の残存勢力に入貢したが、清が四九年・五二年に使者を派遣して琉球の帰順を求めると、明・清どちらにも対処し得るような二方面外交を展開した上で、(6)最終的には一六六三年に清の冊封を受け入れた。その過程で、一六五五年に島津氏は幕府に対し、清から派遣された冊封使が琉球に辮髪《べんぱつ》や清服などの清俗（清の風俗）を強制した場合の対応を問い合わせている。島津氏は、清俗は「日本の瑕《きず》」なので拒絶した上で冊封使を追い返すか、あるいは討ち果たすかを尋ねたが、幕府は冊封使から清俗を強制されたら従うべきであると回答して、琉球支配者としての自らの体面よりも、清と琉球の君臣関係を優先し、清との摩擦を回避しようとする姿勢を示した[7]。その保守的な姿勢には、当時の幕府が弱冠一五歳の四代将軍徳川家綱をいただく譜代大名等の合議体制にて運営されていたことも大きく影響していたとみられる[8]。いずれにせよこの幕府の姿勢により、琉球に併存する二つの君臣関係――清・琉球関係および日本・琉球関係――の優先順位が決定し、琉球は二重の臣従という矛盾をはらんだ状態を比較的容易かつ安定的に維持できるようになった。なおその後一六六三年に琉球に来航した冊封使は、結局、清俗を強制しなかった（これは他の朝貢国に対しても同様であった）。

そして清との関係が形成され、紆余曲折を経て安定に向かう中で、琉球は徐々に清および清と関わる国々に対して日本との関係を全て隠す特別な政策を取るようになる[9]。すなわち清を中心とした国際社会において琉球はあくまでも清の朝貢国としてふるまい、日本との関係は水面下で――あるいはある種の「マジックミラー」の内側で――維持されるようになったのである。

隠蔽政策の開始については不明な点が残るが、一六四九年に薩摩が琉球に「韃靼《だったん》（清）人の前で琉球人と日本人が知人がましい様子を見せるのは良くない」と指摘したり、一六六四年に清へ赴く琉球の朝貢使節に「琉球が薩摩の支配下に入ったことを中国において取り沙汰してはならない」と指示していることから、薩摩の指示が契機となった可能性が高い[10]。またその後の隠蔽政策の展開に対する薩摩の指導的・協力的な態度には、明清交替期に幕府が示した姿勢――清との摩擦を避け、琉清関係を優先する姿勢――が少なからぬ影響を及ぼしていたものと考えられる。

ただし薩摩の指示と協力があったものの、隠蔽政策の主体はあくまでも琉球の政権である首里王府であった。王府は清・日への二重の臣従が清から責められることを懸念し、一六八〇年代後半以降、自発的かつ積極的に隠蔽政策を強化する。その政策の特徴は、①清に対して日本との関係を隠すこと、②一六〇九年の島津氏の侵攻を契機に琉球から薩摩に割譲された道之島《みちのしま》（奄美諸島）も清に対しては「琉球領」の建前を貫くこと、③やむを得ない場合は日本を

「宝島」と詐称すること、の三点に概括できる。

このうち③は最も特異な点であろう。宝島（七島・トカラ列島）は薩摩半島と奄美諸島の間に点在する群島で、古琉球期には島津氏と琉球王府の支配を重層的に受け入れていた。(11) そこには明から琉球へ冊封使が訪れた際に、島津氏から任じられた七島の長官の代理人が、琉球の属島である七島の代表として那覇へ赴き冊封使と対面する慣例があった。(12) この慣例を利用して一六八三年に来航した清の二回目の冊封使には、薩摩の役人・船頭が七島の長官代理人と偽り、丁髷などの日本風俗のままで対面したが、冊封使はその進物を拒絶した。(13) 正使汪楫《おうしゅう》は「その様相は醜悪で、決して琉球人とは似ていない。……倭人だという人もいる(14)」と記しており、明言はしていないが日本人だと看破していたのであろう。

その後まもなく王府は隠蔽政策に主体的に取り組むようになり、やがて次のような宝島（七島）の詐称の論理――ここでは「宝島のレトリック」と呼ぶ――を考案した。それは「土地が痩せ産物が少ないため琉球は国用を賄えず、昔は朝鮮・日本・暹羅《シャム》・爪哇《ジャワ》と貿易し補っていた。……その後（＝島津氏の侵攻後）、諸外国との通交が絶え国用に不足したが、幸い日本の属島トカラの商人が来琉して貿易し国用を賄い、国は再び心配のない状態になった。そのため琉球人はトカラを宝島（宝の島）と呼ぶのである」というもので、正史の一つである『中山世譜』の改訂版（一七二五年）に記載されている。(15) なお改訂前の一七〇一年版にはこの記載はない。

冊封使との対面トラブルは薩摩藩にも方針の変更を促した。清から三回目の冊封使が来航した一七一九年、藩は日本人（薩摩人）と冊封使の対面を禁止し、(16) これにより薩摩の人・船は冊封使から完全に姿を隠し始める。(17) 例えば那覇には琉球を監視するため二〇名弱の薩摩役人が駐在していたが、彼らは清の冊封使が来ると、彼らに見つからないよう、その滞在期間中は少し離れた城間《ぐすくま》という農村に移動して居住した。

三　隠蔽政策と漂着事件

さらに一八世紀半ば前後になると、王府は隠蔽に関する規定を次々と発布する。[18]その内容からうかがえるのは漂着事件――琉球人の中国（清）漂着事件と中国人（および中国経由で送還される朝鮮人）の琉球漂着事件――に対する王府の強い懸念である。事情を熟知した役人が担う通常の外交とは異なり、漂流・漂着は、いつ、誰が関わるかわからない突発的な国際事件である。従って外交事情に精通しない者によって、容易に「真実」が露見する可能性があった。そこで王府は「もし中国に漂着したら日本との関係を口外してはならない。日本銭など日本との関係を示す物品は速やかに焼却または海中に投棄せよ。（漢字・仮名交じりの）日本語の文書・日本年号・日本人名などは急いで仮名に書き換えよ」といった各種規定により、あらかじめ隠蔽の方法を国内に詳しく指図した。なお、なぜ仮名（ひらがな）に書き換えるのかといえば、中国人がそれを読めないからである。

清に漂着した琉球人は、実際に王府の規定に従って琉日関係の隠蔽に努めていた。筆者は薩琉間を往来する途中で清に漂着した事例を精査したが、清での事情聴取の際に目的地または出発地として薩摩（すなわち日本）と正直に答えた事例は見当たらず、全ての事例で薩摩は奄美諸島・「宝島」などと言い換えられている。また一七六一年の琉球人漂着民に対する清の事情聴取記録によれば、漂着民の積荷の中に「琉球国の土語で書かれ、草書に属し、翻訳できない」という帳簿三冊、『字林綱鑑』[19]という日本の書物、「過失で焼け残った」呪文や書信があったという。[20]漂着という緊急事態の最中にあっても、琉球人は「日本との関係を示す物品は焼却せよ」という王府の隠蔽規定に必死で従おうとしたようだ。あいにく焼け残ってしまったが、琉球の記録によれば、この時、清の地方官から詮索され難渋したものの、現地駐在の琉球役人が疑いを晴らしたため大事に至らなかったという。実際、清の記録ではこれらの書類が問題化した形跡は確認できない。

さらに王府の規定の中には「もし日本船に若干名の琉球人が同乗して中国へ漂着した場合には、みな日本人の姿になるべきである」という指示も含まれていた。つまり『琉球年代記』に描かれ、また史実としても確認できる一連の「変身」行動は、首里王府の指示——国家の政策——に忠実に沿ったものだったのである。

では逆に琉球に中国人（清人）が漂着した場合はどうするのだろうか。当然のことながら、琉球は君主たる清の民を救助・保護し、彼らが自船で帰国できない時には清まで送還していた。清のみならず、琉球と同じく清と君臣関係を有していた朝鮮からの漂着民に対しても同様の措置がとられた。近世初期のごく短い期間においては、漂着民を日本に転送し、日本に中国・朝鮮への送還を委ねたこともあったが、この方法は隠蔽政策の展開に伴い停止された[21]。

清・朝鮮の漂着民は琉球において、仮小屋へ隔離的に収容され、その出入りを監視された。また漂着民の世話に当たるスタッフや収容地周辺の住民には、王府から「大和の年号・名・銭を中国人に見せたり、大和の歌を歌ったりしてはならない」といった隠蔽のための細かい指示が与えられた。さらに前述したように、琉球に滞在中の日本人（薩摩人）は、漂着民から姿を隠す決まりであった。

しかし琉球に中国人や朝鮮人が漂着した時、日本人が全く関わりを持たないわけではなかった。琉球監視のため那覇に駐在する薩摩藩士の任務の一つに「琉球における外国人の出入りの監視」があり、このために彼らは外国人漂着民を「実見して、問題のない人物かどうかを確認する」という業務——史料上「見届《みとどけ》」または「見分《みわけ》」と表記される——を遂行する必要があった。「見届」の詳細を記した記録は管見の限りで四例（中国人漂着民一例、朝鮮人漂着民三例）しかないが、その僅かな事例から「見届」の様子を見てみたい。

一七四二年三月一九日（太陰暦）、沖縄北部の運天《うんてん》村では、奄美大島から転送されてきた中国人漂着民が「養生のための歩行」という口実で散歩に連れ出された[22]。その附近の小屋の中には、那覇から来た薩摩役人二人が琉球の衣装

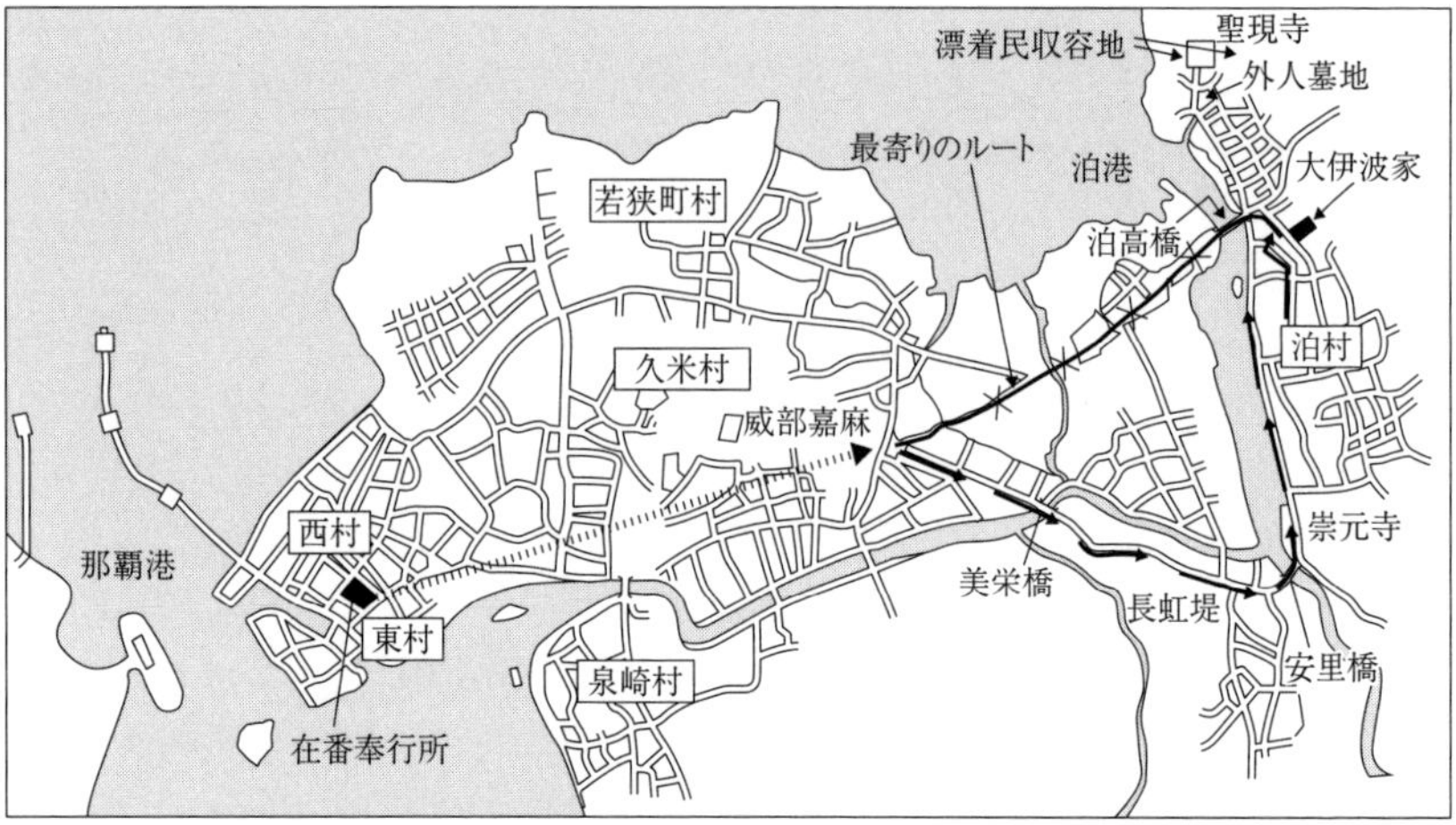

図3　「見届」における薩摩役人の移動ルート

を着て待機し、御簾《みす》越しに外を眺めていた。やがて御簾の向こうに散歩をする中国人の姿が見えると、二人は彼らの様子をそっと観察した。――これが「見届」である。その様子からは、この時の「見届」が監視自体を目的とした非常に簡素なものであったことがうかがえる。

しかし約半世紀後、「見届」は、「大がかりな茶番劇」といった様相を呈するようになった。一七九四年に琉球に漂着し、那覇港に隣接する泊《とまり》村に収容された朝鮮人の事例では、五月一日（太陰暦）に、泊村の伊波親雲上《いはペーチン》という役人の屋敷で薩摩役人による「見届」が行われている(23)。当日、薩摩役人は駐在所を出て、漂着民から見通せる最寄りのルートを避け、大きく迂回して伊波親雲上の屋敷に入った（図3）。彼らが御簾の後ろに着座すると、まもなく「養生のため歩行させる」という口実で朝鮮人が収容所から連れ出され、彼らが伊波家の前を通過する時、ある琉球役人が外に出て行き、「私はこの家の亭主だ。親類の女たちが、朝鮮人が散歩すると聞いて家に来ているので、彼らを招き入れて茶・煙草をご馳走したい」と事前に決められていた台詞を述べた。こうして朝鮮人は伊波家の庭で一休みすることになり、御簾の後ろの薩摩役人は「親類の女たち」として漂着民の「見届」を行ったのである。

なお先の台詞の中で、薩摩役人が「親類の女たち」と説明されている点に注意したい。当時の東アジアには高貴な女性が身内以外の男性との直接対面を憚るという共通の儀礼的習慣があった[24]。この習慣は琉球でも社会支配層である士身分[25]の女性の行動規範となっており、王府も彼女らの「衣被り」（顔を隠すこと）を推奨する姿勢を採っていた[26]。すなわち王府は自らが志向・強化する女性像（＝東アジア共通の女性像）を利用して、薩摩人を客人と対面しなくても不自然ではない存在＝女性に仕立て上げたのである。実際、一八〇二年に那覇で「見届」された朝鮮人漂着民は、帰国後に「ある日、通訳が（われわれを）ある所に連れて行った。一軒の家があり、簾を下ろし、茶・煙草で接待してくれた。男女とも立派な身なりだった。理由を問うと、大上官（尊官）の妻が私たちを見たがったとのことであった」と記しており、「〈顔を隠す〉女性像」を利用した王府の隠蔽政策はある程度成功していたことが確認できる[27]。

「見届」は一八五六年の朝鮮人漂着民の事例でも、細部まで全く同じ形式と台詞で実施された。さらに一八四四年の中国人漂着民の事例では、漂着民に特に不審な様子がないことなどを理由に、王府と那覇駐在の薩摩藩士が相談を行い、「見届」を省略し、にもかかわらず薩摩藩へは「見届」をしたと報告することが決定されている。すなわち「薩摩による琉球監視」の建前のみが堅持され、実際の監視は形骸化していく傾向が看取できる。

ところで漂着民と日本人（薩摩人）が遭遇してしまうことはなかったのであろうか。沖縄学[28]の先駆者伊《い》波《は》普《ふ》猷《ゆう》（一八七六―一九四七年）は著書『沖縄歴史物語』[29]の中で次のような事件を紹介している。

　一八世紀中葉、中国船が漂着したので、乗員を那覇の泊村に収容し、日本人に周辺の通行を禁じた。しかしある日、松元彦右衛門[30]という薩摩藩士が、うかつにも菅笠《すげがさ》に狩衣《かりぎぬ》という和装で通りかかり、中国人に姿を見られてしまう。これは一大事と驚いた王府は対策を協議し、松元と同じ格好をした琉球人数名に中国人の収容所をのぞかせ、「われわれはこれから猪狩りに行くのだが、生まれてこの方まだ中国人を見たことがないので立ち寄ってみた。昨日、仲間の一人は先にでかけた」と芝居を打ってごまかすことにしたという。

現代的な感覚からすると笑い話としか思えないような事例であるが、当時の琉球人や琉球に関わる薩摩人が特に疑問を抱いていた形跡は確認できない。つまりこうした隠蔽の実施は、中国と日本の狭間で生きる彼らにとってのある種の「常識」、あるいは当たり前の国際感覚であったと考えられる。しかしこの「常識」は、当時の一般的な日本人の常識とは恐らく大きく異なっていた。冒頭に挙げた大田南畝による小話における琉球の隠蔽政策の「取り上げ方」から勘案するに、江戸時代の日本人にとって隠蔽政策は、珍しい／驚くべきものであったと推測できる。

薩摩藩以外の江戸時代の日本人が琉球に関して記した文章は多々あるが、そこには琉球が日本との関係を中国に隠しているということが、記録者の新たな知見として——恐らくいささかの驚きを伴って——記されたものが目につく[31]。また大田の短編は「琉球が、日本には中国との関係を、中国へは日本との関係を二重に隠している」とするものの、多くの日本人の記録では、琉球が清に対してのみ琉日関係を隠蔽していることを正しく記しており、同時に清との関係を日本に対しては隠さないことには殆ど注意が払われていない。すなわち琉球に併存する二つの君臣関係の非対称性にはまず思い至っていないのである。当時の一般的な日本人の「国際」感覚とは、概ねこのようなものであったのだろう。

四　隠蔽政策と清朝

一方で、琉球や薩摩の多大な努力にもかかわらず、清は早くから事実を感知していた。例えば一六八三年に琉球に派遣された冊封正使の汪楫は、その前年に皇帝（康熙帝）に謁見し、「琉球が日本などの諸国と往来しており、今それらの国は清の徳が及ぼされることを求めておりますが、この国々が琉球において清への朝貢を希望してきた場合にはどのように対応すべきでしょうか」と尋ね、皇帝は「そのような要請があれば礼部に報告して対応を検討させるように」と応じている。[32]少なくともこの時、清帝と冊封使は琉日関係の存在を前提に、これに何らかの形で対応する可能性を考慮していたのである。

前述したように、汪楫は琉球で七島（トカラ）人を装った薩摩人と対面し、その進物を拒否した。彼は「（彼らを）倭人だという人もいる」とのみ記しているが、康熙帝との会話も踏まえると、恐らくは「事実」を看破していたものとみられる。首里王府もそれを察し、それゆえにまもなく隠蔽政策を本格化させたのであろう。興味深いことに、一方で汪楫は琉球において科挙などの中国的な制度の受容が不十分であることを繰り返し指摘しており、それは王府が一八世紀前後から国家制度・儀礼面における「中国化」（中国を規範とした制度改革）を推進する起因の一つとなった。[33]こうしたふるまいから、少なくとも汪楫には（あるいは康熙帝にも）琉球に対する日本の影響を間接的に抑えつつ、中国の影響を強めようとする何らかの政治的意図ないしは戦略があったのではなかろうか。[34]

しかし汪楫の記録にもうかがえるように、清は琉球と日本の関係を知りつつ、[35]これを極力問題視しない姿勢をとった。一八〇〇年に琉球を訪れた冊封副使李鼎元の記録にも、彼の従者が琉球で「元和二年」という日本の年号のある膰を見かけ、「これは唐代の年号なのか」と尋ねたのに対し、李鼎元が日本の年号であることを教え、「琉球はかつて日本に臣属していたことが分かる。今これを言うのを避けているのだ」と答えたエピソードが収録されている。[36]ここで李鼎元は、琉日関係をあくまでも過去の出来事として処理し、それ以上は追及していない。汪楫同様に李鼎元も、事実を知りながら故意に明言しないように努めていたのであろう。[37]

こうした清の姿勢は中国の伝統的な国際秩序の在り方と深く関わっているものと考えられる。この秩序においては、定められた外交儀礼（朝貢・冊封）の手順を遵守し、かつ中国に脅威を与えない限り、朝貢国による「両属」はそもそも容認されていた。[38]この状況下では、冊封使が琉球で琉日関係に気づいたとしても、これを必要以上に追及する利点は何もない。中国皇帝の体面を維持し、不要なもめごとを避けるには、中国の安定に不必要ないしは有害な「事実」を過度に突き止めない、冊封使たちの「隠される」努力こそが重要だったわけである。[39] 琉球による隠蔽策の順調な実施は、この清の姿勢があって初めて可能になったと言えよう。

一七世紀後半から約二世紀にわたって、「中国（清）―琉球―日本」は長い「無事」を維持した。それはまさに琉球の「隠す」努力、薩摩の隠蔽への協力、中国の「隠される」努力という、複雑な構造によって維持されていたといってよい。そして、それは国家同士の正式な関係を持たない日本と清の間の長い「無事」をも間接的に支えていたと考えられる。

もちろん隠蔽の当事者たちは「国際的な平和維持」といった壮大な目的意識をもって、隠蔽活動を行っていたわけでは決してない。自らの生命を守るため、あるいは国家の命令に従うため、あるいは立身出世のためといった、隠蔽を担う個々人の動機こそが、実際の隠蔽活動の最も強い推進力であったと思われるが、これらの動機に支えられた人々の必死の骨折りの「束」が、この時代の琉・清・日の国際関係の一要素として機能し、また三国の歴史上に出現した「長期間の無事」にいささかなりとも貢献していたと言い得るのではないだろうか。

五　隠蔽政策と近代国家外交

このように琉球・清・日本の三国関係を支えていた琉日関係の隠蔽政策には、また別の重要な機能があった。それは琉球にある程度の自律性――近代国家において外交権と呼び得るものの一部――を構造的に保全するという機能である。この機能は、欧米列強による東アジア進出の本格化により、前近代東アジアの国際関係とともに隠蔽政策が瓦解する過程でむしろ顕在化していく。

欧米船は一八世紀後半から調査・探検や薪水補給などの目的で琉球にしばしば姿を見せ、アヘン戦争（一八四〇―

四二年）前後から開国・通商・布教の要求を掲げて来航するようになり、特に英仏船が頻繁に来航した。欧米諸国は清と何らかの関係・接触を有していたため、琉球は水面下で日本の指示を仰ぎつつも欧米諸国に対しては日本との関係を隠匿し、清の朝貢国としてふるまった。こうした琉球の対応は、従来、琉球を「異国／域外」として切り離し、幕藩制国家のある種の「安全弁」とする姿勢をとってきた幕府や薩摩の意向にも合致するものであった(40)。一八五〇年代には幕府の黙認のもとで琉球と米・仏・蘭との条約が締結されたが(41)、このことは日本との関係を隠す中で、望む望まざるとにかかわらず琉球は欧米諸国との条約締結の主体となるだけの「外交権」を有していたことを示している。ただし米国全権大使ペリー提督の通訳官ウィリアムズが、条約締結に際して「彼ら（琉球人）は薩摩との貿易については何も語りたがらず、私が鹿児島へも進貢しているのかどうかと尋ねても、答えようとしなかった。……どうも彼らの薩摩に対する忠誠の義務の実態は、ひどい隷属であり、かつ重い負担であるに違いない」と記しているように(42)、欧米諸国は日本と琉球の君臣関係の存在をすでに感知していた。

一方、幕府も、ペリーの来航を契機にアメリカによる琉球占領の可能性を意識するようになり、隠蔽に関する従来の姿勢を見直し始めた(43)。その結果、一八六〇年代に入ると、欧米諸国に「琉球は清に朝貢する国であると同時に日本にも従う国であること」を明言し(44)、刊行日本図の琉球部分に「両属の符号」を入れることを求める開成所（幕府設立の洋学校）の上申を承諾するなど(45)、琉球に日本の支配も及んでいることを積極的に国外へ示すようになる。

こうした中、一八六八年に日本の政権交代が起こった。新政権である明治政府は、近代国家として琉球の排他的領有を志向し、一八七二年一〇月、まず琉球を王国から藩に変更して政府直轄とした。ただし管轄部署は外務省であり、この時点で琉球はまだ外国であった。例えば翌月、王府は琉球北部に座礁したイギリス船の生存者の書簡を朝貢使節に托して清に直接届け、在清イギリス公館に転送しているが（その後中国から迎えの英船が来航した）(46)、それは王府が明治政府の外交権から相対的に自律していたためである。

しかし明治政府はまもなく、清と琉球の関係は従来通り認める一方で、欧米諸国に対する琉球の外交権を外務省に移管しようとする。その過程で一八七三年に、琉球測量のため那覇を経由して八重山に赴いた日本海軍船が、現地漂着のフィリピン人四名を那覇に連れ戻るという事件が起こった(47)。従来、東南アジア――中国商船が盛んに出かける地域であった――からの漂着民は、琉球から清へと送還され、清を通じて母国に帰国することになっていたが、この時、琉球に派遣された外務省官吏は「「外国人交際向き」は外務省の管轄である」として、王府の反対を押し切って漂着民を日本に転送してしまった(48)。王府は、この事件が日本在留の清国人に知られ、清に琉日関係が露見することを懸念して、「これまで通り自ら外交の衝に当たることを求めた」が認められなかったという(49)。

琉日関係の隠蔽を理由に直接清と外交交渉を行うことを求める王府の姿勢と関連して、ここで注目したいのは、近世全般における中国人漂着民の積荷・船体をめぐる王府の姿勢である(50)。外国貿易に対する幕府の厳しい統制は琉球にも及び、清との朝貢貿易こそ認められていたものの、外国人漂着民との売買行為は全面的に禁じられていた。ところが清では外国人漂着民に対する公的撫恤策の一環として、持ち帰れない積荷や損壊した船体の換金が制度化されていた。これに関して清から琉球に特に指図はなかったが、清の朝貢国である琉球に対し、清からの漂着民が自国同様に積荷や船体の換金を要請する可能性は常に存在した。しかし琉球は隠蔽政策のため日本の禁令を理由に換金の要求を断るわけにはいかない。そこで王府は「小国ゆえの貧しさ」を口実に換金を断ることにしていた。

だが、それでは漂着民が納得しなかったのか、一七四九年、王府は中国人漂着民の船体を銀三五〇両で買い取り、そのことを清へ報告している。ところが、後日薩摩へ提出した清宛の外交文書の写し――提出が義務づけられていた――からは船体換金の事実は削除されている。要するに琉球は日本の禁令に明確に背き、しかもそのことを薩摩に対して隠匿したのである。こうしたことが可能であったのはやはり隠蔽政策が存在したためであろう。先述したように、琉球駐在の薩摩藩士は「外国人の出入りを監視する」任務の際であっても、外国人漂着民と彼らの間に設けられた御簾を越えることはできず、漂着民との――さらには清やその他の国々との――交渉は最終的には琉球の「独擅場」であったのである。

この御簾が象徴するように、隠蔽政策は日本の協力のもとで清に対する「壁」を形成するのみならず、日本（主に薩摩）に対してもある種の「壁」を形成していた。それは清および清と関わる国々との外交への直接的な監視・介入を阻む「壁」であった。琉球も、そしてまた日本も特段意識していなかったかもしれないが、この「壁」の内側に琉球が独自の裁量を発揮し得る空間（自律性）が構造的に出現し保全されていたのである。東アジアの伝統的な国際関係の中では問題視されず、しかし近代国家とは明確に相容れないこの自律性を、明治政府は奪い去り、また王国も消滅させたのであった。

（1）　渡辺美季「清に対する琉日関係の隠蔽と漂着問題」『近世琉球と中日関係』吉川弘文館、二〇一二年（原載『史学雑誌』一一四―一一、二〇〇五年）。
（2）　鹿児島県維新史料編さん所編『旧記雑録追録』四、鹿児島県、一九七四年、七〇一頁（一八一〇号文書）。
（3）「文化十三丙子・薩州漂客見聞録」石井研堂校訂、石井民司編『校訂漂流奇談全集』博文館、一九〇〇年。
（4）　より詳しくは、渡辺美季「東アジア世界のなかの琉球」藤井讓治ほか編『岩波講座 日本歴史12』（岩波書店、二〇一四年）および豊見山和行編『日本の時代史18　琉球・沖縄史の世界』（吉川弘文館、二〇〇三年）、財団法人沖縄県文化振興会公文書管理部史料編集室編『沖縄県史』各論編四・近世（沖縄県教育委員会、二〇〇五年）などを参照されたい。
（5）　この頃、幕府は一六世紀末の豊臣秀吉の朝鮮侵略によって悪化した明との関係を改善し、明との公貿易を開始するため、明の朝貢国である琉球に仲介役を担わせようとしていた（渡辺美季「琉球侵攻と日明関係」渡辺前掲書、二〇一二年）。
（6）　高瀬恭子「明清交替時における琉球国の対中国姿勢について」『お茶の水史学』二二、一九七八年。
（7）　藩法研究会編『藩法集』Ⅷ（薩摩藩・下）、創文社、一九六九年、一二二八号文書および紙屋敦之「七島郡司考――琉日関係の隠蔽」同『幕藩制国家の琉球支配』校倉書房、一九九〇年ａ（初出一九八五年）、二二五頁。

（8）高埜利彦「元禄の社会と文化」同編『日本の時代史15　元禄の社会と文化』吉川弘文館、二〇〇三年、一四頁。

（9）隠蔽に関する主な研究として渡辺注(1)所掲論文（二〇一二年）、紙屋注(7)所掲論文（一九九〇年ａ）の他に以下がある。喜舎場一隆「近世期琉球の対外隠蔽主義政策」同『近世薩琉関係史の研究』国書刊行会、一九九三年（初出一九七一年）。紙屋敦之「幕藩体制下における琉球の位置――幕・薩・琉三者の権力関係」紙屋注(7)所掲書、一九九〇年ｂ（初出一九七八年）。同「琉球の中国への進貢と対日関係の隠蔽」同『東アジアのなかの琉球と薩摩藩』校倉書房、二〇一三年（初出二〇〇六年）。徳永和喜「冠船奉行の設置と展開」同『薩摩藩対外交渉史の研究』九州大学出版会、二〇〇五年ａ。同「藩庁と首里王府の漂着対策」同書、二〇〇五年ｂ。上原兼善「中国に対する琉日関係の隠蔽政策と「道之島」」菊池勇夫・真栄平房昭編『近世地域史フォーラム1　列島史の南と北』吉川弘文館、二〇〇六年。Watanabe Miki, "The Elements of Concealment in Ryukyuan Diplomacy between Japan and China in Early Modern Times," *Memoirs of the Research Department of the Toyo Bunko* 75, February 2018. 喜舎場は隠蔽政策の概要と首里王府による強化策の展開を示し、明清交替を中心とした東アジアの変動のなかで隠蔽政策を検討した紙屋はこの政策が清代に開始されたことや「宝島のレトリック」（後述）の形成を指摘した。これらを受けて渡辺は主に漂着・漂流問題から隠蔽の実態やこの政策の国内的意義を明らかにした。また徳永は冊封使の渡来および漂着問題に関する王府の隠蔽政策を詳述し、上原は薩摩・琉球の奄美諸島支配を巡る隠蔽政策の意味を論じている。

（10）鹿児島県維新史料編さん所編『鹿児島県史料』旧記雑録追録一（鹿児島県、一九七一年）二八四号、小野まさ子ほか「「内務省文書」とその紹介」（『史料編集室紀要』一二、一九八七年）九八号、および紙屋、一九九〇年ｂ、二六一―二六二頁。

（11）紙屋、一九九〇年ａ、二二八―二三六頁。深瀬公一郎「環シナ海域圏におけるトカラ列島――「七島」から「宝島」へ」高良倉吉代表科研成果報告書『琉球と日本本土の遷移地域としてのトカラ列島の歴史的位置づけをめぐる総合的研究』琉球大学法文学部、二〇〇四年、八九―九二頁。

（12）紙屋、一九九〇年ａ、二三二頁。

（13）汪楫『使琉球雑録』巻二「疆域」、および伊地知季安「琉球御掛衆愚按之覚」所収「天和三（一六八三）年日帳抜書」鹿児島県歴史史料センター黎明館編『鹿児島県史料』旧記雑録拾遺伊地知季安著作史料集二、鹿児島県、一九九九年、六三九頁。

（14）汪楫『使琉球雑録』巻二「疆域」。

（15）紙屋、一九九〇年ａ、二三四―二三五頁、同、二〇一三年、二七三―二七四頁。

（16）紙屋は、薩摩藩が旧例（「宝島人」と詐称した日本人と冊封使の対面）を認めなかったことにより琉球が「宝島のレトリック」を発案したとする（紙屋、二〇一三年、二七三―二七四頁）。
（17）徳永、二〇〇五年a、八九頁。
（18）「旅行心得之条々」（一七五九年）、「唐漂着船心得」（一七六二年、ただし一七二一年の同様の規定の再発布）、「冠船渡来に付締方書渡候覚」（一七六五年）などがある（喜舎場、一九九三年）。
（19）恐らく江戸時代の日本で刊行された往来物の『万宝字林文法綱鑑』（別名『文林節用筆海往来』）であろう。一七一七年に初刊されて以後、何度か刊行された。
（20）渡辺、二〇一二年、二二〇頁。
（21）豊見山和行「冊封関係からみた近世琉球の外交と社会」同『琉球王国の外交と王権』吉川弘文館、二〇〇四年、八一―八四頁（初出一九八八年）。
（22）琉球王国評定所文書編集委員会編『琉球王国評定所文書』一、浦添市教育委員会、一九八八年、七一―七二頁。
（23）同前、三五一―三五五頁。
（24）逆に男性であれば、客人に挨拶などをする必要があったと考えられる。
（25）近世琉球には、支配階層である士（王府に仕える役人およびその予備軍で全て文官である）と被支配階層である農（農民・職人・商人など士以外の者）の二つの身分が存在した。
（26）豊見山和行「商行為・裁判からみた首里王府と女性」那覇市総務部女性室編『なは・女のあしあと　那覇女性史（前近代編）』琉球新報事業局出版部、二〇〇一年、六九―七〇頁。
（27）多和田眞一郎『「琉球・呂宋漂海録」の研究――二〇〇年前の琉球・呂宋の民俗・言語』武蔵野書院、一九九四年、四九、一〇六、一二九頁。
（28）沖縄を対象にした学術的研究の総称で、日本による琉球併合（一八七九年）以後の研究を指す。
（29）『伊波普猷選集』中巻（沖縄タイムス社、一九六二年）所収（初出一九四六年）。なお伊波は古文書に基づきこの事例を紹介しているが、その古文書は現存していない。
（30）一七五〇年二月から一七五二年六月まで那覇に赴任した四名の付役の一人である（徳永和喜「琉球在番奉行の設置と展開」徳永前掲書、二〇〇五年）。
（31）渡辺、二〇一二年、二二八―二二九頁。

(32) 『康熙起居注』康熙二一年八月二五日条。
(33) 王府が中国的志向を強める施策を展開したことや、これに関する汪楫の影響については、豊見山和行「祭天儀礼と宗廟祭祀からみた琉球の王権儀礼」（同『琉球王国の外交と王権』吉川弘文館、二〇〇四年）を参照した。
(34) 渡辺美季「隠蔽政策の展開と琉清日関係」『琉大史学』二〇、二〇一八年。
(35) 例えば一七三〇年に清で刊行された地理書『海国見聞録』――東南沿海の総兵官を歴任した陳倫炯の著作――も、「南の薩摩は琉球と接し、琉球は薩摩に貢ぎ、薩摩は日本に貢いでいる」として琉日関係を概ね正確に説明している（陳倫炯『海国見聞録』「東洋記」および彭浩「補論　清朝から見た近世日本の対外関係」同『近世日清通商関係史』東京大学出版会、二〇一五年、一六七頁）。
(36) 李鼎元『使琉球記』巻五、八月二五日条。元和は江戸時代の日本元号の一つである（一六一五―二四年）。中国唐代にも同じ年号があるが（八〇六―八二〇年）、当時、琉球王国は存在していない。
(37) 夫馬進「増訂版によせて」同編『増訂 使琉球録解題及び研究』榕樹書林、一九九九年、vii―viii頁。
(38) 茂木敏夫『変容する近代東アジアの国際秩序』山川出版社、一九九七年、一一―一二頁。
(39) 夫馬、前掲論文（一九九九年）、ix―x頁。
(40) 横山伊徳「日本の開国と琉球」曽根勇二・木村直也編『新しい近世史2　国家と対外関係』新創社、一九九六年、四〇二頁。西里喜行「アヘン戦争後の外圧と琉球問題――道光・咸豊の琉球所属問題を中心に」『琉球大学教育学部紀要』五七、二〇〇〇年、四九頁。こうした幕府の姿勢は明清交代の際にも確認できる（渡辺美季「近世琉球と明清交替」渡辺前掲書、二〇一二年、一一一―一一二頁）。
(41) 一八五四年七月一一日に琉米修好条約、一八五五年一一月二四日に琉仏条約、一八五九年七月六日に琉蘭条約が締結された。ただし琉仏・琉蘭条約は批准されなかった。
(42) ウィリアムズ（S. Wells Williams）、洞富雄訳『ペリー日本遠征随行記』雄松堂出版、一九七〇年、三九七―三九八頁。
(43) マルコ・ティネッロ「琉球に対する幕府の関心の深まり」同『世界史からみた「琉球処分」』榕樹書林、二〇一七年、第二・三節。
(44) 横山、一九九六年、四〇八頁。
(45) 杉本史子「地図・絵図の出版と政治文化の変容」横田冬彦編『本の文化史4　出版と流通』平凡社、二〇一六年、二一八

―二二〇頁。なお「両属の符号」が具体的にどのようなものであるかは不明である（杉本氏のご教示による）。

(46)　渡辺美季「一八七二―七三年の那覇――イギリス船ベナレス号の遭難事件から見た「世界」」羽田正責任編集『地域史と世界史』ミネルヴァ書房、二〇一六年。

(47)　『球陽』附巻四（一三三四号）、JACAR（アジア歴史資料センター）Ref. B03041138800、琉球関係雑件／琉球藩在勤来往翰（B-1-4-1-018）（外務省外交史料館）など。

(48)　明治文化資料叢書刊行会編『明治文化資料叢書』四（外交編）、風間書房、一九六二年、六五頁。

(49)　東恩納寛惇「尚泰侯実録」『東恩納寛惇全集』二、第一書房、一九七八年（初出一九二四年）、三四四頁。西里喜行「明治初期在日琉球使節の任務と動向Ⅰ」豊見山和行編『琉球国王家・尚家文書之総合的研究』科研成果報告書、琉球大学教育学部、二〇〇八年、二九五―二九七頁。

(50)　渡辺美季「近世琉球における漂着民の船隻・積荷の処置の実態――日本と中国の狭間で」渡辺前掲書、二〇一二年。

V　西学への対応

10 明治日本「啓蒙」思想の再検討
――『明六雑誌』を素材として

河野有理

はじめに

明治維新は例えばフランス革命と比較して、不徹底な変革にすぎなかったのだろうか。もちろん、マルクス主義的な歴史理解に立つかどうか（なかでも講座派的なそれかどうか）を別にしても、そのように考えるのにも一応の道理はある。なるほど確かに、明治維新においては王の首は切られなかった。また、政治的混乱に伴う死者の数も、フランス革命やロシア革命はもちろん同時代アメリカの南北戦争と比べても、少ない[1]。「無血」革命としばしば称される所以である。王の首が落とされれば、また多くの血が流れれば良いわけではないのはもちろんだろうが、「革命」と言うからには政体の変革や多くの人命の犠牲を伴うのが歴史の常である。だとすれば、以上の単純な事実は明治維新がいかにも不徹底なものであったという印象を補強するものと言えるだろう。やはり、明治維新は「革命」の名に値しないのだろうか。しかし、そのように考えない人もいた。特に明治維新を実際に経験した世代である。例えば、一八五六年生まれの小崎弘道は明治維新から一九年後の一八八六年に、「我国今日の大改革」（＝明治維新）の方が「仏国の大革命」よりもある意味で〈大きい〉と主張した。

古来世界の大改革と称するは仏国第十八世紀の大革命なれども、其欧州諸国に及ぼしたる影響こそ広大なれ、其人民一般の風俗、慣習、宗教、工芸、其他日常の思想を変更したるの度に至ては、我国今日の大改革と日を同ふして語る可らず。仏国の大革命も唯政治の改革のみならず、幾分か社会の組織を変更して風俗宗教の変遷を来したるも、此変更変遷を来したる新思想は突然外国より闖入し来りたるに非ず。又た其革命は唯其国固有の進歩が一時に激昂開発したるのみにて文明の元素他より新たに加はりたるには非るなり。然れども我国の大改革は啻に政治の大改革なるのみに非ず、社会一般、風俗、慣習、宗教、工芸、学術等其他日常思想の大改革なり。(2)

彼がそう主張する根拠は二つである。一つは、明治維新が単に「政治の改革」に止まらず、「社会の組織」の、つまり「人民一般の風俗、慣習、宗教、工芸、其他」についての「日常の思想」の「大改革」を伴ったことである。二つは、そうした変化をもたらした「新思想」が「外国より闖入」してきたことである。なるほど、確かにフランス革命は大きな改革だったかもしれない。王の首は飛び、多くの人は死んだかもしれない。だが、その結果はどうだったのか、食べるもの、着るもの、時間の感覚、空間の感覚、使う言葉、こうしたものに、日本で起きたような大きな変化は起きただろうか。フランスでも、革命暦は作られ教会は壊されたかもしれない。だが、それらは結局すぐに元に戻っていった。他方で、ここ日本で起きた変化の多くは不可逆的であった。しかも、その変化は「外から」来た。「内から」来たのではなかった。

もちろん、これには異論もあろう。だが、小崎の主張に殊更に新説を唱えてやろうという気負いがないことにここでは留意したい。キリスト者だった小崎がこの著書で力を入れて議論したかったのはキリスト教導入の必要性であって、明治維新とフランス革命の比較はあくまでその前段の傍論にすぎなかった。自分が経験した変化の大きさに照らして〈小崎は一八六八年の時点で一二歳であった〉、フランス革命の経験はここまで〈大きい〉ものではなかったに違いない。それが殊更に議論する必要すら感じられないごく普通の実感であったこと。これが大事な点である。本章もまた、さしあたりこの小崎の明治維新＝革命観に左袒してみたい。政体の変革や死者の数よりも「日常の思想」の変化に注目する小崎のような見方は、非西洋世界の近代を考える上で有用だと思うからである。そのうえで、ここでは『明六雑誌』という明治最初期に発行された雑誌を具体例として、明治維新の政治思想がどのように見えてくるのかを検討したい。

一　啓蒙と漸進主義

明治初期のいわゆる「文明開化」期の政治思想について、またここで扱おうとしている『明六雑誌』と明六社の人々について、学界の標準的理解を提供しているのは、遠山茂樹の『明治維新』（一九五一年）であろう。長文だが、重要なので、引用したい（傍線筆者）。

> 文明開化の趨勢を、すぐれた良識をもって推進し指導したものは、明六社の人々であった。西周・福沢諭吉・津田真道・加藤弘之・中村敬宇（正直）・西村茂樹・森有礼・箕作麟祥・箕作秋坪・杉亨二らであった。彼らの大半は、開成所関係の洋学者、薩摩出身の森を除けば、ほとんど皆幕府関係の人々であった。幕末の洋学は、その担手が漸次医者から下級武士に重点が移るにつれて、特に蛮社の獄の大弾圧以後は、封建制の補強、ないし絶対主義形成の技術官僚の独占物に化していった。彼らは技術者をもって任じていただけに、幕府から朝廷へ、さして矛盾もなく仕官を続けることができ、福沢と箕作秋坪を除いては、いずれも明治政府の官途に就いていた。従ってまた明六社の会員の説くところの自由・自主・開明は、政府の啓蒙専制主義の枠外に出るものではなかった。純粋封建主義思想、尊王攘夷的名分論にたいして、かなり徹底的な批判を行い、そのかぎりでは近代的思想の素地を作り出す役割を果したが、その批判は、政府の絶対主義的針路を指示《ママ》し、またそれへの国民的協力を啓蒙

する域、いわば漸進主義を出なかった。彼らの中で最も節操ある在野的立場を堅持し、それだけに封建への批判が徹底していた福沢にあっても、彼の本質は、近代市民革命的なものではなく、やはりあくまで啓蒙専制主義的なものであった。ただ欧米思想をすぐれて主体的に取り入れ、原則ある体系的思惟たらしめ、かく思想を日本の諸条件に密着した生きた思想たらしめることによって、明治国家の前進を内側から能動的に支える国民的（庶民的）精神を創り出したところに、その独自の意義があった。福沢をしてこの限界に止まらしめたものは、人民の革命的な力を結集する近代市民階級の欠如であった[3]。

これが明治維新の本質を「近代市民革命的」なものでないとする講座派的な歴史理解と対応していることは見やすい。また、「明六社の会員」を「絶対主義形成の技術官僚」とし、その「説くところの自由・自主・開明は、政府の啓蒙専制主義の枠外に出るものではなかった」とする遠山のこの見方は、その後の明六社に関する研究の方向性を、今に至るまで、規定している。もちろん、議論の背景にある講座派的な歴史理解の妥当性については、当時から（さらにいえばそれ以前から）論争があった。また、ここでは明らかに高い評価を与えられている「近代的思想」、あるいは「国民的（庶民的）精神」についても、その後の「近代」批判、「国民国家」批判さらにはポストモダニズムの潮流の中では、無傷ではいられなかった。だが、にもかかわらず、「その批判は、政府の絶対主義的針路を指示（ママ）し、またそれへの国民的協力を啓蒙する域、いわば漸進主義を出なかった」とする見方それ自体は、漠然としてではあれ、引き継がれてきたといってよいのではないか[4]。だが、遠山の理解には問題がある。以下、①「啓蒙」ないし「啓蒙専制」、②「漸進主義」の二点に絞って検討していきたい。

1　啓蒙と啓蒙専制

（1）『明六雑誌』は「啓蒙」か？　まず、「啓蒙」である。明治初期の政治思想とくに明六社のそれを「啓蒙」思想として説明するのは現在なお一般的である。例えば『日本国語大辞典』（第二版、二〇〇四年第四刷）において、『明六雑誌』は、以下のように紹介される。

明六社の機関誌。明治七年（一八七四）三月から翌八年一一月まで通巻四三号を刊行。月二、三冊発行。政治・経済・社会・宗教・教育・婦人・国字・国語など各分野の問題を論じた。啓蒙思想の指針となった。

さて、『明六雑誌』は「啓蒙思想」なのだろうか。しかし、そもそも「啓蒙思想」とは何のことなのだろうか。一般的にいって、「ある未知の対象AがBの性質を有する」ということができるのは、観察者相互の間で「Bの性質」について広く同意が存在する場合であろう。つまり、『明六雑誌』が「啓蒙思想」であると言い得るためには、まず「啓蒙思想」とは何であるのかについての一般的合意が存在することが最低限必要であろう。だが、控えめに言っても、そうした合意が学術的に存在していると断言することは難しい。「啓蒙思想」については日本語・外国語のものを問わず続々と研究書が公刊されているのだが(5)、こうした事実それ自体が「啓蒙思想」が依然として、それ自体として解明の対象であり、また問いの対象であるということを示しているのではないだろうか。「啓蒙」概念は依然としてそれ自体論争的なのである(6)。

もちろん、概念の理解について論争が存在するからといって、当該概念を分析枠組みとする研究がその存在意義を否定されるということはないだろう。もしそのような基準を設けるとすれば、デモクラシーを始めとする政治学上の諸概念は軒並み失格してしまうだろうからである（デモクラシーの概念に一致を見ないからと言って「デモクラシーの政治思想」が叙述できないということないはずだ）。またもちろん、「啓蒙思想」において発生している論争は、その定義それ自体ではなくその適用地域や時期を巡るものが多数を占めるのだ、という意見もあり得るだろう。北米やヨーロッパ世界における歴史的概念としての「啓蒙思想」については、厳密な形式的・哲学的定義は難しくても、具体例の抽出はさほど困難ではないという可能性はある。その場合それは、多くの政治学における用語と同様、その敵によって定義されていると言えるだろう。こうした意味における「啓蒙」、つまり北米やヨーロッパ世界における歴史的概念としての「啓蒙」の場合、その「敵」は明確である。「啓蒙の敵」といえばとどのつまり教会であり、「啓蒙」の最大公約数的な定義とは、例えば、ecclesiastical な世界に対する civil の世界の防衛プロジェクトというように表現できる。そしてこの定義は、たしかに歴史的分析に用いることができる程度には、一義的に明快なものであるだろう。(7)

ただ、「啓蒙」がこのように定義できるとすれば、「啓蒙」概念を日本列島の政治思想史にそのまま当てはめる困難もまた明らかである。右のような意味での「啓蒙の敵」が、江戸日本には存在しなかったからである。江戸の思想史において朱子学が政治権力と結びつき、その正統化の機能を担ういわゆる「体制教学」などではなかったことは、もはや常識に属する。(8)江戸はしかも、obscurantism が支配する呪術の園でもなかった。江戸は十分に世俗的（secular）な、その意味ですでに civil な社会であった。『明六雑誌』は、教会ともそして迷信とも闘う必要を感じなかったのである。なるほど、迷信という点について言えばこの雑誌中には「天狗説」（『明六雑誌』第一四号。以下、号数のみ示す）や「狐説の疑」（第二〇号）など、一見すると迷信を排撃しているかのように取られ得る論説が存在する（こうした論説の存在が『明六雑誌』が「啓蒙」の証左であるとされることも多い）。だが、実際にこれらの論説を読めば、それが迷信それ自体を攻撃しているのではないことが直ちに了解されるだろう。そこで敵と想定されているのはより具体的な同時代の（例えば大教院をめぐる）政治史的文脈なのである。

朱子学はキリスト教の機能的代替物ではなく、昌平坂学問所も教会ではなかった。明治初期の知識人がキリスト教をこの日本に輸入することに対してあまり躊躇を見せなかったのもこのためである。例えば津田真道が「法教［筆者注：宗教のこと］の目的は概するに不開化の民を導きて善道に進ましむるにあり」（「開化を進る方法を論ず」第三号）と断言した時、彼自身特に同時代の文脈に照らして変わったことを言っているつもりはなかった。彼らにとって、宗教はそれ自体、目的ではなくあくまで手段にすぎなかったので、機能的にもっとも優れた宗教を採用しようという主張もごく自然だった。そして機能的に優れた宗教とは、さしあたり「富強」を実現している西洋諸国において採用されているものであると考えるのもごく当然のことであった。だからこそ、そのキリスト教の中からさらに、「そのもっとも新、もっとも善、もっとも自由、もっとも文明の説に近きもの」を採用して、公然と「わが人民」を「教導」させるべきだと、主張したのである（「開化を進る方法を論ず」第三号）。熱心なキリスト教の導入論と、その背後にある宗教に対する極めてプラグマティックな態度。なるほど、（熱心な信仰者からすれば噴飯ものであるだろう）こうしたプラグマティックな宗教観こそ、まさに「啓蒙」の特徴だという見解もあり得るだろう。だが、知識人たちの態度は、キリスト教のところを何かほかのもの（例えば朱子学）に置き換えさえすれば、宗教的なものや神秘的なものについての、江戸時代以来ありふれた反応にすぎない。仮に明治初期、熱心にキリスト教の導入を唱える知識人たちが「啓蒙」なのだとすれば、江戸の朱子学者たちがすでに「啓蒙」であったということにはならないだろうか。(9) それはそれで筋が通った立場であるように思うが、その場合、ことさらに「明治啓蒙」などと言い立てる必要性があるのかどうか、江戸啓蒙と区別される必要があるとしてそのメルクマールは何なのかが、別途問題となるであろう。

（2）啓蒙専制　いや、そうではない。「啓蒙の敵」としての教会が存在するかどうかが重要なのではない。正しい真理の立場に立って「人民」を指導し、教導する。そうしたことが可能であるとする態度こそがまさに「啓蒙」的と呼ばれる所以なのではないか。そうお考えの方もおられるだろう。事実、『明六雑誌』や明六社の「啓蒙」性が云々される場合には、実はこうした意味での「啓蒙」つまり教化や教育が意味されていることが多い。だがそもそも第一に、教化や教育を「啓蒙」の意味内容とすることは、漢語の理解としては全く問題ないとしても、西洋語のenlightenment や lumière あるいは Aufklärung 本来の意味と合致しているのだろうか。「啓蒙」は漢語なのだろうか、それとも上記諸概念の翻訳語なのだろうか。この点を「啓蒙」概念の使用者があまり意識していないが故に混乱が生じているということはないだろうか。例えば、本来は enlightened despot（啓蒙された専制君主）であるはずの「啓蒙専制君主」なる概念が、往々、あたかも enlightening despot（啓蒙する専制君主）として解するしかない意味において用いられているということはないだろうか（上記引用における遠山の用法はまさにその例であろう）。つまり「啓蒙」という漢語に関しても、柳父章がたびたび主張してきたいわゆる「カセット［筆者注：中身の見えない小箱］効果」が生じているのではないだろうか[10]。

また第二に、人民の教化が必要であると主張することと、実際に人民を教化しようとすることとは別なことなのではないだろうか。『明六雑誌』を一読すれば明らかだが、その文体は漢文の読み下し体と呼ばれるものであり、その後一般化していくものの当時の一般庶民にとってなじみ深いものではなかった。『明六雑誌』の文体は極めて〈硬い〉のである。またその内容も高度かつ難解であり、とてもではないが「愚昧な民衆」を実際に教化・啓発するために有用だったとは思えない。同時代には、明らかに民衆教化を意図して平易な俗文（候文と呼ばれる）で書かれた一連の書物（「開化物」と呼ばれる）が存在した[11]。そうしたものを差し置いて、主として漢文読み下しの、当時の一般庶民にとっては難解極まる『明六雑誌』にことさらに漢語「啓蒙」の名を冠する必要があるのだろうか（ついでに言えば、難解な文体で書かれ「人類の知的向上」をどうやら目指しているらしい難解な書物も、平易な文体で書かれ一般の人々の教化や啓発を目指しているパンフレットも、どちらもある程度の規模の人類社会においてはありふれた存在なのである）。本章では、明治初期の政治思想の潮流について「啓蒙」概念を用いることについては少なくとも留保を、『明六雑誌』および明六社の思想的特徴について同概念を用いることにははっきりと疑念を、それぞれ表明しておきたい。

2　漸進主義

（1）『明六雑誌』は「漸進主義」か？　この「啓蒙」概念は、遠山の議論においては「漸進主義」と結びついている。そしてそれはまた「革命」を目指す「急進主義」の不在によって定義される。つまり、本来はあるべきはずの民衆による〈下から〉の「革命」が実現せずに、政府による〈上から〉の「啓蒙」（明らかに教化の意味であろう）がそれに取って代わったのであり、こうした性質を帯びた「啓蒙」的政策は、本質的に（急進的かつ革命的なものではなく）穏健で微温的な改革の立場にとどまった、という説明である。

だが、『明六雑誌』に掲載された論説を読めば、そこでの提案が当時において穏健でも微温的でもなかったことが直ちに判明する。西周は「洋字を以て国語を書するの論」（第一号）で日本語表記のローマ字化を主張した。阪谷素は「火葬の疑」（第一八号）で当時禁止されていた火葬の復活を唱えた。津田真道は先にも挙げたように「開化を進る方法を論ず」（第三号）でキリスト教の導入を提唱した。これはすでに述べたように、同時代の知識人の議論としては珍しくないものであったが、政府によってキリスト教禁止の高札が撤廃されたその年の議論であったことはやはり注目に値するだろう。さらに津田は「出版自由ならんことを望む論」（第六号）では出版の自由に対する制限の撤廃を、「拷問論」（第七号、第一〇号）では拷問の廃止を、「死刑論」（第四一号）では死刑の廃止を提唱した。また『明六雑誌』上では多くの論者が当時法律上の存在であった「妾」の廃止を、また芸娼妓の廃止を、政府高官の性的醜聞に対する非難の意を込めて主張した（森有礼「妻妾論の一」第八号、「妾説の疑」第三二号、「廃娼論」第四二号）。これらのほぼすべてが当時極めて過激な提言であり、いくつかは現在でもなおそうであろう。

疑いなく優秀な歴史家であった遠山茂樹が、『明六雑誌』所収論説のこうした傾向に無知であったと考えることは難しい。それでは、遠山はなぜ彼らの言論を「漸進主義」と規定したのであろうか。それはこの時期の政治思想を分析する評価軸として、明治七年（一八七四）に提出された国会開設論（「民選議院設立建白書」）に対する態度の如何が採用されているためである。確かに、自由民権運動のきっかけとなった「民選議院設立建白書」を契機に湧き起こった論争について、『明六雑誌』寄稿者たちは、総じて慎重な態度をとったことは間違いない。なかでも例えば加藤弘之は正面からこれに反対を表明した（「ブルンチュリ氏国法汎論適訳　民選議院設立不可立の論」第四号）。結局のところ遠山は、「民選議院設立建白書」起草者たちとそれに呼応し民選議院の即時開設を求めた自由民権運動とを「急進主義」すなわち近代市民的革命という正しい歴史の発展をもたらす潜在的能力を有した集団として規定し、議会開設に懐疑的な態度を示す知識人たちの議論の方は、（他の側面は捨象した上で）「漸進主義」の名の下にひとくくりにしたのである。

遠山茂樹がこうした単純化をあえてした背景としては、その叙述の枠組みを規定していた講座派的な歴史理解という理論的動機のみならず、おそらくは朝鮮戦争を契機としたいわゆる「逆コース」政策と、武装闘争方針を採択した日本共産党の方針とによって両極的に規定された同時代の政治状況への強い危機意識といういわば超理論的動機があったであろう。一八七五年（明治八）の言論取り締まりの強化に『明六雑誌』が唯々諾々と従い、以降、開明的な立場から保守的な立場へと「転向」したなどという記述が散見され、そうした保守化の端緒として民選議院論争における彼らの態度が挙げられるのも、戦後民主主義の「短い春」の終わりに際会した知識人の態度決定が、当時大きな問題と意識されていたとすれば理解できる。つまり、遠山にとって「明治啓蒙」と「戦後啓蒙」は二重写しなのであり、「明治啓蒙」を歴史の鑑としつつその轍を踏まないことが重要だったのである。

（2）政府の理想主義／知識人の現実主義　だが、その超理論的動機の妥当性はともかく、「漸進主義」に対する遠山の見方は、現在の研究水準に照らして、とうてい維持できない。まず第一に、「民選議院設立建白書」の主張それ自体が実は当時それほど「急進的」とは言えなかった。すでに鳥海靖が指摘しているように、議会の開設自体は政府部内では既定路線であった。「君主専制の政体を改め議会を開いて国民に政治参与の権を認める、という主張それ自体は、政府関係者にとってその当時とりわけ目新しいものでは」なかった。政府が激しい反発を示したのは、それが政府の政策からかけ離れた過激な主張だからではなく、むしろ自分たちの政策路線に極めて近いものだったからである。「「公義輿論」思想に裏打ちされた民選議院設立の主張は、いわば「錦の御旗」」であり、そうであるからこそかえって、「政府としては、「有司専制」攻撃と結びついたこの民選議院設立建白には、強い警戒心を抱かざるを得なかった」[12]。政策距離が近いからといって党派間の争いが稔和になるわけではないということである。

また第二に、「民選議員設立建白書」が目新しく見えなかったのは『明六雑誌』の知識人たちも同様だった。いや、むしろより強い程度においてそうだったと言えるだろう。この点を正しく指摘するのは、彼らより一世代後の政論家・陸羯南である。陸はその『近時政論考』において、「民選議院論はかの国権論派〔筆者注：ここでは加藤弘之等のこと〕より産出したりと謂うも豈に不可ならんや」と言う。「民選議院設立建白書」起草者たちが依拠した思想的淵源は、実にそれに真正面から反対した当の加藤弘之だったというのである。その背景としては、「当時の政事家は特に知識の供給を学者輩に仰ぐ」[13]（『近時政論考』）いでおり、また当時の立法者自身が「書生出身の立法者」[14]（『近時憲法考』）であったという事情が存するのだ、と陸は言う。ここで言う「書生」とは無論、後の時代のような単なる居候や食客のことではなく、昌平坂学問所や各藩校の教育課程あるいは、後の帝国大学あるいは司法省法学校に在籍する学生といった極めて限られたエリート層を指している[15]。ここで陸が指摘しているのは、知識人と政府中枢との間の距離や力関係は、後に遠山が想定するほど、低くも受動的でもないということである。それどころか、政府の中枢も、それに反対して国会開設論を世に問うた陣営（すぐ後に述べるように彼らもそれまでは政府中枢であった）も、その議会に関する知識の多くを彼ら知識人に依存していた。さらに陸は言う。

吾輩は当時の民選議院論を以て学者の論派となすにあらず。しかれども権力を失いたる政事家がその持説として唱導し、大いに世道人心を動かすに至りては則ち一の論派と見做すにおいて妨げあらじ。この急進論派は多年の民権説に啓端を与えたるや疑うべからず。しかして当時にありては第一にその師友たりし国権論派の反対を受け、ただ一時の空論と見做されて止みぬ。[16]（『近時政論考』）

「民選議院論」は「権力を失いたる政事家」の「持説」であり、その「師友たりし国権論派」の支持さえ得られなかった「一時の空論」にすぎない。ここに見られるのはつまり、国会開設論とは、知識人（「師友」）が供給した知識をもとに「権力を失いたる政事家」が仕掛けた権力闘争である、という見立てである。そして、そうした権力闘争について、はからずも「権力を失いたる政事家」たちに思想的武器を提供することになった『明六雑誌』の知識人たちの反応は、総じて冷静かつ冷淡だったというのである。

陸のこの見立ては、遠山のそれよりも、おそらく正しい。事態は、政府への情報や知識の偏在が進んだこのほぼ二十年後の日清戦争に対する態度が、ある歴史家によって「政府の現実主義」に対する「民間の理想主義」と描き出されたのとはちょうど正反対に（もちろん軍事や外交という分野は政府がとりわけ情報を独占しやすいという事情を勘案する必要はあるのだが）、「政府の理想主義」に対する「民間の現実主義」とでも言うべきものだったのである。[17]

政府中枢を含む「政事家」たちが、国会開設の方向性について基本的に同意した上でその「錦の御旗」をめぐって主導権争いを繰り広げていた権力闘争の諸相（「政府の理想主義」）を描く試みは、その後研究史の上では、それなりに蓄積されてきたと言ってよいだろう。[18]だがこれに対し、『明六雑誌』を始めとする知識人たちの屈折した反応の諸相（「民間の現実主義」）が丁寧に分析されることは少なかった。陸がその一端を描き出したような、そうした知識人たちの現実主義的態度を導く構造的要因にまで踏み込んだ分析となるとさらに稀である。そこで以下では、『明六雑誌』知識人の「漸進主義」ならぬ「現実主義」を支える構造的要因について検討したい。

一つの明らかな要因は、彼らが議会制導入について検討し始めたのが、建白書が出された一八七四年のはるか以前からのことであったという単純な（しかししばしば忘れられがちな）事実である。おおよそ民選議院論争の十年前から彼らの大部分は議会制の導入について分析と検討を開始していた。そしてその過程で、議会制を成立させる諸前提について知見を収集していた。それが陸の描き出すような「政事家」に対する彼らの知識面での優越をもたらしたことは言うまでもない。

議会制を運営していく諸前提の一つに「人民の程度」があり、「政府の理想主義」が議会制のこうした前提を無視して国会論を進めているのではないかという危惧が、彼らの冷淡な反応の一つの有力な原因であったことは疑いない。だが、議会制を運営していくための諸前提は「人民の程度」のみには限られなかった。この十年の間に「人民の程度」以外の諸前提は大きく不可逆的に変化していた。そのことを『明六雑誌』知識人たちは深く認識していたのである。彼らの議論を分析する際には、こうした表面的な主張の深層にあるコンテクストを理解する必要がある。では、その諸前提とは何か。例えば、それは政治権力の担い手と、政治空間の形式である。前者は、一八六一年の時点で彼らが想定した政治権力の担い手と一八七四年の時点でのそれが異なっていたということである。後者は、やはり一八六一年の時点で彼らが想定していた政治空間の形式が一八七四年のそれと異なっていたということである。前者は徳川政府から明治政府への変化であり、それは一八六八年に起きた（「王政復古」として知られる）。後者は「封建」から「郡県」への変化であり、それは一八七一年（明治四）に起きた（「廃藩置県」として知られる）。次節では、この「封建」から「郡県」への変化という現象が、どうして彼らにとって議会制を運営する諸前提の変化として意識されることになったのかを検討したい。

二　ポスト「封建・郡県」論の時代——「封建」の議会／「郡県」の議会

彼らが『明六雑誌』において議会について語ろうとした時、そこで意識されていたのは「郡県世界」という同時代認識、さらに言えばポスト「封建・郡県」論の時代という同時代認識であったと思われる。マルクス主義的な意味での feudalism ないし feudal system の訳語として「封建」が定着する以前において、「封建」とは無論、儒学者たちが称賛する「古三代」の政治体制であったし、「郡県」とは秦の始皇帝が創始したとされる政治体制のことであった。Western Impact への対応を巡る幕末江戸日本の政治体制論は、まずもってこの伝統的な「封建」「郡県」優劣論として多くの場合、議論されていた[19]。「封建」「郡県」論の語彙で当時の政治体制について語るというのはどういうことだったのか。それについては福沢諭吉が適切な解説を提供してくれている。福沢は、『文明論之概略』の草稿において以下のように言う。

封建とは大名の国々を建てて銘々に政事をすることとなり、郡県とは全国に一の政府を設けて一手に支配することとなり、日本にて云へば明治四年前は封建にして同年廃藩後は郡県なり、封建と郡県とは其制度の異なるを以て世の中の事事物物に差響き此制一度改まれば人間交際の仕組も大に変革せざるを得ず、其箇条は枚挙に遑あらずと雖も先つ爰に其著しきものを示さん[20]

さすが福沢というべき見事な定式化は、明治日本の「封建」「郡県」論が、例えば宋代や明代には問題になったはずの宗族を巡る祭祀等ではなく、専ら政治体制の問題として議論されたことを示しているだろう。「封建」とは具体的には世襲の統治者（大名）によって統治された「藩」を基本単位とする分権的な国制であり、「郡県」とは天皇が派遣する官吏（知事）によって行政が執行される「府県」を行政単位とする集権的な国制のことであった。この意味での「封建」「郡県」優劣論は、王政復古によって政治権力の主体が移動したとしても、依然として未解決の問題として残り続けていたのである。

軍隊と徴税権を備えた各地方政府の併存を許すのか、それとも中央集権を一挙に進めるのか。『明六雑誌』の寄稿者たちは幕末からこの当時にかけて、この意味での「封建・郡県」論に注目してきた。福沢の言を借りれば、両者の違いは「世の中の事事物物に差響き此制一度改まれば人間交際の仕組も大に変革せざるを得」ないのである以上は当然である。しかもそれは議会制にとって極めて重要な前提であり、いわば議会制の先決問題であった。政治空間の形式として「封建」を取るか、「郡県」を取るのか。議会制の意味合いも、議会導入のための論理立てもそれによって変わってこざるを得ないからである。

その点を当時、もっとも鋭く意識していたのが、一八七四年（明治七）の国会導入論に対する反対派の急先鋒となった加藤弘之であったことは偶然ではないだろう。加藤は一八六一年（文久元）、民選議院論争の十年以上前に、『鄰草』において「上下分権の政体」（当時は議会制をこう称した）について論じていた。問答体の形をとり、表面的には隣国の清朝中国の採用するべき政体について議論しているように見せかけたこの著作で加藤は、以下のように書いていた。

問曰　足下の説実に理に当たれり。但西洋各国皆郡県にして此政体を用る者なれは今郡県の清朝にて之を用るは適当せることとなるへけれとも、若し三代の如き封建の世に之を用いては其利害如何あるへきや。

答曰　僕が考る所にては縦ひ封建にても郡県にても此政体を能く用ることを知れは決して之れか為に害を生することはなかるへし。若し封建の世なれは各州の諸侯よりも其邦領の大小戸口の多少等に従て其出す所の公会官員の多少を定め、大事若くは非常の事或は万民の苦楽に関すること等起るときは必之を会衆せしめて其事を謀議すへきなり。然るときは諸侯も其仁政に懐き朝廷を仰て真忠を尽さんこと疑ひなし。然るに勉めて諸侯の権を奪はんと欲して諸侯をして少しも国事に喙を容ること能はさらしむるときは朝廷の大権一時盛なるが如しと雖とも其実は却りて諸侯をして朝廷を怨ましむるの原因にして、若し一旦事起るときは諸侯の為に害を受ること少からさるべし。故に縦ひ封建と雖とも人和を破らさらんことを欲せは必上下分権の政体を立てすしては叶はさるなり(21)

ここで加藤が検討しているのは、「封建」政体において「議会」の導入がはたして可能だろうか、という問題である。当時の一般的な認識では、西洋列強の政体は軒並み「郡県」であった。そうであるとすれば議会制を導入するに際しては、実はその前提となる必要条件として「郡県」の実現があるのではないか。言い換えれば、「郡県」政体以外の条件において議会制を導入してもうまく機能しないのではないかという（西洋に対する知識から導かれた当然の）疑問である。これに対し、「封建」であっても議会制を導入することが可能だし必要でもあると主張するのが「答曰」以下の部分である。これはもちろん、当時「封建」と見なされていた徳川日本への議会制導入の主張であった。「上下分権の政体」（＝議会制）を導入してこそ、「諸侯」の「朝廷」に対する忠誠（「真忠」）は確保され、「仁政」は実現するであろう。ここで「朝廷」と加藤が言う場合、それはもちろん徳川政府のことである。そしてまた、これは「郡県」化に対する反対の主張でもあった。「勉めて諸侯の権を奪はんと欲して諸侯をして少しも国事に喙を容ること能はさらしむる」ならば、「朝廷の大権一時盛なるが如しと雖とも其実は却りて諸侯をして朝廷を怨ましむるの原因」となるだろうというのである。「郡県」が政府による専制（tyranny）を帰結し、それは内乱（anarchy）をもたらすだろうという政治学的な見通しである。

この時、加藤の前に立ちふさがっていたのは、議会制導入を口実の一つとした「郡県」化を目指す議論の潮流であった。こうした「郡県」論の潮流は、幕末の政治危機の強度に比例して、徳川「幕府」がその権力を決定的に喪失するその直前まで、高まりを見せていた。その代表者として例えばあの福沢諭吉がいる。一八六六年（慶応二）、福沢は明らかに「郡県」論者であった(22)。

同盟の説行れ候はば、随分国はフリーに可相成候得共、This freedom is, I know, the freedom to fight among Japanese. 如何様相考候共、大君之モナルキに無之候而者、唯々大名同士のカジリヤイにて、我国之文明開化は進み不申(23)。

ここで「同盟の説」とは「大名同盟」つまり有力大名による合議制の構想であり、これこそ加藤が積極的に導入を図った「封建」の議会構想とでも呼ぶべきものである。これに対し福沢はこれを排し「大君」（徳川将軍）を中心とした「郡県」化（＝「大君のモナルキ」）を構想していた。福沢にとっては議会の導入よりも政治空間の「郡県」化の方が先決だったのである(24)。

こうした「封建」「郡県」論争は、一八六八年の王政復古以降も引き続き行われた。それは一八七一年の廃藩置県の直前まで熾烈に争われたのである。[25]確かにグリフィスがpolitical earthquakeと呼んだこの「廃藩置県」[26]は、ある史家がそう呼んだように一部の勢力が秘密裏に進めていた「廃藩クーデタ」の帰結であり、[27]当時盛んに交わされた「封建」「郡県」の優劣をめぐる熟議や公論の結果などではなかった。[28]この「廃藩クーデタ」の実現によって「封建」「郡県」論の議論の必要性は消滅し、その語彙は当時の言論空間の中から急速に失われていく。福沢が『文明論之概略』草稿の引用部分を成稿段階では削除したことは、「封建」「郡県」論の季節の終焉を敏感に感じ取っていたことの傍証であろう。また、加藤にとっても一八七一年（明治四）の廃藩置県はそれまでの議論の前提をすべて覆すものであった。十年以上にわたる議論の末に事態は再び振り出しに戻ったのである。彼らが「民選議院設立建白書」に双手をあげて賛成しなかったのはむしろ当然だっただろう。廃藩置県後わずか三年で勃発した民選議院論争で、『明六雑誌』寄稿者たちが直面したのは「封建」「郡県」の語彙を用いずにそれが提起していた問題を改めて考え直すことであった。

おわりに

本章が提案するのは以下の簡単なことである。『明六雑誌』を「啓蒙」と呼ぶことをやめにしてみてはどうだろうか。そして彼らの議論を「漸進主義」と呼ぶのはやめにしてはどうだろうか。彼らの思想を「啓蒙」「漸進主義」と規定する代わりに、個々の論者の個々の論説を丁寧に見るのはもちろん、主題ごとに適切な文脈を設定するべきであろう。例えば、議会という主題については、本章で試みたようなP・ラズレット風に言えば、「封建」「郡県」というpolitical landscape we have lost（David Mervart）を用いることが有効ではないだろうか。前世紀末以来、強調される割には個々の成果は乏しいようにも見える江戸と明治の連続性についての、よりニュアンスに富んだ分析をそれは可能にするのではないか。

そうした作業を積み重ねていくことによって、丸山眞男が「知的サロン」「知的共同体」と呼んだ明六社の真の姿が明らかになるのではないだろうか(29)。それはおそらく西洋の最新の理論の模倣・学習に汲々とする人々の姿ではない。また、均質な「国民」の創出を周到なプログラムの下に実現しようと図る人々の姿でもない。江戸の経験と知識と、西洋の経験と知識を両にらみにしつつ、例えば政治体制のあるべき姿（アレントなら forms of government と呼んだであろう(30)）について議論を交わす人々の姿である。そしてそのように見えた時、明治維新＝革命と呼ばれる一連の変革が東アジアに住むわれわれにとって持っている意味も、また変わって見えてくるはずである。

（1）　明治維新に伴う「政治的死者」の、他の諸外国の革命に比べての少なさについては、三谷博『愛国・民主・革命』筑摩書房、二〇一三年、二〇頁に指摘がある。

（2）　小崎弘道『政教新論』警醒社、一八八六年、二一―三頁。引用に際して句点を加え、漢字の表記を改めた。明治維新を「革命」とみなす最近の研究としては、苅部直『維新革命への道』新潮選書、二〇一七年、また、三浦信孝編『フランス革命と明治維新』白水社、二〇一八年。

（3）　遠山茂樹『明治維新』岩波書店、一九五一年、三〇三―三〇四頁。同書は以後も版を重ね、記述にも若干の変更が加えられているが、大筋の改変は見られないのでここでは初版から引用する。なお、漢字の表記には変更を加えた。

（4）　遠山の本作がその後の研究史に与えた影響力の大きさにつき、三谷博『明治維新を考える』有志舎、二〇〇六年、一八六―二〇七頁を参照。本章は三谷の指摘を受けて、それを政治思想史の観点から具体的に考えてみようとするものである。また青山忠正「明治維新の史学史」『歴史評論』五八九、一九九九年五月を参照。

（5）　例えば、Jonathan Israel, *Radical Enlightenment: Philosophy and the Making of Modernity 1650–1750*, Oxford Univ. Press, 2002 が湧き起こした多くは批判的な反応について想起せよ。一例として『社会思想史研究』第四十二号、二〇一八年

における川出良枝の書評を参照のこと。

(6) この点、小野紀明編『啓蒙・改革・革命』岩波講座 政治哲学・第二巻、岩波書店、二〇一四年、犬塚元による「序論」参照。

(7) ecclesiastical に何が含まれるかは多くの場合程度問題であり、例えば非ローマ・カソリック的なキリスト教が「啓蒙思想」の担い手になることはあり得るのだろう。J. G. A. Pocock, *Barbarism and Religion*, volume 1, Cambridge Univ. Press, 1999, p. 7. 犬塚元「「啓蒙の物語叙述」の政治思想史——ポーコック『野蛮と宗教』とヒューム」『思想』二〇〇八年三月号。

(8) 渡辺浩『近世日本社会と宋学』新装版、東京大学出版会、二〇一〇年。

(9) 江戸の「啓蒙」性を論じるものとして古くは源了圓『徳川合理思想の系譜』中公叢書、一九七二年、最近では西田耕三『啓蒙の江戸』ぺりかん社、二〇一七年。但し、その「啓蒙」の中身は一定せず、これらの議論に本章として左祖しているわけでもない。

(10) 柳父章『翻訳語成立事情』岩波新書、一九八二年。ここで「カセット」とは中身の見えない小箱の意である。

(11) 池田勇太「明治初年の開化論と公論空間」塩出浩之編『公論と交際の東アジア近代』東京大学出版会、二〇一六年。

(12) 鳥海靖『日本近代史講義』東京大学出版会、一九八八年、六四—六五頁。

(13) 『陸羯南全集』第一巻、みすず書房、一九六八年、四一頁。

(14) 『陸羯南全集』第一巻、一〇頁。

(15) こうした明治初期における「書生」の含意については、中野目徹『政教社の研究』思文閣出版、一九九三年、第一章第一節。

(16) 『陸羯南全集』第一巻、四二頁。

(17) 日清戦争における「政府の現実主義」と「民間の理想主義」の対比については、入江昭『日本の外交』中公新書、一九六六年。

(18) 大久保利謙『明治政権の確立過程』お茶の水書房、一九五四年。坂野潤治『明治憲法体制の確立——富国強兵と民力休養』東京大学出版会、一九七一年。

(19) これについて詳細は、拙著『明六雑誌の政治思想』東京大学出版会、二〇一一年、第二章。

(20) 進藤咲子『『文明論之概略』草稿の考察』福沢諭吉協会、二〇〇〇年、二三二頁。引用に際しては、片仮名を平仮名に改め、句読点を補った。

(21)『加藤弘之文書』第一巻、同朋舎出版、一九九〇年、三一―三二頁。引用に際しては、片仮名を平仮名に改め、句読点を補った。

(22) この点は、以下の建白書ももちろん参照すべきである。「殊に近来は新聞紙などに大名同盟説を唱候徒党有之、右は此迄の政府の御処置を満足に不心得、由て唯今の条約を廃し、諸大名を同盟為致、日耳曼（German）列国の振合にして新に同盟の諸侯と条約可取結と申す趣意にて、英公使パルクスなども内実は其の説に心酔いたし居候趣。尚又薩州其外諸家よりも御遊学生多人数海外へ罷越居候。其者共、何れも大名同盟の説に可有之に付き、長州の者どもも彼国におゐて自ら依頼いたし候処も有之、右書生輩と申談じ、多方に遊説いたし、又は新聞紙等へ専ら同盟の説を弁論仕候はば、一時欧羅巴の人心を傾け、各政府の評議も之が為め変動いたし間敷とも難申。万々一右様の義御座候ては、御家の御浮沈は申迄も無之、全日本国内騒乱の基を開き、四分五列、再び挽回すべからざるの形勢と相成……断然と被為思召、外国の兵を以て防長御取潰し相成、其上にて異論申立候大名も、只々御旗被為指向、此御一挙にて全日本国封建の御制度を御一変被遊候程の御威光を相顕候様無御座候ては不相叶義に奉存候」（福沢諭吉「長州再征に関する建白書」慶応二年）。また同時期の『肥後藩国事史料』は、「群姦の存意は日本列藩を倒して郡県となし、上は天子をなみし西洋之国体同様に致之企有之、此度長州御進発も矢張長州を倒し次第に列藩を滅之趣意」（『改訂 肥後藩国事史料』巻六）などと言う。

(23)『福澤諭吉書簡集』第一巻、慶応二年／一八六六年十一月七日、六五頁。

(24) 但し、福沢が終始一貫した「郡県」論者であったわけではおそらくない。死の直前の自伝では以下のように文久二年の「政治思想」を回顧している。「夫れでも私に全く政治思想のないではない。例へば文久二年欧行の船中で松木弘安と箕作秋坪と私と三人色々日本の時勢論を論じて其時私が「ドウだ　迚も幕府の一手持は六かしい　先づ諸大名を集めて独逸連邦のやうにして如何」と云ふに　松木も箕作もマアそんな事が穏やかだらうと云ふ」（『福翁自伝』一八九九年）。

(25) 二つの例だけ示そう。森有礼は公議所で明治二年に以下のように問うている。「第一　方今我国体、封建郡県相半する者に似たり、如此にして、将来の国是、果たして如何　第二　若し之を改め、一に帰せんとせば、其制封建に帰すべきか、将た郡県に帰すべきか、其理非得失、果して如何」（森有礼「御国体之儀に付問題四条」一八六九年五月）。そして成島柳北が柳橋で遊ぶ野暮な「士人」の姿を次のように描いたのは明治四年のことであった。「士人二個、錦袴を穿ち、金刀を佩ち、其の楼に対飲す。酒、数行、談宇内の形勢に及び、竟に郡県封建の得失を論ず。辯駁、刻を移す、而して決せず。口角、火を吐き、舌頭、血を噴す。酒冷かに散乱して而して顧りみざる也。……客の曰く、僕等論ずる所は天下の政体郡県封建の利害得失、卿等何ぞ問はん。馬乙盃を属して曰く公等何ぞ謬れる也。夫れ郡県封建の得失は秦漢より以来、先哲論して而して遺すこと無し。今復た何ぞ公等呶々の言を俟たん哉。妾聞く米国に共和の政あり、極めて公、極めて明、極めて正、極めて大、唐虞の治と雖も、これに過ぐることあたはず。公等、宜しく古人の糟粕を棄てて、両ながら郡県封建の説を廃し、而して共和の美にしたがわん。且つ夫れ遊びなる者は最も共和して楽しむを要す。今、公等、既に酒楼にありて酒肉を置いて食わず、管弦を擲って奏せず。空論妄言して、妾等をして隅に向いて睡を催せしむ。これを共和して楽しむというべきか。公等、真に遊びを知らざる者、妾まさに大統領となりて一たびこの衰頽の勢を振るはん。請う先づこの罰盃を吸はん。ここにおいて、二客、大いに慚じて、両首並肯して謝して曰く、謹で奉女王殿下の令を奉ぜんと」（成島柳北『柳橋新誌』第二編、一八七一年）。

(26) W. E. Griffis, *Mikado's Empire*, Book 2, New York, 1887.
(27) 升味準之輔『日本政党史論』第一巻、東京大学出版会、一九六五年、七三頁。
(28) 勝田政治『廃藩置県――「明治国家」が生まれた日』講談社、二〇〇〇年。
(29) 丸山眞男「近代日本の知識人」『丸山眞男集』第一〇巻、岩波書店、一九九六年、二三八頁。
(30) Hannah Arendt, *On Revolution*, The Viking Press, 1963, chap. 3.

11 試験からみた清末の新学導入
——清末中国における「知」の近代的変容

孫　青
（斉会君・小二田章 訳）

はじめに

近年、現代知識の興起という視点から、近代以降に起きた中国の秩序の全体的変化を考察する学者が増加し、新しい知識体系が伝統権力の正当化に与えた衝撃だけでなく、関係する社会と制度の変遷にも関心が寄せられるようになった。日清戦争後、科挙の試験内容の改革を求める声が高まる中、清政府は一八九八年と一九〇〇年の二回にわたって科挙制度の改革を行った。これに伴って、清政府は各省に対し、書院を新式の学堂に改めるように命じたので、各地の書院では新学の課芸[1]（試験用の作文）が大量に制作された。本章は清末における新学課芸発展の三つの段階に着目し、（課芸の）作者の出身、書院あるいは学堂の種類、考課（学力試験）の性質、評価者の身分と視点などの具体相を検討したい。主として二〇世紀初頭における浙江石門の校士館と山東臨清の校士分館の状況を事例として取り上げて分析する。同時に、清末の書院・地方「校士館」など、知識に対する国家統制を行う伝統的な空間が、いかにして近代的な変容を実現したのかを検討したい。

一　新学導入の過渡形式――書院における「課芸」試験

一九一九年四月、北京大学の学生であった羅家倫は学生雑誌『新潮』に「今日中国之雑誌界」という文章を発表し、流行の刊行物を鋭く批判した。彼は当時出版された雑誌を官僚派・課芸派・雑乱派と学理派の四種類に分類した。「課芸派」とされたのは、北京大に在籍中の学生によって作られた刊行物である。羅はこのような雑誌が「現在最も流行している」と見、その中の「策論式の課芸」を最も嫌悪した。即ちそれらの文章は古臭くて空疎であるにも関わらず、新式学校の当局は「学生の評価を測るべき主な基準」と見なしている。専門学校の刊行物、例えば交通部工業専門学校の『学生雑誌』に載せられたものであっても、専門的な知識にはほとんど触れていない。それは『大学』『中庸』などの序文、或いは「学於古人乃有獲」、「我戦則克」、「漢高祖封項伯斬丁公論」など、古文の習作ばかりで、もし雑誌の題名を隠したら『国粋学報』ではないかと思われる、と言う。羅はこのような「わけのわからない」課芸体の論文を載せるより、「科学・常識などに関する西洋の長編か短編の論文」を訳して載せるほうが良いと指摘した。(2)

一九一九年から一九二〇年にかけては、全国におよそ四百余り、大・中・小学生向けの刊行物があり、(3)中でも新知識を表す主流と目されたのが、羅家倫の批判した課芸体の論文であった。(4)その文章パターンは、新しい概念・言葉を使うこともあったが、基本的に歴史上の事件を論拠として現実問題を議論するものであった。羅家倫が「わけがわからない」と主張したのは、それらが西洋の学科分類に即して正確に論述しないだけでなく、具体的な専門領域の新知識にさえも言及しなかったからである。これは西洋を「賽先生（＝科学 Science と「先生」の合成語）」として学ぼうとする急進派青年の理想たる「新知識」とは、明らかに違うものであった。

五四運動の初期において、「課芸派」論文がマスコミ界の新知識を紹介する主流の媒体になったのは、清末すなわち一九世紀の七〇年代以来、西洋から伝わってきた「新学」が、中国国内書院の考課伝統に深く根ざした知識の論述形式である「課芸」と、次第に長期的かつ安定した関わりを持つようになったからであった。

中国における現代知識の興起をドメスティックな知識の複雑な再生産過程と見なすならば、一九、二〇世紀における「新学」に対する再解釈は、その再生産の重要な一環となるであろう。西学の訳語・訳著・新学書籍の目録・辞書・晩清経世文論・清末科挙策問及び学堂教科書などに対する学界の議論は、従来、知識再生産の一環を把握するうえで有効な視野を提供し、中には晩清の新学課芸に言及する研究も少なくない。しかしながら、概ねそれらは教育史・書院史に関する紹介的な論述だけにとどまっており、近代知識の再生産という問題意識に基づく詳細な考察は少なく、清末の一〇年間の内実に触れるものもほとんど見られない。そして、科学史において晩清の算学（数学）課芸を体系的に論述したものを除くと、[5]西学伝播史の研究は一九世紀六〇年代以降に政府によって創設された数少ない学堂、あるいは沿海都市にあるいくつかの新式書院、特に一八九五年以前の格致書院の課芸試験を考察するものに限られており、各地の普通の書院の状況に対する縦断的研究は管見の限り見られない。

晩清における新学を紹介する手段としての中国伝統書院の課芸は、一八八六年に傅蘭雅と王韜が提唱した格致書院における課芸の論文募集から始まったのではなく、一八九四年の『格致書院課芸』の廃刊で終わったわけでもない。格致書院の課芸自体も一九〇九年に書院が改革されるまで続いていた。そして、格致書院が行った懸賞論文募集及び評価基準の公開を経た刊行の方式は、ある論者が指摘したほど独創的な「発想」ではない。[6]それは明らかに清代書院における従来の考課試験の方式であり、伝統的な形式を取っており、ただ内容に大きい変化があっただけであった。

既に述べたように、二回の科挙試験の内容改革とそれに伴う書院の新式学堂への改組により、各地の書院で大量の新学課芸が制作された。これらの課芸の中で優れたものは、次第に各種の「経世文編」、或いは清末に流行し数多く作られた「新学彙編」「科挙射策選集」などに収録され、しばらくの間、全国の普通の士人たちが新知識を獲得する特別な入り口となった。清末の新学課芸の解答者の一部は一九〇一年以降の数回の科挙試験で資格と官職を得ただけでなく、国費を獲得して東洋（日本）・西洋に留学した。帰国後、新式学堂で教育に力を尽くした者もいた。新学課芸が知識を伝達する特殊な手段として、科挙廃止後の民国初期になっても残存したのは、それと関係するだろう。これがすなわち羅家倫が指摘した状況の由来であり、「賽先生」の中国流入に直面した本土知識界の状況であった。

これらの状況を合わせて考察しないと、清末における新知識が書院課芸という国内の知識論述の伝統と結びついた具体的な状況と歴史的変化を把握することはできない。

新学課芸は伝統的な形式でなされたが、それはすなわち新知識を解釈する基本的権限が国家及び主流イデオロギーにより選ばれた書院院長と地方官に握られていたことを意味する。しかし、結果から見ると、彼らは具体的な内容に対して専門的な意見を述べる能力を持たなかったことがわかる。他方、課芸の解答者の側にも、中国国内に生まれた「新知識」に対して、真正と見なしうる解釈を提示する環境はまだ整っていなかった。一九〇五年に清朝政府が科挙を廃止すると、書院・校士館も廃止され、全国教育に対する支配力をも次第に失っていった。課芸のような知識の伝達形式はまだ存在していたが、権威を持つ学堂教科書に徐々に置き替えられ、歴史の舞台から姿を消していったのである。

二　晩清の教育改革と新学課芸における三つの発展段階

晩清のいわゆる「新学」は、西洋式にカテゴライズされた学問を主な議論対象としていたが、完全に「西学」と等しいものではなく、中国本来の「経世」「実学」「時務」「掌故」「輿地」などの内容と混ざっていた。中国の一九世紀半ば以来の歴史的文脈において、その具体的な表現形式は多種多様であり、字典・訳書・書目・辞書・類書などのほかに、問答体と議論体の課芸論文もその重要な担い手であった。

中国の書院における考課試験の伝統は宋代以降に形成され、課芸は最も主要な試験形式であった。歴代の重要な書院は月ごと、あるいはシーズンごとに定期的に試験を行っていた。試験問題の解答として論文を書き、これを「課芸」と呼んだ。明末になると、地方の小規模私立書院は恒常的に士人を養うことができなくなったので、定期的に士人を集めて会課（科挙受験のための練習や模擬試験を兼ねた詩文会）を行い、詩文を募集し甲乙の等級をつけて、それに応じて奨励の意味で学費を与えていた。このような柔軟なやり方は、社会のどん底にある貧困士人たちの科挙への参加願望を満たしただけでなく、経済上の問題も多少解決したので、大いに流行した。清代になると、会課応挙式の書院の増加にしたがい、考課は書院試験の主流となり、「出題・考課・採点から結果発表・賞罰までの過程を厳密に結びつける制度」が形成された(7)。

清代の書院は性質上、官学と私学の中間地帯に属しており、民間が出資して、政府が支援する形でほとんど成り立っていた。考課には政府主催と教員主催の両方があり、月考は書院院長が主宰し、季考は地方長官が主宰した。考課には経・史という正式な科目のほか、臨時の科目も設けられており、策問・掌故などの課題を入れた書院もあって、形式上では官学や科挙の試験より柔軟性を持っていた。書院考課の官・私両方を兼ねるという特質は、晩清の変革期において、各省で新思想を取り入れようとする長官、学政（省の学務・教育を監督する官職）及び地方のエリートに腕を振るう舞台を提供した。実際、政府によって行われた数回の教育・科挙の改革もここから着手したのである。書院現存の考課を利用して内容を拡充・変革するような提案は、一般的に政策決定者層の支持を得やすかったようだ。

このような晩清における新学課芸の発展はいくつかの段階に分けられる。

1　一八六〇―九五年

一八六二年、京師同文館が創立され、ロシア館の旧例にしたがって月考と季考を行い、等級を評定すると定めた(9)。しかし、京師同文館は創立当初、各国の外交文書を翻訳する問題だけで試験を行っていたので、考課はあったが、新学の内容に触れる課芸はなかった(10)。正規学生によって書かれた課芸は、天文算学館の開設後の一八七二年になって初めて現れ、算学（数学）・化学・格物（物理学）・医学と分類された。一八七八年に公法学の試験問題が加わり、自然科学以外を含むようになった。現存する同館最古の新学課芸は一八七二年の朱格仁による格致（物理）課の試験問題であり、一問一答の形式をとっていた。

一八六七年（同治六）、院試（皇帝から派遣された学政は三年の間に二回、管内の府を巡回して、府試の合格者に対し院試を行う。この試験を合格して初めて科挙を受ける資格である国立学校の生徒（生員）になれる）において、「経古」の科目に経解・史論・詩賦・性理・孝経論のほか算術学を加えたので(11)、それに対応する算学の課芸も現れたが、専門性の都合上、議論文のような回答方式は採用できなかった。

一八六三年には上海広方言館(12)が創立された。初代監院の馮桂芬は創立時に「試辨章程十二条」を作り、毎月一日・一五日に西学の試験、八日・二四日の両日に他の課程の試験を行い、三ヶ月ごとに生徒を上海に送って受験させて、賞罰を行うことを規定した。しかし、その試験は「均しく読む所を取り、当面指問す」という形の口頭試験であり、新学の課芸は生まれなかった。

一八六九年、上海広方言館は江南製造局の管轄に移った。総辦馮焌光・鄭藻如は「広方言館課程十条」と「開辦学館事宜章程十六条」を新たに制定し、考課試験方式を改めて規定し、生徒に七日間ごとに作文一本を書かせて当日に提出させ、出来の良い者は改めて策論の試験を行うことにした。その作文は完成後、担当の教師によって解説・評価された。新学の「課芸」はこのようにして創られたのである。

その後、上海では一八七六年に求志書院、一八七九年に辨志文会などの新式書院が創立された。辨志文会は算学の課芸を設けたが、求志書院では、考課は経学・史学・掌故・算学・輿地・詞章などの六科目に分けられた。このうち「掌故学」という科目では、一八七六年春季の試験問題に「用銀利弊論」、「水師船政議」、「今之牧令要務策」など、時務に関する論述問題があり、間違いなく当時の「新学」の範疇に属する。「輿地之学」という科目には、「問漢時匈奴游牧所在当今何地」、「論今南洋各島国」、「晋遷新田論」、「問秦所置県可考者有幾」、「書賈誼請改封諸王疏後」[13]などの問題があり、すべて「輿地学」の知識を利用して歴史事件を論述する形の問題であった。これらは四〇年後に羅家倫に指摘された「課芸派」論文と、形式上では変わらないものであった。

2　一八九六―九八年

一八九六年から一八九八年にかけて、「書院の整頓」が全国において話題になった。順天府尹の胡燏棻は一八九五年に「変法自強疏」を上奏し、省都の書院を学堂に改めることを進言したが[14]、朝廷には認められなかった。また、一八九六年、刑部侍郎李端棻は「推広学校以励人材摺」を進呈し、前述した胡氏の意見を改めて上奏し、地方の経費で国家の教育を行うことを提言した。光緒帝はこの上奏文を総理衙門に交付して議論させ、総理衙門は消極的な態度ながらも、結局各省に告知して検討させた。

同年四月、陝西巡撫張汝梅、学政趙維熙は「陝西創設格致実学書院摺」を上奏し、新式の実学書院の創設を提唱した[15]。

同年六月には胡聘之が「請変通書院章程摺」、八月には秦綬章が「整頓書院方案」を進上し、伝統書院を廃止しないという前提のもと、章程を改定して整頓する方案を詳しく議論した。内容は課程・教員・経費など様々な面に及んだ。肝心なのは書院で時務・洋務・条約・税則・輿地測量・図絵・算学・格致・製造・訳学・各国語言文字など、新学の科目を取り入れたことである。

最終的に、政府はこれらの改革案を各省の長官・学政に頒布し、それぞれ管轄地域の具体的な状況に合わせて適宜改革するように命じた。

一八九八年、光緒帝は六月に「明定国是詔」を下して維新変法を発表し、康有為の「請飭各省改書院淫祠為学堂摺」に基づいて上諭を発布し、二ヶ月以内に全国の書院を中・西学を兼習する学堂に改めるように命じた。しかし、同年九月二一日に西太后が再び訓政を行い、維新は一〇〇日で終焉を迎えた。一一月一三日（光緒二四年九月三〇日）に西太后は懿旨を下して旧制を回復し、学堂を廃止して、旧例に則って各省書院として活動するように命じたのである[16]。

一八九八年前後の清朝政府の書院整頓に関する種々の波乱は、各地で大量の新学課芸の出現を促した。江西の萍郷書院など改革後の伝統書院[17]と、湖南時務学堂・上海三等学堂・紹興府学堂・広東時敏学堂など維新の間に創立された新式学堂には、ともに比較的豊富な課芸が残された。しかしながら、新課芸の出現を直接に促した要因はそのような制度上の改革方案ではなかっただろう。当時印刷された諸書院の新課芸の序文から見ると、伝統課芸の文体で新学を議論することについて、象徴的な出来事は二つあった。一つは一八九七年の経済特科の開設に関する議論であり、もう一つは百日維新の間に提唱された「廃八股改試策論」であった。

3　一九〇〇―〇五年

一九〇〇年、清朝政府は庚子事変（義和団事件）で大きな損害を受け、政治改革を迫られた。このとき、両江総督劉坤一と湖広総督張之洞は連名で具体的実施案を上奏した[18]。この「江楚会奏」は、教育面ではかつて戊戌維新期に陳宝箴と張之洞が連名で上奏した際の提案と内容が一致するもので、科挙の八股を廃止して策論を重んじると同時に、西政（西洋の政治制度）と西芸（西洋の科学技術）を取り入れ、各省の書院を学堂に改めることを提言している。

一九〇一年八月二九日（光緒二七年七月二六日）に、清朝政府は詔勅を発布して科挙改革を行った。来年から、郷試・会試は、第一回の試験で中国政治・史事論を五問試験し、第二回の試験では各国の政治・芸学策を五問試験し、第三回の試験では「四書」義二問、「五経」義一問を試験する。試験官は採点する際に、三回の試験の成績によって合格者を決めることとし、一回の試験だけで決めてはいけない。生員・童生（生員の資格を得ていない科挙受験者）は年に二回試験があり、先に「経古」の試験を一回行い、専ら中国政治・史事、及び各国政治・芸学策論について試験する。本試験では「四書」義と「五経」義をそれぞれ一問試験する。考試試差（中央から派遣される試験官が派遣前に課される試験）と庶吉士散館（進士合格者が任官前に入る宮廷内の学校、における試験）は皆論一問、策一問を試験する。進士朝考（任官前の参考試験）の論疏・殿試の策問は、皆中国政治・史事、及び各国の政治、芸学を出題内容とする。以上すべての試験にて、およそ「四書」・「五経」の義は、皆八股文の形式を用いてはならず、策論は切実に論述すべきであり、現実とかけ離れた議論、剽窃をしてはいけない[19]。

清末の新政は、新学課芸の新段階への発展を促したのである。改革後の科挙において、その第一場の「中国政治・史事論」と第二場「各国政治・芸学策」では、策論体の課芸が標準的な解答形式になった。一九〇二年から一九〇五年の科挙廃止まで、毎年この新規定によって郷試・会試が行われた[20]。策論体の課芸の作品数も同時に増加したが、数年間の郷・会試の合格者の朱巻（模範解答）だけでなく、各地書院と新式学堂で受験対策のために作られた新学課芸もそれに含まれている。このような課芸を生産した書院には江蘇省の紫陽・正誼・平江・中西・梅花（一九〇二年に校士館に改名）、福建の鼇峰（一九〇四年に校士館に改名）・東亜、浙江の越山および致用・鐘山・治安学社・自強学社などがあり、新式学堂としては、江南陸師学堂、無錫の梁渓務実学堂と竢実学堂などがあった。紙幅の都合上、これらの詳しい考察は別稿に譲りたい。

三　一九〇一年の科挙改革後における地方書院の新学課芸
——山東臨清校士分館と浙江石門校士館の事例

前述のように、清朝政府は辛丑七月一六日（一九〇一年八月二九日）に詔勅を発布し、八股文を廃止し、策論方式を採用するという科挙制度の改革を行った。さらに、半月後の八月二日（同九月一四日）に「江楚会奏」の提案を採用し、各書院に以下の改革勅命を下した。

人材は政の基本であり、人材を育成するには、まず学術を明らかにすべきである。歴代以来、学校が盛んになったのは、みな学問と技能を実に重んじていたからである。それがゆえに、嘗ては理想と実践を兼ね備え、人材が大変多かった。近頃の士子（科挙の受験者）は、或いは空疎で無意味な議論しかできない、或いは浅はかで軽々しいという様である。もしこの弊害を取り除こうとするなら、教育を重んじて学問を奨励しなければ、感動し奮い立つはずがない。京師に設けられた大学堂を切実に整頓するほかに、各省すべての書院の代わりに、省都で大学堂、各府及び直隷州では中学堂、各州県では小学堂を設立させ、蒙養学堂（幼児教育の施設）を多く設けさせた。その教育方針は、四書五経ら綱常の大義を中心に、歴代の史籍及び国内外の政治・芸学を副とした教学を行い、心を純潔にし、文才や行いを正しくさせ、現在の政事を広く熟知させ、実学を追求させる。思想と学業の基礎を身につけさせ、正しい価値観を持たせて、優れる人材を育成することで、朕の国政に努め、人材を育成する考えにかなうことを願う。当該する督撫・学政に、切実にこの意図を理解させ、真剣に実施させる。教師の招聘、教育規程の制定、および生徒の修業、選抜奨励など、具体的な章程は、すべて政務処に命令を下して、各省に諮問し議論させ、礼部とともに再審して詳しく上奏させる。この詔を天下に告げ知らせよ。(21)

書院を学堂に改めることは改革の重要な一環であり、各地の督撫・学憲は勅命を受けた後で、直ちに詔に従って実施した。しかし、当時科挙の試験はまだ廃止されておらず、試験内容を大きく変えただけであった。各地の生員・童生にとって、一番重要なのは、改革後の科挙試験への対応であった。新式学堂の設立にはかなりの時間と資金が必要であり、そこで教えられる新学は必ずしも科挙受験のためとは限らず、真新しい授業方式も簡単に受け入れられるものではなかった。そこで、地方長官はそれらの事情を配慮した上で、折衷した措置を取った。即ち、新式学堂を設立するとともに、各地の旧書院を「校士館」或いは「校士分館」と改名して、まもなく行われる壬寅恩科郷試に向けて、教学と会課の内容を変更したのである。

一九〇二―〇五年の僅か数年ではあったが、表面が変わっても内実が変わらない地方書院は新しい科挙試験に対応するための訓練場になった。そして、この過程において、科挙受験向けの新学課芸本も大量に現れた。これらは清末から民国初期までの新知識の形成・伝播の歴史を検討するうえで極めて重要である。ただ、これらの校士館は存続期間が短く、基層社会の中に分散しており、その主眼は科挙試験を目指す旧式の教育にあったこともあって、学界ではこれまで注目されてこなかった。以下、詳しく考察を加える。

科挙新規定に対応する訓練場として、山東の臨清校士分館と浙江の石門校士館はかなり良い成績を出した。それまでの科挙試験では、この二ヶ所は「科名（科挙合格実績）寂然たり」と評され、世にまったく知られなかった。しかし、壬寅の郷試で策論方式を採用してからは、これら州県には多くの合格者が現れ、彼らの全員が改革後の校士館の出身であった。両館に関する史料は十分に保存されているので、事例研究を行うことが可能である。

1　臨清校士分館（山東省臨清直隷州）[22]

（1）創立　光緒壬寅年二月（一九〇二年三月）、荘洪烈（陽湖の人）が山東道臨清州知州代行として着任し、三月にはもとの清源書院（一五三二年〔明・嘉靖一一〕設立）を停止し、臨清校士分館に改めた。また、光緒丙子（一八七六年）に行われた江南郷試で六一番の合格者であった、当時五〇歳の陳名経（江陰の人）が首席講師として招聘された。事務は済南府歴城県の己丑恩科（一八八九年）で副貢生となった、当時四五歳の州の訓導・孔繁堃が担当した。

（2）敷地とレイアウト　清源書院は衛河沿いの南司口街にあり、地元有力者の孫毓璣・冀灝・劉某の三家の屋敷の間に位置した。敷地面積は合計一六七七畝で、建物を東に置いて正門は西に面し、扁額には「校士分館」と書かれていた。館には二つの中庭と一つの横庭、部屋は合計二四、小楼一つ、台所の部屋二つとトイレが二つあった。入り口の所に門房が二つあり、書院の雑役夫の居所とされた。正門を抜けると、中庭にある三つの正房が講堂とされていて、荘知州によって書かれた「三徳」という扁額があった。これは「治心則知任勇、治事則正徳、利用厚生之意」という文から取ったものである。二つ目の中庭にも三つの正房があり、蔵書室として使われていた。東側にある二つの部屋は教員の居所で、西側の庭には台所とトイレがあった。

（3）内班と外班　敷地とレイアウトから見ると、臨清校士分館の規模はそれほど大きくなかった。講堂と蔵書室を除けば、普段住んでいるのは、生徒八名、教員二名、雑役夫二名だけであった。そのため、清代の地方書院の「会課応挙」の形式を踏襲して、生徒を院内に住む「内班」と通学する「外班」に分けていた。

州全体の挙貢生・監生・童生の中で、受験したい者は皆選抜試験に参加できたが、まずは官学に申請しなければならなかった。貢生・監生は合格年度、捐納・入学・補廩（奨学金を獲得した）年度、登録された年齢と容貌、三代（親・子・孫の三つの世代）などの審査を経て、それに合格した者だけが受験できた。童生は親族・隣人の保証が必要であった。校士分館は毎年二月に選抜のため第一次試験を行い、採用された者は「外班」に入った。採用人数には制限がなく、解答の多寡、文章の優劣で評定すること、一旦外班に採用・登録されたならば館内通年の考課に必ず参加し、勝手に欠席しないこと、万が一参加できない場合は事務担当に届け出ねばならないことなどが規定されていた。

（4）考課と学資　校士館は毎年二月に始まり、一〇月に終わったが、毎年二月一二日に行われる選別試験では三回分の試験を一度に行っていた。その他の試験は毎月三回あり、それぞれ異なる内容であって、二日、一二日と二二日に行われた。試験の第一課は中国政治史事論、第二課は各国の政治芸学策、第三課は四書五経義、それぞれ論文で解答させた。解答は知州荘洪烈と教員陳名経が公正に採点し、甲乙の等級をつけて評定した。成績は毎月発表し、賞品として学資を与えた。一ヶ月に三回あった試験を一つでも受けられなかった者は、名前を最後に記載し、学資の給与を停止した。毎回の試験は夜明けに点呼して、夕方に解答を回収した。時間の延長はできず、必ず一日以内に提出しなければならなかった。校士館が考課の内容と手順を科挙の従来の規定に合わせたのは、新しい科挙試験を迎えるための訓練の場として設立されたからであろう。

校士館が毎年二月に採用した生徒はすべて外班に登録された。入館後、外班の生徒で毎月優等生になった者だけが内班に入れられた。内班の生徒は館内に住み、定員八名で、給料を支給された。彼らの中から書籍管理と教員補助に携わる「学長」を選び出し、月給京銭八〇〇〇文を支給した。残りの七名は五〇〇〇文であった。校士館は毎年正月一六日の入館、一二月一六日の出館、間に一ヶ月の休暇と規定していた。内班の生徒は毎月三回の試験において一回でも一等の基準に届かなかった場合は給料の支給を停止され、二回連続して一等を取れなかった場合は内班から除名された。内班八名の生徒は毎月八・一八・二八日に教員によって行われる試験にも参加せねばならず、その成績は月末に発表された。外班の中で成績が超等ランクの中の上・中の評価を得た生徒が、内班を対象とする教員の試験にも参加を希望した場合には、参加を許可されることとなっていた。

（5）寄宿生の生活と勉強　内班の生徒は校士館で厳しい学習生活を送っていた。毎日日記を記し、勉強のスケジュール表を作ること、日記は五日ごとに教員に提出して添削を受け、さらに一冊にまとめて、毎月二日の定期試験で試験問題を受け取る際、勉強のスケジュール表とともに提出すること、毎日二食は外で買ってはならず、毎月三日間しか休めないこと、飲酒・賭博・嘲弄漫罵・唆訟（訴訟を唆すこと）を禁止すること、小説など娯楽の読み物は読んではいけないこと、学業と無関係の書籍を持ち込んではいけないことなどが規定されていた。これらの規定から、臨清校士分館は旧式書院の厳しい学習伝統を守っていたことが窺える。

内班の生徒は毎日の学習が看、読、写、作に分かれており、時間通りに勉強し、休息した。

看：毎日朝から午前まで「経注、史鑑及び諸家の文集、各国の書籍、各省の日報など学問に良いもの」を読み、「心を静かにして細かく読み、会得・疑問があったら、随時にメモして、日記を記す際に用いる」べきとされた。

読：毎日正午、「左（伝）・国（語）・史（記）・漢（書）をはじめとする古文」を重点的に熟読して、常に復習する。

写：毎日午後、大字（書道の大きな文字）或いは小楷（小さな楷書体の文字）を書く。または本を書き写したり、典故・事実を抜き書きしたりする。内容は各自で選択できる。

作：毎月館・教員による試験の解答を書くほか、夜は昼間の勉強を詳しく日記に記し、読んだ本に対して自分の見解を書いて論文を作成する。

校士館内班の課程は主として受験の訓練として設定されたが、内容では史書、東洋・西洋の書籍、各省の日報など新学関係の摂取を強調する。生徒が日常的に練習する作文は課芸のほかに、感想文らしい日記を記すものもあった。無論それは議論目的の内容が多く、現実への深い検討には至っていない。

（6）蔵書　臨清校士分館の蔵書は一部はもとの清源書院の蔵書であり、前任知州の陶・杜二名の寄付によるものであった。残りの一部は科挙試験の需要に応じて、当時の知州荘洪烈がリストを作成し、上海或いは省都済南で購入した。それらの本は先例に従い、内班の生徒のみ館内で閲覧でき、持ち出し禁止とされた。臨清校士分館の蔵書リスト（表1）を見ると、一八九〇年代に着任した知州の陶錫祺はその寄贈書の多くが「旧学」のもので、後任の二名と比べて「新学」に対する見方が異なっていたようだ。これは無論、各時期の科挙試験の制度と深く関わっていると思

表1　臨清校士分館蔵書

書　名	出　所
『十三経注疏』	前任知州の陶錫祺によって光緒16年（1890）に寄付
『水経注集成』	
『十七史商権』	
『六書旧義』	
『駢体文鈔』	
『尊経書院課芸』	
『秀山県志』	
『説文定声』	
『史通削繁』	
『張香濤輶軒語』	
『史記』	前任知州の杜秉寅によって光緒27年（1901）に寄付
『漢書』	
『後漢書』	
『三国志』	
『御批通鑑輯覧』	
『皇朝一統輿図』	
『大清会典』	
『通商成案彙編』	
『西学啓蒙十六種』	
『格致入門』	
『先正事略』	
『皇朝経世文編』	
『経世文続編』	
『校邠廬抗議』	
『瀛寰志略』	
『続瀛寰志略』	
『重学図説』	
『声学大成』	
『華氏学算全書』	
『御制数理精蘊』	
『声学掲要』	当時の知州荘洪烈によって光緒28年（1902）に寄付
『光学掲要』	
『水学図説』	
『熱学図説』	
『広方言館算学課芸』	
『百鳥図説』	
『百獣図説』	当時の知州荘洪烈によって光緒28年（1902）に寄付
『植物学歌』	
『植物図説』	
『中西算学啓蒙易知』	
『山東貧簍録』	
『亜細亜東部図』	
『紡織機器図説』	
『皇朝経世文新編』	
『中東戦紀本末』	
『史鑑節要便読』	
『醒華博議』	
『泰西十八周史攬要』	
『支那通史』	
『俄国政俗考』	
『歴代万国史略』	
『新政真詮』	
『万国史記』	
『富国策』	
『興華新義』	
『拳匪紀事』	
『救華危言』	
『亜泉雑誌』	
『薛福成出使公牘』	
『崔国因出使美日秘日記』	
『湘学報』	
『槍炮算法従新』	
『校邠廬抗議』	
『政務処礼部会議変通科挙章程』	
『山東校士分館章程』	
『山東大学堂章程』	
『山東商務章程』	
『鍾氏教授新法』	
『膠済鉄路章程』	
『種樹利益章程』	
『歴代輿地沿革険要図説』	

われる。

しかし、興味深いのは、科挙試験の準備教育を目的とするはずの校士館が、科挙試験用の補習書籍が溢れていた一八九〇年代において、いくつかの書院課芸と経世文編のほかは、射策（複数の竹札に問題を書いて伏せて隠し、その一つをとって対策の文を書かせる）を向上させるための策論彙編を一切購入していなかったことである。要するに、校士館の考課は科挙受験を目的としたにも関わらず、受験だけでなく、非功利主義的な新学を取り入れようとする意識も働いていたと思われるのである。

この点で最も注意すべきは、館内の課芸の解答者が、ちまたに溢れる二次的な論文集に触れる機会があまりなかったにも関わらず、常に優等を維持できたことである。彼らが清末の科挙改革の時代に流行した課芸体による新学論述の、おそらくオリジナルに近い作者たちであったからであろう。

（7）壬寅年の学生と科挙及第　臨清校士分館は光緒壬寅年三月二日（一九〇二年四月九日）に州の命令を受けて初回の選別試験を行い、貢生・童生の受験者は合計二九六名にのぼった。知州荘洪烈と教員陳名経、事務担当孔繁堃は解答を詳細に判定し、外班の生徒を選別した。そして、同年五月一八日に、内班の規定に従い、生・童八人を選別して入館させた。彼らの年齢と身分は以下の通りであった。

廩生　鐘蘭喆　年三〇歳　学長　　附生　張樹梅　年一八歳
廩生　呉桂蘭　年二六歳　　附生　沙明遠　年二〇歳
附生　劉春嶺　年一六歳　　童生　黒孔陽　年二三歳
童生　崔肇乾　年一九歳　　童生　陳汝礪　年二一歳

（※廩生は、国家給費を受ける生員。附生は、学校の定員枠を越えて特別に採用された生員）

校士分館の外班の受験生の中から、張敬承・李伯驥が次の壬寅補行庚子辛丑の恩正二科で山東郷試に及第したが、同年の臨清県では山東の総校士館出身の王芝堂という人も及第している。

（8）課芸の問題と評語　一九〇二年における臨清校士分館の各種の課芸は表2の通りであった。これらに対する評語を見ると、評者は筆の運び、文章の構成と表現方法、作者の歴史及び現実問題に対する総合的な知見、あるいは時事問題に対する知見などの面から評価したことが窺える。しかし、課芸解答者の身に付けた新知識とその正確さに関しては評語や提案を出していない。一方、水利など伝統的な「時務」に関する議論には、評価者は具体的意見を書いている。この違いには様々な理由が考えられる。①評価者と受験者が課芸の文章を文芸と見なし、内容より構成の美しさを重んじた、②評価者に具体的な新学知識を評価する能力がなかった、③生徒を科挙試験に慣れさせるため、自身の経験に基づいて評価者が科挙試験場の採点基準に倣ったなどである。

一つだけ注目すべきことがある。中国の伝統的な科挙試験は知識評価における国の絶対的な権威を確保していた。士人に解答の評価基準などを把握させるため、毎年の科挙の郷試・会試における評価者の評語は墨巻或いは朱巻の形式で公表されていた。各書院が行った課芸に対する政府・教員の評語も同様の形をとって、自らの権威性を維持しようとしたのである。清末の新学課芸の文末に付された評語は、しかし、同様の形式を守るべきところ、実際にはこれを維持できなかった。国に選ばれた試験官・書院院長・教員は、一九〇一年の科挙試験の内容改革の後においては、新知識に対して権威性のある評語を記せなかったのであった。

政府・教員の簡単な評語が付された伝統書院の課芸は、新知識を権威的に解釈し全国的に知識を管理しようとする国の方針に沿う知識表現形式を提供できなかった。一方で、学堂の教科書は西洋をモデルにして編纂されるようになった。編纂者の多くは西洋人、留学経験者あるいは地方の有力者であり、その立場も国から民間に変わった。清末の中央行政教育機構であった「学部」は、検定と自らの教科書編纂などの努力を通じてこの問題を解決しようとしたが、科挙制度の保障を失った以上、国家が全国の教育に対する支配権を取り戻すのは、当然容易なことではなかった。

性質	課　題	作者の科挙合格など	評価者のコメント*
生童論題	問泰西肥料与周礼草人土化之法有無相似	童 陳汝礪 三月選別試験 上取童第一位	融会貫通、洞悉物理
	問種樹多則雨沢易降其説然与	童 鍾鏡蓉 四月上取童第二位	筆意簡括、説理亦透
	問周礼保氏九数何者与今西算相宜	童 冀鴻勲 四月上取童第三位	頭頭是道、詳略得宜
	問列国遣使共分幾等遴選使才之法優待使臣之例試縷析言之	童 孫樹梅 六月上取童第三位	於題之肯綮尚能按照推闡、再出以簡練之筆方佳
	君子思不出其位	生 杜官雲 五月超等生第三位	以経証経、朴実説理与泛砌浮詞不同
	作新民	生 張敬承 六月決科超等生　第一位	中段闡発新字之所以然、曲折暢透、書理洞明
	有教無類	童 崔肇乾 三月選別試験 上取童第三位	説理透澈、持論名通
	相彼鳥矣四句	童 李錫岱 十月上取童第二位	正喩相較、印合自然
生童加課題	胡安定教授経義治事分斎説	生 沙明遠 九月加課生第一位	説理精当、用筆簡老
	胡安定教授経義治事分斎説	童 陳汝礪 九月加課童第一位	穏順清利、簡当不支
	申挈矩義	生 沙明遠 九月加課生第一位	結構緊湊、詞理倶円
	為臣不易論	生 沙明遠 九月加課生第一位	思致深遠、襟抱不凡、藹然儒者之言
	唐太宗命太常博士吕才刊定陰陽雑書論	生 鐘蘭喆 十月加課生第一位	用圧題之法極有理致、詞意以甚円足、収処仍復調転筆尖、更覚面面皆到
	周鄭交質論	生 鐘蘭喆 十月加課生第一位	帰咎鄭之不臣得左氏微意幷立千古人臣之大防、識見特高
	行星恒星辨	童 陳汝礪 九月加課童第一位	清爽妥切、在諸巻中此為最佳
	書漢書循吏伝後	童 李錫岱 十一月加課童第二位	扼重久任、已得西漢馭吏之法、用筆亦簡括
	重整海軍策	童 孫鑑藻 十月加課童第二位	雖未詳擘画之方而痛陳前此極弊、則此後重整之要自在其中
	説電	童 孫鑑藻 十月加課童第二位	章法井井、結構自然

挙人の趙文運である。

表 2　臨清校士分館の課芸

性質	課　題	作者の科挙合格など	評価者のコメント*
生童論題	郷挙里選論	生 張樹徳 三月選別試験 超等生第一位	指陳利弊、剴切暁暢
	論語為命一章深得交渉之要論	生 張敬承 三月選別試験　超等生第二位	前後就交渉一事推闡周詳、已扼此題之要、用筆亦清疏有法
	論語為命一章深得交渉之要論	童 陳汝礪 三月選別試験　上取童第一位	着眼交渉二字、要言不煩
	張騫通西域論	生 崔長楷 四月超等生第二位	意亦前人所已発而筆力奇横、遂若独辟蹊径、迥異凡庸
	春秋尚盟聘戦国尚縦横論	生 呉継高 五月超等生第一位	筆意浩瀚縦横、於春秋戦国時勢了如指掌、帰重名義二字識見特高
	春秋尚盟聘戦国尚縦横論	生 杜官雲 五月超等生第三位	命意用筆皆較他人高峻、後路穿插処亦有思致
	客卿蕃将論	生 張敬承 六月超等生第一位	用人無論土客、中外必視在我者何如、持論最為的当、布局亦甚謹厳
	客卿蕃将論	童 黒孔陽 六月上取童第一位	識見頗超、利弊洞然
	客卿蕃将論	童 孫樹梅 六月上取童第三位	詳明利弊帰重善用、就已然之迹推之、尚有見地
	因利而利論	生 鍾蘭喆 九月超等生第一位	意緒分明、語多扼要
	范文正公為秀才時便以天下為己任論	生 鍾蘭喆 十月超等生第一位	筆力挺抜、格局謹厳
	五胡乱華論	生 孫金銘 十月超等生第三位	熟于魏晋以来史事、意精詞湛、持論名通、洵為佳構
	管仲晏子論	童 崔肇乾 三月選抜試験 上	清辨滔滔、有転无竭、而筆仗犀利又足以副之自是合作
生童策題	問臨清商務何者宜興	生 張樹徳 三月選別試験 超等生第一位	言商務而帰重于農、自是今日要著、以州人策州事、毫无影響之談、由見留心時政
	問臨清水利	生 崔長楷 三月選別試験 超等生第三位	扼重蓄泄二字、已得治水要訣、用筆亦如疏導淪鑿之分明
	問蘇彝士河通於何時其未通之先形勢若何	生 張敬承 四月超等生第一位	詳略得宜迥異鈔胥、而筋脈連絡処頗能取径古文
	問西政多暗合周礼試条挙以見其概	生 張敬承 五月超等生第二位	条挙詳明、読書得間、用筆亦羅羅清疏
	問中西致治不外正徳利用厚生同異之分後先之序能条挙其説与	生 張敬承 六月決科超等生第一位	末段言後先之序、融会経義、朴実渾淪
	創設鉱務学堂以興鉱利策	生 鐘蘭喆 十月超等生第一位	拡充利権詞亦簡括

＊　1902 年考課の採点者は 1876 年に挙人に及第した教員の陳名経と 1893 年光緒癸巳恩科に及第した

2　浙江省石門校士館[23]

浙江省石門県（現在桐郷県）の校士館の情況は臨清と非常に似通っており、傳貽書院がその前身であった。創設の資金は主として地元の有力者の寄付によった。一八六五年以降、院長の給料は県役所から支給された。一九世紀七〇年代、知県の陳沫と余麗元が合計一二〇〇貫を寄付し、質屋に預けて利息を受け取り、その利息分を奨学金として、毎月一日・一五日に考課を受ける貢生・童生の食費に充てた[24]。書院の理事は地元の有力者の徐学全・蔡之宣・賓爾昌・魏昌煜・范聿修などであった。館長はもとの傳貽書院の院長、石門県教諭の朱廷燮（浙江湖州府帰安県の挙人）であり、当時四四歳であった。

館（書院）は敷地面積が一六畝余りで、門三つ、講堂三つ、北向きの部屋が五つあり、中には潜庵先生（南宋の儒者・輔廣）の位牌を祀っていた。西には応接室・居室・台所などの部屋が一五個あった。庭には石を積んだ山があり、前に池があって、後ろに樹齢一〇〇年以上の銀杏が一本あった。毎月二日に知県はここで貢生・童生の学力試験を行い、一六日には館長主導の館内の試験があった。学校の設備から見ると、石門校士館は臨清よりずっと整っており、資金も比較的余裕があったと思われる。

臨清校士館と少し異なるのは、石門校士館がもとの傳貽書院を改名しただけであり、新たに章程を作ったり、改めて生徒を募集したりしなかった点である。その政府・教員によって日常に行われた試験は、当時のいわゆる「新学」の諸方面に及んでいたが、科挙改革の様式に合わせて特別に項目を立てたわけではなく、史論・時務・書後・策・説・考・経義など各種の従来の分類を維持していた（表3）。清源書院に比べて、石門の傳貽書院の従来の訓練は、伝統課芸を通して新学を紹介する面ではより適合する土台を備えていたと考えられる。科挙試験の合格については、石門校士館も良い成果を挙げていた。館長の朱廷燮によると、石門県は光緒己丑年（一八八九）から「科第寂然たり」と、科挙に及第する者はほとんどいなかったが、傳貽書院を石門校士館に改名し、試験の内容を改革した後は、癸卯

表 3　石門校士館の課芸

題類	課　題
史論	周平王命秦襄公為諸侯賜之岐豊之地論
	孟明増修国政論
	鄭商人弦高以乗韋先牛犒秦師論
	公孫僑諸葛亮和論
	申包胥乞師復楚論
	勾践覇越論
	藺相如論
	商君変秦論
	呉起相楚請廃疏遠公族以養戦士論
	魯仲連義不帝秦論
	蘇秦合六国之縦以拒秦論
	孟子荀子異同論
	秦李斯奥梅特涅合論
	張良令力士狙撃秦皇誤中副車論
	樊噲請以十万衆横行匈奴中論
	陳平周勃論
	張良招四皓為太子賓客論
	陸賈説南越王称臣奉漢約論
	漢武帝求茂材異等可為将相及使絶国者論
	漢武帝以蒲輪迎枚生論
	趙充国少学兵法通知夷事論
	漢開西域論
	鄭康成治経兼通九章算術論
	蔡邕荀彧論
	陸績論
	諸葛武侯北定中原先平南蛮論
	羊祜杜預論
	劉琨祖逖論
	狄梁公論
	李鄴侯論
	劉晏理財専用権塩法充軍国之用論
	文翁治蜀昌黎治潮均能開通風気論
	李徳裕作籌辺楼図蜀地形勢論
	宋太祖欲令武臣読書論
	商鞅王安石変法優絀論
	宋高宗寛諸郡雑税論
	韓鄿王跨驢携酒縦遊西湖論
	梁夫人親持桴鼓以拒金兵論
	孟珙練鎮北軍以備蒙古論
	三楊論
	張江陵論
	劉忠誠論
時務	平権論
時務	変新法宜先安旧党論
	論英日連盟之関係
	論経済特科与博学鴻詞科之異同
	中国人材盛於東周秦漢之際、至蜀漢三国尤称極盛、蓋世局紛争則賢豪輩出、自古皆然、今何靳焉？試推論其理
書後	読馬援誡兄子厳敦書書後
策	浙西防海策
	問致富首重農務、古者田畯、保介均為勧農之官、日在田間督率、其法可行于今否？
	問致富以種植為先石邑有未尽之地利其開墾当何如
	西門豹第五倫為政首禁淫祀、今之祈神賽会最耗民財、何法以止之？
	問華盛頓之興美、大彼得之治俄、其政要安在？
	徳意志為法残滅、卒能発憤復讐、其振興之策安在？
	西学之先者試臚挙之
	和民教策
	拒俄策
説	大同小康説
	西暦無閏説
	科名無関学術説
	武備学堂利弊説
	物競説
	地球原始
考	西国哲学源流考
	秦始皇遣徐市入海求神仙不返、今日本有徐市墓、碑志顕然。相伝日本種族多徐市之後、東洋古史可考証否
	西伯里亜鉄路接至中国何処口岸、其道里若干、試詳考之
経義	務民之義敬鬼神而遠之義
	覇者之民驩虞如也、王者之民皞皞如也義
	城門之軌両馬之力与義
	地載神気神気風霆義
	厥民析鳥獣孳尾義
	詢謀僉同義
	季春行秋令則天多沈陰淫雨蚤降兵革並起義
	山林藪沢有能取蔬食田猟禽獣者野無虞教道之義
	天下為公選賢与能義

（一九〇三年）の恩科郷試だけで四人が及第した。内訳は、一人が順天郷試、三人が浙江郷試に合格した。浙江郷試の及第者には石門校士館出身の呉乃琛と朱紹濂がいた。呉乃琛は求是書院と南洋公学で勉強し、その後、初回の国費留学の資格を獲得してアメリカのハーバード大学に留学して、商科学士、法政科修士と政治経済科博士の学位を取得した。帰国後、清の翰林院編修、幣制局会辧などの職を経て、民国期には財政部参事、中国銀行代理副総裁、中央政治会議委員、財政部泉幣司長、財政部秘書などを歴任した。朱紹濂は及第後、国費留学の資格を得て、日本の早稲田大学の法政科に留学した。帰国後、審査を受けて中等の資格を取得し、法政科挙人出身という資格を賜わった。

無論、山東臨清の癸卯恩科郷試に及第した王芝堂・張敬承、副榜（郷試の補欠合格者）李伯驥、浙江石門の同じく及第した呉乃琛と朱紹濂は、すべて清末の科挙改革によって立身出世のチャンスを獲た地方エリートであり、その経験もかなり典型的であった。各地方のそれまでの状況からみると、科挙の試験内容が変わらなければ、このような及第者が科挙に合格した後に国費留学の資格を取得し、さらに各業界のエリートになることはなかったであろう。清末の新学と地方社会との関わりを検討する際には、科挙改革とその影響などの事情を視野に入れるべきだと思われる。

おわりに

晩清において朝廷は数回にわたって科挙内容の改革を議論したが、それに呼応して、教育制度の領域においてもしばしば書院の改革が検討された。政局の変化で反復があったとはいえ、近代の新知識の中国本土における定着に科挙と書院の改革は多大な影響を与えたのである。伝統書院の課芸は徐々に晩清特有の「新学」と関わりを持った。多くの貢生・童生が習熟している従来の文体で新知識を表現したのは、科挙試験の変革に応じたためであり、また改革後の書院・学堂にて、科挙受験の学資を獲得しようとしたためでもあろう。これはまさに、課芸という伝統的な論文体が清末の新知識を表す重要な手段の一つとなり、さらに五四新文化運動まで続くことができた原動力であった。

しかし、知識の表現形式として、政府・教員の簡単な評語が付された新学の課芸には実際には様々な限界があった。例えば、形式を重視して内容を軽んじる書院の課芸はあくまでも一種の「答案」であり、作者は出題者の意図に影響されやすく、枚数と解答時間の制限もあったので、知識をさらに詳しく自由に考察したり、より権威ある、あるいは衝撃的な結論を出したりすることは難しかった。このように知識を伝播する媒体としては、正確性・権威性の点で確かに不足はあったものの、晩清の進学課芸が二〇世紀初期に新知識の解釈権・支配権をめぐる国家と民間の争奪戦において果たした役割は、さらに検討すべき重要な問題であろう。このような、中国近代知識の再生産過程における各種の葛藤はなお検討する余地があると思われる。

（1）〔訳者注〕「課芸」は「学習成果として書かれるテクスト」を指す。「文芸」と「論文」の両方にまたがる意味であり、日本語に適当な訳語が見当たらないため、あえて原文のまま訳出した。
（2）羅家倫「今日中国之雑誌界」『新潮』第一巻第四号、一九一九年四月一日、六二四—六二五頁。
（3）唐徳剛訳『胡適口述自伝』北京、華文出版社、一九八九年、一八四頁。
（4）劉蘭肖『晩清報刊与近代史学』北京、中国人民大学出版社、二〇〇七年、一三〇頁。
（5）李兆華「晩清算学課芸考察」『自然科学史研究』第二五巻第四期、二〇〇六年、三二二—三四二頁。聶馥玲「『算学課芸』的力学問題与京師同文館数学教育」『長沙理工大学学報（社会科学版）』第二八巻第二期、二〇一三年、三一—三五頁。
（6）Benjamin A. Elman「格致課芸与晩清現代科学的提唱」李弘祺編『中国与東亜的教育伝統（二）——東亜的書院伝統与近代教育的転折』財団法人喜馬拉雅研究発展基金会、二〇〇六年、二七一—三二一頁。
（7）清代書院の試験伝統については、陳谷嘉・鄧洪波主編『中国書院制度研究』杭州、浙江教育出版社、一九九七年を参照されたい。
（8）清朝の雍正七年（一七二九）に、国子監から満・漢の助教（教員）を派遣し、「ロシア館」にてロシアが派遣してきた留学生に授業を行うとともに、「ロシア学」（ロシア留学生の学校）を組織した。その制度など、蔡鴻生「〈朔方備乗〉俄羅斯館記事補正」同『蔡鴻生史学文編』広州、広東人民出版社、二〇一四年版、一四九―一六〇頁を参照。

（9）月考は毎月一日に、季考は二月・五月・八月・一一月の一日に行われた。奕訢等「遵議設立同文館摺（附章程）」高時良・黄仁賢編『中国近代教育史資料彙編――洋務運動時期教育』上海、上海教育出版社、二〇〇七年第二版、四一―四七頁。

（10）奕訢等「奏陳同文館学生考試情形摺（同治四年一〇月初五日　一八六五年一一月二二日）」、注（9）前掲『中国近代教育史資料彙編――洋務運動時期教育』一〇〇―一〇一頁。

（11）清代科挙の経古試験については、商衍鎏『清代科挙考試述録及其有関著作』天津、百花文芸出版社、三―一〇頁、二九頁を参照されたい。

（12）創立当初の名称は「上海学習外国語言文字同文館」であり、「上海同文館」と略称され、四、五年後には「上海広方言館」と称されるようになった。熊月之「上海広方言史略」上海市文史館・上海市人民政府参事室文史資料工作委員会編『上海地方史資料（四）』上海、上海人民出版社、一九八六年、七二頁。

（13）兪樾輯『上海求志書院課芸』光緒三年刻本。

（14）清・胡燏棻「変法自強疏」朱有瓛『中国近代学制史料』第一輯下冊、上海、華東師範大学出版社、一九八三年、四七三―四八五頁。

（15）清・張汝梅等「陝西創設格致実学書院摺」陳谷嘉・鄧洪波主編『中国書院史資料』杭州、浙江教育出版社、一九九八年、二二四九―五〇頁。

（16）「申明旧制懿旨」光緒二四年（一八九八）九月三〇日、注（15）前掲『中国書院史資料』二四八六頁。

（17）会稽顧家相「萍郷課士新芸序」『菁華報』一八九八年第一期、一―四頁。

（18）劉坤一・張之洞「変通科挙人才為先摺」。

（19）璩鑫圭・唐良炎編『中国近代教育史資料彙編・学制演変』上海、上海教育出版社、二〇〇七年版、五―六頁。

（20）そのうち、一九〇二年に郷試を一回、一九〇三年に恩科郷試と会試をそれぞれ一回、一九〇四年に恩科会試を一回行った。会試は光緒癸卯の補行辛丑壬寅恩正並科の会試（一九〇三）、光緒甲辰の恩科会試（一九〇四）である。二回の郷試は光緒壬寅の補行庚子辛丑恩正並科の郷試（一九〇二）、光緒癸卯の恩科郷試（一九〇三）であった。

（21）「光緒二十七年八月初二日上諭」『光緒朝東華録』第四冊、北京、中華書局、一九五八年、四七一九―二〇頁。

(22) 清・荘洪烈鑑定、陳名経・趙文運評選『臨清校士分館課芸』光緒壬寅（一九〇二）冬清源署刻本。趙文運「校士分館碑記」、張樹梅等編『臨清県志（二、三）』台北、成文出版社、一四六四―六六頁。臨清市教育局史志辦公室『臨清教育大事記（一八〇四―一九四九）』。

(23)『石門校士館課芸』光緒乙巳年（一九〇五）春日傳貽堂石印本。

(24)『桐郷県教育志・書院』。

Ⅵ　国際関係（近代）

12 戦争と日本民衆の中国観
——種々のメディアを史料として

金山泰志

はじめに

今後のより良い日中関係を模索していく中で、歴史学が果たすべき役割とは何なのか。過去を正確に把握することで、より良い未来を展望する作業こそが、歴史学の重要な役割である。日中関係史を正しく理解することなくして、より良い日中友好関係を築いていくことは不可能であろう。

その日中関係史を繙く際、大きな焦点となるのが日本人の中国観である。日本人は中国・中国人のことをどのように見ていたのか。この日本人の眼差しが日本の対中行動を考える上で重要な要因となるのは言うまでもないだろう。中国観研究とは他者認識研究でもあり、日中の相互理解のための第一歩ともなる重要な基礎的研究なのである。

現在の日本人の中国観については、世論調査から「好き・嫌い」「親しみがある・ない」といった感情レベルの中国観を数値として簡単に把握することができ、日本の支配的中国観が概ね否定的であることは周知の如くである(1)。では、なぜ現在のような中国観が形成されるに至ったのか。現在の日中関係に大きな禍根を残した近代以降の変遷を追い、歴史的に相対化する作業が求められる。

従来の日本の中国観研究を見てみると、その検討の対象は徳富蘇峰や福沢諭吉などに代表される特定の個人・知識人層に留まり、日本民衆の一般的な中国観に関する実証的研究は少ない(2)。思想史研究では、一部の著名な知識人の言説が当時の社会全般を代表していると暗黙のうちに前提とされていることが多く、中国観も例外ではない。知識人層の検討から明らかとなるのは、彼らの現実の対中政策を念頭に置いた体系的・理論的中国論・中国認識であり、現在の世論調査から読み取れるような感情レベルの中国観ではない。日本の中国侵略を下支えした日本民衆の対中国感情については、実証的な検討がなされていないのである。

感情の持つ力、単純でわかりやすいものこそ、多くの人々の支持を得、それが時代のうねりともいえる大きな潮流になることをわれわれは現在身をもって実感している。現在、日本のネット上には、中国に対する低劣な言説がはびこっているが、日本の有識者たちは「反知性主義」とあっさり切り捨てている。しかし、昭和のあの不幸な戦争に至る道程を考えてみても、感情むき出しの表現が社会に蔓延し時代を動かしていたことは忘れてはならない。戦前の人々の感情に着目することは現在を考える上でも、重要な意義を持つ。

以上のような問題意識から、筆者は「近代日本における民衆の中国観」を包括的に検討してきた(3)。ここでいう民衆の中国観とは、知識人層の中国論や中国認識とは異なる、日本社会一般で漠然と共有されていた感情レベルの中国観（＝一般的な中国観）を指す。

本章では、日本人の一般的な中国観を実証的に把握する方法を提示し、実際にその手法を用いて日清戦争期の日本人の中国観を明らかにしてみたい。周知の如く、日清戦争は近代日本初の対外戦争であったとともに、日本人の中国観を大きく変容させた重要な歴史的事件である。日中関係を大きく揺るがせた歴史的事件に着目することで、当時の一般的な中国観をシャープに描き出すことが可能となる。

一　非新聞メディアによる民衆中国観の研究

近代日本における一般的な中国観をどのようにして検討するのか。

注目すべきは、近代以降に著しい発展を見せる「メディア」の存在である。ここでいうメディアとは、「人と人のあいだのコミュニケーションを媒介する作用や実体[4]」という広義の意味で捉えたものである（マスメディアに限らない）。一般的な中国観という漠然かつ広域な対象を検討する上で、不特定多数の受け手を想定しているメディアを使用することは合理的であろう。

日清戦争期に時期を絞ると、「小学校教育（教科書）」「少年雑誌」「講談」「演劇」が、本章で取り上げるべきメディアとなる。

新聞も当時を代表するメディアの一つと考えられるが、日清戦争期においては、民衆が日常的に購読する段階には達しておらず[5]、紙面に見られる中国観も一般的な中国観を示しているものとは必ずしもいえない。この点は、野村浩一『近代日本の中国認識』（研文出版、一九八一年）で、新聞記事に表れていたのは「議論として展開された中国認識」であり「民衆の中国観」を示すものではないと指摘され、芝原拓自「対外観とナショナリズム」（『対外観』日本近代思想大系12、岩波書店、一九八八年所収）でも、「新聞が当時の最大のマス・メディアだったとしても、なお文盲率の高かったこの時期、それがそのまま民衆一般の意識や観念を代表し表現していたわけでない」と一定の留保が与えられている。

分析メディアの選択に際しては、本当にそのメディアから一般的な中国観が明らかになるのか、という点を熟慮する必要がある。すなわち、「当該メディアの表象を検討することが、当時の日本社会一般の観念を検討することと同義である」という点を、各種メディアから説得的に裏付けする必要があるのである。

まずは小学校教育（教科書）から見ていこう。小学校教育に関しては、国策の指導層から一般民衆に至るまで原則として誰しもが体験するものである。特に民衆に焦点を合わせた場合、当時の小学校卒業後の進学率の低さから[6]、小学校教育時に受容・形成された中国観がその人物のその後の中国観にも多大な影響を与えていたことが考えられる。当然、教育理念上からも、教科書に掲載された中国に関する教材や、それらを用いた教育現場における中国教育には、日本社会一般で適切だと思われた中国に対する見方・評価が反映されていたと考えられるのである。

少年雑誌は、その小学校教育の補助的役割も果たす総合的学習雑誌であった[7]。娯楽的要素だけでなく教育的要素も併せ持っていることが、戦前の少年雑誌の特徴である。この教育的側面から、誌面の中国に関する記事には、小学校教育（教科書）と同様の指摘が可能である。さらに、大人（送り手）が子供（受け手）に向けて提供していたものであることから、少年雑誌には大人から子供にまで通じる最大公約数的な中国観（＝一般的な中国観）が表れていたと考えることができる。日清戦争期を代表する少年雑誌には、『小国民』（学齢館）や『幼年雑誌』『少年世界』（博文館）などがある。

講談[8]や演劇などの娯楽メディアに関しては、文学作品から当時の社会的観念の一端を導き出すという国文学的・社会学的検討手法から、説得的な位置付けが可能である。この点に関しては、ヨーロッパの中国像の変遷を検討した大野英二郎が、「文学作品は作者の想像力によって創られた世界に他ならないが、作者は時代によって影響ないし限定を受け、あるいは読者を想定して創作を行う。（中略）その意味で作品は一方で作家の個性を表現しつつも、他方で時代の状況を確実に反映する。したがって文学作品に中国がどのように描かれているかを観察することは、当時のヨーロッパの人々がどのような中国像を抱いていたかを知る上できわめて有効であろう[9]」と指摘している点が説得的である。前述の少年雑誌は、教育的要素だけでなく娯楽的要素（お伽噺や小説など）も備えているため、同様の位置付けが可能である。

また娯楽メディアに関しては、日清戦争以降にメディアの商業化が急速な進展を迎えていたことも踏まえる必要がある。メディアの送り手は、収益性確保のために受け手の自発的・継続的な購買行為を目指し、受け手の嗜好性を考慮するようになっていた（予定調和的親和性）[10]。したがって、マーケティングの視点からも、送り手と受け手の双方に通じる最大公約数的な中国観がメディアには表れていたと考えられるのである。

以上のように、一般的な中国観をメディアから検討しようとする場合、民衆意識（一般的な中国観）の反映を読み取ることが可能なメディアを熟慮し選択する必要がある。

歴史研究において新聞を扱った研究は多い。新聞が第二次世界大戦前を代表する最も重要なメディアであることには違いないが、特段の理由もなく安易に使用することは慎まなければならない。史料を扱う側（研究者）が、丁寧に史料批判を行う必要があるのである。

また、民衆の中国観という漠然かつ広域な対象を実証的に明らかにするためには、特定のメディアの検討で完了というわけにはいかない。本章のように、民衆が享受したと考えられるメディアを複数取り上げ、横断的かつ相互補完的な検討が求められる。各種メディアで同様の中国観、同様の傾向が確認できれば、それは当時の日本社会における一般的な中国観であったと結論付けることができるだろう。

当然、時代によって検討に使用するメディアは異なってくる。メディアから一般的な中国観を捉えるには、メディアの流行り廃りも考慮に入れる必要があり、その時代を代表するポピュラーなメディアに着目し続けなければならない。大正・昭和時代になれば、娯楽の王者である「映画」や、ニュース・娯楽・教育といったあらゆるコンテンツが詰め込まれた「ラジオ」といったニューメディアが台頭する。大正・昭和期の一般的な中国観を検討しようとする場合は、これらのメディアからの検討も必須となるだろう[11]。

次節からは、日清戦争期の「小学校教育」「少年雑誌」「講談」「演劇」から、中国がどのように扱われ語られていたのかを具体的に見ていく。中国の扱われ方を様々なメディアを通して見ることで、当時の日本の中国観が浮き彫りになるだろう。

なお本章では、現在でも侮蔑的ニュアンスが強い「支那」に代わる通史的な呼称として「中国」を使用する。それは本章の検討の対象が、同時代の中国（＝清国）だけではなく、古典世界の中国（＝昔の中国）にまで及ぶからである。

二　小学校教育から見る日本の中国観

明治期の日本の小学校教科書を見てみると、地理教科書で中国の風俗や環境が「汚穢ナル所多シ」「気風尊大」と否定的に紹介されている記述を除き[12]、露骨な蔑視表現（後述の少年雑誌が象徴的）を伴った教科書教材（地理・国語・歴史・修身）は見られない。例えば、日清戦争の最中に出版された国語教科書に、『尋常小学読書教本』（今泉定介・須永和三郎、普及舎、一八九四年）があるが、「征清軍歌」「成歓の役の喇叭卒」「玄武門の先登者」「支那ト朝鮮」「志摩海軍大尉の手紙」「黄海の戦」など、日清戦争に関する教材が多く見られるものの、これらの教材に中国への激しい否定描写は見られない。教科書という性格上、他国を必要以上に揶揄する表現は避けられているのである。

教科書だけを見ると、教育レベルでは中国への蔑視や侮蔑意識は一見抑えられているかのように見える。しかし、実態はそうではない。例えば、当時東京の小学校に通っていた小説家・中勘助は、日清戦争中の小学校の様子を次のように回顧する。

戦争が始まつてから仲間の話は朝から晩まで大和魂とちやん〳〵坊主でもちきつてゐる。先生までが一緒になつて、犬でもけしかけるやうな態度で、何かといへば大和魂とちやん〳〵坊主をくりかへす[13]。

「ちゃん〳〵坊主」とは、日清戦争中に流行した清国人に対する蔑称である。[14] この回顧によると、子供たちだけでなく教員も一緒になって「ちゃん〳〵坊主」という激しい蔑称を使用している様子が読み取れる。日清戦争が勃発すると、教育現場でも戦争熱が劇的な高まりを見せはじめるのである。それらを裏付ける貴重な史料が、当時の教育雑誌にも見られる。当時は、最も有名な『教育時論』（開発社、一八八五年創刊）を筆頭に、都道府県レベルのものを含め数多くの教育雑誌が刊行されていた。

『教育時論』一八九四年九月二五日号の「此際注意すべきこと」という記事を見てみると、「或県の小学校にては、修身科の時間は、すべて軍の話を以て之を充たせり」と、徳育を行う修身科で「児童の神経を刺激する」ような日清戦争談が語られている様子が紹介されている。日清戦争という近代日本が直面した一大時局に際し、日清戦争は教科や教科書の枠を超えて取り扱われていたのである。教科書のみの検討ではこの実態は見えてこない。

特に注目すべきは、当時の地方教育雑誌に掲載されていた「日清事件ヲ小学生徒ニ講話スルニ付注意スベキ要条」という記事である。[15] 小学生に日清戦争を語る際の注意事項として「一．清兵ノ怯弱ヲ説キ児童ヲシテ驕傲ナラシムマジキコト」「一．敵国ニ対シテ誹謗嘲弄ノ語ヲ用ザル様示諭スベキコト」という警鐘が鳴らされている。「清国兵の臆病ぶりを語って子供たちを驕らせてはいけない」、「敵国に対して誹謗中傷の言葉を使ってはならない」といった警鐘が鳴らされるほど、差別的な教育が実際には行われていたことをこの史料は裏付けている。侮蔑感を抱かせるような教育が行われていないのであれば、このような警鐘は無用であろう。

なぜ、侮蔑的な教育が行われていたのか。その要因の一つとして、戦争の勃発に伴い敵愾心の宣揚が国家的な急務となったことが考えられる。相手を憎む心がなければ、戦争で相手を殺すことを正当化できないからである。子供の敵愾心を宣揚することは、教育者の重要な使命であった。

そして、激しい敵愾心は愛国心の強さの証明ともなる。「ちゃん〳〵坊主」などの激しい蔑称を使用することは、自らの愛国心の強さを証明することに他ならない。そのため、教員も生徒も一緒になって激しい蔑視観を露わにし、その過熱ぶりは教育雑誌で警鐘が鳴らされるほどであったのである。

また、想起されるのは「文明対野蛮」という日清戦争の大義名分である。[16]この大義名分を子供たちに教えることも教師の重要な役割であったと考えられる。野蛮な中国を強調することは、敵国への侮蔑感・否定観を当然伴う。野蛮な国に対しては、「ちゃん〳〵坊主」などの激しい蔑称を使用することも厭わなくなるのである。

それでも、小学校教育では過度の敵愾心の増長に一定の抑制がはかられていた。しかし、娯楽の領域において、この抑制はいとも簡単に吹き飛んでしまう。この点を次の少年雑誌や講談・演劇で見てみたい。

三　少年雑誌から見る日本の中国観

日清戦争勃発とともに少年雑誌では、『幼年雑誌』一八九四年一一月一五日号「黄海の激戦」、『小国民』一八九四年一一月一五日号「豊島沖海戦」など、日清戦争の戦況を伝える記事が多く掲載されるようになる。

これらの記事を見てみると、清兵が戦闘となるとすぐに逃走してしまう様子を愛国心や忠国精神の欠如として紹介したり（「不忠」「怯懦」）、報償のために日本の死傷者と見れば片端から手首を切り取って持ち去る行為を「残酷・野蛮」、軍旗を掲げなかったり奇襲を仕掛けることを「卑劣・卑怯」、服装や風貌などを「不潔」と評し、その清兵を「豚尾《とんび》・豚軍」などと蔑視表現で呼称している。[17]「豚尾」という言葉は弁髪を豚の尻尾と蔑んだことに由来する清国人の蔑称であるが、この身体的特徴は清国人を揶揄するのに手頃であったと考えられる。「残酷」「卑劣」「卑怯」「不潔」などの表現は、清国側の野蛮性を強調したものに他ならない。少年雑誌においても、「文明対野蛮」という構図で日清戦争は語られているのである。

図1　「馬乗ごっこ」（『小国民』1894年7月15日号）

注）宣戦布告前から蔑視的な挿絵が児童雑誌に掲載されている．挿絵に付随された文章には「チヤン〳〵を、斯うふんづかまいて，馬乗ごツこは面白いです」とある．

図2　「小国民の戦闘力」（『小国民』1894年12月1日号）

注）読者に対し，勉励・健康などの重要性を説いた記事の挿絵．中国兵の顔に「不勉強」「卑屈」「怠」などの否定的評価が見える．切瑳琢磨しなければ「支那」のようになってしまうとも書かれている．

戦記記事ばかりでなく、子供向けの小説やお伽噺でも清国は否定的に語られる。例えば、『少年世界』一八九五年二月一五日号、漣山人「駄法螺《だぼら》」という小説記事を見てみると、「（喇叭《らっぱ》大将という日本をモデルとした登場人物が、駄法螺という中国をモデルとした登場人物に対して）見よ彼駄法螺を！　徒らにムク〳〵然と肥太つて、進退の遅鈍極まる、到底文明の今日に、吾々と肩を並ぶべき者でない。されば此の義戦を機とし、野蛮不潔の駄法螺をば、只の一ト吹に吹き飛ばしてしまへ」と描かれる。当時の少年雑誌には、日清戦争を当て込んだこのような作品が数多く掲載されている[18]。寓意は「日本の強さと清国の弱さ」で一貫しており、「文明」と「野蛮」の比較のもと、清国・清国人に対する「豚尾漢」「チャンチャン坊主」「頑固」「野蛮不潔」「遅鈍」「無精」といった表現が文章中に散りばめられる。

小説だけではない。図1・2などのように、少年雑誌には子供たちの敵愾心を巧みに煽る読み物が挿絵付きで数多く掲載されていた。[19]

この敵愾心の発露は、少年雑誌において好意的に受け止められている。『小国民』一八九四年一二月一日号「清人の面目」という記事では、日本の子供たちが来日した捕虜清兵に対し「チヤンチヤン坊」と巡査憲兵の制止もきかずに怒鳴っている様子を「カアイらしき敵愾心の発顕なり」と誉め、「本邦人ハ、大人となく小児となく、一般に愛国心の強きこと斯の如くなるに、翻ツて清国人を見る時は、実に笑止に堪へざる者あり」と指摘する。子供たちが使用する「チヤンチヤン坊」などの蔑称が可愛らしい敵愾心の発露として、また愛国心の強さの一端として好意的に評価されている。[20] 愛国心の強さは現在でもポジティブなものとして捉えられることが多いが、それは自国以外の国への蔑視観や軽蔑心と分かちがたく結びついていることを、この史料はわれわれに教えてくれている。少年雑誌の特徴として「小学校教育の補助的役割」という側面があったが、敵愾心の増長という点では「補助」どころではなく、積極的な役割を果たしていたといえよう。

少年雑誌の読者投稿文を見てみても、中国に対する否定的な眼差しは明らかである。『小国民』一八九五年四月一日号に投稿された「開化」（上総・木原正作）という笑い話を見てみよう。

二人の小国民が、頻に日清戦争の話をして居る所へ、老婆側より声をかけ、お前達ハ大層トンビ〳〵といふが、一体何のことだい。小供対《こたえ》て、豚尾とは毛唐人のことです。老婆驚いて、開化すればするもんだ。毛唐人の畜生めが、鳥に成ツた。

この投稿文は「鳶（とんび）」と「豚尾（とんび）」をもじった笑い話で、少年雑誌の読者（＝子供）が中国（清国）を嘲笑の存在として扱っていることが読み取れる。「野蛮」で「弱い」清国は、日本の圧倒的優勢が伝わる日清戦争末期には、「嘲笑」の対象に移行したのである。

四　講談・演劇から見る日本の中国観

敵愾心がまわりくどい留保や抑制を吹き飛ばして単純化した形で表出するのは、子供向けの娯楽だけではなかった。大人も子供も楽しめる娯楽である講談や演劇にも同様の傾向が見られていた。

講談も演劇も、日清戦争勃発とともに日清戦争関連の演目が流行している。(21) 特に、非識字層にとって講談・演劇は日清戦争を知るための重要な手段であった。字が読めなくとも、講談師の「日清戦争談」を聴き、役者が演じる「日清戦争劇」を観ることによって、日清戦争の情報を知ることができた。当時の講談・演劇には報道メディアとしての側面もあったのである。

講談の場合、実際の語りを速記してまとめた速記本が出版されているため、それを史料に詳細な検討が可能である。試みに、日清戦争講談の速記本の一つ、松林伯円講演、今村次郎速記『通俗支那征伐』（文事堂、一八九四年一一月）を見てみよう。清国兵の「残酷性」について、日本は文明国なので捕虜に対し残酷な仕打ちはしないという記述が見える一方、「却つて清国にてハ降参人どころでハなく敵国の者と見る時ハ人民をさへも惨酷の目に遇はすといふ事も聞及ぶ」（一〇五頁）と言及する。中国環境の「不潔」についても「不潔極まる街にあつて昼ハ終日蠅又ハ聞くさへ憎き南京毒虫に苦しめられ夜間ハ終夜陣営の中に蚊軍の為に些かの眠りを妨げられ」（一一九―一二〇頁）と見え、否定的描写が散見している。講談でも、「文明―野蛮」理解に基づき、中国が否定的に語られているのである。

これは、演劇でも同様であった。日清戦争劇については、越智治雄「「威海衛陥落」論――日清戦争劇を観る」（『国語と国文学』四二巻一一号、一九六五年一一月）など、多くの研究蓄積がある。これらの先行研究では「日清戦争劇において、高官から兵卒に至るまで、清国人は、軽薄であり、強欲であり、残忍であった」と指摘される。

また、日清戦争劇を実際に観た観客の感想からも、中国に対する否定的感情は浮き彫りになる。明治・大正を生きたジャーナリスト生方敏郎の回想記『明治大正見聞史』（春秋社、一九二六年）では「〔日清〕戦時中、芝居小屋では戦争の際物を演じて客を呼んだ。〔中略〕大勢の支那兵と少数の日本兵との戦いで、必ず支那兵が負け、あやまったり泣いたり、「日本人たいへんたいへん強いあります」というようなことを言って、終《しま》いは日本兵の註文に応じ様々の芸をしたり滑稽な唄を唄って、見物人を哄笑させる、それはそれは余裕綽々たる芝居であった」（四一頁）と回顧される。演劇においても、清国兵の「弱さ」が強調され、「嘲笑」の対象となっていたことがわかる。

五　古典世界の中国に対する肯定的眼差し

以上、日清戦争中の各種メディアでの中国の扱われ方・語られ方を見てきた。しかし、今まで見てきた中国は、同時代の中国＝清国であったということは注意が必要である。日清戦争中は当然のことながら、敵国である清国や清国兵に関する情報がメディアを席巻する。

しかし、日本人の中国観を考える場合、同時代の清国への眼差しだけでは不十分である。中国は長い歴史を誇り、日本と中国の歴史的関係も深く長い。そのため、日本人の中国への眼差しは、「同時代」だけでなく「古典世界（＝昔）」にも向けられることになる。

例えば、孔子や孟子に代表される古典世界の中国偉人に対して、明治期の日本人は否定的イメージを抱かない。これは、中国偉人の嘉言善行（『論語』などの漢籍も含む）が、子供の人格涵養に役立つ模範として、その徳育的価値が認められていたからである。中国の偉人は、小学校の修身や国語教科書の教材としても扱われ、少年雑誌にも数多く登場する。近世日本において儒教が日本独自の発展を遂げ、その文化的影響を強く受けていたことも無関係ではない。

一方、『三国志』や『水滸伝』など、中国古典を題材とした娯楽作品への肯定的イメージも、古典世界の中国への肯定観として捉えられる。これらの作品は、江戸時代以降、歌舞伎や講談で親しまれており、明治期においても面白い娯楽作品として日本社会一般に受け入れられ楽しまれていた。以上のような古典世界の中国文化そのものへの肯定観も、日本人の中国観の一側面である。明治期の日本は、「漢学愛好」の時代でもあり、現在の日本人より古典世界の中国への造詣は深かったといえる。

日清戦争が勃発すると、既に見てきた通り、日清戦争〔同時代の清国・清国兵〕に関する記事・演目が、各メディアにおいて全面に押し出される。そのため、古典世界の中国に関する記事や演目は見えにくくなってしまう。しかし、注意深く少年雑誌を見てみると、「聖人」孔子の教育法を紹介している記事や、孔子や項羽、韓信などの中国偉人の例を引きながら文章の事績を論じた投稿文などが、日清戦争中であっても少数ながら確認できるのである[22]。

日清戦争による否定観の対象は、あくまで同時代の中国王朝である清国・清国人であり、古典世界の中国偉人にまで否定観が及ぶことはなかった。それを如実に物語っている史料が、次の『大日本教育会雑誌』一八九五年五月一日号、学習院・高等師範学校教授湯本武比古「孔子の教育」という記事である。

孔子は吾等が今日敵とする清朝の臣民ではありませぬ。却て孔子は今の清朝の如きは之を北狄などと云つて卑んで居りました。又実際今日の清朝はそんな国でありますが、だからして今日の清朝の臣民が吾々の敵であるからと云つて、それを孔子に及ぼすことは出来ない。〔中略〕今日の支那は軽蔑すべきものであるが、其の支那の国に生れた孔子はそれが為めに軽蔑してはならぬ。

孔子は現在戦争で敵対している清朝の臣民ではないとされ、今の中国〔＝清朝〕は軽蔑すべきものであるが、孔子は軽蔑してはならないと、同時代〔＝清国〕と古典世界〔＝孔子〕が意図的に区別されている。

この傾向は、少年雑誌でも同様で、『小国民』一八九四年一二月一日号「教育幻灯会」でも「諸葛孔明も、顔真卿顔杲卿も、文天祥も、遠き昔の話にて、只今では、清国四百余州四億万人を、鉄の草鞋《わらじ》で探しても、忠勇賢明の将校は一人もない」と述べられている。古典世界の中国偉人と同時代の中国人が比較され、「昔は良かったが今は駄目」という中国観が読み取れる。「同時代の中国への否定観」「古典世界の中国への肯定観」という、今に至る日本人の中国観の二面性が浮き彫りになっていることがわかるだろう。日本人の中国観の否定的側面を指摘する研究は多いが、その否定的側面だけが中国観の実態ではないのである。

以上の古典世界の中国への肯定観は、日本の対中行動を理解する上でどのような作用を及ぼしていたのか。例えば、明治期の国粋主義者高橋健三は、中国の文化を継承してきた日本が「文化の支那」を回復するための戦争として、「文明対野蛮」とは異なる視点から日清戦争を正当化する[23]。高橋は、中国を倫理道徳の「故国」として高く評価していた人物であった。つまり、古典世界の中国への造詣が深かったがゆえの発想であったといえる。既に指摘した通り、明治期の日本人は古典世界の中国に対しかなりの理解があった。高橋のような考え方に共感できるだけの素地が、当時の日本社会一般に備わっていたことが考えられるのである。

日清戦争後、古典世界の中国に関する教材・記事・演目がメディアに再び姿を表すようになる。教科書では、「藺相如」（『高等小学修身書』文部省、一九〇三年）「張良」「韓信」「諸葛孔明」「孔子」「孟子」（『尋常小学読本』文部省、一九一〇年）などの古典世界の中国偉人が教材として確認できる。講談や演劇でも、『水滸伝』や『三国志』『西遊記』などの中国古典を題材にした演目が日清戦争後も上演され、観客の好評を得ていた[24]。

おわりに

「日清戦争は日本社会一般に否定的な中国観を浸透させた戦争である」という点は多くの先行研究で言及される。

しかし、今まで史料的裏付けを伴った研究はなく、当然の事実として指摘されてきたに過ぎなかった。本章では、各種メディアからその実証的把握が可能であることを示し、一般的な中国観の実態にまで言及することを試みた。

先行研究には、日清戦争を契機に中国への眼差しが、肯定から否定に取って代わったと指摘する研究もあるが、それは誤謬である。(25) 日清戦争中にも見られた「同時代の中国（清国）への否定観」、「古典世界の中国への肯定観」という二つの中国観の併存が、日清戦争後も一貫している日本社会一般の中国観の実態である。当然ながら、中国観は否定的あるいは肯定的一辺倒という単純なものではなく、同時代と古典世界の中国それぞれについて、否定的な評価もあれば肯定的な評価も存在する。ただ、中国観の主潮を考えた場合、少年雑誌や教科書、講談・演劇から抽出した記事数・教材数・演目数の数的傾向や、複数のメディア間に共通した評価傾向から「同時代の中国への否定観」「古典世界の中国への肯定観」という二つの中国観の併存があったと結論付けられるのである。

近代日本が初めて経験した大規模な対外戦争である日清戦争は、「日本国民」を形成し「日本人」という意識を広く社会に浸透させた戦争であると言われる。(26) 中国観からこの問題を捉え直した場合、この「我々」日本人という意識は、「他者」である敵国清国・清国人との差別化によって生まれる。その差別化は、当時の国際規範意識でもあった「文明―野蛮」理解を基軸として、「他者」を「我々」より劣位（否定的）に置くことで図られているといえる。戦争によって清国が「我々」に最も身近な「他者」となり、その「他者」の野蛮性を「不忠」「残虐」「不潔」「卑怯」などと、各種メディアが侮蔑的に報じた。「我々」日本人の文明国としての優秀性が強調されるとともに、清国に対しては否定観を抱くようになったのである。また、激しい蔑視表現や蔑称も、戦争における敵愾心宣揚の一助、さらには愛国心の強さの証明であるという建前を取ることで、「我々」日本人という意識を強くするものとして正当化されていたと考えられる。

また本章が示唆するところは、対外関係の緊張が高まると、相手国へのネガティブな情報流通があらゆるメディアで連鎖する傾向にあったということである。国が上から押し付ける教育だけではなく、受け手の嗜好性を考慮する娯楽メディアにおいても、中国に対するネガティブな情報が発信され続けていた。日清戦争中においては、小学校教育／娯楽メディア／新聞・雑誌などのあらゆるメディアがリンクし相乗効果を生み出し、結果として日本社会一般に否定的な中国観を浸透させたと結論付けられる。

このメディア連鎖はその後の大正・昭和時代においても基本的に変わることはなかった。現在の日本においてもSNSなどに代表される様々なネットワークメディアを通じ、中国に対するネガティブな感情が形成・受容されている。ネットワークメディアの恐ろしさは、従来のメディアとは異なり情報の送り手が不透明なまま責任を負うことなく、好き勝手な評価を下せることにある。中国や韓国に対する低劣かつ過激な言説はこのネットワークメディアの性格によるところも大きい。

他者表象はまぎれもなく自己認識の反映である。ネットワークメディア全盛の今、自己を見つめ直すことができる他者認識研究の重要性は益々大きくなっている。

（1）　二〇一四年九月に公表された日中共同世論調査によれば、日本人の九三％が中国に良くない印象を持っている。詳しくは、「言論ＮＰＯ」（二〇一四）「第一〇回日中共同世論調査」（http://www.genron-npo.net/pdf/2014forum.pdf）を参照のこと。

（2）　安藤彦太郎『日本人の中国観』勁草書房、一九七一年。小島晋治『近代日中関係史断章』岩波書店、二〇〇八年。並木頼寿『日本人のアジア認識』山川出版社、二〇〇八年。松本三之介『近代日本の中国認識』以文社、二〇一一年。古屋哲夫編『近代日本のアジア認識』京都大学人文科学研究所、一九九四年。王暁秋著・小島晋治監訳『アヘン戦争から辛亥革命――日本人の中国観と中国人の日本観』東方書店、一九九一年など。民衆の中国観に関しては、最近になり青木然「日本民衆の西洋文明受容と朝鮮・中国認識――娯楽に託された自己像から読み解く」（『史学雑誌』一二三編一一号、二〇一四年一一月号）が出た程度である。

（3）拙著『明治期日本における民衆の中国観——教科書・雑誌・地方新聞・講談・演劇に注目して』芙蓉書房、二〇一四年。
（4）有山輝雄・竹山昭子編『メディア史を学ぶ人のために』世界思想社、二〇〇四年、七頁。
（5）檜山幸夫「日清戦争と日本」檜山幸夫編著『近代日本の形成と日清戦争——戦争の社会史』雄山閣出版、二〇〇一年所収など。
（6）伊藤彌彦「日本近代中等前期教育の形成と展開」望月幸男編『国際比較・近代中等教育の構造と機能』名古屋大学出版会、一九九〇年所収、三一一—三一二頁。明治末期においても、中等教育機関への進学率は二割に満たなかった。
（7）続橋達雄『児童文学の誕生——明治の幼少年雑誌を中心に』桜楓社、一九七二年、二三一頁。
（8）軍記、武勇伝などを、張り扇で釈台を打って語る話芸。元来は事件・出来事などのニュースを読んだ。
（9）大野英二郎『停滞の帝国——近代西洋における中国像の変遷』国書刊行会、二〇一一年、五八五—五八六頁。
（10）平山昇氏による前掲拙著書評に詳しい（『メディア史研究』三八号、二〇一五年九月号）。
（11）拙稿「大正期の映画受容に見る日本の中国観——映画雑誌を素材に」『ヒストリア』二五一号、二〇一五年八月。拙稿「日中戦争前後のラジオで放送された中国関係番組」『史叢』九四号、二〇一六年三月。
（12）『輿地誌略』内田正雄、一八七〇—七七年。『萬国地理初歩』学海指針社、一八九三年など。
（13）中勘助『銀の匙』岩波書店、一九二一年、一五九頁。
（14）一九世紀後半になると、江戸の町では「ちゃんちゃん」ということばが、清国人の弁髪や子供の唐子髷をさす、くだけた話し言葉として使用されるようになった。語源は唐人飴売りが叩く鉦の音からきた言葉ともいわれる。日清戦争前から清国人を象徴する負のイメージが与えられており、日清戦争以降、蔑称として浸透する（福井純子「おなべをもってどこいくの——日清戦争期の漫画が描いた清国人」『立命館大学人文科学研究所紀要』八二号、二〇〇三年一二月など参照）。
（15）『千葉教育雑誌』一八九五年二月一八日号。『長崎県教育雑誌』一八九五年三月二五日号。
（16）山室信一「アジア認識の基軸」古屋哲夫編『近代日本のアジア認識』緑蔭書房、一九九六年所収。小林啓治『国際秩序の形成と近代日本』吉川弘文館、二〇〇二年など。
（17）『少年世界』一八九五年一月一五日—四月一日号「征清画談」。『幼年雑誌』一八九四年一一月三〇日号「鴨緑江と第一軍」。『小国民』一八九五年四月一五日号「牛荘の市街戦」など他多数。
（18）『少年世界』一八九五年一月一日号—四月一五日号、巌谷小波「日の丸」「鳶ほりよ、りよ」「駄法螺」「降参龍」「あやまり小法師」。『小国民』一八九四年一〇月一日号、鹵男「地獄の沙汰」など。

(19) 各少年雑誌から抽出した日清戦争中の中国関係記事数一七一件（読者投稿一〇九件）の内、否定的評価の見られるものは一五六件（読者投稿一〇九件）。

(20) 日清戦争劇も「国威を輝かし士気を鼓舞するの目的を以て今回日清戦争を活劇に取仕組み」（『都新聞』一八九四年八月一九日付）とあるように、敵愾心宣揚の一助と意義付けられている。

(21) 講談は富栄亭「日清韓葛藤の顚末」（一八九四年九月四日）や稲積亭「日清戦争の講談」（一八九四年一一月一日）など。演劇は東京新盛座「日清大戦争」（一八九四年九月二八日）や大阪弁天座「日本大勝利」（一八九四年一〇月一二日—一一月三日）などの上演が確認できる。

(22) 計九件（読者投稿一一件）。『少年園』一八九四年一〇月三日号、稲垣満次郎演説「教育談」。『幼年雑誌』一八九四年九月一日号（読者投稿）、宮城県・松岡新造「文章論」など。日清戦争後は四二件（読者投稿五五件）。

(23) 中川未来『明治日本の国粋主義思想とアジア』吉川弘文館、二〇一六年、一六四—一六五頁。

(24) 大阪堀江座「水滸伝雪挑」（一九〇二年三月一二日）、東京座「通俗西遊記」（一九〇〇年一〇月一日）など。後者の「通俗西遊記」は入場券が売り切れになるほど好評を博していた（『都新聞』一九〇〇年一〇月一一日付）。

(25) 白井久也『明治国家と日清戦争』社会評論社、一九九七年。山根幸夫『近代中国と日本』山川出版社、一九七六年など。

(26) 佐谷眞木人『日清戦争——「国民」の誕生』講談社、二〇〇九年、七—一三頁。牧原憲夫『客分と国民のあいだ——近代民衆の政治意識』吉川弘文館、一九九八年、一四三・一五六頁。「国民」としての「共同性」や、ナショナリズムとの関係については、成田龍一『近代都市空間の文化経験』岩波書店、二〇〇三年。三谷博『明治維新を考える』岩波書店、二〇一二年など参照。後者では、「他者との差別」があれば「共同性」はなくても「国民」は形成されると論じられている。

13 近衛篤磨と日中関係

――二〇世紀転換期における二度の中国渡航を中心に

戴　海　斌
（梶田祥嗣　訳）

はじめに

歴史あるいは現実において、日中関係は敏感な話題のひとつであることは言うまでもない。両国間の長きに亘る戦争の恩讐により、中国人は歴史を回顧するとき、「侵略」、「帝国主義」、「軍国主義」といった批判モデルに傾き易い。また、政治外交史を研究する学者の多くは清末の日中関係を考察し、その批判モデルを日本の帝国主義支配の長期的な文脈に組み込んでいる。他方、文化史、教育史、留学史等の研究では、中国と友好的な隣国との絶え間ない「文化交流」という見方に偏重し、それは「同文同種」、「睦誼（相互尊重）」といった表現に多く表れている。清末、特に一九・二〇世紀の境目の日中関係は極めて特殊な時期であった。日本の学者は「純粋な親日時代」（さねとう・けいしゅう）と称し、西欧の学者は「忘れられた黄金の十年」と呼んでいる。しかし、「黄金の十年」説はこれまで中国では正面から受け止められず、論争の的として疑問視され続けてきた。つまり、ひとつの歴史に対して各々に判断材料があり、対立する両者のいずれもかなりの証拠を提出しうるように見えるのである。かかる学術的現象はまさしく、この時代の日中の歴史が重層的あるいは断片的であり、少なくとも、今なお研究を深める必要があることを示している。

最初の日中戦争からすでに一二〇年以上経つが、この戦争は近代の日中関係を形作った起点であると言える。一方では、清朝の敗戦により、中国の国勢と国際的な地位は急降下し、日中関係も急激に不平等へと転じた。また一方では、日本は急速に台頭し、中国に侵出する列強の仲間入りを果たした。同時に無視できないこととして、日本が中国において多彩な政治的人脈を構築し、清朝の官僚層はそれに等しく好感の念を抱き、その後の社会変革の過程において日本の資源を大いに吸収したことは、通常の日中関係とは明らかに異なることであった。このような状況と日清戦争以後における日本の国内政治思潮の推移、および日本政府・民間団体双方の中国での長期的な活動とは密接不可分の関係にあった。政府に比べ、日本の民間団体の活動はより広く、程度も深い。とりわけ東亜同文会の在中メンバーは、その政策と実践において極めて複雑な様相を呈している。

長年、清末史研究は一般に近代史の範疇に入れられ、先行研究の多くは政府と民間の「対立」を強調し、その関心は清朝政府への対立的側面に偏向してきた。これと関連して、清末の日本在留邦人についても、革命派あるいは改革派と密接な関係をもった「日本の友人」という身分に落とし込まれることが多い。同時に、その他の在留邦人についても、彼ら自身の活動の歴史的な意義については、恐らく宮崎滔天などに劣らないはずだが、「革命性」がそれほど強くはなかったため、注目されることは少なかった(1)。

日本の要因はこれほどに重要であるから、清末史研究、とりわけ日清戦争から辛亥革命の歴史は、およそ日中双方の文献を総合的に利用することが重要である。今まで、相互補完（証拠補強）の視点から史実を再構成し、歴史を解釈することを強調する者は、優れた業績を上げてきた。この分野では、湯志鈞、楊天石、李吉奎、桑兵、茅海建、鄭匡民、夏暁虹等の先学は、皆優れた模範となっている。近年、孔祥吉と村田雄二郎は多数の日中関係史の著作を共同で執筆し、その研究水準は高い(2)。しかしながら、日本語文献における中国近代史料の総量から言って、目下の研究は宝庫の一角を掘り起こすにとどまっている。日本の学界では、対中政策・中国関連団体および関連人物の研究分野において相当豊富な成果が蓄積されていて、参考の価値がある。ただ、大部分は日本史あるいは日中関係史の枠内で展開され、中国方面の史料と突き合わせて具体的な問題を処理した研究は少ない(3)。

総じて、先行研究では近代の日本在留邦人の具体的な影響については、評価が足りないように思われる。また、在留邦人は大量の文献を遺しているが、その史料的価値の認識および具体的な利用も不足している。筆者は先行研究の驥尾に付し、この分野の探究を継続したいと思う。本文は近衛篤麿の二度の中国渡航を重点として、近衛と清人との具体的な交流の状況、清末における日中関係の意義について考察を試みる。

一　近衛篤麿と史料

近衛篤麿。号は霞山、五摂家筆頭の出身であり、一八六三年、京都に生まれた。弱冠にして公爵の地位に上った。一八八五年、欧州に遊学し、ドイツ・ボン大学・ライプツィヒ大学に学んだ。一八九〇年に帰国し、貴族院議員となった。一八九五年、学習院院長に就し、その後、貴族院議長、帝国教育会会長、枢密顧問官等を歴任し、一九〇四年に逝去した。享年四二歳。その子の近衛文麿（一八九一―一九四五）は、一九三七―四一年の間に三度首相を務めた。

明治天皇から「名門の偉器」と称された近衛篤麿は、日本近代史上、非常に重要な地位を占め、その活動・足跡は政治・外交・教育・文化の各分野に渉った。彼は東アジア問題に対し精力的に関心を持ち続け、朝鮮・中国問題に関する言論を積極的に発表した(4)。一八九一年、東邦協会副会長に就任、一八九八年、東亜同文会を設立し、会長を務めた。一九〇〇年、国民同盟会を結成、さらに一九〇三年、対露同志会を組織し、明治三〇年代には日本の「対外硬」運動の精神的支柱とみなされた。近衛は「日清同盟論」、「支那保全論」の提唱者として、立場を異にする清朝の人物と交流をもち、軽視できない影響力を発揮した。

関連史料が研究され始めるに随い、近衛と清朝の関係についても次第に解明が進んできた。研究の初期には、主に近衛日記を利用して、「南清視察」の足跡を訪ね、近衛による「劉坤一・張之洞両総督会見、同文提携の約」の意向に注意が向けられた[5]。一九五〇年代には、波多野太郎が京都陽明文庫の近衛家旧蔵史料のうち、劉坤一、張之洞、袁世凱、奕劻、岑春煊等の清末政界の要人からの書簡十数件を輯録した[6]。これらの初公開資料を通じて、波多野は当時の日中関係の重要な側面を明らかにし、「霞山公は隠然たる日本第二政府」、「それは全く日本の対外政策の淵源地であり、その理想と識見には内外ひとしく景仰するところであった」と述べている。留意すべきは、当該文章が発表された時代の雰囲気である。戦後の日本史学界はマルクス主義の影響を深く受けていたが、波多野は伝記を主とすべきとして近衛を擁護した。とはいえ、近衛が交流した清朝官僚についての評価は低かった。

近衛個人の日記は整理された後、一九六八年に刊行された。当該書は多数の中国関連の書簡・電報・報告書を付録として付し、その第六巻「付属文書」所収の往復文書には清人の書簡が多数含まれる[7]。『近衛篤麿日記』は近衛の政治活動が最も盛んであった時期をカバーし、また、日中関係史の「黄金期」でもあったため、出版されるや、学界で広く重視され、重要な成果を生んできた[8]。ただ、そこに収録された清人による大量の書信については、利用されることが少ない。その原因として、書簡が各所に分散し、検索に不便なことが挙げられる。加えて原文の字体も読みづらく、校正時の誤植もあるため、識別には著しい困難を来している。より大きな難題もある。現存の書簡には現物が存在するのみで、写しがない。書簡の理解には日記等の他の資料を参照することが必要だが、それは（ことに中国では）著しく困難である。書簡と中国側の文献とを対照させせなければ、背景を把握することは難しく、精確に解読することもできない。

二〇〇四年、李廷江は陽明文庫蔵の近衛関連の漢文書簡を隈無く収集し、一冊にまとめて出版した。当該書は『近衛篤麿日記』未収の書簡を増補し、影印文献とそれを活字に起こしたものを収録し、非常に便利である。全九九通の書簡のうち、大部分は一八九八年から一九〇三年に清人が近衛に宛てたものであり、差出人はおおまかに、①清末の改良派、②南方の有力者、③清朝政府の要人と外交官、④日本に留学中の学生およびその他の四つに分類される。編者は、「本書収録の書簡は、近衛篤麿をめぐる中国人という視点から、明治三十年代の中日関係を再検討するうえで絶好の材料を提供するものである」と述べている(9)。

実際、仮に時系列で見れば、一八九九年と一九〇一年の二度の中国渡航は、異なる方向から中国人と人脈を構築したことがわかる。書簡に反映される「近衛篤麿をめぐる中国人」の環からも、基本的にこの二度の訪中を分水嶺とすることができよう。すなわち、最も早く交流した中国人は、戊戌の政変後に海外に亡命した変法派の中心人物である康有為・梁啓超であった。近衛は一八九九年秋には華中・江南一帯を歴訪し、湖広総督の張之洞・両江総督の劉坤一等、東南の大官およびその幕僚・親戚友人と交流を深めた。一九〇一年の華北訪問からは、その交際範囲は栄禄、王文韶、瞿鴻禨、袁世凱、那桐等の清朝中枢の高級官僚および慶親王奕劻、醇親王載灃、粛親王善耆、貝子毓朗等の皇族に拡大した。このような人脈および背景を深く掘り下げていくことは、戊戌から庚子、および清末の親政時の関連する歴史上の事柄を解釈するために極めて有益である。

二　第一回中国渡航（一八九九年一〇—一一月）

戊戌の政変が起こると、明治政府は一時積極的な介入政策を取り、清末維新派の士人を公式に救援し、光緒帝廃立の阻止を試みた。また清朝政府に温和主義を実行するよう幾度も勧告した(10)。しかし、日本の内閣では人事が更迭され、清朝の政局が変化するに伴い、日本の対中政策も転換を来した。東亜同文会の活動の重心もそれに呼応して転換した。

東亜同文会は民間組織という特殊な性格によって、明治政府と康有為・梁啓超との間を取り持ち、康有為に日本を離れて『清議報』を廃刊するよう説得するなど具体的な役割を果たした[11]。続けて、中国における事業発展計画を作成し、拠点を東南部の長江流域に置いた。ここは日本の経済的利益が最も集中する地域であり、また両江総督の劉坤一・湖広総督の張之洞の管轄する区域でもあった。近衛篤麿は「南方の有力者」との関係を重視したが、これは極めて現実主義的な考えに基づいている。近衛は、「唯事業の経営上便宜の為、時に支那官吏と交渉する事なきにあらず」と言及している[12]。

一八九九年の上半期、近衛篤麿は欧米諸国を歴訪した後、帰途に中国を訪ねた。一〇月一三日から一一月一八日まで、香港・マカオ・広州・上海・南京・武昌・蘇州・杭州等を訪問している（表1）。

一〇月一三日、近衛篤麿は香港に至り、領事館と東亜同文会の報告を聴いた。彼の訪中は明確な目的をもっており、現地の革命派（孫文の一派）・改革派（康有為の一派）との面会を希望したが、どちらも拒絶された[13]。一〇月二五日、上海に着いた。一〇月二六日、東亜同文会上海支部会員の歓迎会に出席し、演説を行った。翌日、江南製造局を参観し、領事館に赴いて晩餐会を開いた。前上海道蔡鈞、現上海道余聯沅を初めて識った。近衛日記には、「蔡は一人の男児を学習院に入学せしめたしとの話あり、余直に承諾す。其他種々の話あり、……其後談話十一時半に及び……」とある[14]。

この南清訪問において、近衛篤麿は三人の清朝総督と会談した。両広総督譚鍾麟に対する印象は好ましくなかったが、両江総督劉坤一・湖広総督張之洞は南清経営の協力者であり、会談の意義は大きかった。一〇月二八日、近衛篤麿は船で南京に赴き、同行者は小原詮吉、大内暢三、井手三郎、佐佐木四方志、白岩龍平、清藤幸七郎、藤原銀次郎、宗方小太郎等の八人であった[15]。二九日午後、両江総督の衙門に至り、劉坤一と会見、白岩龍平を通訳とした。近衛日記によれば、劉坤一は近年の日本による中国援助に感謝し、「日清の提携は事の必然であり、あるいは日清同盟論も実行可能である」とした。東亜同文会成立後、近衛篤麿はすでに「同種人同盟」の論調を抑え、政府と共に対中政策の一致を追求し、綱領の目標設定を教育振興・世論喚起に置いていた。その第一歩として着手したのが、学校建設・新聞発行である。劉坤一が「日清同盟論」を提出したとき、近衛はやや慎重な態度を取り、同文会の趣旨を述べて、「同盟」について直接に賛否を表明することを避けた。劉坤一は南京同文書院設立に対して強い興味を示し、支援を約束した。(16)

南京における面会で、劉坤一は近衛の好感を得た。白岩龍平は、「霞山公と劉総督との会見、威儀堂々、光彩陸離、人をして坐に春秋時代雄邦会盟の様を想はしむ」と述べている。(17)近衛篤麿は帰国後、東亜同文会綱領・趣意書および南京同文書院章程を劉坤一に進呈、併せて贈答品を送った。後者は返礼し、さらに「同文会趣意書書後」を作成して、近衛を「東亜の偉人」と称賛して、「鞭を執って之に従はん」との意を表明している。(18)現存する近衛関連の史料における清人の書簡の中で、劉坤一の書は突出して多い。(19)義和団事件後には、参謀本部は近衛のパイプを通じて劉坤一との接近を試みた。一九〇〇年六月、東亜同文会評議員会議で近衛は次のように述べている。「然るに（参謀本部は）劉坤一には左迄の関係なく、手の付け難き有様にて、寧ろ余の交際最も深き位なれば、同人に対しては同文会の手によるの外なしとの考もある模様なり(20)」。

対照的なのは、近衛篤麿と張之洞との会談である。一一月一日、近衛一行は武昌に渡り、総督衙門に赴いた。駐漢口領事瀬川浅之進が通訳を務めたが、会談は時候の挨拶のみで、「未だ時事に及ばず、即ち辞帰」した。夜、張之洞は答礼のため領事館を訪れ、「愛孫張厚琨の留学の事、ご配慮を懇請したい」との旨を伝えた。近衛は張之洞に京都鴨東別業堂の命名を頼み、張は「山儀堂」と名付けた。(21)

その後二日間、近衛は護軍営・両湖書院・自強学堂・武備学堂および鉄政局・銃砲・紡績・製糸工場を参観した。一一月四日、張之洞と再度会談。張之洞は日本側による梁啓超の追放と『清議報』発禁の要求に固執したが、ただ応

表1　近衛篤麿第1回訪中行程表（1899. 10. 13-11. 18）

日　時	行　程	面　会	書信の受取人
10月13日	香港に到着．領事上野季三郎，正金銀行出張所主任長鋒郎，東亜同文会広東支部長高橋謙，支部員原口聞一，熊沢純之介，宮崎寅蔵等が迎える．午後，領事館に赴き，報告を聴く．	農商務省官吏西原某，中林某，郵船会社支店長三原繁吉	白岩龍平
10月14日	マカオに往く．		
10月15日	留学生学舎およびマカオの史跡を視察．	馮沢圻，張玉濤，「知新報」社人	何廷光
10月16日	広州に向かう．		
10月17日	総督衙門に赴き，両広総督譚鍾麟を訪問．東亜同文会広東支部に至り，時敏学堂を視察．時敏学堂の貴顕と酒宴．	梁肇敏，陳芝昌，陳兆煌，譚頤年，鄧家仁，鄧純昌	
10月18日	譚鍾麟が答礼に訪れる．観音山に至る．		
10月19日	香港に帰り，領事館に赴く．		
10月20日	香港滞在．		同文会本部
10月21日	出航．上海に赴く．		
10月25日	上海着．三井物産会社支店に入る．		
10月26日	大東洋行・郵船会社に至る．徐家匯に至り，南洋公学を視察．愚園・張園に遊ぶ．東亜洋行に至り，在上海日本人会の歓迎会に出席する．天宝茶園に至る．		
10月27日	江南製造局を視察．聚豊園にて昼食．上海領事館に赴き宴会．	文廷式，陳明遠，蔡鈞，余聯沅	
10月28日	南京に赴く．宗方小太郎，小原詮吉，大内暢三，井手三郎，佐佐木四方志，白岩龍平，清藤幸七郎，藤原銀次郎等が同行する．		
10月29日	南京着．道台以下官吏が出迎える．東本願寺出張所に入る．金陵洋務局に至り，総弁道台汪嘉棠が出迎える．明孝陵に遊ぶ．総督衙門に至り，劉坤一と会談．洋務局にて晩餐．		
10月30日	南京を出て，蕪湖に至る．		
11月1日	黄州着．護軍営管帯王得勝が出迎える．漢口着．瀬川浅之進領事および清朝官吏が出迎え，領事館に入る．午後，武昌督署に赴き，張之洞と会談．紡紗局に至り休息．張之洞が答礼のため来館．漢口に帰寓．		
11月2日	漢陽鉄政局・漢口砲銃工廠を巡視．漢報館・商船会社・東肥洋行を訪問．		張彪等
11月3日	天長節．武漢在留日本人参集．清朝官吏を招いて午餐．方友祥，呉元愷，張彪，汪鳳瀛等が出席．		
11月4日	護軍営・武備学堂・両湖書院・自強学堂を参観．張之洞と会談．黄鶴楼にて晩餐．張彪，徐家干，呉元愷，汪鳳瀛，程頌万，王得勝，馮啓鈞，梁惇彦，馮錫嘉，方悦魯等が出席．夜，上海に向け出帆．		
11月7日	上海着．		
11月8日	蘇州に出帆．	袁子壮，汪康年	
11月9日	蘇州租界に至る．		
11月10日	上海着．余聯沅の晩餐に赴く．		余聯沅，袁淦
11月11日	袁淦の午餐に赴く．		

日　時	行　程	面　会	書信の受取人
11月12日	上海に滞在.		姚文藻
11月13日	上海に滞在.	劉学詢	
11月14日	杭州城外拱宸橋着．領事代理速水一孔が出迎え，居留地を一覧する.		
11月17日	上海に帰寓.		
11月18日	帰国の途に就く．劉学詢が見送りに来る.	姚文藻	
11月21日	馬関着.		

出典）近衛篤麿日記刊行会編『近衛篤麿日記』第2巻，東京，鹿島研究所出版会，1968年，437-474頁．東亜同文会編『対支回顧録』下巻，原書房，1968年，384-385頁.

答が得られなかっただけでなく、かえって反感を招いてしまった。近衛は、日本政府は国際法の規定を差し置いて、外国の政治犯を追放することはできず、「梁啓超を日本から追放させることは容易でない。仮に一旦、梁啓超が日本を離れ、『清議報』は停刊すべきと考えるならば、大きな間違いである」とした。その場にいた鄭孝胥は内心、張之洞に不満を抱き、日記に、「博識であるが多言であり、康有為・梁啓超の日本における交誼を妨害するような発言ばかりであった」と述べている(22)。

この数回の会談で、近衛の張之洞に対する印象は好悪相半ばした。後にこのことを次のように評している。「兎に角劉坤一と比して、其見識の下る事数等なるは明らかなり(23)」。同行した宗方小太郎も似たような印象を抱き、張之洞を「其人物流俗に超脱し、頗る見る可き者有りと雖も、要するに器局偏狭、決して大臣の才に非ず」と評し、「尚今回近衛公の長途の労を厭はず、南京武昌を歴訪せし効果の大なるは無論であるが、併しながら張之洞との会見に於て公の予想に反したる張の応対には、頗る不満足を感ぜられた」と記している(24)。

近衛篤麿と張之洞の初の会談は意気投合とは言えなかったが、張之洞はやはり在中活動を展開する上での重要な協力者として位置付けられた。このことは近衛の対中国政策の現実的な一面を示している。双方の交流における最も直接的な成果は、張之洞の孫である張厚琨が日本に留学したことであった。近衛自身は留学先である学習院院長であるだけでなく、この留学生の後見人を務めた。このほか、湖北省へ陸続と派遣された日本人留学生および各調査員は、近衛の伝手を頼って、湖北官員鄒凌翰、張斯栒、銭恂等と親睦を深めた。一九〇〇年六月の近衛の日記には、「張（之洞）の昨今の動作は一々我参謀本部の方針に遵ふもの、如し」とある。(25)

義和団運動の勃発後、張之洞・劉坤一は様々なパイプを利用し、東南地方の相互保護・戦時交渉等の重要な局面において日本の援助を積極的に求め、休戦・講和・反ロシアの分野で双方は多数の提携を行った。特に東三省回復交渉の際、劉坤一・張之洞はロシアとの調印反対・東三省開放問題において、反ロシア政策の代表者となったが、彼らの反対者は「日本のための愚行」と非難した。

三　第二回中国渡航（一九〇一年七―八月）

義和団事件の翌年、すなわち一九〇一年七月、近衛は再び中国を訪れた。清朝の特別列車が塘沽駅で出迎え、彼は天津・北京を相次いで訪問した（表2）。

一九〇一年初頭、東三省返還問題をめぐって中露両国の交渉は膠着していた。訪中前夜、近衛篤麿は国民同盟会を率いて、まず清朝軍機大臣栄禄・王文韶に書簡を送り、「日本の官僚層を呼び集め、中国と連携してロシア人に対抗する」との主旨を伝えた。(26) 六月一〇日、軍機処は駐日公使李盛鐸を通じて返信し、「友邦の協力」に感謝の意を表し、とりわけ日中の東三省問題における「領土は隣接しており、利害は一致する」という関係を強調した。(27)

近衛篤麿一行が中国を訪問したとき、清朝の宮廷はまだ西安に亡命中で、北京は連合軍の占領下にあった。近衛は中国人が管轄する警務衙門で講和全権大臣慶親王奕劻、李鴻章および粛親王善耆、恭親王溥偉、醇親王載灃等と相次いで会談した。会談では対ロシア問題について協議し、講和条約の締結と皇帝の速やかな帰京を勧告して、清朝の要人に「清国改革事宜十篇三十則」を贈呈した。(28)（義和団事件の）謝罪の命を帯びて来日した専使大臣那桐と近衛との交際は最も頻繁で、後日、彼は何度も近衛の世話を受けている[29]。近衛の「北清視察談」には、訪中見聞の様子とその感想が詳細に記録されている[30]。帰国後、東亜同文会で、「警務衙門」、「支那人の日本人に対する感情」、「日本人の事業」、「支那人教育」等の談話を発表した[31]。

一一月、近衛は再び長文の手紙を書き、慶親王、恭親王、栄禄、王文韶、袁世凱、張之洞、劉坤一等に送った。その概略は以下の通りである。「その後数か月、時局は変化し、ようやく安定致しました。条約はすでに調印を経て、皇帝が還幸なさる日も近いと存じます。……貴国が果たしてこのように変法自強を断行すれば、東アジアの大局は自ずと定まることと存じます。……それゆえ今日、満洲を回復すること以上の急務はなく、満洲を回復しようとすれば、開放統治以上の善案はございません。しかしこの案も、朝廷が都に樹立した後でなければ、望むべくもなく、朝廷を都に樹立しようとすれば、皇帝が還幸なさる以上の急務はございません（爾来数月、事与時変、和局始定、条約既経簽字、而回鑾之日亦将在近。……貴国果能如此変法自強断行之、則東亜大局将有自定者矣。……今故今日之務、無急于回復満洲、而欲回復満洲、則無善于開放統治案。然此案也、非朝廷樹立于京師之後、則不可望行、而欲朝廷樹立于京師、無有俟車駕還京之外。然則今日之事、未有急于車駕還京也）」。同月、また国民同盟会名義で栄禄・王文韶等宛てに書簡が送られ、「思うに、現在貴国の最も切迫した患いであり、最も急ぐべきは、ただロシアが満洲から撤兵することのみ（窃以方今最為貴国所切膚之患而尤急不暇緩者、惟俄国于満洲撤兵一事）」と声明し、また当該書簡には日本政府の意見書が同封された[32]。

近衛の伝達した書信は、清朝政府に重要視された。一九〇二年二月二八日、栄禄・王文韶の返信には次のようにある。

変法自強を受け入れて万全を期し、古今を斟酌して、東西を折衷すべきとの論は、誠に正鵠を射ております。近く（貴公は）度々詔書を奉り、鋭意刷新を図り、損益を斟酌して、時事の変化に通じていらっしゃることは、実に皇帝の諭旨と図らずも一致しております。わが両宮はすでに先月の二八日に還幸、いつも通り都に安堵され、

表2　近衛篤麿第2回訪中行程表（1901. 7. 15-8. 14）

日　時	行　程	面　会	書信の受取人
7月15日	門司港出航.		
7月18日	天津着. 伊集院彦吉領事が出迎え, 領事館に入る.		
7月19日	駐屯軍司令部に赴き, 大隊本部・兵営病院を視察.	方若夫妻, 王照, 秋山大佐	
7月20日	日出学館・監督部・野戦病院分院（旧海関道衙門）・水師営・都統衙門・第二大隊本部・第三大隊本部・新専管租界を視察.		
7月21日	天津駅発, 北京天壇停車場着. 公使館に入る.	小村寿太郎公使	
7月22日	警務衙門に至り, 警察学校を視察. 順天府・文廟・黄寺・雍和宮に遊ぶ. 僧正林欽呢瑪が出迎える. 駐屯軍司令部に至り午餐.	森井国雄, 賈景仁, 劉鶚, 沢村繁太郎	
7月23日	宮城を拝観.	森井国雄, 劉鶚注)	王儀鄭
7月24日	公使館内旧粛親王府の戦址を参観. 李鴻章・慶親王を訪問. 小村公使・鄭通訳官が同行. 駐屯軍司令部の招宴に赴く.		
7月25日	万寿山・頤和園・円明園・万寿寺に遊ぶ.		那桐, 朱錫麟
7月26日	孔廟に赴く. 同文会会員の招宴, 30人あまり出席.	慶親王, 那桐, 胡燏棻, 朱錫麟, 中島真雄, 林欽呢嘛, 干芝昌, 李鴻章, 曽我大尉, 山越大尉	劉鉄雲, 賈景仁
7月27日	恭親王府・醇親王府を訪ねる. 那桐の招宴に赴く. 粛親王寓を訪れる, 宗室毓郎（鎮国将軍・成親王之子）同席.	載洵, 載濤, 山根少将, 青木中佐	根津一, 胡燏棻
7月28日	小川真一来館, 公使館員等と撮影. 胡燏棻の招宴に赴き, 小村公使, 山根司令官, 青木参謀長, 橋口少佐, 日置益書記官, 鄭書記官, 川島, 伊藤, 那桐, 朱錫麟等同席, 一同撮影. 夜, 小村公使, 一行を招待する.		
7月29日	北京市街某店に至り買物. 小村公使と共に英公使を訪問する.	陳壁, 黄中慧父子, 呉汝綸, 廉泉, 荒川㑛次郎	
7月30日	天壇停車場より発車, 那桐, 胡燏棻, 陶大鈞, 山根少将, 日置益書記官等が見送る. 天津着, 伊集院領事が出迎え, 領事館に入り招宴.		
7月31日	天津城内に赴き, 買物. 正金銀行支店長の招宴に赴く.		
8月1日	天津駅出発, 山海関着. 守備隊本部に達し, 停泊.		
8月2日	山海関市街に入り, 長城に遊ぶ.		
8月3日	秦皇島一覧を予定していたが, 大雨のため取消. 高砂に乗船, 出航.		
8月4日	営口に投錨, 上陸. 領事館に入る.	田辺熊三郎領事	
8月5日	悪天候により出航延引. 在留日本人の訪問.		
8月7日	営口抜錨, 出航.		

日　時	行　程	面　会	書信の受取人
8月8日	芝罘港に入港，田結鉚三郎領事が出迎え，領事館に赴く．玉皇廟に遊ぶ．夜，露船ナガダーン号にて旅順に向かう．	徐立言，徐家璘，李奎煜	根津一
8月9日	旅順に入港，露総督府に赴き，総督アレキシェフ（Admiral Alexeieff）を訪問．		
8月10日	旅順抜錨，大連港着．夜，帰港．		
8月11日	芝罘港に入港．		
8月14日	芝罘港より出帆．朝鮮に向かう．田結領事以下数十人が見送る．		

出典）近衛篤麿日記刊行会編『近衛篤麿日記』第4巻，東京，鹿島研究所出版会，1969年，228-243頁．
注）劉徳隆整理『劉鶚集』上冊（長春，吉林文史出版社，2008年），99頁．

民衆は喜んでおりますので、御安心願えるかと存じます。東方の大局につきましては、関係はきわめて重要であり、ただわが国の根本であるだけでなく、貴国と安危を共にする問題でもあります。幸いに先の議論ですでに想定していたことでありますが、いま一度詳細に審議して、再び条約の締結を行うべきかと存じます。満洲における一切の利権が失われることがないよう期待しております。

（承示変法以策万全、宜参酌古今、折衷東西、洵為篤論。邇者、屡奉明詔、鋭意図新、斟酌損益、与時変通、実与遵旨不謀而合。我両宮已于前月二十八日回鑾、京師安堵如常、衆情悦予、堪以告慰。至東方大局、関係綦要、不惟敝国之根本、亦与貴国共其安危。幸前議已有端倪、仍当詳細審慎、再行定約。総期于満洲疆土一切権利皆無所失[33]。）

『近衛篤麿宛来簡集成』によれば、一九〇一年以後、近衛とやり取りをした清朝政府の要人は、袁世凱、那桐、慶親王、恭親王、粛親王、毓朗、王文韶、栄禄、瞿鴻禨、徳寿、喀喇沁親王、張孝謙、陳璧の計一三人で、現存する書簡は二二通である。事変の後始末と東三省交渉の関係者とはその淵源を同じくしたが、感謝と委託の書信は別に分類されており、その相当数は日本への歴訪・留学と関係があった。例えば、一九〇二年五月二二日、恭親王溥偉が近衛に宛てた書簡は日本への歴訪を求めるものであり、「私（＝恭親王溥偉）が貴国を遊歴して、天皇陛下の御英武を拝し、貴公の御芳情を忝なくしたい旨、速やかにお取り計らいくださるようお願い申し上げます。貴公と外務大臣の小村君との御厚情を存じ上げております。（そこでこの書簡を）さらに小村君へ転送して、貴公と同じく助力を賜るよう切に望みます（拝求上公、速為設策、使本爵来遊暦貴邦、睹天皇之英武、親上公之芳儀。知上公与外務大臣小村君交厚、更望転達小村君、同為助力、是切盼）」との要求を伝えている。(34) 同年、粛親王善耆は京師歩軍統領に任命されたが、毓朗・陸宗輿等を日本に派遣して警務を視察させる際にも次のように近衛に依頼した。「視察の際には貴国の貴族院の一切を参観し、事細かに御教授願いたい。また、東京の政府・民間の各有力政治家および実業家も紹介していただくよう、便宜を図っていただきたい（届時参観貴国貴族院一切、務必詳求指示。又東京朝野各大政治家及実業家亦祈代為紹介、以便領教）」。(35)

一九〇四年一月、近衛篤麿は病により逝去した。内田康哉公使が主催した追悼式に清朝は雍和宮を提供し、特例で法会の場所とすることを許した。会場は広大で、清朝皇族以下高官・貴顕数百人が参加した。(36) 慶親王奕劻も近衛家に弔電を送り、近衛を「興亜の雄心を抱き、同会の盛会を興」した偉人と称え、「大志の実現」ができなかった故人を悼んだ。(37)

おわりに

近衛篤麿は雑誌『太陽』明治三一年（一八九八）一月号に「同人種同盟　附支那問題研究の必要」という著名な論説を発表し、「日清同盟論」の提唱者として内外がこれに注目した。同年一一月、東亜同文会が設立され、当時、日本国内で中国問題に対処する唯一の民間団体として発展した。その会長として近衛は、「日清同盟」というような誤解を生じやすい主張を宣揚せず、「支那を保全する」、「中国および朝鮮の改革に協力する」、「中国および朝鮮の時事を研究して実行を期する」、「日本国内の世論を喚起する」ことを綱領として、中国での活動を展開した。これについて、ある研究者は、東亜同文会は明治維新以来の積極的な大陸政策論の衣鉢を継ぐ民間組織であり、設立から一貫して外務省の補助金を運営のための主な財源としていたことから、その活動は政府の政策に制限されていたと指摘している(38)。

一八九九年と一九〇一年、近衛篤麿は二度中国を視察したが、これはまさに対中政策理念を実践する開拓の旅であった。戊戌の政変前後、劉坤一・張之洞の二総督の政治的地位が注目を集め、国際社会においてもその評判は日々高まっていた。近衛篤麿は劉・張に大きな期待を抱いていた。東亜同文会の主要な意見は一貫して、那拉氏（西太后）等が実権を握る清朝宮廷を守旧派・親露派の後方支援本部とみていた。これは劉・張を「穏健な改革派の首領」として期待を寄せた日本の外務省の見方と完全に一致する。近衛篤麿の最初の訪中は長江流域を重点としたが、これはまさに東亜同文会の在中事業の展開したルートであり、そこから劉・張の支持を得ていった。それと呼応して、康有為・梁啓超派に対して冷淡な対応をとるようになったことも、これら南方の実力者との政治的連帯を増進させるためのものであった。翌年に義和団事件が勃発すると、「東南互保」を実行する地方の総督・巡撫と日本との関係はより緊密なものとなった。

義和団事件後、清朝宮廷は新政に着手し、「南方有力者」を重視していた近衛篤麿の対中認識においても微妙な変化が生じて、その重点は地方政府から中央政府へと次第に移行していった。とりわけロシアに対する東三省返還交渉において、近衛および国民同盟会と日本政府の立場は一致し、ともに清朝政府にうまく取り入るようになった。このことが近衛の第二回訪中を成功させ、また華北を訪問先に選んだ直接的な背景であった。その後、近衛は清国要人と直接連絡を取り、かつ訪日する清国要人を自らもてなし、さらにその子弟の日本留学を受け入れた。これらは皆、対中活動の一環とみなすことができよう。一九〇三年初頭、清朝外務部の奏請を経て、近衛は清朝から頭等第三宝星を授与された(39)。

以上の日中関係の進展過程において、無視できない背景のひとつに日露戦争がある。明治三〇年代の日本の対外硬運動の大きな特徴は、「親亜脱露」あるいは「親中拒露」（支那保全論）であると言える。このような思想傾向は、近衛篤麿の対外活動を貫くものであり、近衛が主導した国民同盟会・対露同志会により具体化された。一九〇〇年前後は中国・日本・ロシアの三国の関係が急速に変化した時代であった。李廷江は、「東南互保」運動は外国勢力に対抗して地方に形成された単純な連合体ではなく、清朝政権に異議を唱えた「南方の有力者」の結集でもあったと指摘している。日中関係について言えば、「東南互保」運動は、まさに「南方有力者」が「拒露」のために「聯日」へと転換した時期であった(40)。

本章は近衛篤麿と中国との関係の糸口を示したに過ぎず、正確な位置付けには至っていない。とりわけ中国史のコンテクストの下で、近衛篤麿と清末要人との交流の意義を正当に評価するには、依然として取り組むべきことが山ほどある。ここで扱った人物の具体的な交流の背景・動機・契機・行動・効果は、国際政治の環境や本国政府の外交関係との差異の問題にも及ぶ。例えば、いわゆる張之洞の「親日外交」は単なる一枚岩ではなかった。張と日本側は互いに利益があるとの認識を少なからずもっており、双方ともに保守的で、互いに援護しながら、同時に警戒心も抱いていた。そのため、研究者はその一端をとりあげて極論することを避けなければならない(41)。

また本章では主に近衛篤麿と清朝士人との交流に焦点を当てたが、注意すべきは近衛と中国との関係全般である。それは近衛本人と清人の直接的な連絡を示すだけでなく、近衛を座標軸に形成された一種の「立体的な交流」といった様相に近い。近衛その人をめぐり、東亜同文会を媒体として、「興亜大業」に心引かれた日本人が寄り集まった。同時に彼らも様々に中国人と交流し、相当発達したネットワークを構築した。例えば、宗方小太郎、井上雅二、井手三郎、小田切万寿之助、白岩龍平等の東亜同文会会員は、出身や背景を異にし、対中観もすべてが同じではなかったが、彼らは皆、中国で豊富な経験をもち、異なるレベルで中国の各政治派閥の活動に巻き込まれていった。彼らの行動は場合によっては近衛および政府の主流とは不調和を来していた。これらの人物の中国との関係は、すでに幾つか専論があるものの、総合的に研究を継続していく点で、ここには依然として研究の余地がある。

(1)　ここに一例を挙げれば、東亜同文会編『対支回顧録』は非常に有益な資料集であり、特に下巻の人物列伝は資料が詳細かつ的確であり、中文資料が及ばないほどである。上巻は早くから翻訳されたが、思うに下巻の「すべて各種中国侵略分子の伝記」については、何ら参考するに値しないとみなされたため、削除されて訳出されなかったことは殊に悔やまれる。胡錫年訳『対華回顧録』(北京、商務印書館、一九五九年)訳序、一一頁を参照。

(2)　孔祥吉・村田雄二郎『罕為人知的中日結盟及其他——晩清中日関系史新探』(成都、巴蜀書社、二〇〇四年)、『従東瀛皇居到紫禁城——晩清中日関系史上的重要事件与人物』(広州、広東人民出版社、二〇一一年)。

(3)　河村一夫、近藤康邦、狭間直樹、永井算己、藤岡喜久男、小林一美、久保田文次、彭沢周、菅野正、中下正治、陶徳民、翟新、大里浩秋等の著述は射程範囲が広く、引用資料も精確で、どの著作も参考に値する。ただ、資料の利用範囲からみて、多くは外交文書を軸としていて、書簡・日記の利用は少ない。馮正宝『評伝宗方小太郎——大陸浪人の歴史的役割』(東京、亜季書房、一九九七年)、中村義編『白岩龍平日記——アジア主義実業家の生涯』(東京、研文出版、一九九九年)、李廷江編『近衛篤麿と清末要人——近衛篤麿宛来簡集成』(東京、原書房、二〇〇四年)はその代表的な専著である。

(4)　山本茂樹『近衛篤麿——その明治国家観とアジア観』(東京、ミネルヴァ書房、二〇〇一年)。

(5)　工藤武重『近衛篤麿公』(大空社、一九九七年)二五〇—二六〇頁［訳注——初版は大日社、一九三八年］。

(6)　波多野太郎「近衛霞山をめぐる日中交渉史料」、近衛霞山公五十年祭記念論集編集委員会編『アジア——過去と現在』(東京、財団法人霞山倶楽部、一九五五年)二八〇頁。

(7)　近衛篤麿日記刊行会編『近衛篤麿日記』(全六巻、東京、鹿島研究所出版会、一九六八—六九年)。

(8)　河村一夫「近衛篤麿日記を読みて」(『アジア研究』一七巻一号、一九七〇年)。坂井雄吉「近衛篤麿と明治三〇年代の対外硬派——「近衛篤麿日記」によせて」(『国家学会雑誌』八三(三—四)、一九七〇年八月)。

(9)　李廷江『近衛篤麿と清末要人　近衛篤麿宛来簡集成《明治百年史叢書第四五六巻》』(原書房、二〇〇四年)解題、一頁。当該書の中文版は、『近代中日関系源流——晩清中国名人致近衛篤麿書簡』(北京、社会科学文献出版社、二〇一一年)。

(10) 茅海建・鄭匡民「日本政府対于戊戌変法的観察与反応」（『歴史研究』二〇〇四年第三期）。
(11) 翟新『近代以来日本民間渉外活動研究』（中国社会科学出版社、二〇〇六年）五一―八一頁、伊原沢周『従〝筆談外交〟到〝以史為鑑〟――中日近代関系史探討』（北京、中華書局、二〇〇三年）一七一―二〇四頁。
(12) 『近衛篤麿日記』第二巻、四九七頁。
(13) 『近衛篤麿日記』第二巻、四二六―四二七頁。
(14) 『近衛篤麿日記』第二巻、四四二頁。余聯沅の息子である余祖鈞、余逵は後に日本に留学し、蔡鈞は後に駐日大使を拝命して、近衛と密接な関係を保ったと思われる。
(15) 「宗方小太郎日記」（明治三一年一〇月二八日、上海社会科学院歴史研究所蔵）。
(16) 『近衛篤麿日記』第二巻、四四七―四四九頁。
(17) 工藤武重『近衛篤麿公』（東京、大日社、一九三八年）二五二頁。
(18) 『近衛篤麿と清末要人――近衛篤麿宛来簡集成』四〇四頁。
(19) 『近衛篤麿と清末要人――近衛篤麿宛来簡集成』に所収する劉坤一の来状は一三通、張之洞の来状は四通。
(20) 『近衛篤麿日記』第三巻、二〇一頁。
(21) 「山儀堂命名由来書」『近衛篤麿日記』第二巻、四五八頁。
(22) 労祖徳整理『鄭孝胥日記』第二冊（北京、中華書局、一九九三年）七四〇頁。
(23) 『近衛篤麿日記』第二巻、四五六頁。
(24) 『対支回顧録』下巻、三八五頁。
(25) 『近衛篤麿日記』第三巻、二〇一―二〇二頁。
(26) 『光緒宣統両朝上諭档』第二七冊（桂林、広西師範大学出版社）八〇頁。
(27) 『為謝日本近衛公爵同会諸君友邦調護之力事』（光緒二七年四月二四日、国家清史工程数字資源総庫、電寄諭旨档、書類番号：1-01-12-027-0302、マイクロフィルム番号：002-0848）。
(28) 工藤武重『近衛篤麿公』一九九頁。
(29) 『那桐日記』上冊（北京、新華出版社、二〇〇六年）三八三・三九三・三九四・三九五頁。
(30) 「北清視察談」（明治三四年）、『近衛篤麿日記』第六巻「付属文書」六七―七五頁。

(31)『東亜同文会第二十四回報告』明治三四年一一月一日。
(32)『栄禄存札』三九一—三九三頁。
(33)『近衛篤麿と清末要人——近衛篤麿宛来簡集成』四六九頁。
(34)『近衛篤麿と清末要人——近衛篤麿宛来簡集成』四七二頁。
(35)『近衛篤麿と清末要人——近衛篤麿宛来簡集成』四七四—四七五頁。
(36)東亜文化研究所編『東亜同文会史』(東京、近衛霞山会、一九八八年)六四頁。
(37)『近衛篤麿日記』第六巻「付属文書」五五三—五五四頁。
(38)翟新『近代以来日本民間渉外活動研究』(中国社会科学出版社、二〇〇六年)五二頁。
(39)「勲記」一九〇三年二月一三日、李廷江編『近衛篤麿と清末要人——近衛篤麿宛来簡集成』四八七頁。
(40)李廷江編『近衛篤麿と清末要人——近衛篤麿宛来簡集成』解題、三七—三八頁。
(41)例えば、ある学者は張之洞が庚子年に秘密裏に軍事視察団を日本に派遣した活動について、その目的は「独立称王」を実現することにあったとする(孔祥吉「義和団時期の張之洞の帝王志向——宇都宮太郎日記を手がかりとして」(『中国研究月報』六一—六、二〇〇七年六月))。実際は、当時の湖北省に派遣された日本人の行動に注意すれば、上述のような結論を導くことは難しい。拙稿「庚子年張之洞対日関係的若干側面——兼論所謂張之洞的〝帝王夢〟」(『学術月刊』二〇一〇年第一一期)。

Ⅶ　ジェンダー・資本主義・植民地主義

14 「美名」か「汚名」か
――一九三〇年代上海における女性のタバコ消費

皇甫秋実
（廣瀬直記 訳）

はじめに

上海は近代中国のタバコ生産と消費の中心地だった。一九三〇年代、英米のグローバルなタバコ会社、日本、ロシア、トルコなどの商人が経営する十数の外資系タバコ企業、南洋兄弟タバコ会社など六〇あまりの中華資本のタバコ企業、および無数の手製タバコの工場が上海にひしめき合っていた。これらタバコ業者は競争しながら発展し、毎年、中国市場に膨大な量のタバコを供給していた。その数は全国のタバコ生産量の六〇％を占めた(1)。また、全国的に見ても、上海のタバコ販売量が最も多く(2)、一九三一年の年間消費量は六〇億本にのぼり、広州や香港、北京のそれを大きく上回っていた(3)。

これまで、上海のタバコ市場に関する研究は、経済史的な観点から国内外のタバコ産業の競争と発展について取り上げるものが大半であり(4)、タバコ消費をめぐる人々の考え方や行動についての研究は長らく等閑に付されてきた。上海大衆のタバコ市場に関する先駆的な研究としてはキャロル・ベネディクト（Carol Benedict）氏のものが挙げられる。

ただ、ジェンダー問題については、欧米のオリエンタリズムの影響を受けた知的エリートや、キリスト教婦人矯風会、民族主義者などのグループが、民族的、道徳的、生理的観点から、女性のタバコ消費を押さえ込もうとしたことが指摘されるにとどまる。(5) 実際のところ、そのような抑圧運動があったことは事実だが、民国期に女性喫煙者数が減少したという証拠はなく、逆に各方面から批判が巻き起こったことはむしろその増加を物語っている。

では、当時の女性はなぜタバコを吸うようになったのだろうか。また、女性のタバコ消費がさまざまな汚名を伴いながら反対されたのは、なぜなのだろうか。ここでは、一九三〇年代の上海における女性のタバコ消費がときに「美名」を与えられ、ときに「汚名」を着せられた、その理由について分析してみたい。

一　商業戦略による女性タバコ消費の「美名化」

一九三一年から三五年末にかけて、世界規模の経済大恐慌や、日本による中国東北部侵略と占領、上海への攻撃、長江の大水害と一部地域の旱ばつ、および国共両党の度重なる軍事衝突などにより、中国は農村経済が破綻し、都市の商工業が衰退し、金融が混乱し、危機的情況に陥った。(6) その間に人々の購買力は目に見えて低下した。上海と天津の工場労働者生活費指数は購買力の変化をはっきり反映しており（図1）、それと軌を一にするように機械製タバコの消費量も三〇年代前半に少し落ち込んでいる（図2）。

経済危機に直面したことにより、上海に集まっていたタバコ工場は開拓余地のある女性市場に目をつけた。その結果、女性が消費者という立場でタバコ広告に頻繁に登場するようになった。筆者の統計によると、一九三四年の『申報』に掲載された五四三件のタバコ広告のうち、タバコを消費する女性を描いたものは一一五件あり、全タバコ広告の二一%を占める。また、巻頭を飾った一四九件のタバコ広告のうち、女性がタバコを吸う姿は三三件あり、全体の

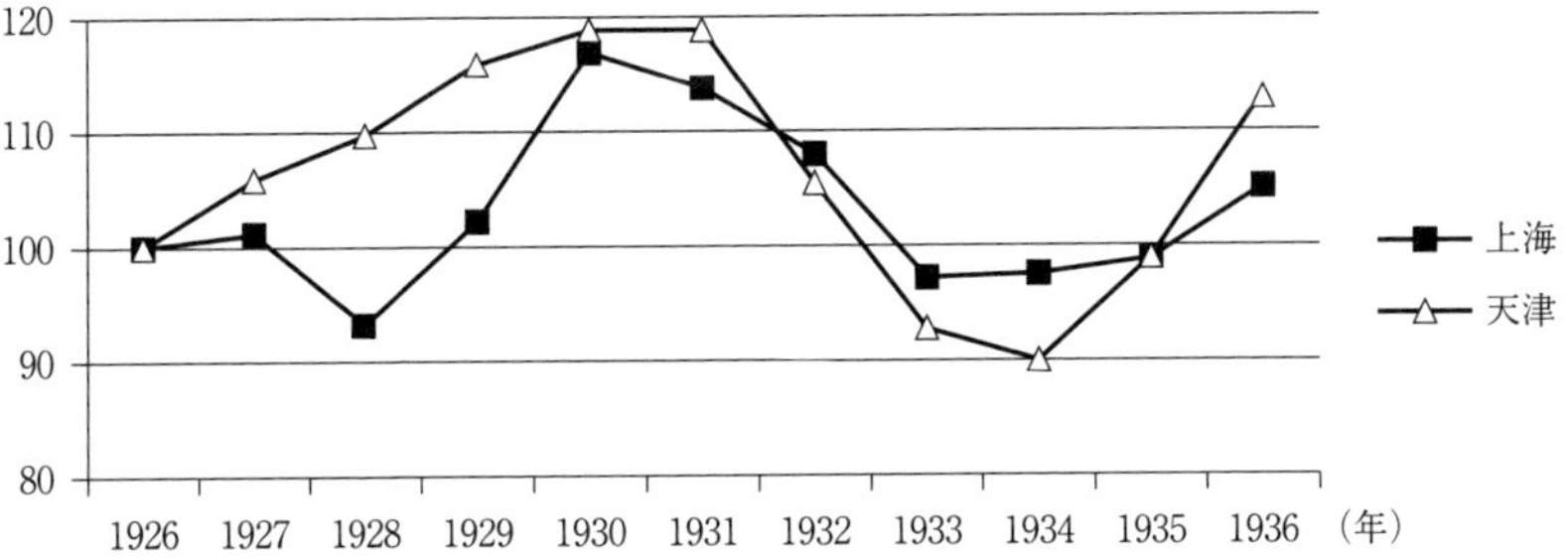

図1　上海と天津の工場労働者生活費指数（1926-36年）

出典）上海の工場労働者生活費指数は，中国科学院上海経済研究所／上海社会科学院経済研究所編『上海解放前後物価資料匯編（1921-57年）』（上海：上海人民出版社，1958年）325頁による．

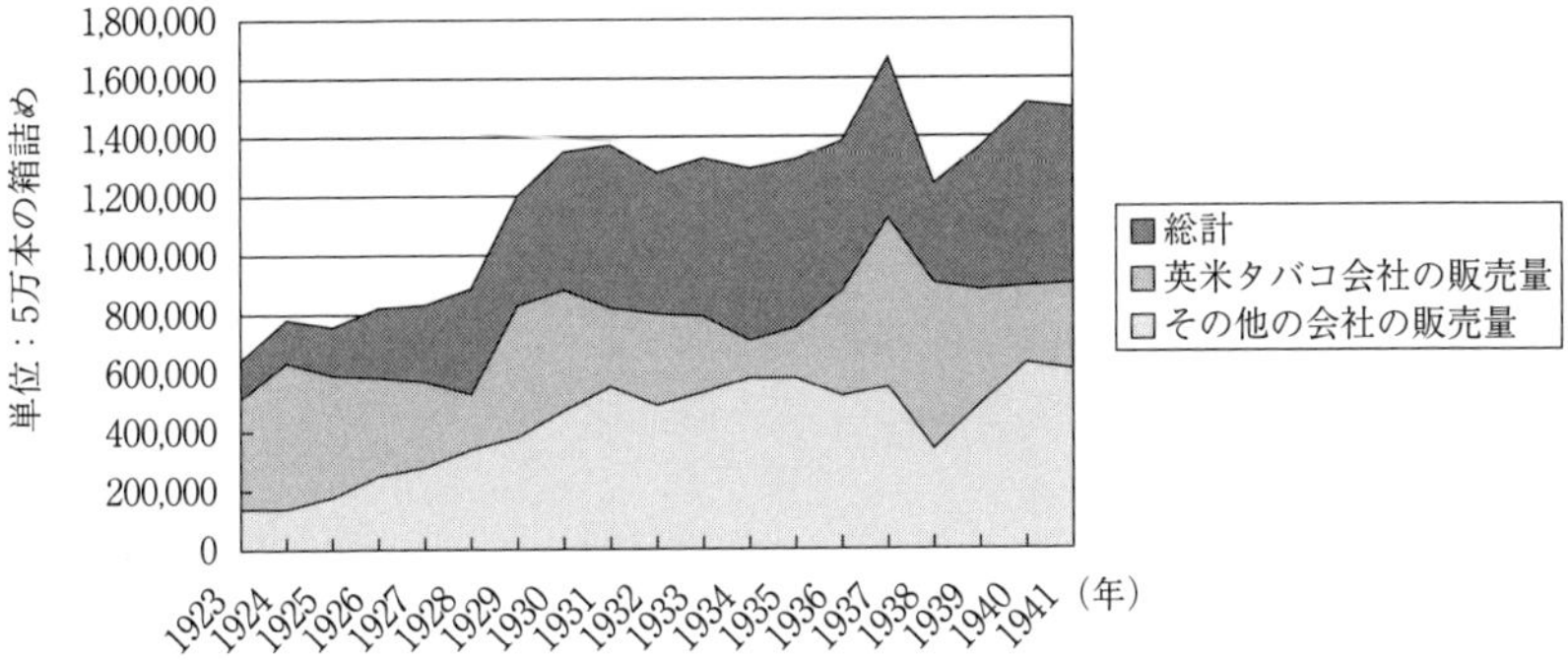

図2　中国の機械製タバコの販売量（1923-41年）

出典）上海社会科学院経済研究所編『英美烟公司在華企業資料匯編』512，733頁による．

二二%を占める。当時、女性の喫煙姿を常々広告利用していたのは、美麗牌、白金龍、金鼠牌、天真牌、七星牌、買司干など三〇種近くのブランドで、国産タバコが中心だった。[7] 女性喫煙の推進者だった上海のタバコメーカーは、広告のなかで、主に近代化、日常化、情欲化という三つの手段により、女性のタバコ消費に「自信」や「美しさ」、「セクシーさ」、「平等」、「近代」、「愛国」などの美名を与え、女性の喫煙行為を正当化しようとした。また、文学や映画、漫画などの他の大衆メディアも、こぞってその「美名化」をあおり立てた。

1　近代化

一九三〇年代には、流行のファッションに身を包んだ女性がタバコを吸っ

図3　白金龍タバコの広告

ている広告がよく見られたが、これは喫煙行為を近代化の一齣として演出することにより、タバコに進歩的かつ近代的な意味合いをもたせようとしたものである。フェルナン・ブローデル（Fernand Braudel）によると、インドの胡椒や中国の茶葉、イスラーム諸国のコーヒーに比べて、タバコは特定の文化的背景をもたない商品だという[8]。しかし、実際にはタバコが英米の近代化された工場で大量生産されるようになると、その近代工業文明がタバコの強力な後ろ盾となった。上海や広州などの沿海都市に最初にもたらされた手製タバコは東南アジアから入ってきたものだが、後の機械製タバコは大部分が英米のメーカーによって輸入生産されたものであり、中国では「近代」と「西洋」の象徴になった。したがって、タバコが同じく西洋起源で近代を象徴する電話や自転車、車、高層ビル、ゴルフなどと一律に扱われるのは、ごく自然なことなのである。

こうしたタバコ広告は、男性ではなく、女性を「近代化」の広告塔として起用することにより、フェミニズム的なメッセージを発している。例えば、広告のなかの女性たちには、たくましい体にさわやかな笑みをたたえる男性的特徴が見られる。火のついたタバコを指にはさみながら、電話でタバコを注文したり[9]、自転車をこいだり[10]、車の運転席に座ったり[11]、自信に満ちたようすで高層ビルの林立する大都会に踏み出したり[12]（図3）、悠然とゴルフクラブを振ったり[13]、彼女たちが近代的生活の支配者であることを余すことなく示している。こうした近代的女性は、かよわくおとなしい伝統的女性のイメージと打って変わって、いかにも自立して自信ありげに見える。タバコ消費はそれまで男性の特権と見なされていたが、それに対して、女性がタバコを吸う行為はいわば「男性を模倣する」ことであり、それによって男女平等と女性の解放を訴え男性の権威に挑戦する、というメッセージになったのである。

さらに、これらの広告では、女性は「国産」のタバコを吸うことを通して、民族主義の立場を示すことができるとされた。外資系タバコ企業の供給、生産、販売システムが中国で土着化したこと、および民族資本のタバコ企業が台頭したことにより、内外のタバコメーカーの広告はこぞってそのパッケージを「中国的で近代的な」ものにしようとした。とくに中華系タバコメーカーは自分たちの商品が「国産」であることを徹底的に強調し、タバコと「西洋」とのデリケートな関係をあいまいにしようとした。一九三四年には南京国民政府が婦女国貨年（国貨＝国産品）を提唱したが、その目的は女性消費者に国産品振興の責任を負わせることにあった。華成や南洋などの中華系タバコ会社は、その機に乗じて広告中に喫煙女性の姿を大量に描いた。彼らは「婦女国貨年」という記号論的資源を民族主義と消費主義の架け橋として利用したのである。そういうわけで、そのような「近代化」された広告に描かれる女性の服装や環境は極めて西洋化しているが、彼女たちが口にくわえているのは「国産」のタバコであり、それによって自分たちが近代的であり、しかも愛国者であることを表わしているのである。

2　日常化

一九三〇年代のタバコの広告には、女性の日常生活を描き、そのなかに喫煙行為をとけ込ませるやり方もよく見られる。グレタ・ガルボ（Greta Garbo）やマリー・ドレスラー（Marie Dressler）、ジョーン・クロフォード（Joan Crawford）らハリウッド女優が日常的にタバコを吸う姿が中国の映画ファンの間で話題になり、みんな競ってまねをするようになった[14]。当時の映画雑誌には、人気女優の生活のようすを撮った写真が載せられていたが、それによると、タバコがすでに彼女たちの生活の一部になっていたことが見て取れる。また、タバコ広告のキャッチコピーも、男性の心理を満足させるものから改められ、女性の口を借りてタバコの煙をくゆらす醍醐味を説くものになった。

美麗牌香煙為酒後茶余之第一消遣品、為金閨弱質之第一交際品[15]。
（美麗牌タバコ、くつろぎのひとときのおともに、深窓のご令嬢必携の交際アイテム。）

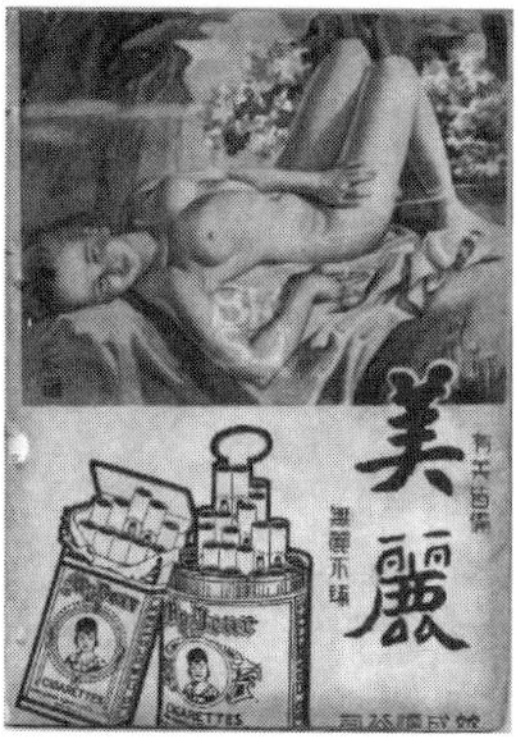

図4　美麗牌タバコの広告

図5　銀行牌タバコの広告

摩登女子作情書時、吸美麗牌香煙一枝、則綺思如潮、片刻即就。[16]

（モダンガールがラブレターをしたためる、美麗牌を一本吸えば、湧き出る妙案、すぐに成功。）

暁妝初罷一枝煙。[17]

（朝の化粧が済んだらタバコで一服。）

美麗的花不及美麗的女郎、若吸美麗牌香煙則更美矣。[18]

（美しい花より美しい乙女、美麗牌タバコを吸えばもっと美しい。）

こうした広告は明らかに女性受けを狙っており、蔡維屏氏が言うように、女性が余暇を楽しむことを肯定的に示し、女性がそれまで持ちえなかった主体性を顕彰したのである[19]。また、それは男性読者にとっても魅力的なものだった。というのは、民国期以前は女性が公の場に姿を見せることはめずらしかったからである。上流階級の女性に愛好されたアヘンや水タバコは携帯に不便だったため、女性がタバコを吸う姿は長らく秘密のベールに包まれていた。それまでの女性は伝統的な婦人道徳にしばられ、いつも固く正しく慎ましい一面を見せていたが、そんな彼女たちが密かに享楽的になり安逸に耽っている姿はいとも簡単に男性の妄想を掻き立て、いやらしいのぞき見の対象になった[20]。このように、女性の喫煙からセクシャルなものを連想する伝統も、一九三〇年代のタバコ広告の戦略として利用されたのである。

3 情欲化

前述のまわりくどいやり方に比べ、もっと赤裸々に女性の喫煙と性を結びつける広告もあった。一九三〇年代の著名な商業画家の謝之光は、色っぽいタバコ広告を数多く制作した。図4は彼が華成タバコ会社の「美麗牌」のために描いたもので、裸の女性が魅惑的な目つきでタバコの煙を吹かしている[21]。女性の魅力的な体によって顧客を誘惑しようとする広告が、新聞や雑誌はおろか、にぎやかな町の通りにまで公然と掲げられた（図5）[22]。

タバコを吸う女性の肉感的な体と挑発的な格好が強調されたほか、男女が仲睦まじくタバコを吸うようすも大量に描かれた（図6[23]、図7[24]、図8[25]）。

こうした広告では、いままでになかった男女平等が描かれ、ひいては男尊女卑という従来の図式がひっくり返されている（図9[26]、図10[27]）。

しかし、男女がいっしょにタバコを吸うことで示される男女平等の観念は、すぐに刺激の強い性的表現に浸食された。上海の都市小説では、男女がいっしょにタバコを吸うシーンがよく描かれたが、その描写は性的なニュアンスを

図6　美麗牌タバコの広告

図7　七星牌タバコの広告

図8　美麗牌タバコの広告

図9　白金龍タバコの広告

図10　服務性（ご奉仕）

強くあおるものだった。以下は葉霊鳳の小説『未完の懺悔録』の男性主役裴君（「ぼく」）と女性主役の陳艶珠がドイツ料理店で食事をするシーンである。

　酒の勢いに任せて、ぼくはじっと彼女を見つめた。「見ないで」、彼女はたまらずそう笑った。「タバコある？」

　ぼくが三五牌を一本出して渡すと、彼女は手で取らず、座席越しに口を近づけてきた。

「ほんと、タバコになりたいね！」。タバコを唇のなかに入れてやる瞬間、きゅっと集まってくる二枚の深紅の小さな花びらに、抑えきれぬ欲情をそそられ、ぼくは思わずそう言った。[28]

　実際、男女がいっしょにタバコを吸うことが性的な関係を示唆するようになるのは、中国数百年来の喫煙文化に端を発している。つまり、「喫煙（アヘン）」と「性愛」を結びつける明末以来の文化的固定観念が、アヘンとはまったく関係のなかったタバコにまで転嫁されたのである。鄭揚文氏の研究によると、アヘンを吸う際にはその成分を調整する技術が吸飲効果に直接影響するのだが、催淫作用の強いアヘンと性産業が結びついたことで、しばしば高い調整技術をもつ遊女が男性客にかしずいてアヘンを吸うようになったという。遊女はまずアヘンを吸いながら成分調整し、男が吸飲を休むときにも代わって吸う必要があった。男はアヘンを消費すると同時に、女の色香も楽しんだのである。[29]こうしたアヘン消費におけるジェンダー構造はタバコ消費にも延長された。表面的な平等の裏には、依然強大な男性意志が立ちこめていたのである。

ベネディクト氏が推測するように、情欲化されたタバコ広告に見られる女性喫煙者はもはやかつての「良妻賢母」ではなく、婚姻に縛られず男と性的関係をもつ女だった。そうしたことから、女性の喫煙は性的な奔放さを表わすみっともない行為と見なされるようになり、やがて男性エリートたちからの批判の的になった[30]。しかし、そのような批判には矛盾が含まれており、そのことは蘭という名の『玲瓏』の投稿者によって喝破された。「喫煙をみっともないことだなんて言うのは筋が通っていません。男の人が女の喫煙姿を見たくないって言うなら、女が好きこのんでそんなみっともない格好をするものですか[31]」と。王儒年氏が指摘するように、一九二〇年代から三〇年代にかけて、女性美の基準は男性によって決められ、女性はいつもその期待にそって自分のイメージを作っていた[32]。彼女らが小さなタバコを男女関係の潤滑油とし、セクシーな喫煙姿で男性の歓心を買おうとしたのは、彼らの理想の女性像が、タバコに火をつけてくれる良き妻から、すぱすぱやっているセクシーな美女に変化したからである。

二　経済的圧力による女性タバコ消費の「汚名化」

一九三〇年代の女性タバコ消費に対する「汚名化」は、単独の現象としてではなく、もっと大きな禁煙運動の一環として起こった。当時、「喫煙愛国」や「喫煙亡国」「喫煙強種」「喫煙滅種」など、一見矛盾するかのような世論が渦巻いていたが、このような民族主義的な言説は単に利用しやすい言葉を記号として利用したに過ぎない。タバコを禁止するかしないかは、結局のところ経済問題であり、女性の喫煙行為に対する批判も例外ではなかった。

1　喫煙「モダンガール」のぜいたくな生活

タバコ消費は、「汚名化」の際にも、「美名化」の際にも、各大衆メディアの一致した働きにより、見事に「モダン

図11　エイミー・ワン

ガール」の象徴となった。当時のメディアが「モダンガール」の姿を描くときには、口にあるいは指にもくもくとけむる一本のタバコをはさむのがお決まりだった。また、それは映画女優や社交界の令嬢が「モダンな写真」を撮るときにも必須のアイテムだった。おもしろいことに、図11の主エイミー・ワン（Amy Wang）は普段はタバコを吸わなかったが、写真を撮る際には、モダンな効果を狙ってわざわざカメラマンのタバコを借りて指にはさんだ。[33] しかし、「モダンガール」に批判が浴びせられるようになると、その象徴だった女性のタバコ消費にも、私利私欲をむさぼっているだの、無駄遣いばかりしているだのという「汚名」が着せられるようになった。

経済危機のなか、大多数を占める一般庶民の生活はますます逼迫していったが、各メディアが伝える「モダンガール」は、相変わらずきれいな服を着て、ぜいたくな暮らしをしていた。そして、こうした鮮明なコントラストに促されて、社会に「厭女」感情が蔓延しはじめた。中華節制会会長の劉王立明は「ここ数年来……都市に住む中産階級以上の婦女の生活は「堕落」の二文字に尽きます」と批判した。というのは、他の国と違って、彼女たちはお金を稼げる夫に嫁ぐしかなく、社会の大事には関知せず、家のことは下女に任せっきりだったからである。[34] さらには、義憤に駆られて「生産活動に従事せぬ、社会の害虫、怠惰なるぜいたく品、奇形児の解放」、「四つの罪名」、「上海女を社会に告発する」といった謳い文句をでかでかと書き連ねる者もいた。[35]

穆時英や劉吶鴎、葉霊鳳ら上海の都市作家は、モダンガールのぜいたくな生活を余すところなく描き尽くした。それによると、彼女らはナイトクラブやカジノ、公園、ダンスホール、バー、レストラン、競馬場などの娯楽施設に出入りし、舶来品の「Craven A」や「駱駝」を吸いながらハリウッド映画を見て、サクソフォーンが響くジャズにうつとりし、タップやタンゴを踊り、一九三二年製のスポーツカー・オースチンを運転していた。ちょうど、黒牡丹というダンサーが「わたし、ぜいたくのなかで暮らしているの。ジャズとか、フォックストロットとか、カクテルとか、秋の流行色とか、八気筒のスポーツカーとか、エジプトタバコとか、そういうのがないと、魂の抜けた人になっちゃうわ」とあけすけに言ったように。(36)

『時代漫画』の創刊号に、費志仁という女性がモダンガールの支出項目を一つひとつ列挙し、上海通用の銀元で最低でも五二元五分かかるという統計を出した。当時、一家三人の月々の生活費が五元から八元だったことを考えると、その支出がいかに大きかったかがわかる。(37) タバコについていえば、モダンガールが普段吸っていたのは「Craven A」や「駱駝」、「吉士」、「三五」などの舶来品であり、それらは一箱（一〇本）〇・五元すなわち一五〇銅円(38)もする高価なものだった。しかも、上海の「良家の令嬢」たちはみんな「タバコの吸い殻は半寸くらい残して捨てるのがよく、残りが長ければ長いほどよい」と思っていた。(39) 一方、一般庶民はといえば、一箱一〇銅円くらいの国産の安タバコしか買えず、そのうえ「あと一口吸うと、唇がやけどしてしまう」くらい惜しんでいた。(40) さらに貧しい人たちは、捨てられた吸い殻のなかに残っているタバコの葉を巻き直して作った「拾いタバコ」を吸うほどだった。乞食や三毛（『三毛流浪記』の主人公）のような貧困児童から見れば、上海のモダンガールが捨てる長い長い「吸い殻」は、「天からの恵み」にほかならなかった。彼らは目を光らせながら通りに落ちている吸い殻を探し集め、「それをタバコに仕立て直すことで生活していた」(41)。

世界恐慌のなか、モダンガールのぜいたくな暮らしぶりは人々の非難の的になった。タバコはモダンガールに不可欠なシンボルとなっていたので、「モダンガール」への批判がその口にくわえられたタバコにまで波及するのは無理もないことだった。

図12　懐素「魔力」

2　男性の焦りの背後にあった「胸算用」

このように、各メディアはモダンガールのぜいたくな生活を批判したのだが、その批判の裏にあったのは経済危機などの時代背景だけではなかった。社会的、経済的な格差によって引き起こされた普遍的な「厭女」感情は、モダンガールのような女性像を作り出した男性が、こんどは伝統的な性別秩序のゆるみに対して焦りをもちはじめたことも意味していた。性別秩序というものは、結局のところ男女の経済的地位によって決定されるものであり、したがってまた消費モデルを通して表に出てくるものでもある。タバコ消費はかつて男性の特権だったが、女性の経済的、社会的地位が向上するにつれて、女性もタバコメーカーが軽視できない消費者になった。つまり、女性はタバコを消費することによって、公然と「男性の領域」に足を踏み入れ、男性の権威に挑戦したのである。

女性が消費の支配者となることで男性の権威を脅かすという話は、上海の都市文学によく見られるテーマである。それは男性の焦りを最も顕著に表わすものでもあった。例えば、『駱駝・ニーチェ主義者と女』のなかで、「駱駝牌」のタバコを吸う「彼」は、彼女に向かって次のように言う。「もうがまんならないから、お嬢さん、言わせてもらうが、君のコーヒーの飲み方だとか、タバコを吸う格好だとかは、どれもこれもまったく許し難い間違いなんだが」と。すると意外にも、「朱唇牌のタバコを指にはさんで、蓮紫色のけむりの輪を吹かしていた」彼女は、「三百七十三種のタバコのブランドと、二十八種のコーヒーの銘柄と、五千種のカクテルの作り方を彼に教えること」、すなわち消費を掌握することによって、男女の関係を逆転させてみせるのである(42)。また、『暇つぶしの道具にされた男』では、「吉士牌」のタバコを吸う男性までが女性の消費対象にされてしまう(43)。右上の漫画では、ショートヘアで細いまゆ毛の、宝石を身にまとった巨大なモダンガールが、シガレットホルダーでタバコを吸いながら男を手のひらでもてあそんでいるが、これは女性が消費と男性を支配しているようすを生き生きと表現している（図12）[44]。男性作家は消費と女性に対する男性の挫折感を克服するために、モダンガールをすべてを呑み込む危険動物として妖怪化し、女性を貶める文章を書くことによって再び「彼女」をコントロールしようと試みたのである。ケイト・ミレット（Kate Millett）が言うように、「男の女にいだく反感の機能は、従属集団を支配する手段を与え、低い序列にある者の劣った位置を正当化し、彼らの被抑圧状態を「説明する」論理的拠りどころを与えることにある」[45]。

男女の地位の変化は、小さな家庭のなかにもタバコ消費の場合と同じように現われた。こうした新しい夫婦関係は男性の不安を引き起こした。当時の漫画はタバコを吸う役割を交代させることで、非常に視覚的に男女の地位の変化を表わしている。つまり、タバコを吸う女性は、従順な被抑圧者から態度の大きな抑圧者へと変化を遂げたのである（図13[46]、図14[47]、図15[48]を参照）。こうした男女の地位すなわち消費モデルの変化は、結局、経済資源の分配の仕方によって

図13　陸振声「婦道（昔と今）」

図14　徐進「昔と今」

図15　魯少飛「君はぼくを愛しているのに，どうしてつれなくするの！」

図16　中秋生「新時代の主婦」

引き起こされたものである。そのことは、「新時代の主婦」という漫画に見える以下の言葉を見ればわかる。「新しい文化的生活を営む夫婦は経済的に各々独立している。夫は毎月の収入のなかからいくらかの生活費を負担するが、半月も経つとタバコを買うお金もなくなり、妻がタバコを吸うときにそのけむりの匂いをかいで満足するしかないのである」[49](図16を参照)。つまり、女性は経済的に男性から独立しているからこそ、男性の前で堂々とタバコを吸うことができたのである。

ところで、化粧品と服装には性別属性がはっきりと現われるため、男性が女性のぜいたくを攻撃する際の恰好の標的になった。化粧品でお金を無駄遣いするという報道が日常茶飯事になり[50]、新生活運動の際にはモダンな女性の服を狙って切り裂く「モダン破壊団」まで現われた[51]。ただ、タバコの消費者は依然として多くが男性であり、女性ではなかった。男たちは女性が化粧品を使うことを「よってたかってののしっていた」が、女性の化粧品よりも二〇倍ほども値の張るタバコを吸っていたため、逆に次のように皮肉を込めて言い返された。「二千万と百万と、この金額にどんな違いがあるのかしら。ののしられることと許されることに、どんな区別があるのかしら。私たちは、同じように罪を犯した人が法の網から逃れることがないようにしてほしいだけです」[52]と。以上のような事情から、男性が女性のタバコ消費を批判するに当たっては、化粧品や服装の場合のように単刀直入、自信たっぷり、というわけにはいかず、一転、タバコ消費を性別化することに力を注いだ。つまり、優生学や民族主義などのお題目を並べて、女性がタバコを吸うことの正当性に疑義を呈したり、あるいは女性の喫煙者をぜいたくで淫らなモダンガールに仕立て、道徳的な見地からその喫煙行為を悪しざまに言ったりしたのである。そして、そのような回りくどいやり方によって、男性は女性のタバコ消費を押さえつけながらも、自分には火の粉がかからないようにしたい、というもくろみを果たしたのであった。

一九三二年六月一日の『申報』に「婦女の喫煙と風紀」という記事が載っているが、それは女性のタバコ消費に対する批判の裏にあった男性の「胸算用」を浮き彫りにしている。この文章は、まずモラリスト気取りで、婦女の喫煙は「絶対的に許されるものだ。というのは、男女平等の原則に鑑みれば、男が喫煙できて、女ができない道理はないからだ。風紀という点に関しても、この原則にもとづく限り同じである。男の喫煙が風紀に関係ないのに、どうして女の喫煙だけが風紀に関係あろうか」と承認してみせる。が、すぐさま矛先を一転させ、「わが国の婦女の喫煙習慣はおそらく日本人よりも酷く、上は貴族のような奥さま、お婆さま、お嬢さまから、下はごろつき女まで、みんな「食後の一服、仙人気分」といったありさまだ。婦女の喫煙は法律で禁じられていないが、結局は良からぬ習慣であり、道徳的見地からいえば、どうにか廃止するのがよかろう」と言うのである。実際のところ、この問題の本質は「そもそも婦女の日用品は多すぎるきらいがある。消費の平等という点からいえば、婦女どもにタバコを吸わせることを禁じたところでたいしたことはない。彼女らは化粧だの服装だの、何でもかんでも男よりお金をかけているからだ。喫煙くらいは、男たちの「専売特許」にしようではないか」というところにあった(53)。

おわりに

一九三〇年代の経済危機に直面し、上海のタバコメーカーは広告戦略を見直し、喫煙する女性をその主役にした。そして、「近代化」、「日常化」、「情欲化」という手段により女性の喫煙行為を「美名化」した。タバコメーカーの後押しにより、女性タバコ消費の美名化は広く受け入れられるようになった。一九三四年には美人の一〇の基準なるものが発表されたが、その第一に挙げられたのは、「美人の口」は「タバコを吸う口」というものだった(54)。タバコをはさむ指輪[55]やシガレットホルダー[56]、女性用シガレットケース[57]といった女性喫煙からの派生商品が登場したことも、女性喫煙者層が拡大したことの裏づけとなる。また、国産タバコの販売量が経済危機のなかでかえって増加したことは、中華資本のタバコメーカーが女性市場の開拓に成功したことと関係している。図2からわかるように、英米のタバコ会社の販売量が低下すると同時に、国産タバコの販売量は全体として穏やかな上昇傾向を示しはじめ、一九三四年に最高潮に達して、英米のタバコ会社に最も迫る市場占有率を記録するに至った。

これら女性喫煙を美化する広告は、一種の「女性喫煙指南」と見ることもできる。彼女たちがどのタバコを吸ったらよいか（国産か舶来品か、具体的なブランドなど）、どこで吸ったらよいか（家の中、レストラン、ゴルフ場など）、いつ吸ったらよいか（朝化粧の後、午後の集まりのとき、男といちゃいちゃするときなど）、どんな姿勢で吸えばよいか（リラックスして、自信ありげに、セクシーになど）を指導し、彼女たちがタバコという「アイテム」をどう利用して平等を追求し、愛国を表現し、自由を顕彰し、あるいは男性の歓心を買うかを教えた。女性の喫煙に与えられた数々の「美名」が女性タバコ消費の原動力になったことは疑いようがない。しかも、この「美名化」過程は女性の社会的、経済的地位の向上を反映しているだけでなく、伝統的ジェンダー構造のゆるみを必然的に加速させるものだった。

一方、当然といえば当然だが、男性はタバコ広告の脇役になったり、そこから完全に姿を消したりしたが、女性が平等を追求する際の模範として、または女性美の観賞者、定義者として、さらには女性がせっせと媚を売る相手として、依然、女性喫煙の「美名化」過程を左右する大きな力をもっていた。男性の意志と女性の主体性、規律と反抗、消費する女性とされる女性、この時期のタバコ広告には複雑かつ矛盾さえする情報が錯綜しており、そのターゲットが男性なのか女性なのかも判断しにくい。しかし、こうした大衆受けするあいまいさこそが上海のタバコメーカーの賢いところで、それによって男女の消費者を一挙に虜にすることができたのかもしれない。

しかし、景気が下り坂になると、タバコ消費の合理性に広く疑問符が付けられるようになった。一般的にタバコの消費量は、減少するか安物タバコや代替品に切り換えられるかだった。ただ、上海では女性のタバコ消費がかなり普及していたことから、その経済的なしわ寄せは大衆メディアが男女のタバコ消費を差別して扱うという結果となって現われた。伝統的な性別秩序のゆるみに焦った男性知的エリートは、生理と健康に関する「科学」の知識によって、体よく女性のタバコ消費の合理性に疑義を呈し、民族主義という特筆大書した言葉によって、それを民族存亡にかかわるかのような次元にまで引き上げた。しかし、「喫煙はそもそもあまりよろしくないことです。でも、喫煙が女にとって有害であるなら、男にとってもどうしてよいことがあるでしょうか。ただただ女ばかりを責めるのはどういうわけでしょうか。もし人々の健康のために喫煙を禁止するなら、まずはタバコを徹底的に根絶すべきでしょう。女の喫煙だけを禁止したところで、その効果には限りがあるのではないでしょうか。……要するに、これは男の私利私欲に過ぎないのです。こういう心理はことあるごとに女に向けて発散されます」[58]。女性からのこうした反発を避けるために、男性は女性喫煙者を湯水のごとくお金を使って享楽に耽る「モダンガール」に仕立て、経済恐慌に苦しむ一般民衆の普遍的反感をあおった。さらには、男性が男女間の経済資源の分配に不満をもっていたことから、女性のタバコ消費に私利私欲や贅沢三昧という「汚名」を直接的に着せたのである。

総じていえば、南京国民政府期には経済が逼迫し、社会における貧富の差が大きくなりつつあったが、そのことは当時の消費観念と消費行動を考察するうえで軽視することのできない重要な背景的要素である。タバコメーカーと消費者は、それぞれ自分なりのやり方で当時の経済危機に対応していった。上海に拠点を置く国内外のタバコメーカーは、開拓余地のある女性市場に目をつけ、女性のタバコ消費にさまざまな美名を与えた。一方、上海に住む男性知的エリートは女性の喫煙行為を「汚名化」し、限られた経済資源の再分配を試みた。また、私たちは上海の大衆メディアが女性のタバコ消費を「美名化」し「汚名化」した、その分岐点についても考察したが、その結果明らかになったことは、女性はタバコを消費することによって、それまでになかった主体性を持ちえたが、それに賛成すること、反対することを含め、世論を主導していたのは相変わらず男性の意志だったということである。

（1）上海社会科学院経済研究所編『英美煙公司在華企業資料匯編』北京、中華書局、一九八三年、五一二、七三三頁。

（2）上海商業儲蓄銀行調査部『煙与煙業』上海商業儲蓄銀行託托部発售、一九三四年、一五三頁。

（3）Howard Cox, "Learning to do Business in China: The Evolution of BAT's Cigarette Distribution Network, 1902-41," *Business History*, Vol. 39 (1997), p. 56.

（4）英米のタバコ会社と南洋兄弟タバコ会社の商業競争に関する研究成果は数多く、そのうち最も影響力が大きいのは、高家龍氏のものである。Cochran Sherman, *Big Business in China: Sino-Foreign Rivalry in the Cigarette Industry, 1890-1930*. Cambridge, Massachusetts: Harvard University Press, 1980.

（5）Carol Benedict. *Golden-Silk Smoke: A History of Tobacco in China, 1550-2010*. Berkeley; University of California Press, 2011. 韓炅（Luke Hambleton）／皇甫秋実「多重視野下的中国煙草史――読 *Golden-Silk Smoke: A History of Tobacco in China, 1550-2010*」を参照。『近代中国研究集刊』第五輯、上海、上海古籍出版社、二〇一五年、四六七―四七七頁。

（6）韋立徳（Tim Wright）氏が指摘するように、中国経済が一九三〇年代に衰退したのは確かだが、世界経済の大恐慌よりも、むしろ日本による中国東北部占領や、二度にわたる長江水害などの国内的要因の方が中国経済により大きなマイナス影響を与えた。Tim Wright, "China and the 1930s World Depression," 張東剛編『世界経済体制下的民国時期経済』所収、北京、中国財政経済出版社、二〇〇五年、三七〇―三九二頁。

（7）ここに挙げたデータは、筆者が一九三四年の『申報』のタバコ広告を一つひとつ数えたものである。『申報』の影印本を見てみるに、広告がぎゅうぎゅうに詰められ、順序もばらばらであるうえ、かなりぼやけている。それらを数える際には、細心の注意を払ったが、わずかな間違いはあるかもしれない。

（8）Fernand Braudel, *Civilization and Capitalism, 15th-18th Century Vol.1: The Structures of Everyday Life*. Berkeley: University of California Press, 1992, p. 262.

（9）美麗牌タバコの広告、『申報』第一張第二版、一九三四年九月一六日。

（10）銀行牌タバコの広告、『良友画報』第一四九期、一九三九年一二月。

(11) 美麗牌タバコの広告、『良友画報』第一六一期、一九四〇年一二月。
(12) 白金龍タバコの広告、『美術生活』第二期、一九三五年。
(13) 美麗牌タバコの広告、『申報』第一張第四版、一九三四年八月六日。
(14) 虎「明星吸煙佳話（スターの喫煙美談）」『銀幕周報』第三期、一九三一年、四―五頁。
(15) 美麗牌タバコの広告、『申報』第一張第二版、一九三四年三月一〇日。
(16) 美麗牌タバコの広告、『申報』第一張第四版、一九三四年三月二〇日。
(17) 美麗牌タバコの広告、『申報』第一張第四版、一九三四年四月二日。
(18) 美麗牌タバコの広告、『申報』第一張第四版、一九三四年四月二四日。
(19) Weipin Tsai, *Reading Shenbao: Nationalism, Consumerism and Individuality in China, 1919-37*. London: Palgrave Macmillan, 2010, pp. 38-41.
(20) 楊国安編『中国煙草文化集林』西安、西北大学出版社、一九九〇年、二〇頁。
(21) 美麗牌タバコの広告、『美術生活』第一期、一九三四年、裏表紙。
(22) 銀行牌タバコの広告、A billboard advertising Banker cigarettes Location Shanghai China Date taken 1948 Photographer Jack Birns.
(23) 美麗牌タバコの広告、『申報』本埠増刊第一版、一九三四年一〇月二一日。
(24) 七星牌タバコの広告、『申報』第一張第一版、一九三四年三月三日。
(25) 美麗牌タバコの広告、『申報』第一張第四版、一九三四年四月八日。
(26) 白金龍タバコの広告、『良友』第一四二期、一九三九年。
(27) 「服務性（ご奉仕）」、『良友』第七三期、一九三三年。
(28) 葉霊鳳『未完的懺悔録（未完の懺悔録）』（一九三六）広州、花城出版社、一九九六年、二二九頁。
(29) Zheng Yangwen, *The Social Life of Opium in China*. Cambridge: Cambridge University Press, 2005.
(30) Carol Benedict, *Golden-Silk Smoke: A History of Tobacco in China, 1550-2010*. Berkeley, Los Angeles, London: University of California Press, 2011, p. 229.
(31) 蘭「希特拉禁止婦女吸煙（ヒトラーが婦女の喫煙を禁止する）」『玲瓏』第三巻第二九号、一九三三年九月六日、一五二七頁。

(32)　王儒年『欲望的想象——一九二〇—一九三〇年代「申報」広告的文化史研究』上海、上海人民出版社、二〇〇七年、二八六頁。

(33)　この写真は一九三〇年代後半に撮られたもので、モデルはエイミー・ワンである。写真には次の説明が付されている。“My grandmother was a Shanghai society girl as well a as fashion designer. In this photo above she used the photographer's cigarette for effect（She didn't smoke）coquette.”（私の祖母はファッションデザイナーであり、上海社交界の令嬢でした。上の写真で、彼女はコケティッシュに見せるためにカメラマンのタバコを借りています。彼女はタバコを吸わなかったのですが。）http://coquette.blogs.com/coquette/2006/03/index.html, 二〇一七年八月一一日時点。

(34)　劉王立明「中国婦女運動的新陣線」『東方雑誌』三〇巻二一期、一九三三年一一月一日、三頁。劉王立明（一八九七—一九七〇年、安徽人）は一九一五年に世界婦女節制会（婦女の身心健康を促進し、アヘンの吸飲を禁止し、飲酒喫煙を節制し、出産を制限することを主張する国際的婦女運動組織）に加入した。後にアメリカに留学し、帰国後、中華婦女節制会の幹部となり、女性月刊誌『節制』を創刊した。抗日戦争勃発後は、中華婦女節制会を率いて中国婦女抗敵後援会および上海婦女難民救済会に参加し、救国運動と人々の救済活動に奔走した。『快楽家庭』（商務印書館、一九三三年）、『中国婦女運動』（商務印書館、一九三四年）などの著書がある。彼女の夫、劉湛恩博士は、中華キリスト教全国協会教育総会の幹部だった経歴をもつが、一九三八年にスパイに暗殺された。

(35)　黄嘉音「向社会公訴上海女郎（上海女を社会に告発する）」『時代漫画』第七期、一九三四年七月二〇日、沈建中編『一代漫画大師的揺籃——時代漫画（一九三四—一九三七）』（上）上海、上海社会科学出版社、二〇〇四年、八六—八七頁。

(36)　穆時英『黒牡丹』（一九三三年）、厳家炎／李今編『穆時英全集』（小説巻一）北京、十月文芸出版社、二〇〇八年、三四三頁。

(37)　費志仁「摩登女子最低的費用（モダンガールの最低費用）」『時代漫画』第一期、一九三四年一月二〇日、沈建中編『一代漫画大師的揺籃——時代漫画（一九三四—一九三七）』（上）一一頁。

(38)　当時の中国で通用していた元は、だいたい三〇〇銅円くらいだった。ただ、兌換率は五〇から四〇〇の間で変動していた。〇・五元は約一五〇枚の銅円と同じである。Barnard J. Gibbs, *Tobacco Production and Consumption in China.* Washington DC: U. S. Bureau of Agricultural Economics, September 1938, p. 34.

(39) 「風頭挺健的大家閨秀（目立ちたがりの良家の令嬢）」『上海生活』一九四〇年第一〇期。呉健熙・田一平編『上海生活（一九三七―一九四一）』上海、上海社会科学出版社、二〇〇六年、二三一頁。
(40) カール・クロウ（Carl Crow）著、夏伯銘訳『四万万顧客』上海、復旦大学出版社、二〇一一年、四三頁。
(41) 子どもたちは吸い殻に残った葉でタバコを作っていた。羅穀蓀「児童年中的流浪児童」『東方雑誌』第三二巻第七号、一九三五年四月一日。
(42) 穆時英『駱駝・尼采主義者与女人（駱駝・ニーチェ主義者と女）』（一九三四年）、厳家炎・李今編『穆時英全集』（小説巻二）北京、十月文芸出版社、二〇〇八年版、一四五―一四九頁。
(43) 穆時英『被当作消遣品的男子（暇つぶしの道具にされた男）』（一九三三年）、厳家炎・李今編『穆時英全集』（小説巻一）北京、十月文芸出版社、二〇〇八年版、二三七―二六〇頁。
(44) 懐素「魔力」『上海漫画』一九二八年六月九日、封面。
(45) ケイト・ミレット（Kate Millett）著、宋文偉訳『性政治』南京、江蘇人民出版社、二〇〇〇年、五五頁。藤枝澪子ほか共訳『性の政治学』自由国民社、一九七三年、一〇六頁。
(46) 陸振声「婦道（過去与現在）」『漫画漫話』第一巻第四期、一九三五年七月一五日。
(47) 徐進「過去与現在」『上海漫画』第八四期、一九二九年一一月二〇日、四頁。
(48) 魯少飛「你是愛我的，何需要給我冷気受！（君はぼくを愛しているのに、どうしてつれなくするの！）」『時代漫画』創刊号、一九三四年一月二十日、沈建中編『一代漫画大師的揺籃――時代漫画（一九三四―一九三七）』（上）老上海期刊経典、上海社会科学出版社、二〇〇四年版、五頁。
(49) 中秋生「新時代的主婦」『婦女雑誌』第一三巻第一期、一九二八年一月、二五―二六頁。
(50) 「脂粉香水消耗於婦女腿部者頗巨（婦女の脚に使われる化粧品は非常に巨額）」『旅行雑誌』第八巻第九号、一九三四年九月一日、四六頁。特郎「香水与脂粉（香水と白粉と紅）」『新大声雑誌』第一巻第六期、一九三五年一月一日、二―三頁。「八箇月婦女脂粉飾品進口統計（ここ八ヶ月の婦女化粧品輸入統計）」『婦女月報』第一巻第一〇期、一九三五年一一月一〇日、二三―二四頁。
(51) 瓊「従摩登破壊団想到婦女們与外貨（モダン破壊団から婦女と舶来品について考える）」を参照。『玲瓏』第四巻第一一期、一九三四年四月一一日、六三四―六四四頁。

(52) 瑞「化粧品与紙煙（化粧品とタバコ）」『婦女共鳴月刊』第三巻第九期、一九三四年、三四頁。
(53) 松廬「婦女吸煙与風化（婦女の喫煙と風紀）」『申報』本埠増刊第一版、一九三二年六月一日。
(54) 江流「美人十項」『寿険界』巻二期三（一九三四年）、三八頁。
(55) タバコをはさむ指輪の広告は、『申報』一九二七年一〇月二六日、第四版。
(56) 女性用シガレットホルダーは、白金龍タバコの広告を参照。『上海漫画』期一八（一九二八年八月一八日）、八頁。
(57)「女用手篋中之蔵煙処（女性用小物ケースのタバコ入れ）」『科学的中国』巻六期一一（一九三五年一二月一日）、四三九頁。
(58) 蘭「希特拉禁止婦女吸煙（ヒトラーが婦女の喫煙を禁止する）」『玲瓏』第三巻第二九号、一九三三年九月六日、一五二七—一二八頁。

15 帝国日本の「内鮮結婚」
——政策と現実

李　正　善
（久留島哲　訳）

はじめに——同化政策と「内鮮結婚」

帝国日本は植民地統治の根本方針は同化主義にあるとして、その統治政策を「同化政策」と呼んだ。日本統治下の韓国、つまり朝鮮においても同様であった。しかし、「同化」の内容は植民地統治担当者にとっても不明確であり、「同化」を標榜する言説と差異を維持する施策との間にも乖離があった。このために、その概念と内容、同化政策の性格に対する視角も研究者ごとに異なってきた。

先行研究ではこうした限界を克服するため、何かを説明するために「同化」という用語を濫用するのではなく、その概念自体を分析・説明するべきだという提言がなされてきた。これを目的に試みられた研究方法の中で、イデオロギーとしての同化（主義）と政策としての同化（政策）を区別する有意義な方法がある(1)。こうした視角から、日本が同化の「主義」を標榜しながら「政策」としては施行しなかったために理念と実際との間に二重性が存在したことが指摘されている。また、したがって朝鮮同化政策は併合以来の一貫した政策ではなく、その二重性と乖離が解消される時、即ち内地延長主義が標榜された一九二〇年代[2]、あるいは日中戦争が勃発した一九三七年以後になってようやく本格的に始まったという評価も提起された[3]。

他方、駒込武は、統治政策の法制度的側面と文化的側面にも格差があることを踏まえて、統治政策を四つの類型に分類した。法制度的側面の「平等化」・「差別化」、文化的側面の「同一化」・「差異化」というそれぞれ二次元の座標軸を設定した後、両者の結合様相に沿ってそれぞれ「同化・融合（平等化／同一化）」「階層化（差別化／同一化）」「分離（差別化／差異化）」「多元主義（平等化／差異化）」という類型に分けたのである。駒込の要点は、当時の用例ですでに同化政策が「同化・融合」類型だけではなく「階層化」類型でも定義されていたことを指摘した点、そして、このような政策の特質を把握した上で、それが理念的同化と整合性を持つのかどうかを問うべきだと提案した点にある[4]。これにより、併合以来同化と差異化が共存した朝鮮統治政策を同化政策として一貫して理解し、同化政策の推進様相を理念と施策の相互関係の中で力動的に描くことを可能にする視角を提起した。

しかし、駒込の接近方法は二つの疑問を呼び起こす。一つは、政策面における法制度的側面から統治政策を「平等化」・「差別化」によって評価し、朝鮮総督の権限や朝鮮人参政権の水準をその指標として使用することが果たして適切なのかについてである。それは第一に、参政権などの法制的・形式的平等を重視する自由主義的市民権概念は、国民国家を志向しつつ認識の枠組みを国家に制限すると同時に、現在まで続く人種・民族・階級・ジェンダーなどによる実質的差別を副次化してしまうためだ。日本からの政治的解放と大韓民国の樹立は国民内部の形式的な平等をもたらしてきたが、それが唯一で最終的な目標ではない以上、より深い課題を探求するには日帝期（日本による植民地期）について解釈の幅を広げ、解放以前と以後を包括できる認識の枠組みを立てる必要がある。第二は、朝鮮総督の権限や朝鮮人参政権の問題は基本的に属地的性格を有するためである。日本政府・議会に対する朝鮮総督（府）の独自的ないしは相対的な自律性がそれ自体として重要な研究主題であることに疑いはない。しかし、このような属地的指標を重視する場合、本国の法制度が植民地へ延長・施行された後に原住民がさらに属人的に区別される現象を容易に看過してしまう。「同化・融合」類型として評価されるフランスのアルジェリア統治においても、原住民に対する属人的区別と差別が行われた。帝国日本の場合でも、朝鮮より総督の自律性が弱かった台湾は勿論、内地に編入された北海道と樺太でもアイヌの人々を「旧土人」として区別した事実を想起する必要がある。朝鮮人の参政権問題も同様である。少なくとも一九二〇年以後、参政権は住所地の問題へ転換し、朝鮮人であっても日本に居住すれば帝国議会衆議院の選挙権と被選挙権を有するようになった反面[5]、朝鮮に移住した日本人は日本居住時に享受していたこれらの政治的権利を剥奪された。同化政策の焦点が、朝鮮と日本本土という「地域」の統合ではなく、朝鮮人と日本人という「人」の統合にあったとすれば、朝鮮で衆議院議員選挙法が施行されたかどうかよりも、朝鮮人と日本人を属人的に区別する基準が何であったのかについてより注意を傾けねばならないのではないだろうか。

もう一つの疑問は、統治政策と理念の整合性を検討しようとする際、日本人と朝鮮人の人種的・血縁的類似性に関する問題が多少看過されてきたのではないかということである。フランスの同化政策が人間の普遍性にその根本を置いたとすれば、日本の同化政策は同じ人種、もしくは歴史的・地理的・血縁的に類似した民族だという点を頼みとして支配の正当性と同化の可能性を主張したのがその特徴であった。その上、西欧の帝国が同化政策を放棄して人種主義に傾倒し植民地民や有色人種との結婚や混血を排撃した時期に、日本は朝鮮人・台湾人など植民地民と日本人の結婚を奨励すると宣伝した。通婚・混血を通じて初めて一つの民族となることができるという家族的・血縁的な民族観念まで動員されている。そうであれば、こうした「生物学的同化」こそ帝国日本の独特で核心的な同化理念であったのではないだろうか[6]。しかし、法制度的・文化的側面を重視した既存研究の統治政策モデルでは生物学的同化のための施策を位置づける余地がない。通婚・混血を排除ないし重視しなかった西欧的な統治政策を研究上のモデルとしたため、こうした構図が出てきたのではないだろうか。

以上の問題意識から、本章は日帝期の日本人（内地人）と朝鮮人の結婚である「内鮮結婚」に着目した。内鮮結婚は日本特有の生物学的な同化理念に直結すると同時に、法制、精神・文化、生物学的同化の各側面を総合的に検討できるテーマであるという点でより重要性が高い。内鮮結婚（性交）は生物学的に混血子女を生み出し、家族という一次的社会化機関を形成して朝鮮人を思想と日常生活まで日本人化することができる手段として宣伝され、また、内鮮結婚のための法制が朝鮮人と日本人の属人的区別に変化を惹起する唯一の道であったためである。したがって、内鮮結婚政策を通して帝国日本の朝鮮人同化政策がおのずから分析できるようになろう。

ここで特に留意したのは、内鮮結婚政策（宣伝、施策）と通婚の現実との相互作用である。内鮮結婚政策に関する先行研究のほとんどは、精神・文化的、生物学的同化という側面から、これを代表的な朝鮮人同化政策（民族抹殺政策）の一つとして評価してきた(7)。戦時体制期の宣伝と施策に重きを置いて、朝鮮人に対する当局の一方的・積極的な強制として同化を把握したのである。しかし、金英達が指摘するように、内鮮結婚に関しては全般的にスローガン的奨励の下で現実を放任する政策が取られていた(8)。これにより、内鮮結婚の様相（結婚、関係維持、離婚など）は、植民地当局の意図よりも、民族、階級、ジェンダーの権力関係などが互いに交叉する現実とその中に置かれた当事者たちの選択に大きく左右された。そして、このような意識的・無意識的行為が内鮮結婚政策、ひいては同化政策に繰り返し亀裂を引き起こした。ゆえに本章では内鮮結婚に対する帝国日本の政策を通婚の実際様相とともに分析し、それによって内鮮結婚政策の動態的な展開過程を把握し、さらに朝鮮人同化政策の特徴を探ってみようとする。

一　一九一〇—三〇年代における内鮮結婚法制の形成及び運用

一九一〇年に大韓帝国を併合して植民地朝鮮とした日本は、朝鮮人が日本人と類似した「同文同種」であるという前提の下に同化が可能だとみなし、天皇は朝鮮人に対して日本人との差別なく「一視同仁」であることを強調した。しかし、帝国日本は日本の憲法が当然施行されない「外地」として朝鮮を本土とは区別すると同時に、朝鮮人を朝鮮に戸籍上の本籍を有する者と規定し、本籍が日本本土にある日本人とは法的に区別した。

だが、戸籍の本籍で朝鮮人と日本人を区別すると言っても、朝鮮人が日本に、あるいは日本人が朝鮮に本籍を移せるのか、それが可能ならばその条件は何なのかが、始めから決定されていたわけではなかった。戸籍で民族を区別するという原則が確立したのは一九一八年に共通法が制定されてからであった。共通法の制定過程において、日本政府は元来、国籍法の帰化に準じて一定の条件を満たせば転籍を許容する計画であり、これに対して朝鮮総督府は、外国人に準じて取り扱うことは朝鮮人の感情を刺激すると憂慮して原則的に転籍の自由を認めることを提案した。しかし、植民地民が大挙して日本に転籍することを憂慮した日本政府は転籍自体を禁止してしまった。その代わり、共通法第三条[9]において、婚姻や養子縁組のように当事者一方（妻、養子）がもう一方（夫、養親）の戸籍に入籍せねばならない家族関係が成立した時、その地域の戸籍へ本籍を移すことにすると定めた。両者の法的区別を決定付けるものとして朝鮮人と日本人との間の家族関係を唯一の変数としたのである[10]。

帝国日本がこのような内鮮結婚法制を制定した最も大きな理由は内鮮結婚（法律婚）を可能にするためであった。朝鮮人と日本人の間では以前から自然と通婚がなされていたが、併合以後の一九一一年に朝鮮総督府が内鮮結婚に対して出した最初の施策は、日本人の妻や養子の朝鮮戸籍への入籍を停止させるものだった。しかし、日本政府が日本人男性の配偶者や養子・養女となった朝鮮人を日本戸籍に入籍させたことからもわかるように、通婚自体が禁止されたのではなかった。当時朝鮮に施行されていた戸籍法令、即ち民籍法（一九〇九年）では日本人と朝鮮人の間の婚姻、養子縁組を成立させることができず、朝鮮総督府はこれらの取扱いを一旦停止せねばならなかった。そのため、民籍法の代わりに日本でも戸籍制度として認められるような新たな朝鮮の戸籍法令を制定しようとする一方、一九一五年に日本人の妻が入籍できるようにしてほしいと朝鮮人の夫が請願すると、これを許容することに方針を変更した。内鮮結婚が同化の可能性を裏付ける証拠であり、同時に同化を促す手段としても評価される状況において、当局がその法律婚を認めなければ同化及び一視同仁の理念と食い違い、公然と差別しているという印象を朝鮮人に与えて統治を不安定にさせると憂慮したためだった。

しかし、当時はまだ朝鮮での戸籍制度が制定されておらず、法制的な問題が解決されていない状態だったため、日本政府は朝鮮でなされた婚姻申告の効力を認めなかった。さらに、一九一八年に共通法を制定しても日本政府は内鮮結婚に関連する第三条の施行を猶予した。結局、内鮮結婚問題は朝鮮総督府令第九九号「朝鮮人ト内地人トノ婚姻ノ民籍手続ニ関スル件」が施行された一九二一年に解決され、朝鮮と日本のどちらで申告しても成立することになった。そして、養子縁組や私生児の認知など朝鮮人と日本人との間の他の家族関係については、朝鮮戸籍令が施行された一九二三年になってようやく解決された。以上により、内鮮結婚法制は当事者たちからの要請があった後に制定されたこと、なおかつ、そのような要請に直面した朝鮮総督府が本土の日本政府よりも法制定に積極的だったことが確認できる。しかし、日本政府も共通法の制定過程においては、朝鮮人の日本人への養子縁組・入夫婚姻も自由にしようという朝鮮総督府の要請を受け入れるなど、やはり地域や性別とは無関係にすべての内鮮結婚を許容しても構わないと考えていた。

ただし、帝国日本が内鮮結婚法制を通じて本籍移動までも全面許容した理由は、それが複本籍を解消して法制上の区別を明確にする方法だったからであった。内鮮結婚などによって別の地域の戸籍に入籍された人を元々属していた地域の戸籍からも除籍しなかったため、一九一〇年代には複本籍が発生していた。本籍移動を許容すれば複本籍は解消される。実際に朝鮮総督府官通牒第二四〇号（一九一五年）と共通法第三条（一九一八年）、朝鮮総督府令第九九号（一九二一年）などの内鮮結婚を可能にする法令にはすべて、複本籍を除去して一人一籍の原則を貫徹させるための条項が併せて含まれている。それでも朝鮮総督府は、共通法において地域間の転籍を禁止して家族関係に因る本籍変更だけを許容することにするや、これを無差別の象徴として宣伝した。内鮮結婚を許容したことこそ日本が朝鮮人に対して区別や差別をしない証拠だとしたのである。このように日本は、戸籍で民族を区別するという本質的な問題を不可視化しようとする意図から内鮮結婚とその法制定の意義を誇張したのであった。

しかし、差別をさらけださないようにする内鮮結婚法制は区別を再生産し、日本人を朝鮮人化する逆方向の同化を招くこともあった。共通法以後、朝鮮民族を朝鮮戸籍に登録し、朝鮮に本籍を有する者には朝鮮の慣習を適用するという循環論法が形成された。朝鮮人と日本人を戸籍で区別した理由は、朝鮮人への差別ではなく、二つの民族の親族・相続慣習が異なるためであり、朝鮮の慣習が日本のそれと同じになれば戸籍も統合されるはずだという主張だった。事実、同化された朝鮮人の日本戸籍への転籍を許容したならば、朝鮮の慣習に従うべき戸籍上の朝鮮人は一種の「残余」であって、「戸籍＝慣習」の論理も整合性を保つことができた。だが、転籍が許容されなかったため、朝鮮人夫婦は子女を生んで朝鮮人の人口を再生産し、漸進的・部分的に導入された日本民法も既存の朝鮮の慣習と結合して新たな朝鮮の親族・相続慣習を創出した。朝鮮と朝鮮人は再生産構造を備えた独自の法域として構築されたのである。その中では、朝鮮人男性に嫁した日本人の妻と子女たちもやはり戸籍上は朝鮮人となり、精神・文化的に日本人化されていても、こうした朝鮮人には朝鮮の慣習が適用された。したがって、内鮮結婚が増加すればするほど、「民族＝戸籍＝慣習」の論理的矛盾も明らかになっていった。

また、朝鮮の慣習が日本化されるほど、内鮮結婚法制を通じて個人が別の地域へ本籍を移す範囲は広がっていく。この場合、参政権と兵役義務など、日本人と植民地民の間で地位に等差がある男性が問題となった。ところで、朝鮮の親族・相続慣習においては婿養子と異姓養子を認めておらず、日本人男性は共通法第三条一項によって朝鮮戸籍に入籍することすらできなかったが、日本の民法はこれらを認めていたため朝鮮人男性は日本戸籍に入籍できただけで

表1　日本戸籍→朝鮮戸籍（1921年7月-1938年）

年　月	婚姻	入夫婚姻	婿養子縁組	養子縁組	親族入籍	認知	離婚	離縁	合　計（男／女／不明）
1921.7-1923.6	60							1	61
1923.7-1923.12	14					1			15
1924	29							2	31
1925	26					2			28
1926	40					4		1	45
1927	45					12			57
1928	59					5		1	65
1929	66					11		5	82(5／69／8)
1930	87					14		12	113(9／100／4)
1931	98								98(0／98／0)
1932	109				1	10		9	129
1933	135					29		2	166
1934	240					20		14	274
1935	229			2	4	38		21	294
1936	207			1	1	24		8	241
1937	237					27		12	276
1938	340				5	41	8	11	405
合　計	2,021	0	0	3	11	238		107	2,380

※養子縁組の3件は，日本人の家の養子になった朝鮮人男性が再び朝鮮人の家の養子となって戻ってきた事例．

なく、朝鮮にない制度という理由から入夫婚姻と婿養子縁組がさらに容易となった[11]。そうなると、日本人の入夫・婿養子・養子となって差別的な朝鮮人身分から抜け出し利を得ようとする人々まで現れた。

しかし、国際結婚とは異なり、内鮮結婚を婚姻申告だけで成立するようにした帝国日本にとっては偽装結婚などの脱法行為を防ぐ手立てがなかった。結局、共通法及び各地域の親族・相続法令にだけ委ねておいた結果、朝鮮戸籍には日本人女性が、日本戸籍には朝鮮人男性が主に入籍していった（表1、2）が、日本政府は戸籍上日本人となった朝鮮人成人男性を徴兵対象から排除した（一九二七年）。それだけでなく、日本民法には婚姻や養子縁組を通じて他家に入った人間が自身の親族をその家に呼び入れて入籍させる親族入籍制度が存在していた[12]が、これも本籍変更の理由として認められたことで、朝鮮人は理論上無制限に日本戸籍へ入籍できるようになった。親族入籍をした後に分家を行い自らが戸主となることもできたために、日本戸籍に親族入籍した朝鮮人が分家の戸主となり、さらに自

表2　朝鮮戸籍→日本戸籍（1921年7月 - 1938年）

年　月	婚姻	入夫婚姻	婿養子縁組	養子縁組	親族入籍	認知	離婚	離縁	合計（男／女）
1921. 7 - 1923.6	4	9	12	1			2		28
1923. 7 - 1923.12	3	1		4					8
1924	2	3	3	3		1			12
1925	1	2		7					10
1926		11	3	5					19
1927	3	4	5	9					21
1928	3	5	4	10					22
1929	5	14	9	8	3		2		41(30／11)
1930		9	1	16	1		3		30(23／7)
1931	4	13	8				6		31(21／10)
1932	7	22	8	27		1	9		74
1933	8	27	14	42	2	1	15		109
1934	18	37	14	72	7	5	13		166
1935	25	58	21	56	5	8	10		183
1936	29	55	10	53	24	4	20		195
1937	27	77	32	39	9	2	14		200
1938	40	115	30	94	38	11	27		355
合　計	179	462	174	446	89	33	121	0	1,504

身の親族を日本戸籍へ呼び入れて入籍させることができるようになったのである。帝国日本は、許容しても差し支えなく望ましいとも考えていた内鮮結婚を法的に可能にしながらも、朝鮮人と日本人の法的区別は明確にしようと内鮮結婚法制を制定した。しかし、無差別の象徴として宣伝して最大限に障壁を除去した内鮮結婚法制は、人々の行動次第では朝鮮人と日本人の区別を動揺させ得る制度となっていったのである(13)。

二　一九一〇—三〇年代における内鮮結婚の宣伝及び実態

一九一〇年代中盤以後の日本の植民地政策学においては、フランスをはじめとした西欧の同化政策の失敗を根拠として、同化政策は植民地民の抵抗のために不可能なもの、欺瞞的なものにならざるを得ないという見解が台頭した(14)。しかし、日本政府は朝鮮は日本と類似しているので同化が可能だと主張した。だが、実際に三・一独立運動という巨大な抵抗に直面すると、抵抗をなだめる方策の一つとして民族間の「理解」と「愛情」が注目されることになった。朝鮮人が植民地支配に対して心から従順になる方策、つまり朝鮮人を同化させるための前提が「融和」であり、一九二〇年代に内鮮結婚は「内鮮融和」の象徴として浮かび上がったのである。

朝鮮総督府は、一九二一年の共通法第三条や朝鮮総督府令第九九号などの内鮮結婚法制の施行と前後して、内鮮結婚を内鮮融和の起点とも結果とも表象しつつ、これに関する宣伝を本格化させた。両民族が愛情を基に家庭を成し、その愛情を両方の家庭と民族へと連鎖させるものとして通婚を奨励すると宣伝したのである。しかし、内鮮結婚が朝鮮人と日本人の永久結合をもたらしてくれるだろうという宣伝が現実性を持つためには、論理的に少なくとも二つの前提が満たされねばならなかった。一つは通婚が量的に相当増加せねばならないということ、もう一つは質的に通婚家庭が破綻へと至らずに永久結合せねばならないということであった。それ故に、朝鮮総督府は一九二〇年代から内縁も含めた朝鮮に居住する内鮮結婚夫婦の数を調査・公表し（表3）、通婚は毎年増加しており、それらの家庭はすべて円満だと強調した。そして、それを根拠にして内鮮融和の前途は明るいとも主張した。しかし、自由恋愛と恋愛結婚を理想とする結婚観が当時流行する中、朝鮮人識者層は内鮮結婚自体を政略結婚だとみなして排斥した。そのため、朝鮮総督府も宣伝の他には直接的な通婚奨励策を施行しなかった。

内鮮結婚が現実には放任された結果、一九一二—三七年の間に通婚夫婦が朝鮮居住人口に占める比率は内縁を含めても最大で〇・〇一％に過ぎなかった（一九三七年）。そして、通婚家庭は大抵が日常的接触の中で結ばれたために、両民族の経済的・社会的格差を反映して地域・職業・類型によっても夫婦数に差異が生まれた。このような現象に対して玄永燮は、支配民族の被支配階級と被支配民族の支配階級が結合することは法則だと説明した。特に、朝鮮人巡査と結婚した日本人の妻は夫の月給の少なさに納得できない、郡書記の日本人の妻は困窮して逃亡したといった事例を挙げ、内鮮結婚を妨害する主因に民族間の経済力の差があるとみなした(15)。

一九一六年の調査結果を分析した難波可水も、知識階級の朝鮮人男性は旧式の朝鮮人の妻を捨てて新式の日本人の

表3　朝鮮居住の内鮮結婚夫婦総数（各年末時点）

	婚姻		入婿		総数	
	日本人男性 朝鮮人女性	朝鮮人男性 日本人女性	朝鮮人男性 日本人女性	日本人男性 朝鮮人女性	実数	増減
1912	56	57		3	116	
1913	42	70		2	114	−2
1914	29	48		2	79	−35
1915	35	38	3		76	−3
1916	59	85	3	2	149	73
1917	54	62	3	2	121	−28
1918	42	68	2	3	115	−6
1919	24	40			68	−51
1920	31	50	4		85	21
1921	56	63	1	4	124	39
1922	80	131	15	1	227	103
1923	102	131	11	1	245	18
1924	125	203	23	9	360	115
1925	187	197	19	1	404	44
1926	222	219	18		459	55
1927	245	238	14	2	499	40
1928	266	238	21	2	527	28
1929	310	277	27	1	615	88
1930	386	350	46	4	786	171
1931	438	367	41	6	852	66
1932	533	364	48	9	954	102
1933	589	377	48	15	1,029	75
1934	602	365	43	7	1,017	−12
1935	601	391	40	6	1,038	21
1936	625	430	47	19	1,121	83
1937	664	472	48	22	1,206	85

妻を得る反面、教養が乏しい日本人男性の中には朝鮮人の妻で満足する者たちもいると皮肉った。日本人女性と結婚した朝鮮人男性の多くが都市に居住し、朝鮮人女性と結婚した日本人男性が大概地方に居住するのはこのためだという。したがって彼は、結婚は政治家の力で左右することはできないとして内鮮結婚を朝鮮人同化策として活用しようとする人々を批判し、むしろ通婚数の増加と同時に日本人・朝鮮人の間で通婚比率の差がなくなってこそ初めて同化政策が成功に近づいたと言えるのだと明快に整理した(16)。

また、内鮮結婚が愛情によって結ばれるという宣伝とは異なり、政略的あるいは経済的動機に基づく通婚も実際には多かった。朝鮮人男性と日本人女性の結婚が多かった背景には困窮した日本人女性が朝鮮人に生計を頼るという現実があった。父母が子女の通婚を決定することもあり、甚だしきに至っては、性犯罪や人身売買が結婚の契機になるなど、当事者の意志とは無関係になされた内鮮結婚も多かった。表3の一九三〇—三四年の間において、朝鮮人男性と日本人女性の夫婦数が停滞した反面、日本人男性と朝鮮人女性の夫婦数が急激に増加したのは、朝鮮人たちが農業恐慌の打撃をより大きく受け、朝鮮人男性が日本人の妻を扶養できる経済力を喪失する一方、朝鮮人女性が自分や他人の意志で日本人男性の妻妾となり生計を頼るようになった状況を示すものと思われる。一例として、一九三六年の水原において、債権者だった中出三郎が債務者金八鳳の妻であった李小春を奪って五―六年間も同居したが、李小春が別の朝鮮人男性と共に逃亡した時、告訴する権限がないために金八鳳名義で告訴することにしたという事件が世間の噂になったりもした(17)。

無論、恋愛が内鮮結婚の一般的な動機だったことは事実である。しかし、朝鮮人と日本人が自由恋愛をしたり自由恋愛を経て結婚に至っても、当然ながらその関係が必ずしも円満であったり永久に維持されたわけではなかった。愛情が冷めて恋愛中あるいは結婚後でも決別する事例は一つ二つに止まらない。早婚が一般的だった中、むしろ自由恋愛は既婚男性の蓄妾・重婚や既婚女性の姦通として現出し、一夫一妻の家族制度と衝突する場合も多かった。また、両民族どちらでも内鮮結婚が白眼視される中、恋愛結婚をした夫婦は大抵父母の反対を押し切っていたために父母や親族など社会から疎外を受けることがあり、混血児たちはアイデンティティーの混乱も経験した。朝鮮総督府の統計ではこれらも「融和」の象徴として集計され宣伝されたが、現実にはこうした「内鮮融和」の家庭は多様な「不和」を随伴しており、逆に内鮮融和の脆弱性を示していた。

一方で、この時期の朝鮮総督府の内鮮結婚に関する宣伝においては、朝鮮人の日本人化よりも、「内鮮融和」というスローガンにふさわしく、愛情に基盤を置いた民族の結合それ自体に意味を付与する傾向が強かった。そうしながらも、朝鮮人が家庭の日常生活から日本の生活様式に触れるようにすることで朝鮮人の思想と文化を日本人化することができ、ひいては子女の出産を通して朝鮮人を生物学的にも日本人化できるという、同化の究極的手段として内鮮結婚を理想化したのである。しかし、内鮮結婚が必ずしも朝鮮人の日本人化に帰結したわけではなかった。内鮮結婚夫婦の中で、官公吏・貴族など上層の朝鮮人男性が日本人女性と結婚した場合には家庭生活も日本人化される傾向があったが、これは通婚の結果というよりも、朝鮮人の夫が元から日本文化に慣れていたり日本人化しようとする意志が強かったりしたためであった。その他には居住地域と性別の影響力が大きく、通婚家庭は便宜的に居住地の生活様式に従う一方で、家父長制によって妻が夫の属する民族の文化に合わせる傾向が見られた[18]。

ところが、こうした現象は朝鮮人の基準からみれば日本人化されるということだが、日本人の基準からみれば朝鮮人化されるということでもあった。ゆえに、朝鮮人と日本人それぞれが自己の民族が内鮮結婚によって日本人化、または朝鮮人化される現象を憂慮しつつ、相手の民族が自己の民族へと同化されるべきだと要求した。一九二六年以後の朝鮮においては、日本人男性と朝鮮人女性の夫婦数が朝鮮人男性と日本人女性の夫婦数を凌駕していた。しかし、朝鮮人男性が学生や労働者として日本へ単身渡航する場合が多かったために内鮮結婚は主に日本でなされ、朝鮮と日本の両地域を合わせると、朝鮮人男性と日本人女性の結婚が大多数となった。そうなると、朝鮮人たちは妻が夫にしたがって朝鮮人化せねばならないと主張し、日本人たちは女性が家庭の主人として生活様式を日本人化するだろうと期待した。内鮮結婚夫婦の中で朝鮮人男性と日本人女性の夫婦が絶対多数を占める状況において、朝鮮人と日本人それぞれが異なる論拠を挙げて相手が自身の属する民族へ同化されることを求めたのであった（図1）。

さらに、生活様式が日本人化された朝鮮人たちは予期せぬまた別の結果ももたらした。日本に移住して同化された朝鮮人男性は大抵既婚者であったが、その中には日本人であると装って日本人女性に接近する者がおり、妊娠した後に初めて相手が朝鮮人と知った日本人女性たちが妾の地位を受け入れることもあったのである。このように、内鮮結婚は家庭と社会に不和を惹起して日本人の朝鮮人化を招く一方、日本人化された朝鮮人男性たちが支配民族の女性を妻妾とする逆転まで起きていた。

図1　朝鮮人の夫の日本人化（上），日本人の妻の朝鮮人化（下）

注）『毎日申報』1918年12月10日付／『東亜日報』1926年9月23日付，による．

三　戦時体制期の内鮮結婚政策及び内鮮混血問題

帝国日本は内鮮結婚により朝鮮人が日本人化されることを期待したが、内鮮結婚を奨励する実質的な施策を導入することはなかった。同化主義の理念に沿って内鮮結婚を法的にも可能にする道を開きつつ、通婚を肯定的に宣伝しただけであった。このような「主義」と「政策」の乖離は戦時体制期以前までのほとんどすべての領域で確認される。そして、戦時体制期には朝鮮人を日本人化するための施策が本格的に立案・施行されたため、ほとんどの先行研究では内鮮結婚奨励政策も戦時体制期に最高潮に達したとみてきた。しかし、この時期には精神・文化的、生物学的、法制的な同化の各側面がはっきりと区別されて認識される一方、内鮮結婚と混血によって実現されるはずの生物学的同化に対する懐疑がむしろ強まり、内鮮結婚政策が理念的次元から動揺するのである。

まず朝鮮総督府は、一九三七年日中戦争の開始以後に「内鮮一体」、つまり半島の日本化政策を通して朝鮮人の精神・文化的な日本人化に拍車をかけた。また、「化学的結合」とも比喩された内鮮一体の段階においては、生物学的同化を随伴する内鮮結婚が名実ともに内鮮一体の象徴とされ、以前より積極的に宣伝された。しかし、日本人男性も朝鮮人の養子・婿養子となって朝鮮戸籍に入籍できるよう、朝鮮総督府が一九四〇年から朝鮮民事令を改定したり、国民総力朝鮮連盟が一九四一年のみ内鮮結婚夫婦を表彰したりするなど、実際の施策は以前と同じく消極的・間接的な奨励策にとどまった。

一部朝鮮人たちの間からは、朝鮮総督府の宣伝を頼みとして、内鮮結婚を奨励するために戸籍上の区別を撤廃することや内鮮結婚家庭を実質的に支援して欲しいという要請が出てきたが、朝鮮総督府はそれらを拒絶した。一九四一年の「内鮮一体ノ理念及其ノ実現方策要綱」文書をみると、朝鮮総督府は「内鮮結婚ノ奨励ハ、内鮮文化ノ一体化ニ伴ッテ行ハルベク、其ノ前提ト為スベキモノニ非ズ」と判断していた。「文化尚ホ均シカラズ、習俗未ダ距タレル間ハ通婚ノ数量的増加ヲ急グコトナク、文化的総合ノ成ルニツレテ内鮮結婚ノ紹介斡旋指導ニ努メ、戸籍上ノ融通ヲモ簡易化シテ、真ノ内鮮一体ノ完成ニ進ムベキナリ」ということだった[19]。朝鮮総督府はこれまでの経験を通じて、朝鮮人全般がまず精神・文化的に同化されなければ、内鮮結婚が破綻に至るなど植民地統治上望ましくないと認識するようになっていた。したがって、焦って通婚を急増させることより、漸進的な増加であってもなるべく皇民化された上層の朝鮮人たちだけが日本人と結婚することを望んだ。

同時に、朝鮮総督府は内鮮結婚の中で模範的なものと不良なものを区別し始めた。一九四四年末に朝鮮人に対する処遇を改善する方策として朝鮮人の日本転籍を許可する法律案が起草された際、こうした見方が朝鮮総督府の提示した許可条件にも反映されている。朝鮮総督府は基本的に、朝鮮だけでなく日本に居住する者まで含めて、戦争協力及び内鮮結婚などで識別される皇民化された朝鮮人家族にだけ転籍を許可し、朝鮮人の国民意識を鼓吹、つまり精神的同化を促進する方針を取った。しかし、内鮮結婚については裁判所の許可を条件とし、朝鮮人が内鮮結婚法制を戸籍上の日本人になる手段として活用できないようにする法案まで検討していた[20]。この法案によれば、犯罪歴や遺伝疾患を有する者の内鮮結婚を禁止している。朝鮮総督府は内鮮結婚自体を肯定的にみたが、模範的でない内鮮結婚は制限する方法を講じたのである。

この時期の日本政府は内鮮結婚に対してより否定的な態度へと変化を見せていた。日本政府は本土の労働力不足を補うために一九三九年から朝鮮人を集団で労務動員したが、それにより在日朝鮮人の数が急増するのに伴い法律婚と内縁のいずれでも内鮮結婚は急増し、通婚家庭の九〇％ほどが日本に居住することになった。その途端に日本政府は内鮮結婚を警戒し始めたのである。さらに、戦時の人口政策の一環として優生学が勃興すると、混血が日本人の精神的・身体的資質に及ぼす影響への関心も高まっていた。こうした状況において、朝鮮総督府が朝鮮人の日本人化を急速に推進すると、同化政策を廃棄して混血を防止するべきだと主張する日本人が一部には現れた。

それでも日本政府は一九四一年一月に「人口政策確立要綱」を閣議決定する際、草案に含まれていた「皇国民族ノ統一性及指導力確保」の条項を削除した。この条項は、東亜共栄圏では移住した日本人と現地民族との雑婚を極力抑制し、朝鮮民族と台湾民族の日本本土への流入も必要最小限に留めるべきという内容だった(21)。これを削除したのは、生物学的人種主義に立脚した同化政策・内鮮混血に対する反対論を日本政府が公式には認めなかったことを意味する。企画院書記官だった村山道雄が説明するように、朝鮮人をして完全に日本人だという民族意識、日本国民だという国民意識、どのような国家の危機に臨んでも日本の運命を自己の運命とみなす明確な共同運命観を持たせるようにしなければ、日本の存立は危うくなると考えていたためであった(22)。それに従い、朝鮮総督府と歩調を合わせて、日本においても在日朝鮮人を精神・文化的に日本人化しようとする協和事業が推進された。内鮮一体政策は朝鮮人が内部の敵とならないようにするための治安対策であり、同時に、兵力と労働力としての朝鮮人の資質を高めるための人口政策でもあった。

しかし、日本政府はこの時期に同化政策自体の再検討も行っていた。アジアの盟主たらねばならないとされた日本人の量的・質的発展が目標となる状況下で、彼らを指導者として派遣せねばならない地域での現地民族との接触が日本人の資質にどのような影響を及ぼすのかが争点だった。これを確認するために、日本学術振興会の支援の下で内鮮混血児の遺伝形質に関する研究がなされた(23)。戦線の拡大に伴い各地で日本人と現地人の接触が増加するや、混血政策を根本的に再検討しつつ、内鮮混血児の身長・体重・胸囲・顔型などに関する研究が始まったのである(図2)。

そこでの研究結果は、生物学的側面で雑種強勢を示し、父母どちらも日本人または朝鮮人である児童よりも内鮮混血児が優秀だというものだった。だが研究者たちは、混血児は国民意識が薄弱だとして通婚を政策的に奨励することに憂慮を表明した。ただし、日本人が進出せねばならない植民地・占領地においては、相手が優秀ならば混血を奨励しても良いとして、朝鮮における模範的な内鮮結婚は支持した。

もっとも、内鮮結婚における問題は日本本土だった。研究者たちは、在日朝鮮人は階級的に劣等な労働者なので日本での混血が日本人の資質を低下させるだろうと述べて慎重論を披瀝した。厚生省人口問題研究所も、内鮮結婚が植民地朝鮮ではなく日本本土において、それも日本人女性が朝鮮人男性の内縁妻妾となる形態で拡散することを黙過しなかった[24]。この研究所は一九四〇年八月に、内鮮結婚家庭が一般家庭よりも劣等だと最初から前提にした上で日本に暮らす通婚家庭の実態を調査し、自らの主張を裏付ける根拠とした（表4）。内鮮結婚は主に中下層階級の「不義密通」（相愛）や詐術を契機にしてなされるなど健全ではなく、朝鮮総督府の内鮮一体政策は東亜の指導者であらねばならぬ日本人を圧迫しているとしたのである。

結局、日本内務省は一九四四年末の転籍に関する議論において、日本本土に一定期間以上居住し、生活・思想・感情などが完全に日本人と異ならなくなった朝鮮人と台湾人にだけ日本戸籍への本籍移動（移籍）を許容するという方針を立てた。無論、これは日本人の「純粋性」を保護するためであった。また、内鮮結婚法制を通じて地域間で戸籍を変更する方式は以前と同じように認めたが、朝鮮総督府とは異なり、通婚家庭であっても移籍の上で優待しようとはしなかった。

妻の実家の経済状態			
上	中	下	無記
3	105	149	150
14	215	231	15
5	51	81	
1	38	57	25
	53	46	103
1	29	29	15
1	25	49	4
3	16	21	13
28	532	663	325

55頁.

このように、日本政府は生物学的人種主義を否定しつつも、階層、国民意識、生活様式の次元で朝鮮人は日本人より劣等であるとみなして日本人の「純粋性」を守ろうとした。植民地民を日本人へ同化することよりも、日本人という法的身分の安定とその同質性を重視し、植民地の矛盾が本土へ波及しないように留意するのが日本政府の一貫した態度であった。しかし結局、現実には放任していた内鮮結婚が本土へと逆流して日本人の同質性を侵害し自負心まで毀損すると、朝鮮人と日本人の生物学的な混

表 4　厚生省調査：在日朝鮮人の内鮮結婚の実態

	夫の犯罪歴			結婚動機							夫婦関係		
	有	無	無記	許嫁	見合	相愛	詐術	脅迫	暴行	無記	円満	不和	無記
北海道	30	221	155	11	128	112	5	1		150	253	3	151
東　京	84	371	27	5	133	308	15		1	15	442	19	15
神奈川	26	103	3	1	68	64	3				132	5	
愛　知	8	103	9		21	64	3			32	97	4	19
大　阪	5	96	101	4	18	68	7			105	97	3	102
山　口	4	58	12	1	26	32				15	56	3	15
福　岡	2	76	1	1	36	37	1			4	74	2	3
富　山	4	49			18	32	2			1	48	4	1
合　計	163	1,077	308	23	448	717	36	1	1	322	1,199	43	306

出典）厚生省人口問題研究所『(極秘) 大東亜建設民族人口資料一四：内地在住朝鮮人出産力調査概要』1942 年.

淆を奨励しなくなり、日本に居住する朝鮮人にだけ朝鮮人のまま精神・文化的に日本人化することを要求したのである。

また、朝鮮総督府は内鮮結婚の奨励に関して日本政府よりも積極的だったが、この時期にはやはり内鮮結婚に懐疑的になっており、帝国日本は敗戦直前、併合以来維持してきた内鮮結婚奨励のスローガンさえも否定するに至った。内務省が「政府トシテハ特ニ之ヲ奨励セズ亦抑止セザル態度」を保ってきたと述べただけでなく[25]、朝鮮総督府も内鮮結婚について「別段奨励策ヲ講ジテ居ルワケデナイコト勿論」だと帝国議会を相手に説明したのである[26]。内鮮結婚が朝鮮統治にとって好ましいとは、為政者たちがもはや考えなくなったことをこれは物語っている。

このように、帝国日本が併合初期に内鮮結婚に対して抱いていた楽観的認識は、通婚の拡散と本土への逆流を契機として否定的なものへと転換した。それとともに、生物学的な人種主義の代わりに、文化的・階層的差異を口実にして通婚と混血という究極的同化を自ら否定するに至った。これはまさに、人種・血縁的な類似性を強調した日本特有の同化主義が放棄される過程であった。ゆえに、朝鮮人に対する実質的な同化の施策は戦争に即刻動員する上で必要な精神・文化的な側面に限定されるようになった。

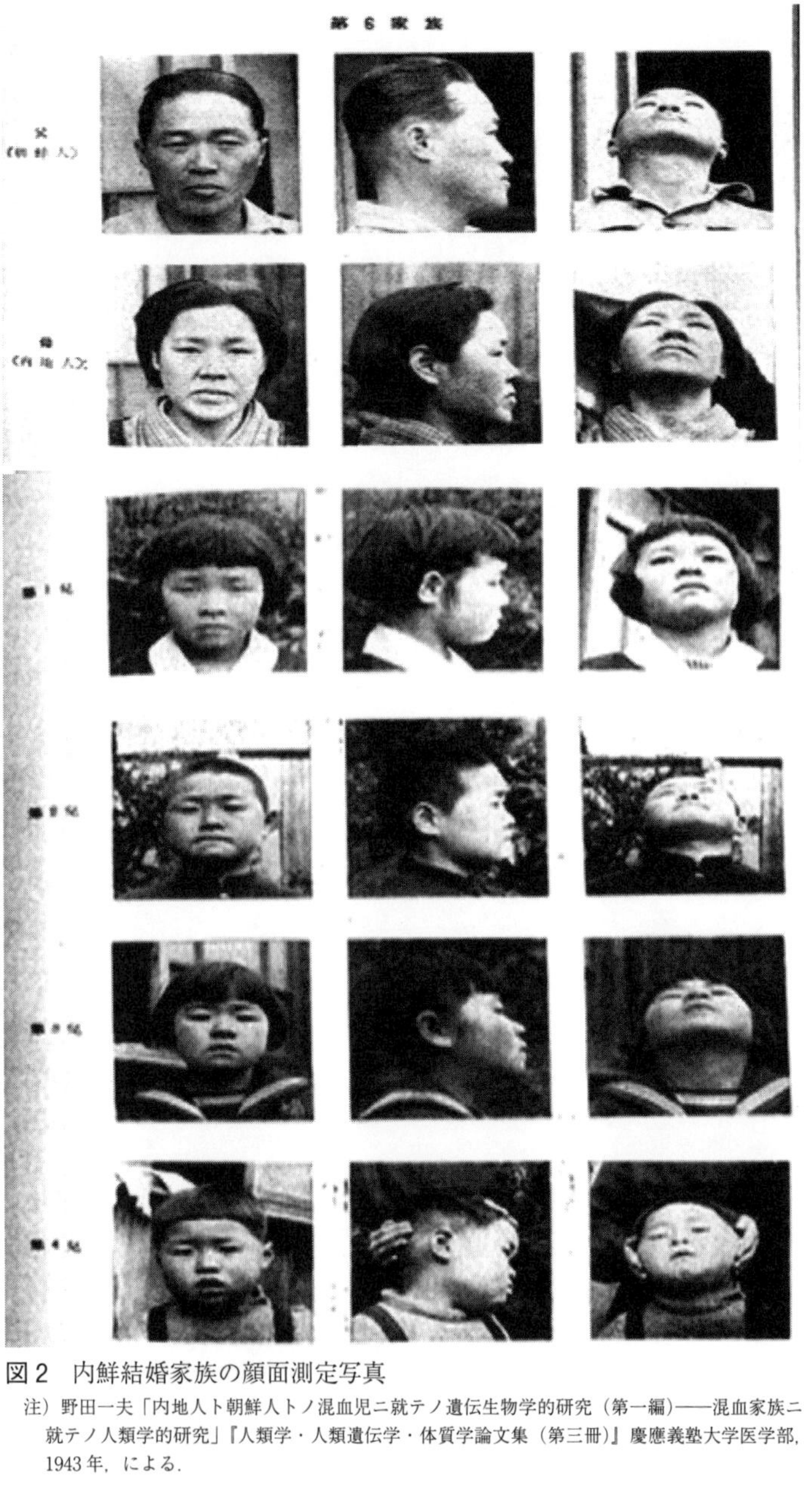

図2　内鮮結婚家族の顔面測定写真

注）野田一夫「内地人ト朝鮮人トノ混血児ニ就テノ遺伝生物学的研究（第一編）——混血家族ニ就テノ人類学的研究」『人類学・人類遺伝学・体質学論文集（第三冊）』慶應義塾大学医学部，1943年，による．

おわりに

本章ではこれまで、帝国日本の内鮮結婚政策を通婚の実際の様相と併せて分析することにより、日本人と朝鮮人の人種的類似性を前提にして成立した朝鮮人同化政策が動揺・放棄されていく過程を明らかにしてきた。その視角として、まず帝国日本の同化政策を、朝鮮という地域を日本の一地方化するものではなく朝鮮人を日本人化するものとして理解し、法制的（戸籍）、精神（国民意識）・文化的（生活様式）、生物学的（混血）同化の諸側面を内鮮結婚から分析することで理論的な寄与を試みた。全体的な流れは次のように要約できる。帝国日本は朝鮮人の完全な日本人化を最終目標としたが、精神・文化的同化を優先課題とみなし、法制的同化は精神・文化的に同化された後の結果として最後になされるべきものと設定した。内鮮結婚を通じた生物学的同化はその様相が時期によって変わるが、朝鮮人の精神・文化的同化の水準が低かった併合初期には、自然発生的になされた内鮮結婚が精神・文化的同化を促進する手段として注目された。また、転籍を禁止していた間も内鮮結婚とそれに因る当事者個人の戸籍移動は寛大に許容されていた。しかし、戦時体制期に入ると生物学的同化という目標は事実上放棄された。朝鮮総督府は通婚が同化の結果であらねばならぬとしつつ、精神・文化的同化に集中し、日本政府も在日朝鮮人の精神・文化的同化は重視したが、朝鮮人と通婚家族の精神的・階層的な劣等さを理由に内鮮結婚は拒否した。そのため、帝国日本の朝鮮人同化政策は生物学的同化を含んでいたその独自性を喪失した。また、朝鮮総督府は精神・文化的に同化された朝鮮人の日本への転籍を許容して法制的同化の水準を高めようとしたが、日本政府は朝鮮人の居住地域及び精神・文化の差異を基準にして法制的同化に対する壁を築いた。帝国日本は敗戦直前まで朝鮮人に精神・文化的同化を押し付けるのみであり、法制的同化はほとんど進行しなかったため、敗戦以後両国は比較的容易に分離した。

重要なのは、内鮮結婚の現実がこのような変化を引き出す原動力であったという点、そして、民族、階級、ジェンダーの権力関係などが織りなす重層的相互関係こそが帝国日本の予想や期待とは食い違う現実を創り出した根本的な要因だったという点である。つい最近まで韓国の社会や学界においては民族や階級を優先視する傾向が強く、あらゆる内鮮結婚を英親王李垠と梨本宮方子女王の結婚のような政略結婚として理解し、日本人と結婚した朝鮮人はすべて「親日派」だとして批判する認識が渦巻いていた。しかし、「内鮮結婚」という一言でその様相を一般化するには、法律婚と内縁、一般の婚姻と入夫婚姻・婿養子縁組などの結婚形態、当事者の階層、あるいは性別によりあまりにも多様だった。さらにその中には、日本に協力して政略的に結婚した人々よりも、互いに生計を頼らねば生きられなかった底辺の人々が遥かに多く存在し、ジェンダー権力で優位を占めた朝鮮人男性が日本人女性を妻妾にして朝鮮人化させた場合も少なくなかった。日本の期待とは異なったこうした現実が、帝国日本に結局、内鮮結婚への懐疑を抱かせる契機となったのである。それにもかかわらず、逆説的なことであるが、解放以後に噴出した親日派に対する憤怒が容易く下層の内鮮結婚家族に向けて表出されることになった。しかしながら、民族、階級、ジェンダーの権力関係が交叉して創り出された内鮮結婚の多様な様相を無視し、彼ら彼女らをすべて日本の協力者、親日派として批判することは、現実を度外視したまま朝鮮総督府の宣伝をそっくりそのまま受容してしまった「双生児」に過ぎないのである。

(1) 山本有造『日本植民地経済史研究』名古屋大学出版会、一九九二年。
(2) 保坂祐二『日本帝国主義의《の》 民族同化政策 分析』J&C、二〇〇二年。
(3) 권태억《權泰檍》「동화정책론《同化政策論》」『역사학보《歷史學報》』第一七二号、二〇〇一年。
(4) 駒込武『植民地帝国日本の文化統合』岩波書店、一九九六年。
(5) 松田利彦『戦前期の在日朝鮮人と参政権』明石書店、一九九五年。
(6) 「生物学的同化」の概念は高木博志から借用した。一九三〇年代、日本政府はアイヌが文明化と日本人化という同化の両側面のいずれも達成したとみなした。これ以後のアイヌ民族同化論は、日本人と混血することによってアイヌが日本人へ「同化」「向上」していくというものへ転換した（高木博志「ファシズム期、アイヌ民族の同化論」赤沢史郎・北河賢三編『文化とファシズム』日本経済評論社、一九九三年）。

(7) 임종국《林鍾国》「조선민족 말살의 전략《朝鮮民族抹殺の戦略》」同『일제하의 사상탄압《日帝下の思想弾圧》』평화출판사《平和出版社》、一九八五年。鈴木裕子『従軍慰安婦・内鮮結婚』未来社、一九九二年。최유리「일제하 통혼정책과 여성의 지위《日帝下通婚政策と女性の地位》」『국사관논총《国史館論叢》』第八三号、一九九九年。최석영「식민지시기《植民地時期》 내선결혼《内鮮結婚》 장려문제《奨励問題》」『일본학연보《日本学年報》』第九号、二〇〇〇年。

(8) 金英達「日本の朝鮮統治下における「通婚」と「混血」」『関西大学人権問題研究所紀要』第三九号、一九九九年。渡邊淳世「일제하《日帝下》 조선에서《朝鮮における》 내선결혼의《内鮮結婚の》 정책적《政策的》 전개와《展開と》 실태《実態》――一九一〇―二〇년대를《年代を》 중심으로《中心に》」서울대학교《ソウル大学校》 국제대학원《国際大学院》 한국학전공《韓国学専攻》 석사학위논문《碩士学位論文》。

(9) 一九一八年四月一六日法律第三九号「共通法」。
第三条㈠一ノ地域ノ法令ニ依リ其ノ地域ノ家ニ入ル者ハ他ノ地域ノ家ヲ去ル。

㈡一ノ地域ノ法令ニ依リ家ヲ去ルコトヲ得サル者ハ他ノ地域ノ家ニ入ルコトヲ得ス。

㈢陸海軍ノ兵籍ニ在ラサル者及兵役ニ服スル義務ナキニ至リタル者ニ非サレハ他ノ地域ノ家ニ入ルコトヲ得ス。但シ徴兵終決処分ヲ経テ第二国民兵役ニ在ル者ハ此ノ限ニ在ラス。

(10) こうした家族関係は、婚姻以外にも養子縁組、認知、親族入籍など様々な類型があったが、婚姻が最も先だってまた最も多く行われたために、当時でもこれらを「共婚問題」と総称していた。本章では、こうした用例にしたがって、共通法第三条及び内鮮結婚に関する様々な法令を「内鮮結婚法制」と総称する。

(11) 朝鮮において家を相続する祭祀担当者（長男）は家から出ることができないので、共通法第三条㈡項により、日本の家にも入ることができなかった。したがって、日本の戸籍係が彼らの入夫婚姻、婿養子の申告を受理したとしても、本来であれば無効となるはずであった。しかし、こうしたミスは頻繁に起き、朝鮮総督府と日本政府司法当局の間で意見が衝突した末、一九二九年に朝鮮の判例調査会は、内鮮結婚は最近にようやく道が開かれ、入夫婚姻などは朝鮮に元々ない慣習だという理由から、戸籍係が受理したのならばこれらの男性は朝鮮の家から出ることにすると決議した。

(12) 一八九八年六月一五日法律第九号「民法第四編、第五編」。
第七三七条㈠戸主ノ親族ニシテ他家ニ在ル者ハ戸主ノ同意ヲ得テ其家族ト為ルコトヲ得。但其者カ他家ノ家族タルトキハ其家ノ戸主ノ同意ヲ得ルコトヲ要ス。

第七三八条㈠婚姻又ハ養子縁組ニ因リテ他家ニ入リタル者カ其配偶者又ハ養親ノ親族ニ非サル自己ノ親族ヲ婚家又ハ養家ノ家族ト為サント欲スルトキハ前条ノ規定ニ依ル外其配偶者又ハ養親ノ同意ヲ得ルコトヲ要ス。

(13)　内鮮結婚（法律婚）による戸籍移動に関しては、拙稿「「内鮮結婚」にみる帝国日本の朝鮮統治と戸籍」『朝鮮史研究会論文集』第五二号、二〇一四年を参照。

(14)　小熊英二「差別即平等——日本植民地統治思想へのフランス人種社会学の影響」『歴史学研究』第六六二号、一九九四年。小野一郎「제一차 대전후의《第一次大戦後の》 식민정책론《植民政策論》」김영호《金泳鎬》편《編》『근대《近代》 동아시아와《東アジアと》 일본제국주의《日本帝国主義》』한밭출판사《ハンバッ出版社》、一九八三年。稲田周之助「国民性運動ト同化政策トノ消長」『法学新報』第二五—一一号、一九一五年。

(15)　玄永燮「内鮮一体と内鮮相婚」『朝鮮及満洲』第三六五号、一九三八年。

(16)　難波可水「内鮮人通婚の状態如何」『朝鮮及満洲』第一二五号、一九一七年。

(17)　『東亜日報』一九三六年五月二九日付「빚으로《借金で》 빼앗은《奪った》 人妻不義한데《に》 憤慨한《した》 債鬼」。

(18)　台湾に居住する台湾人の夫と日本人の妻の家庭も同様であった。一九三六年に須田清基は、台湾人を「内地人化すべく嫁した」日本人女性たちが、反対に台湾人化して子女たちまで台湾人化してしまう理由を次のように説明した（須田清基「共婚会設立の提唱」『社会事業の友』第九五号、一九三六年）。
「妻は夫に服従すべきものであるから／嫁してはその家風を学ぶべきであるから／経済的であるから／便利であるから多勢に無勢であるから／熱帯生活に適応してゐるから／家族の者から勧められるから／内地人と交る機会が少いため／親類や兄弟が近くにゐないため／退け者扱ひされたくないため／深窓に閉ぢ込められるため／家庭を指導する立場に立てぬため／経済的の力が与へられぬため」。
「家庭内に於て台湾語が常用され／衣食住も台湾式で／諸礼式は旧慣に従ひ／生れた子供の名も台湾語で呼ばれ／台湾式に養育され／小学校への入学が困難の為め公学校に入校させ／内地人との交際が少く／日本人としての意識を働かせる機会はなく／漸次日本精神が朦朧となる」。

(19)　「内鮮一体ノ理念及其ノ実現方策要綱」『大野緑一郎関係文書』（国立国会図書館憲政資料室所蔵、R—一四九、文書番号一二六八）。

(20)　「（秘）内地朝鮮間ノ転籍等ニ関スル法律案（民事課、昭和一九年一〇月一一日）」『本邦内政関係雑纂—植民地関係—第三巻』（外交史料館所蔵、請求番号A―五―〇―〇―一―一）。

第八条㈠転籍又ハ分家ニ因ルノ外一ノ法令ニ依リ其ノ地域ノ家ニ入ル者ハ入ルベキ家ノ本籍地ヲ管轄スル裁判所ノ許可ヲ受クルコトヲ要ス。

㈡裁判所ハ婚姻、不当ノ目的ニ因ラザル養子縁組ノ外正当ナル事由アルニ非ザレバ許可ノ裁判ヲ為スコトヲ得ズ。

(21) 松村寛之「国防国家の優生学」『史林』第八三―二号、二〇〇〇年、二八八―二八九頁。

(22) 村山道雄「内鮮一体化政策に付て」人口問題研究会編『人口政策と国土計画』人口問題研究会、一九四二年。

(23) 水島治夫・三宅勝雄「内鮮混血問題」人口問題研究会編、前掲書。水島治夫「日本民族の構成と混血問題（一）」『優生学』第二二〇号、一九四二年。三宅勝雄「内鮮混血児の身体発育に就て」『人口問題』第六―二号、一九四四年。

(24) 人口問題研究所の調査では、朝鮮人の夫と日本人の妻の夫婦は、夫婦がどちらも朝鮮人の場合より法律婚の比重が顕著に低く（九六・六％対六三・五％）内縁関係が多いことが明らかになった。また内鮮結婚の中で、法律婚は朝鮮人の入夫婚姻が相対的に多い反面、内縁関係では、日本人女性が朝鮮人男性の妾となる重婚率が朝鮮人夫婦の六倍を超える八・二％に達した。人口問題研究所の後身である厚生省研究所人口民族部は、大抵は下層民である在日朝鮮人男性が指導民族たる日本人女性と性関係を結ぶ場合が多いのは、朝鮮人男性がこれを通して征服感を充足すると同時に、日本人女性が朝鮮人を日本人だと誤解するなど不注意なためだとみなした。したがって、混血児は知能・体力において日本人と顕著な差異がないにもかかわらず、性格が歪んで恥を知らず国家精神が希薄な者が多いのは当然だと断言した。

(25) 「朝鮮及台湾在住民政治処遇ニ関スル質疑応答（内務省管理局、昭和二〇年三月六日）」『本邦内政関係雑纂―植民地関係―第六巻』「第一―一〇：内鮮、内台結婚ニ対スル政府ノ方針如何」。

(26) 朝鮮総督府官房「第八六回帝国議会説明資料　三冊ノ内一」一九四四年（민족문제연구소편《民族問題研究所編》『일제하《日帝下》 전시체제기《戦時体制期》 정책사《政策史》료총서《料叢書》(二二)』한국학술정보《韓国学術情報》、二〇〇〇年、七三頁）。

（付記）本章は拙著『동화와《同化と》 배제《排除》――일제의《日帝の》 동화정책과《同化政策と》 내선결혼《内鮮結婚》』역사비평사《歴史批評社》、二〇一七年を要約整理したものである。詳細な内容については同書を参照されたい。

Ⅷ　戦時体制と脱植民地化

16 「聞く主体」の形成と大衆の国民化
――戦時日本のラジオ聴取指導

鄭　知　喜
（加藤裕人　訳）

はじめに

「大衆の国民化」を推進しようと図った戦前日本の政治的・文化的エリートらにとって、もっとも先進的な電子音声媒体であったラジオはきわめて魅力的なマス・コミュニケーション手段であった[1]。しかし発信者の立場に立ってみるとき、放送は一つの深刻な問題点を抱えていた。すなわち、放送の内容については統制できても、分散した多数の聴取者がラジオを受信する日常の脈絡については容易には統制できないという事実である[2]。しかし、ラジオ放送の役割が社会教育および大衆教化、そして総力戦体制下の時局に対する認識の徹底に集中していた戦時期の日本では、聴取者の聴取方式を指導して矯正しようとする組織化された動きが見られた。本章では、戦時日本のラジオ聴取指導の歴史的展開とその意味を考察する。

これまでの研究には、聴取指導の一つの形といえる一九三〇―四〇年代の団体聴取の試みに関して論じたものがある。しかしそれらは団体聴取運動を聴取指導の歴史と連結させて論議していない。また、戦時動員と緊密に関わっていた日中戦争勃発以後の団体聴取運動とそれ以前の「自由主義的」な団体聴取運動との間にあった矛盾をとくに強調している。(3) これに対し、本章は放送を受信する実践的な環境と聴取者の行動を規制しようとする試みとしての聴取指導を取り扱い、それによって、戦時体制以前の放送従事者における大衆教化の意図と政府のラジオを通した戦時動員の間にある連続性に注目する。

聴取指導は、聴取者の思想・行動・日常を規制しようとする上からの規律的な視線によって規定された規範的な聴取者像と、そうした視線から自由ではありえぬとしても完全に隷属していたわけでもない現実世界の聴取者、すなわち聞く「主体」としての聴取者との間に存在した絶え間のない緊張関係を露呈させる。それゆえ、本章で聴取指導の理論と実際に焦点を定めることは、これまで日本の放送史研究において十分には扱われてこなかった聴取者に照明を当てるだけでなく、(4) 日本の戦時期におけるラジオ聴取者とは従順なあるいは盲目的な放送の追従者であるといった一般的なイメージを再考する機会を提供することにもなるだろう。

一　団体聴取の実験と規範的聴取者像

団体聴取運動は、生活条件を共有する聴取者に、一定の目的を持ち、特定の放送を指導者の指導にしたがって、公共の場所でかつ団体で聴取するように奨励することを主旨として、放送協会が各府県の社会教育課、教育者、地域指導者などと連携して実施した放送教育運動であった。一般に、一九三四年、農村における青年の団体聴取用として製作・放送された「農村への講座」番組がその最初のものであると言われる。「農村への講座」は、放送協会大阪放送局（以下、大阪局）社会教育課長西本三十二が滋賀県ラジオ商人組合と滋賀県社会教育課の要請にしたがって製作した番組であった。(5)

大阪局は第一回「農村への講座」（全一一講、二週間放送）のため、外部と連絡を取りつつ滋賀県農村補習学校四〇か所にあらかじめラジオテキスト（教本）を無料で配布し、団体聴取を奨励した。その結果、二〇〇〇名以上が参加したと集計されている。「農村への講座」は三年間、全八回にわたって製作され、西本は第五回までの団体聴取実験に関する詳細な記録を放送協会の刊行雑誌である『放送』に掲載した。参加する団体は、ほどなく周辺の府県のみならず九州などの地域へも拡散していった。一回あたりの団体聴取参加者数も三万名以上に増加している。(6)

大阪局は一九三三年から既存の番組である「珠算講座」などを活用して都市聴取者を対象に団体聴取の試みを行っていた。これを主導した周知課の間島輝夫が評するように、団体聴取は特定の短期的な目標や農村地域のラジオ普及だけを目標とするのではなく、「最も効果的なラジオの教育的利用法」を追求する新たな聴取方式の実験であった。(7)西本三十二もやはり、団体聴取運動を理想的な聴取指導の一つの形態であると認識していた。彼は団体聴取運動を提唱する以前に、すでに「（ラジオ）講座が果たして広く且有効に利用されているか何《ど》うか、という事について私は非常な疑問を持ち、何《ど》うすれば此の問題がうまく解決されるか、という事について色々と考えさせられていたのであった」と明言している。そうした理由から、一九二七年以来、イギリス、アメリカ、スウェーデンなどの地域で社会教育の一環として実施されていた団体聴取運動に関心を持ち続けていた。彼にとって滋賀県からの要請は、折よく団体聴取という新たな聴取方式を実験する格好の機会を提供したのである。(8)彼は日本の放送事業が番組を「如何に効果的に聴き、如何に有効に利用するか」に対する指導についてほとんど考慮してこなかったという点を指摘している。そして、「農村への講座」がこのような指導を試みたのだから、今後も多様な団体聴取の方法を通してラジオ利用の指導に積極的な努力を傾けるべきであると主張した。(9)

運動の指導者が団体聴取の実験を通して聴取者に身に付けさせることを望んだ聴取方式とはいかなるものであったのだろうか。西本と間島の言説を総合すると、それは「有意義な講演を一層有意義に聴取」することができるようにすることを目標に、多数の参加者が「ある目的」を設定すべきこと、「聞き落としは直ちに補足し合い、難解の点は研究し合って、其の講演を十分に会得すること」、ひいては講義で生じた問題に対して「相互に討議し研究」したのち、そうして理解した内容を各個人が上手く利用できるように誘導すること、などであった。そのためには、聴取者は特定の聴取習慣を身につけなければならず、それは放送聴取の前に予備学習を実施し、聴取の最中には要点を書きとめ、さらに聴取後には聴取した内容を復習し討論するという三段階の方式であった[10]。このような聴取習慣を誘導するために、放送協会は段階別聴取の便宜を考慮したラジオテキストを製作し、放送の事前に配布した[11]。

このような聴取方式を実践するためには、聴取者それぞれが近代的な時間観念をはじめとする一連の自己規律を内面化しなければならない。団体聴取運動の指導者もまたこのことをよく認識しており、それゆえに西本と間島は、団体聴取運動の成功には適当な指導者の存在が「絶対的に必要」であると強調した。西本は自治体の有力者、青年指導者、教育者等を中心とする潜在的な指導者の開発の必要性を力説する一方で、団体聴取を経験した学生が後にそれぞれ指導者となり、自身の生活空間において聴取指導を実施するようになることを切望していた[12]。すなわち団体聴取は、統制された聴取環境において指導者の規範的な教えにしたがい聴取者が正しい聴取方式を習い身に付ける場を形成することによって、ラジオ聴取にともなう一連の規律を身体化し、最終的には一人でも効果的に放送を聞き、さらにはそうした聴取習慣を他人にも伝えることのできる特定の形態の聴取者を作ろうとする試みであった。その結果団体聴取は、放送従事者、教育者、各府県の社会教育担当者にラジオ聴取者の聴取態度と習慣を観察し矯正する実質的な接点と機会を提供したのである。

このような見地からみれば、団体聴取は大衆の思想や行動、日常生活を規制して特定の方向へと指導・育成しようとする上からの規律的な視線によって規定された運動であった。しかし、団体聴取運動の指導者は、つねに聴取者に与えられたメッセージを一方的に受け入れるよう強要したのではない。西本と大阪局は、聴取者が一定の目的意識を持って聴取に臨むときのみ、高い聴取の意志と集中力を期待することができるとしばしば指摘している[13]。そこで、聴取者の自己開発と共同体の生活向上に対する渇望に訴えかけることによって、そうした目的意識を喚起し、聴取者が自発的に参加するよう誘導しようとしたのである。第一回「農村への講座」ラジオテキスト第二集の巻頭辞には、団体聴取を実施することで期待される効果として、人格の完成および共同生活の向上が置かれている。とくに導入初期の団体聴取は、後に黒田勇や石川明が「自主的な相互批判」あるいは「自立性の尊重」と呼んだ、放送内容に対する批判的な聴取や相互討論などといった自由主義的な聴取指導方式をある程度含むものでもあったのである[14]。

以上のような要素は、聴取者の思想と行動を規制しようとする上からの視線と一見矛盾するように見える。しかし聴取指導が自己規律を内在化して外部からの介入なしでも規範的な態度と習慣を維持できる聴取者を創出しようとしたという本章の立場からみると、必ずしも矛盾するとは言い切れない。むしろ、聴取者がある範囲内で自律的に行動することができる余地自体が、聴取者の思想・行動・生活を取り囲む規律権力が作動するための一つの条件として作用していたとみるのが適切だろう。

「農村への講座」の実験が比較的成功を収めると、一九三五年から団体聴取を目的として都市青年団と青年学校を対象とする「珠算実習」、「商道を語る」、「青年の音楽」といった番組が、また都市と農村の青年すべてを対象とする「ラジオ青年学校」番組が相次いで放送された。しかし、このような一連の番組は西本が願ったような正しく規律化された聴取団体を組織するには至らなかった[15]。団体聴取運動は究極的には聴取者による自主的な文化運動に発展するだろうという実験初期における運動指導者の期待は実現しえなかったのである。少数ながらも上から組織された団体聴取に自発的に参加した聴取者はたしかに存在したのだが、適当な指導者の不在が原因となり、団体聴取運動は足踏み状態を抜け出しえなかったのである[16]。

大阪局は、便宜上、地方官庁と連携することでこのような難局を打開しようとした。ラジオ聴取指導者の養成を担当する下部組織を構成しようとする動きは、各府県の学務部長および社会教育課の主導のもと、一九三五年から岡山・大阪・兵庫などの関西各地におけるラジオ教育研究会の発足として具体化した。会員は青年学校の教員が圧倒的多数を占め、小学校教員、青年団幹部、また少ないながらも僧侶や有識者なども参加した。その活動はラジオ利用の指導者養成のための講演会と講習会に集中した。一九三八年一〇月には、それら各地の研究会の連合体である関西ラジオ教育研究会連盟が誕生し、一九三九年までにラジオ教育研究会の組織網は東京・東北地方にまで拡大した(17)。

二　ラジオの生活化と戦時動員

日中戦争の勃発とともに逓信省および放送協会は国家と放送、生活の密接な結合をいっそう強調する一方、一九三八年から諸官庁の協力を得て一戸一受信機キャンペーンを展開していった。戦況を報じるニュースや重要な放送の聴取を容易にするための公衆聴取施設もまた全国的に拡充された(18)。さらに、最新の戦況を迅速に知らせるラジオ放送に対する大衆の需要自体が急増し、都市でのラジオ普及率が初めて五〇%に達したのもこの時期のことであった。

間島輝夫のような聴取指導の理論家は日中戦争勃発以降の時局状況を好機と捉え、「ラジオの生活化に関する自覚を促し、之を実践する為の絶好のチャンス」と認識した。間島はラジオの生活化とは、ラジオが「人間の生活に対して外部から働きかけるもの」ではなく、「生活の内に在って生活そのものを構成する」ことであると定義した。彼は、ラジオと生活の結合は依然として「可能性に止ま」っており、「一般大衆生活に於けるその実現の為には猶、指導と啓蒙とが行われなければならない」という立場を取った。そして、団体聴取をラジオ利用の新たな形態として奨励していた立場を超えて、「生活指導の方法」として提案し直したのである。彼は団体聴取を通してラジオを生活化し、ひいては「生活をラジオ中心として再編成する」ことは「現下時局の生活訓練のために極めて暗示的」であると主張している。[19]

団体聴取とは聴取方式を通した生活訓練ないし協同精神を強調する運動であったが、重点の変化は放送協会に所属する他の聴取指導の理論家の言説にもよく表されている。事業部の宮原誠一は「知識を得、健全な娯楽をたのしみ、その間日常生活に於ける協同社会的作法や習慣を知らず識らずのうちに訓練される」という点に日中戦争勃発以後の団体聴取の意義を見出した。[20] 西本三十二は、団体聴取は時局下の教育上「団体訓練の生きた道場」であると称した。[21]

こうした重点の移動は、国民精神総動員と大政翼賛運動の展開による国民教化および日常の組織化という時代相に起因するものであった。黒田勇は、このとき団体聴取運動の「矛盾」が発生すると論じている。「自主的な相互批判」を許容していた団体聴取運動の理念と、そのような要素を「抑圧・排除する国民総動員の立場」とは相容れないというのである。[22] しかし、団体聴取運動の理念自体に大衆の行動と日常を規制して自己規律を訓練させようとする傾向が内在していたことを強調する本章の立場からみれば、聴取指導の理論家が構想していた望ましい聴取者像と総動員運動が描いていた理想的な国民像とにはかなりの連続性を見出すことができる。戦時動員は「日本精神発揚」という精神論のみならず、戦争遂行のための「日常道徳」と規律の実践を強調する生活教化運動としての側面が強く、そうした面で聴取指導の理論家と関心を一にしていた。[23] 戦時動員体制こそがラジオの生活化の好機であるとみた間島の主張は、単に時代に迎合する修辞に過ぎないものとは見做しえない。

時局下における生活指導方法としての団体聴取という新たな接近は聴取指導運動の展開方式の変化をともなった。間島は、ラジオを聞くために団体を構成するのではなく、団体生活の中でラジオ聴取を扱わねばならないと主張し、既存の職域団体を基本単位とする団体聴取案を提唱した。[24] 実際に、団体聴取はまもなく総動員体制の末端組織としての産業団体や婦人団体、青少年団、部落会、町内会などを通した周知宣伝と集団的生活訓練の手段となる傾向を見せた。[25] 一九四〇年八月に開催された関西ラジオ教育研究会大会の記録を見ると、聞く耳の訓練や国語力の育成、知識の開発以外に、時局認識と国民の感情的な紐帯を強化して全体化と皇道帰一を図ることなどが研究会の聴取指導目標に掲げられており、そうした傾向をよく表している。(26)

三　太平洋戦争下の聴取指導――必聴と強制聴取の理念と実際

一九四一年一二月の太平洋戦争勃発とともに、放送の中心的な使命は国策の徹底、世論の指導、また国民の戦意高揚へと集中した。(27) ただし、聴取者が必ずしも国策の宣伝を主とする放送を十分に聞き、内容をそのまま受容し、放送内容に従って実際の生活を送ったとは考え難い。端的には、この時期の放送協会は聴取者の離脱を意識して「放送と大衆の結合」を訴え、そのための聴取指導を強調する傾向を示したことが指摘できる。例えば、番組企画担当者であった丸山は『放送研究』の記事で次のように論じている。

宣伝も啓蒙も指導も教化も凡ては大多数の聴取者がラジオのスイッチを入れてこそ始めて達せられるのであって、聴いても聴かなくてもこちらで思うことさえやって居れば大衆は独りでについて来ると云う様な独善的な考え方は結果に於て単に放送をして聴取者から遊離せしむる以外の何ものでもない。（中略）放送と大衆の結びつきは（中略）大衆生活の中に自然に浸透し、ありのまま消化吸収されることによって行われる。(28)

また、他の番組企画担当者も同様の議論を展開しつつ、一方で「放送と大衆の結合」のためには聴取指導が「正に刻下の急務」であると強調した。(29)

では、太平洋戦争期における聴取者はどのようにラジオを聞かねばならなかったのだろうか。まず、「教師の時間」、「婦人の時間」、「子供の時間」、「店員の時間」、「常会の時間」、といった番組を通じた団体聴取については、基本的に継続された。これに加えて、この時代には、団体聴取の参加者のみならず、個々の一般国民を対象に必ず聞くべき番組と時間帯を指定するという詳細な聴取指導の試みが図られた。当時、情報局の第二部第三課長であった宮本吉夫が開戦日に首相官邸から放送した「ラジオの前にお集まり下さい」は、開戦直後にどのような聴取方式と習慣が奨励されたのかをよく表している。

今晩から国民に早くお報せ致さねばならぬことがありましたらば毎時間の最初に放送致しますから、どうか毎時間の始め、例えば六時とか、十時とかいうはっきりした時間には、必らずラジオのスイッチを入れて下さい。また、夜の七時三十分からは、政府のお願いや考えを毎晩放送致しますから、この時間も洩れなくお聞き下さい。その外突発の大事な事柄がありましたらば、その他の時間でも放送致すことがありますから、どなたかまわりの中の一人は、必らずラジオを聞いていて、予めお報せがありましたらば、皆さんラジオの前にお集り下さい。工場や事務所のラジオもいつも気をつけていて下さい。また、街頭や劇場や映画館その他、大勢集まるところでは、政府の大切な放送は必らずこれを拡声器に出して下さい。（中略）かく致しまして国民一つ心になって総進軍いたしますところ、（中略）如何に大敵でありましても、断じて恐るるところはありません。[30]

右の資料からは、宮本は放送の聴取と生活を分離させないよう、聴取自体を日常生活のルーティンに組み込むことを開戦直後の理想的な聴取方式としたことが窺われる。

しかし、太平洋戦争が日本政府の予想以上に長期化するにしたがい、開戦初期の宮本の想定をはるかに超える水準での選択的かつ規律化された聴取方式が要求された。それは、戦争遂行のための生産の増大が最優先となる一方で、物資や労働力の不足により国民生活への圧迫が増していく中、戦力の増強に支障をきたさない形でのラジオ聴取習慣が重視されるようになったためであった。「放送を聴くことによって必要な時間が犠牲にされ、多少でも戦力増強に支障を来たすようなことがあれば、それこそ本末顛倒」であるという考え方が強調され、そうした事態を避けるための新たな聴取習慣が求められた。[31]「青少年団、婦人会、隣組等で集団的に放送を聴取することは、無論結構である。

しかしこれもやはり人々の生産生活の邪魔をしないように慎重に扱わねばならない」という放送協会業務局企画部の小川和夫の主張は長期戦体制下の状況をよく示している。(32)

放送協会企画部は、雑誌『放送』一九四二年六月号に「放送の聴き方」という記事を載せ、聴取者に対して長期戦下の生活に適した聴取方式を説明した。記事に示される「選択してお聴き下さい」という標語は、時代が要求する聴取方法を端的に表している。

この記事では、どのような放送を選択すべきなのかに対する指針として、放送の題目・曜日・時間が一目でわかるように整理されている。「日本国民として是非聴かねばならない」放送は、日曜日以外の毎日午後七時三〇分から放送される政府当局の重要な国策に関する放送、および毎週火・木曜日の午後八時から放送される陸海軍当局の軍事発表であった。これらに次ぐ重要な番組は定時ニュース（開戦後休止時間を除いて、毎日一一回）であり、記事は同じ内容のニュースを何度も聞かずに聴取者の生活習慣に合わせて時間帯を選択するよう指示している。次いで三番目に重要視されたのは毎週日曜日の夜七時から一〇時の間の演芸と講演番組であり、その次には学校放送や「農家の時間」、「婦人の時間」といった職域を対象とする番組が挙げられている。さらに記事では、放送局が放送の合間にはよく聞こえるように受信機を調節することや、毎日夜五時五〇分から放送される当日の夜と翌朝の放送番組の予告を聞いたり新聞に掲載された番組表を確認したりすること、そして非常時にそのまま電源を切らずにいるよう指示がない限りは聴取が終わり次第電源をすぐに切ること、などが要請されている。(33)

では、戦争末期の聴取者は実際に放送従事者や政府当局が提案した方式の通りにラジオを聴取したのか。『放送研究』は一九四三年二月号に「聴取指導の諸問題」という特集を設け、放送および聴取指導担当者の論考を掲載している。彼らの言説を通して、実際の聴取の状態を垣間見ることができる。一連の論考は、放送とは聴取者が聞かなければ意味がないという見地から聴取指導の改善方法を議論するものだが、結論から言ってしまえば、戦争末期に選択的でありながらも注意深い聴取をするように唱えた聴取指導の効果はそれほど高くはなかったことを示唆している。そこには、聴取態度の形成および規制に関する放送従事者の能力不足や、自律的に聴取指導にしたがって正しい方式でラジオを聞くようにはならない聴取者に対する絶望感が余すことなく表されている。当時業務局教養部長であった西本三十二は「国民必聴といっても、ラジオは強制力を有《も》たないものであるから、これは国民の道徳的義務感に訴えるより外はない」とし、必聴運動の実践的な困難を吐露している。また西本は、聴取指導の問題は依然として「殆ど未開拓のことに属する」と評しつつ、団体聴取のもっとも重要な条件である正しい指導者の養成についても、「百年河清を待つも同様であるといってよい」と概嘆した。(34) 業務局企画部の宮川三雄は「戦争以来放送の使命が倍加したにも拘らず、国民各自が多忙になった事や放送内容が戦前に比して固くならざるを得ない事情等から聴取者は放送から離れて行く傾向なきにしもあらずである」と指摘している。(35)

国民・大衆の実質的な聴取態度や習慣をろくに規制できないことに不安を感じた一部の放送従事者は、法律による強制聴取という極端な方法を提案することもあった。一九三〇年代以来、団体聴取運動を指導してきた間島輝夫もその一人であった。当時大阪局文芸課長であった間島は「国民の一人々が自己の日常を規正して行かねばならぬ」と強調し、「国民が自己の生活を反省し、戦争目的遂行のためにそれを規正する態度に徹していなければこそ、ラジオに対する日常関心が散漫である」と指摘する。そしてそうした状況の打開策として、彼は「或る様態の国民生活に対しては、（中略）寧ろ法的強制に依って敢行せしめることの方が、戦争生活に於けるラジオの使命に適うものではないか」という意見を提示している。(36)

後の研究者石川明は、間島の強制聴取の提案について、一九三〇年代の団体聴取の過程において自律的な聴取者の組織を主張していた彼の以前の考え方とはまったく異なることを強調し、これを放送従事者が「自らのイニシアチブを放棄して、方針の決定を中央の政府当局に全面的にゆだねてしまった」例として理解している。(37) しかし、同じ『放送研究』に掲載された論考で、宮川をはじめとする放送従事者は間島が提案する強制聴取案以前に必聴という方法自体に全面的に反対する意見を述べている。宮川は「譬え必聴の命令が出たからと云って各自の家庭迄出張って行って聴いて居るかどうかを調べて歩くわけにも行かない」と指摘する。彼は、国民必聴は戦争一周年のように特別な場合に限ってこそのもので、毎日のこととなればその「効き目も薄くな」り、そのようになれば「国民必聴の時間と銘打たない」と述べる。そして「此の時間は聴かなければならないのだという風に訓練して行く事が最善の方法」であると主張している。[38]ここで注意を促したいのは、強制聴取という方案自体が実現の可能性が希薄であったという点、また間島が強制聴取という極端な方法を選んだことについては、放送の国家的な使命を強調する監督官庁の圧力だけでは十分な説明にはならないという点である。

むしろ本章は、強制聴取という考え方は、聴取指導という上からの規律的な視線に一貫して存在していた大衆の思想、行動、そして日常を規制しようとする意図を露わにするという点に注目したい。それは、間島が強制聴取を主張しながらも、理想として掲げた聴取者とは、放送従事者や政府当局の介入がなくとも自律的に規範的ラジオ聴取を遂行しうる個人であったからである。たとえ、一九三〇年代の聴取指導が放送に批判的態度を取りうる余地を少なからず聴取者に与えていたとしても、結局、聴取者はそうした自由を規範的な方式で活用し「有意義な放送をさらに有意義に利用」する範囲内で享受することを求められていたのが実情である。戦争末期における強制聴取の提唱とは、聴取大衆が自己規律を通して正しい方式でラジオを聞く聴取者へと生まれ変わることに失敗したとき、彼らを規制しようとする上からの意図がより露骨な形でその素顔を露わにしたものといえるだろう。

以後、戦況は悪化の一途を辿っていく。戦力不足や主要都市への空襲は、ラジオ放送に放送時間の削減、電波管制による頻繁な周波数の変更、爆撃による放送の中断といった問題をもたらした。これは正規放送の送受信自体に大きな狂いを来して聴取指導自体が困難な状況になったことを意味する。またこのような聴取条件では、規範的な聴取習慣をすでに身に付けた聴取者であっても放送を満足に聞くことは不可能であった[39]。結局、太平洋戦争期における聴取指導の試図は、実行側が満足するような成果を収められないまま、その幕を下ろしたのである。

おわりに

本章は聴取指導とは当初から規範的な聴取態度と習慣を備えた聴取者を創出しようとする上からの大衆教化的な視線を根底に置いていたことに注目した。そしてこのような聴取者像を通して、一般大衆に自己規律を内面化するよう督励していた聴取指導運動と、生活訓練を通して責任感のある有用な国民を作り出そうとしていた国家の戦時動員とのあいだの連続性に光を当てた。

こうした連続性に注目するのは、目的論的に聴取指導運動の戦時体制への協力的な性格を示すためではない。日本の聴取指導運動が、先行研究が比較分析のモデルとしてきたイギリスの事例の自由主義的な志向から逸脱したことを重ねて強調しようとしたのでもない。マイクル・ベイリーの研究は、イギリスのラジオ聴取団体をめぐる議論もまた、自由や権利意識よりも適切な行動規律と責任感、共同体意識、そして国家の一員である市民としての自覚を聴取大衆に教えることに集中したことを示す。このような歴史的な状況は、むしろ日本の聴取指導は全地球的な観点での大衆の国民化ないしは市民化の脈絡で考えなければならない必要性を提起する[40]。有山輝雄は日本の明治末期から大正、昭和期に至るまでの国民化と大衆化とは、互いに拮抗した関係にある二重の過程が同時に進行していた点に注目し、「国民は決して固形化できるものではなく、不断に国民化への働きかけがなければ、大衆化に流出してしまうもの」と規定したことがある[41]。本章は日本のラジオ放送と聴取者との関係につき、このような分析の枠組みから見渡すべきことを提案する一つの事例として聴取指導を考えたものである。

（1）　有山輝雄「戦時体制と国民化」（赤澤史朗ほか編『戦時下の宣伝と文化（年報・日本現代史　第七号）』現代史料出版、二〇〇一年、一―三六頁）、George L. Mosse, *The Nationalization of the Masses: Political Symbolism and Mass Movements in Germany from the Napoleonic Wars through the Third Reich*, New York: H. Fertig, 1975。東アジア全般については、貴志俊彦・川島真・孫安石編『戦争・ラジオ・記憶』勉誠出版、二〇〇六年。

（2）　同時多発的なラジオ受信行為の統制不可能性に関しては、Paddy Scannell, "Introduction: The Relevance of Talk," in Paddy Scannell, ed., *Broadcast Talk*, Newbury Park, CA: Sage, 1991, p. 3、また John Durham Peters, "The Uncanniness of Mass Communication in Interwar Social Thought," *Journal of Communication* 46-3, Summer 1996, pp. 108-113。

（3）　黒田勇『ラジオ体操の誕生』青弓社、一九九九年、一五一―一七〇頁。石川明「社団法人日本放送協会の事業部活動――大阪中央放送局の団体聴取をめぐって」（津金沢聡広編『近代日本のメディアイベント』同文館出版、一九九六年、一九三―二二六頁）。

（4）　放送初期におけるラジオ聴取者の誕生に関しては山口誠や水越伸をはじめとするメディア研究者によってかなりの研究が蓄積されてきたが、戦時期日本の放送聴取者に関しては竹山昭子による新聞と雑誌の聴取者欄を主たる分析対象とした研究以外には論考が見当たらない。竹山昭子『史料が語る太平洋戦争下の放送』世界思想社、二〇〇五年、一九五―二一二頁。同『戦争と放送――資料が語る戦時下情報操作とプロパガンダ』社会思想社、一九九四年、八三―一一五頁。なお、山口誠の研究からはラジオ導入初期の聴取者に対する一貫した問題意識が窺える。中でも本章では、山口誠「オーディエンスの作法とメディアの三層構造」『マス・コミュニケーション研究』六七、二〇〇五年、五一―六六頁、同「聴く習慣、その条件――街頭ラジオとオーディエンスのふるまい」『マス・コミュニケーション研究』六三、二〇〇三年、一四四―一六一頁、同「放送をつくる第三組織――松下電気製作所と耳の開発」『メディア史研究』二〇、二〇〇六年五月、二六―四九頁、をとくに参照。Mizukoshi Shin, "From Active Enthusiasts to Passive Listeners: Radio, the State and the Transformation of the Wireless Imagination," in Umesao Tadao et al. eds. *Japanese Civilization in the Modern World, vol. xiv: Information and Communication*, Osaka: National Museum of Ethnology, 2000, pp. 358-378。

（5）　プログラム製作の背景に関しては、西本三十二「我が国に於ける団体聴取の展開（上）」『放送』六―一二、一九三六年一二月、四九頁参照。

（6）　団体聴取参加人員については、西本三十二注（5）前掲論文、一九三六年一二月、四八頁。同「我が国に於ける団体聴取の展

開(中)」『放送』六―三、一九三六年三月、二五―二六頁。同「我が国に於ける団体聴取の展開(下)」『放送』六―四、一九三六年四月、六八―七〇頁参照。

(7) 間島輝夫・本野亨一「都市における団体聴取の発展」『放送』六―八、一九三六年八月、五六頁。

(8) 西本三十二注(5)前掲論文、一九三六年二月、四八頁。

(9) 西本三十二注(6)前掲論文、一九三六年四月、七二頁。

(10) 西本三十二注(5)前掲論文、一九三六年二月、四九―五〇頁。間島輝夫「団体聴取の組織と其の指導」『放送』七―八、一九三七年八月、二七、三〇頁。

(11) 団体聴取用「農村への講座」ラジオテキスト第一集は表紙を含めて一二枚であり、団体聴取提唱の主旨説明、放送日時と放送題目、講師名、各放送内容に対する簡単な説明、あるいは項目別に分類した放送内容を菊判へと印刷したものであった。各種の統計や参考図書もまた含まれていた。西本三十二注(5)前掲論文、一九三六年二月、四九―五〇頁。

(12) 西本三十二注(6)前掲論文、一九三六年四月、七一頁。間島輝夫注(10)前掲論文、一九三七年八月、二七頁。

(13) 西本三十二注(5)前掲論文、一九三六年二月、四九頁。また大阪局の『昭和九年事業成績報告』にも「参加者が一定の目的意識を有し」ていることが、団体聴取の心理的効果が発揮される条件であると明示されている。石川明注(3)前掲論文、二〇二頁。

(14) 間島輝夫注(10)前掲論文、一九三七年八月、三〇頁。黒田勇注(3)前掲書、一六六頁。石川明注(3)前掲論文、二一〇頁。

(15) 西本三十二注(6)前掲論文、一九三六年四月、七〇頁。

(16) 例えば、第四回「農村への講座」に参加した四五五団体のうち、自発的に参加した団体は四五団体（参加者数は三一六一名）であったと集計されている。西本三十二注(6)前掲論文、一九三六年四月、六八頁。黒田勇注(3)前掲書、一五八―一六〇頁。

(17) ラジオ教育研究会に関しては、間島輝夫注(10)前掲論文、一九三七年八月、二八―三〇頁。西本三十二注(6)前掲論文、一九三六年三月、二七―二八頁。黒田勇注(3)前掲書、一六〇―一六一、一六八―一六九頁。

(18) 日本放送協会編『日本放送史(上)』日本放送出版協会、一九六五年、四八一―四八三頁。

(19) 間島輝夫「時局下のローカル放送と聴取の指導」『放送』九―二、一九三九年二月、一九、二二頁。

(20) 宮原誠一「放送教育運動組織化の諸問題(上)」『放送』九―一〇、一九三九年一〇月、一二頁。

(21) 西本三十二「ラヂオによる青年教育の新使命」『放送』八—四、一九三八年四月、二五頁。
(22) 黒田勇注(3)前掲書、一六六頁。
(23) 有山輝雄注(1)前掲論文、二一—二七頁。
(24) 間島輝夫注(19)前掲論文、一九三九年二月、二一頁。
(25) 日本放送協会編注(18)前掲書、四八四—四八五頁。
(26) 奈良県ラヂオ教育研究会「関西ラヂオ教育研究大会の記」『放送』一〇—九、一九四〇年九月、四三—四四頁。黒田勇も関西ラジオ教育研究会連盟の事業便覧を引用して、ラジオ教育研究会の戦時動員の末端組織化の現状を指摘している。黒田勇注(3)前掲書、一六六—一六七頁。
(27) 国家の立場から記述された放送の新たな使命に関しては、竹山昭子注(4)前掲書、一九九四年、一〇—一六頁参照。
(28) 丸山「番組企画——「大衆」に就いて」『放送研究』三—六、一九四三年六月、一四頁。
(29) 春「番組企画——聴取指導」『放送研究』二—一〇、一九四二年一一月、八頁。
(30) 放送原稿については、宮本吉夫「ラジオの前にお集まり下さい」『放送』一二—一、一九四二年一月、九頁参照。
(31) 中沢道夫「放送生活化の意味」『放送研究』三—八、一九四三年八月、七頁。中沢は放送協会業務局企画部の所属である。業務局企画部の小川和夫もまた同様の論考を載せている。小川和夫「放送生活の限界」『放送研究』三—八、一九四三年八月、七—一〇頁。
(32) 小川和夫注(31)前掲論文、一〇頁。
(33) 日本放送協会企画部「放送の聴き方」『放送』一二—六、一九四二年六月、一〇九—一一一頁。
(34) 西本三十二「聴取指導の基本問題」『放送研究』三—二、一九四三年二月、五—六、一四—一五頁。
(35) 宮川三雄「聴取指導の原則」『放送研究』三—二、一九四三年二月、一九頁。
(36) 間島輝夫「聴取指導の方向」『放送研究』三—二、一九四三年二月、二七、二九頁。
(37) 石川明注(3)前掲論文、二二二頁。
(38) 宮川三雄注(35)前掲論文、二一頁。
(39) 電波管制に関しては、竹山昭子注(4)前掲書、二〇〇五年、八八—一〇五頁参照。
(40) Michael Bailey, "A Broadcasting University: Educated Citizenship and Civil Prudence," *Citizenship Studies*, 14-6, 2010,

pp. 681-695.

(41) 有山輝雄注(1)前掲論文、八頁。

(付記) この章は筆者の博士論文第一章の一部を発展させた「전시기《戦時期》 일본의《日本の》 라디오《ラジオ》 방송과《放送と》 대중의《大衆の》 국민화《国民化》——라디오《ラジオ》 청취지도《聴取指導》를《を》 중심으로《中心に》」(『동양사학연구《東洋史学研究》』一二五집《集》、二〇一三年)の内容を半分に縮約したものである。貴重な資料についてご教示いただいた竹山昭子先生に、感謝申し上げる。

17 東アジアの戦後処理
――韓人帰還問題を中心に（一九四五―四六年）

黄　善　翌
（辻　大和　訳）

はじめに

東アジア戦後処理の核心は、旧日本帝国の枠を壊し、領土を再編し、独立国に対して支援と調停を行うことにあった。このような地殻変動に重要な問題として、東アジア各地の人口移動が浮上した。人口移動は帝国主義体制の解体とともに、帝国主義により歪められた民族的乖離を復元（restoration）ないし再結合（re-union）するものであり、独立国家建設の先決条件でもあった。海外韓人の帰還問題は単純な人口問題ではなく、カイロ宣言で明記された「独立」達成の最初の段階であり、ポツダム宣言で規定された真の戦争終結を意味した。[1] しかし戦時体制期の動員と統制の対象であった五〇〇万人の海外韓人は、戦争終結とともに現地に放置された。[2]

海外韓人の帰還は日本人・中国人・台湾人などを含む一〇〇〇万人の東アジア人口移動の一環として進行した。連合国軍総司令部（GHQ/SCAP General Head Quarters / Supreme Commander for the Allied Powers）は米国太平洋陸軍司令部として米国の立場を代弁し、中国（国民政府）、ソ連、英国など連合国間の戦後処理を調整する役割を担った。そして韓国と日本、さらには中国およびソ連地域の韓人、また日本人などの本国「送還」を主導した。連合国陣営は太平洋戦争の間に東アジア再編を構想し、韓国の独立と政府樹立などの政治的問題とともに、韓日間の経済的分離、韓国内日本人の処理などのような、経済的、社会的議題などを議論していた。それとともに提起された海外韓人問題は第二次世界大戦後に独立する他の地位規定を勘案しながら、現地で韓人が持っていた影響力なども総合的に考慮しなければならない複合的な問題であった。またこれらの帰還問題はその後の行方が予測しにくい可変的な問題であり、さらには地域間移動を前提とする点において一国の問題ではなく、東アジア共通の議題でもあった。

連合国軍総司令部の全般的主導によって進行した海外韓人の帰還は、米国や東アジア各国の対韓認識と韓国の国際的地位を示している。また米国を頂点とする東アジア連合国の共助体制の現実をよく表した点でもまた別の意味を持っていた。本章ではこのような問題意識から、海外韓人の帰還を決定的に主導した連合国軍総司令部の帰還政策と、米国・中国・ソ連の間の帰還交渉を総合的に究明する。

一 連合国軍総司令部の在日韓人帰還政策

1 米国の在日韓人認識と東アジア帰還政策の基調

太平洋戦争期、米国は本国外にいる日本人および韓人の問題について議論を深めていった。特に一九四五年の初め、米国国務省内の極東地域分課調整委員会(以下、「極東委」、The Inter-Divisional Area Committee on the Far East あるいはThe Far East Area Committee、FEAC)韓国小委員会(The Korean Sub-Committee)が在日韓人の帰還問題を具体的に担当した。国務省側は在日韓人の居住の背景が太平洋戦争期の強制動員に起因することと劣悪な生活状況を認識していた。極東委は「経済的、政治的な圧力のため」韓人の大部分が危険にさらされかねないと予想し、同時に「日本の平和と秩序の維持のために日本出国が必要である」と主張した。そうしながらも「韓人中で同化されなかった一二〇万人は自発的に速やかに帰国するであろう」と展望した。一方、「経済的に安定した（ないし同化した）三〇万人は残留する」ものと見ていた。このような展望をもとに国務省側は戦後初期に、「自発的に帰国する韓人をあえて送還する必要はない」という方針を立て、自発的帰還が終了して残っている韓人が「日本国籍を拒否する場合、積極的に送還する」という方針を樹立した。(3) これは以後連合国軍司令部が取る帰還政策に大きな影響を及ぼした。

陸軍省は占領行政を実施することになる地域について情報収集と対応方案などを準備していった。(4) 戦略企画局（OSS）調査分析課は以後の在日韓人に対する対処方案を大きく三つに整理していた。「第一に日本人の暴行から在日韓人を保護すること、第二に送還が遅滞したり、緊急に救済が必要であれば一定の地域（連合国軍にとって石炭の生産が必要な炭鉱地帯、または道路建設や鉄道工事のような肉体労働に熟練した韓人を使用することができる地域）に韓人を集中させることも良いだろう、第三に、残留することになる韓人がほかの外国人に比べて差別を受けないよう努力すること」である。(5) 調査分析課は韓人が日本人より連合国軍に友好的であろうという楽観とともに、一九三万人のなかで半分以上が残留するものと予測した。

太平洋戦争期に国務省と陸軍省などが立てた帰還政策は、終戦後、連合国軍総司令部によって施行された。連合国軍総司令部は日本を中心に帰還政策を樹立し、次のような具体的な計画（The Plan）を構成した。「①連合国軍総司令部は帰還に対する最終的な責任および権限を持ち、「接収、管理、（陸軍および海軍の）動員解除、帰還者輸送、日本にいる他国人の輸送」などに関して日本帝国政府に命令する。②帰還船舶の運営管理および維持監督は、海軍船舶は第五艦隊司令官、商船は連合国軍総司令部の海軍連絡将校が担当する。③日本帝国政府は連合国軍総司令部が発表する帰還命令を遂行し、それには帰還受付センターの設立と組織および運営、帰還者輸送、乗務員と船舶用物品提供を含む」などであった。(6) これは連合国軍総司令部の帰還政策（policies）の重要な基調となった。

連合国軍総司令部の帰還計画と政策は東アジア全域に適用された。総司令部は帰還プログラムの最優先対象は「日本人」であることを明らかにした。総司令部は日本人のなかでも軍人の移動を最初に推進し、送還に先立って現地で武装解除を実施した。これは連合国の戦後占領政策の最優先課題が日本帝国主義の無力化にあったことを表していた。一方で総司令部は日本人送還全般については米太平洋陸軍と太平洋艦隊が業務を総括し、中国、ソ連、英国などの軍司令部との協議・合意については連合国軍総司令部を主体とする二元的体系を追求した。これは日本人の日本地域帰還を優先しようという連合国軍総司令部の立場を積極的に反映するための措置として解釈できる(7)。

連合国軍総司令部は「西太平洋地域帰還」を大きく三段階に区分して推進した。第一段階は一九四五年九月から一九四六年二月までであり、相対的に短距離の日本に集中した。地域的には韓国、琉球、日本を結ぶ移動が進行し、この政策的推進とは別個に日本内韓国人の帰還も推進された。これは太平洋戦争期の国務省などが予想した「自発的帰還」の結果でもあった。第二段階（一九四六年三月―六月）からは中国地域からの帰還が本格的に推進された。これにより中国本土および台湾地区、太平洋の英国領地域から帰還が始まった。第三段階（一九四六年六月―一二月）からは満洲および三八度線以北の地域などソ連占領地域などについて議論が始まった。大連や葫蘆島などから帰還が始まり、北韓地域の日本人や日本から北韓地域に帰還する韓人の帰還が推進された。次いでその他の太平洋地域からの帰還が追加的に施行された。

戦後初期に進行した東アジアの帰還は日本帝国主義体制の解体を主目標とし、日本人の本国送還および日本地域の外国人（主に韓人）の本国帰還を最優先としていた。それは日本の安定的な占領体系を構築した後に中国およびソ連軍占領地域からの帰還を本格的に推進するという構想に合わせて進行した。

2　連合国軍総司令部の帰還政策と在日韓人の帰還の様相

連合国軍総司令部は占領初期に一般的な対日占領政策について細かく迅速な対応をとったが、二〇〇万人に達する在日韓人問題などについてはこれといった措置を取らなかった。対日占領初期、船舶の運航統制に集中していた連合国軍総司令部は一〇月中旬に入って帰還問題に積極対応して統制を行いはじめた。総司令部は一〇月一二日指令を通じて「携帯可能な財産（一人あたり千円）」を規定し、通貨の交換と個人資産の移動を禁止した(8)。これは人口移動による財産移動が日本経済に与える影響を最小化しようとする措置であり、戦後復旧のために満洲、韓国、日本の経済を維持せねばならないという方針によるものであった。

連合国軍総司令部が韓人帰還に関して具体的な方針を公表したのは一一月一日であり、「非日本人帰還」指令であった(9)。そこでは韓人送還港として仙崎、博多、呉が指定された。地域別の帰還優先順位は関門・博多地区、阪神地区、その他地区に設定されており、身分別の帰還優先順位は「復員軍人、強制労務者、その他の順」に規定され、特に北九州地区の炭鉱労務者を優先帰還させるよう指示した。復員軍人、強制労務者に対する迅速な送還は彼らを不満勢力ないし危険勢力と受け取ったからである。これは結果的に強制動員者の未支給賃金問題や死亡者の補償がまともに処理されないまま送還されるという問題を生み出した(10)。

占領初期の連合国軍総司令部は原則として韓人の差別待遇を禁じようとした。例えば兵役から解除された韓人兵士に対しては十分に給与を支払うよう日本政府に指令した(11)。さらに帰還者の携帯財産を制限しつつも、炭鉱で勤務した韓人労働者たちの貯金および手当を韓国に送金できるよう日本政府に準備させた(12)。しかしこれらはまともに守られなかった。連合国軍総司令部はさらに、このような状況を十分に知りながら(13)、日本の石炭産業を維持するために韓人の帰還を遅らせるなど、二重の態度を示しもした。在日韓人に対する二重の扱いは総司令部の方針からも確認できる。総司令部は「韓人、中国人、台湾人労働者を日本人と差別しないよう」日本政府に命令する一方(14)、「非日本人」送還者の取り締まりにすべての法的手段を用いるよう行政当局に指令するなど二重の態度を取ったのである[15]。一九四六年二月一七日、連合国軍総司令部は三月一八日までに「帰還に対する希望の有無を登録すること、登録を怠ったり、「帰還を希望しない」とした人は帰還の特権を失う」と発表し[16]、帰還希望者の調査および登録を実施した[17]。帰還希望者の登録調査は次の目的を実施したものであった。第一に日本に残留する韓人の数を推定し、日本社会に在日韓人が及ぼす波及効果をはかること。第二に韓人帰還を制限すると公表して韓人の帰還を催促すること。こうした意図が内包されていた。

一九四六年二月に帰還指令が下るまで、連合国軍総司令部は占領地域間の人口移動の管轄を規定し、移動上のいくつかの規制を設けただけで、韓人帰還に対する具体的な政策は確定させなかった。これは無関心によるものではなく、「韓国人自ら帰還するときまで待つ」という太平洋戦争期に樹立した傍観的な帰還方針に連なるものであった。太平洋戦争期の米国側の予想と異なり、在日韓人の全体人口はかなり多くなっており、帰還の有様も複雑に展開した。祖国に対する帰還の熱気で自発的帰還がなされるものと見られていたが、連合国軍総司令部と日本政府による各種の規制は韓人たちに強い拒否感を持たせることとなった。結局、一部の韓人たちは処遇改善を要求して帰還を保留した。彼らを「送出」したかった連合国軍総司令部側は帰還に対する規制を表面的に緩和していったが、日本社会は次第に彼らを事実上隔離しはじめた。

連合国軍総司令部は初期の帰還段階から多くの韓人たちが不満を吐露していた資産の移動規定を緩和すれば、韓人の帰還が再び増加するものと見ていた。しかし結果はそうではなかった。彼らは在日韓人の帰還の如何を決定するのはもはや資産移動のような経済的問題ではないということ、および在日韓人の問題は帰還可能の可否を超えて日本社会が彼らをいかに処遇するのかという次元に移っているということに気づいた。事実上帰還が停滞する中で、総司令部と日本政府は在日韓人に対する、より積極的な対応を始めた。特に日本政府は在日韓人および台湾人に対する管理および統制を強化していった[18]。警保局は特高警察のような「公安係」を各警察署に設置して情報収集を命令したが、その理由には韓人たちの不法行為を取り締まることが重要なものとして示されていた[19]。その一方で日本政府は在日韓人の参政権を停止し、政治的に日本社会から徹底的に排除していった。

一九四六年一一月一二日、連合国軍総司令部は韓人の帰還を催促し、帰還を拒否する韓人は「日本国籍者とみなし帰還特権を喪失する」と発表した[20]。在日韓人に日本国籍を付与するというニュースは韓国にも伝わって大きな波紋を呼び起こした[21]。この中で一九四七年五月に日本政府は「外国人登録令」を公布して、在日韓人を「外国人」として統制し強制退去までさせる手段を準備した。状況により日本人に、あるいは外国人として扱われる二重の地位は在日韓人から強い反発を買うことになった[22]。

一九四六年一二月末、連合国軍総司令部は在日韓人の公式な送還は「中断」されたと発表した。しかし少数ではあったものの帰還は以前のような方式で継続した。一九五〇年に朝鮮戦争が起きた後、韓人の「帰還」は公式に終了し、以後に帰国を希望した韓国人は一般外国人と同様に日本の出入国手続きを経なければならなくなった。

二　中国・米国の帰還交渉と在中韓人の帰還

1　終戦前後における中国・米国の帰還方案の共有と交渉

第二次世界大戦が終わる頃、中国地域の韓人社会の規模は約二五〇万人に達していた。中国地域の韓人の帰還はその規模や範囲において他の地域に比べ巨大な問題となっていた。さらに中国国民党と中国共産党が衝突した内戦の構図と、中国—米国—ソ連が絡み合った外交問題がそれをさらに複雑にしていた。

米・英・中の三国は一九四四年後半に入って韓国問題に関する情報交換の協定を結び、その後、この課題の協議を始めた。その過程で米国は、構想した対韓政策の大きな枠と各種の韓国関連情報を中国に伝えた。その中には韓国の独立についての方案と「韓僑」処理法案などが含まれていた。中国の外交当局は韓国の地理的特殊性を勘案して最小の「緩衝国」の役割を果たさせねばならないと判断し、米国との緊密な協調のなかで帰還を推進することを決定した。(23) おおよそ中国外交部の方案は「帰還」「居住権」「国籍付与」という段階的な議題転換を念頭において立てられた。

海外の韓人問題に対する米国と中国の協調体制は戦争終結後も緊密に持続した。連合国軍総司令部を中心とする米中軍事参謀会議では日本勢力の中国撤収と日本人・韓人の帰還、そして海外中国人の帰還問題などが重要なものとして扱われた。(24) 総司令部は多くの日本人が中国国民党と共産党の利害交錯地域にいる状況で彼らの安全が保障されていないと憂慮した。(25) 反対に中国国民政府は日本勢力は迅速に中国から追い出されねばならないと認識しつつも、国共内戦の状況のなかで彼らを活用しようとした。そのようななか、連合国軍総司令部の主導により、中国地域の日本軍の武装解除と撤収、日本人の本国送還の交渉が進行した。米国―中国間の帰還交渉は、中国国民政府―連合国軍総司令部間の協議を骨幹とし、実務的には中国総司令官―駐中国米軍司令官が担当した。

日本軍捕虜および僑民、韓人と台湾人の帰還に対する米中協議は一九四五年九月末から始まり、一〇月末に本格化した。一九四五年一〇月二五―二七日、上海で開催された連合国軍総司令部および米中間の会議では、帰還を進めるための手続きと運用、中国内移動と費用負担、帰還規模についての細部の規定などが議論された。帰還の推進は連合国軍総司令部が指揮し、中国内日本軍および僑民の送還業務は中国政府が責任を負い、中国から他国への移動については連合国軍総司令部が責任を負うことで合意した。(26) 一九四六年一月五日、上海で開かれた第二次米中帰還会談では港区別に具体的な帰還日程が決定した。中国側は華南・華中地域の場合、おおよそ円満に進められる事情があったが、華北地域の場合、中央軍の接収工作は完遂されず、五月以降になって送還推進が可能になるという見通しが明らかになった。米国側は〔山海関の〕関内地域だけでなく、東北地域の葫蘆島・大連の両港も活用しようと案を提示したが、中国側は現実的に状況を予測しがたいとして難色を示した。

一九四六年二月、米国と中国の軍司令部は韓人の帰還推進について次のような点で合意した[27]。①日本居留韓人を優先的に原籍地に送り返す、②中国居留韓人のうち軍事的必要があると判断される一部人物は中国陸軍総司令部が連合国軍総司令部に通知後、活用できるようにする、③韓人の送還業務を助けるために、上海、青島、天津の三ヵ所に韓国の連絡隊を設置する。連絡隊は中国陸軍総司令部の指揮下に関係のある司令部に附属し、任務を遂行した。米中間の合意案は大きく分けて三点、注目すべき点があった。第一に中国地域の帰還を本格的に施行する時点においても、日本国内の韓人の帰還が依然として重要なものと見られたこと、第二に帰還業務のために駐韓米軍政の連絡隊が派遣され、上海、青島、天津に常駐したこと、第三に中国側は軍事的必要によって韓人の帰還を延期したのち、活用するという意志を米国に伝えたことである。

2　韓人帰還の推進と統制

在中韓人の帰還は米中間の合意によって一九四六年一月から本格的に始まった。公式な初回の帰還は天津の塘沽港を出発して一九四六年二月一日に仁川に到着した一八三八人であった。しかし韓人の帰還は順調には進行しなかった。塘沽港からの第二次帰還は四月に入ってようやく再開され、帰還を待って収容所に集結していた韓人は疾病と食糧不足の苦痛を経験した。韓人は中国鉄道局と交渉して陸路で帰還しようとしたが、これも簡単なことではなかった。北京、天津地域の韓人を対象とした塘沽港からの帰還に続いて、一九四六年三月に上海地域の帰還がなされた。あわせて済南などの地域にいた韓人が港に移動することが増加するなか、青島港も主要港として活用された。一九四六年四月に上海で天然痘、五月にチフス、六月にコレラが相次いで発生し、帰還輸送は一時中断したが[28]、間歇的な帰還は継続した。連合国軍総司令部と中国国民政府が共同実施した東北地域の帰還は葫蘆島の港を通じて進んだ。しかし、東北地域は韓国と地続きだったため、いつでも国内に帰還することのできる条件があった。[29] 解放直後、東北地域には約二一六万人の韓人がおり、約七〇万人が自由に帰還したものと把握されている。東北地域からの韓人集団帰還は一九四六年一二月に初めて実施された。韓人の集団帰還以後、すべての帰還行政は中国外交部が米国大使館を通じて連合国軍総司令部および駐韓米軍当局に彼らの入国可否を打診する形式を取った。

韓人の帰還が中国国民政府と連合国軍総司令部の厳格な統制下に進行し、交通の便もよくない状況にあって、帰還を希望する韓人は東北地域に移動するなど他の方法を模索しなければならなかった。一方、駐中国代表団の機能が弱くなるなか、各地で組織された韓僑協会は中国行政府を補助し、居留調査及び身分証明などのような韓人関連業務を担当し、現地での定着を求めた。

三　サハリン地域——韓人帰還交渉と抑留

第二次世界大戦の終戦後、東アジア問題に対する米ソ間の主要交渉チャンネルは日本に位置した連合国軍総司令部および対日理事会であった。合わせて韓国駐屯の米ソ軍政間の窓口も活用された。韓国における米ソ交渉はモスクワ三国外相会談後、韓半島での信託統治の実施問題と合わせ、三八度線に障壁ができたことで発生した電力供給、交通、郵便通信、米穀交換の問題などが扱われた。このとき南北間の経済交流とともに北韓地域にいる日本人の送還問題も議論された。[30] 韓人の帰還を取り巻く交渉も日本と韓国の間で議論されはしたが、それは概ね日本人送還の議論の過程で副次的に扱われた。

ソ連地域の韓人の帰還については、連合国軍総司令部の初期占領方針に注目する必要がある。連合国軍総司令部は一九四五年九月に韓国の三八度線以北の地域と満洲などはソ連当局の管轄下にあり、該当地域の日本人「引揚」業務

も ソ連軍の指揮を受けることになると明らかにした[31]。これは軍事的目的で分割された米ソ間の占領構図が東アジア帰還問題に一時的な障壁になることを示し、同時にソ連占領地域の韓人の帰還が日本占領の延長線上で推進されることを予告するものでもあった。連合国軍総司令部は一九四六年の初め、もっとも優先視した日本地域の帰還がまとまっていくと、ソ連地域の日本人の帰還問題に積極的に乗り出した。一方、日本政府はスウェーデンを通じてソ連占領地域に住んでいた日本人の保護と帰還について交渉を始めたが、拒否された[32]。この過程でソ連地域日本人に関する交渉の全権は事実上、米国とソ連にあることが確認された。

連合国軍総司令部は、終戦頃にソ連占領地域に約一七〇万人の日本人がいることを把握していた。彼らに対する帰還交渉は一九四六年一月から間歇的に進行した。ソ連地域日本人の帰還問題がはじめて議論されたのは一九四六年一月中旬にソウルで開かれた米ソ高位予備会談においてであった。駐韓米軍司令官はソ連極東軍司令官と北韓地域の日本人帰還問題を議論したが、いかなる合意もなされなかった。一九四六年四月二三日、連合国軍総司令部はソ連当局に日本と北韓間の相互帰還を提案した。その後続措置として六月一九日に東京で会議が開かれたが、ソ連側が日本内の韓国人を北韓に優先帰国させようと提起すると、米国側は受け入れなかった。一九四六年七月一一日に東京で開催された連合国軍総司令部とソ連代表団間の会議では、北韓と満洲、アリューシャン地域の帰還の議論がされたが、ソ連代表者は日本の戦争捕虜と降伏した日本軍の帰還を議論できる権限を持っていないとして延期された。このように米ソ間に相当な意見の差があったにもかかわらず、双方の交渉が継続したのは、ポツダム宣言による日本軍の武装解除と本国送還が基本的に履行されなければならないという認識を共有していたためと判断される。

一九四六年一〇月一四日から一二月一九日まで進行した一三回におよぶ会議では、帰還者の比率と帰還船の燃料費用、支払問題、ソ連管理港での非常用品およびサービス提供問題などを巡って空転を繰り返したが、月五万人の日本人を帰還させる費用などの点で妥結した[33]。いわゆる「ソ連占領地区送還〔引揚〕に関する米ソ協定」では、ソ連邦

および ソ連邦支配下にある領土からの送還対象と、規模、手続きなどが規定された。[34] このとき、送還対象者は①日本人捕虜、②一般日本人（希望者）と、③北緯三八度以北出身の朝鮮人一万人に限定された。米ソ協定にしたがって一九四七年四月二〇日までに約二八万人の日本人が送還された。[35] 反対に在日韓人中で北韓地域に帰還させることにした韓人は当初一〇〇〇人であったが、実際に帰還したのは二三三人であった。[36] 米ソ間の協定は、結局、ソ連地域日本人と日本内韓人の帰還を交換したものであった。

ソ連のこのような要求は戦後復旧に動員されてきた日本人の空白を埋めるための措置であった。ソ連国家防衛委員会は終戦直後の一九四五年八月二三日、国家防衛委員会決定第九八九八号により、日本軍捕虜五〇万人に対する戦後復旧動員を決定したところであった。[37] 一九四六年四月にはシベリアに収容された捕虜五万人を中央アジアに移送するという命令、およびソ連領内の病弱な捕虜二万人を北韓内の健康な捕虜二万二〇〇〇人と交換するという命令を下し、[38] 旧日本勢力の戦後復旧動員を積極的に行った。

その頃サハリン韓人の情報は諸経路を通じて米国側に伝達されていた。特に一九四六年二月に茨城県山一炭鉱に配置された韓人一八名がサハリンに残された家族との連絡再開と帰還を要求して、ストライキを起こした。[39] 連合国軍総司令部側は彼らが三八度線以南出身の韓人であり、サハリンには日本軍ではなく労働者として行ったという点を強調して難色を示した。これは以後、韓人帰還交渉を阻んだ米国側の視角を垣間見ることのできるものである。すなわち米国側は「ソ連地区米ソ協定」により、ソ連地域韓人の帰還についていくつかの基本条件を前提としていた。まず帰還の対象は戦争捕虜であり、日本国籍者に限り、地域的には日本とソ連占領地間の移動だけを範疇としたものである。[40]

一九四六年一二月に成立した「ソ連地域での撤収に関する米ソ協定」により、二九万二六〇〇人が日本に帰った。そして、のち一九五六年一〇月一九日の「日ソ共同宣言」により日本人の夫人とその同伴者である韓国人および子女二三〇〇人が撤収した。以後個別的に帰国した四五〇人を含む約三〇万人の日本人は大部分が日本に帰った。しかし韓人は一〇〇〇人未満が帰っただけで、大部分は残留し、実質的に抑留されることになった。

サハリンなどに抑留された韓人の帰還がほとんど進捗しなかったなかで、韓国国内では帰還運動が相次いだ(41)。一九四八年八月の政府樹立以後、韓国外交代表部は連合国軍総司令部側にサハリン韓人抑留の不法性および不当さと、それに対する速やかな帰還交渉を要求した(42)。しかし、連合国軍総司令部側は内部で「ソ連の承認を受けない韓国政府の駐日外交団に対し、連合国軍司令部以外の仲介者を経てソ連と接近することを提案」することを議論しただけだった(43)。結局、ソ連地域内の韓人の帰還は冷戦の制約によって保留が繰り返された。

おわりに

海外韓人の帰還は、急変する冷戦構図のなかで強大国の占領政策と戦後復旧方針にしたがって不安定に進行した。ただ、韓人の帰還は大枠では第二次世界大戦期に構築された連合国軍体制の範疇を抜け出すことはなく、連合国軍総司令部と該当国政府の協調や同意のもとに進行した。

終戦直後、連合国軍総司令部と日本政府は韓人の劣悪な状況と将来を念頭に置いたいかなる友好的な帰還政策も取らなかった。帰還船舶の提供に局限した最小限の帰還措置を行ったが、それは日本社会において在日韓人が不安定要素になると見て放出しようとしたためであった。韓人の帰還推移が鈍化する一九四六年に入り、連合国軍総司令部側は韓人帰還について積極的な姿勢を示しはじめ、強圧的で差別的な在日韓人政策を施行した。これは在日韓人に大きな反感を与え、むしろ帰還希望者が減少し、民族団体を組織して積極的に対応する結果を生み出した。連合国軍総司令部が社会秩序維持に積極的な姿勢をとると、日本政府は治安権の確保を画策し、積極的に在日韓人を統制していった。

表1　1945年3月，極東小委員会の「戦後韓国の状況による国籍付与方案」

	日本からの独立可否	占領—信託統治状態	独立国地位確保	韓人の地位
1	×	連合軍の軍事的占領	×	日本籍
2	独立	特定国の信託統治	×	信託統治国の保護（国籍は未定）
3	独立	2ヵ国以上の保護	不確実	共同責任国の合意による特定国への指定
4	独立	特定国の監督あるいは顧問	独立国	韓国籍（自ら外交権行使）

中国地域の帰還は連合国軍総司令部―駐中国司令部―駐韓米軍政などの米軍指揮体系と中国軍の共助で進行した。中国内の港への移動については中国側が負担し、船舶運用に対する責任は連合国軍総司令部のもとに米軍が担当した。しかしそれは警備上の負担配分の問題だけではなかった。帰還の最終決定は東アジアの軍事的占領状態を総括していた連合国軍総司令部の承認を経ることになっていた。中国国民政府は帰還行政の規制方針は連合国軍総司令部に従い、自国内の韓人の居留問題および財産問題などについて各種法案を準備した。初期中国の政策は韓人の長期的居留を認めるような印象を与えるが、帰還が進捗するや急変した。おおよそ一九四六年末に入って中国政府は韓人の居留規制を厳格化し、大部分の韓人の意志とは関係なく送還していった。逆に国共内戦の余波により東北地域の韓人に対する統制は充分になされなかった。東北地域に定着した韓人は以後、在中韓人社会の原型になった。

ソ連地域の韓人の帰還は日本帝国主義の敗退とソ連軍の進駐が重なり、重層的な問題となった。米国が主導する連合国軍総司令部の体制が円滑に施行された地域の場合、韓人の帰還はそれでも可能であったが、ソ連占領地域の場合、冷戦の余波で韓人の帰還通路が断たれてしまった。ソ連占領地区の韓人帰還交渉は、日本人の引揚交渉のなかで副次的に扱われた。ソ連は韓人の帰還問題を、戦後処理の完結ではなく、自国の戦後復旧の観点から接近した。韓人の移動は労働力の移動として認識し、彼らの移動費用は一種の物流費用のように扱い、費用の負担問題が直ちに米ソ間の議論中断の端緒になった。

海外韓人の国籍問題は、海外韓人の外交的保護義務が誰にあるのかの問題につながることでもあった。太平洋戦争期、米国務省は韓国の状況にしたがって海外韓人の国籍付与法案を、①独立できず軍事占領の時期には「友好的な敵国民」、②信託統治時は「無国籍」、③二ヵ国以上の信託統治時には合意にしたがって国籍を規定し、信託統治国の国籍を付与可能とする、④韓国が独立し、その外交的保護を受けるときは「韓国籍」とするという原則を立てた(44)。

このような方案は、日本国籍の喪失、それを代替して韓半島の責任を負う政府があるとき、該当国家が外交的な保護義務を持つという点、韓国の外交が諸国家による共同保護下にあるときには該当国家が共同責任を負い、その中の代表的国家が外交的保護権を代表して譲渡されると規定したものであった。このような方針は海外韓人の処遇に対する重要な示唆点を提供するとみることができる。現実には海外韓人の置かれた状況は曖昧模糊になってしまった。結局、米ソ共同委員会が決裂するなどして「国際的独立」と「信託統治」に対する合意は決裂することになった。このような状況は海外韓人の国籍付与環境を制定する場合にも適合しないものとなった。そのようななか、連合国軍総司令部は韓人を事実上無国籍人（Non-nationals）あるいは非日本人（Non-Japanese）として処遇する一方、時には（第二次世界大戦によって規定された）日本人と同じ「敵国民（Enemies）」として処遇した。

第二次世界大戦の終戦後、海外韓人の外交的保護責任は「共同責任を負う国家」の役目であったが、誰もそれに対する保護責任を実行しなかった。結局海外韓人の帰還は冷戦の余波により大韓民国政府の樹立後にも未完の課題として残った。そして彼らは「外国人」として居住国の「内政」の領域に編入され、少数派（minority）の暮らしを送ることになった。

（1）「韓人」は韓半島出身者の統一的な呼称であり、国家的概念よりは民族的概念に基づく。近代以後韓国は海外移住、植民統治、強制移住および動員などで「民族的離散（Diaspora）」を経ており、そのために海外韓人に対する多様な用語が混用されている。高麗人、朝鮮人、韓人等、各自が居住する国家の現実によって、あるいは移住時期および背景などによって混在しているこれらの用語は、民族的離散の複雑性を象徴するものでもある。ただ居住国よりは本国・民族への志向性が強い集団が「韓」という語を自ら選んだ点を考慮して、筆者は民族的共有概念として「韓人」を用いる。高麗人・朝鮮人・韓人などの歴史的アイデンティティにすべて合致する用語がないなか、現時点ではこれが最善の選択であると考える。

（2） アジア太平洋戦争終戦当時、海外韓人の規模はおおよそ、日本地域二〇〇万人、中国東北地域二三〇万人、中国関内地域一〇万人、ソ連地域二五万人（サハリン四万人余を含む）、その他地域を合わせて総計五〇〇万人程度と推算される（장석《チャンソク》흥《フン》「귀환《帰還》 연구의《研究の》 성과와《成果と》 과제《課題》」『해방《解放》 후《後》 한인《韓人》 귀환의《帰還の》 역사적《歴史的》 과제《課題》』역사공간《歴史空間》、二〇一二年、四四—四五頁）。

（3） K-9 Preliminary, "Korea: Repatriation of Japanese Residents in Korea", 1945. 4. 27; K-9 Preliminary a, "Korea: Repatriation of Japanese Residents in Korea", 1945. 6. 1; RG 59, Records Relating to Miscellaneous Policy Committees 1940-45, Box No. 108.

（4） 竹前栄治『占領戦後史』双柿舎、一九八〇年、二一八—二二二頁。

（5） 金太基『戦後日本政治と在日朝鮮問題』勁草書房、一九九七年、五一—五二頁。

（6） GHQ G-3, "Report on Mass Repatriation in the Western Pacific", pp. 11-14.

（7） 「帰還プログラム」の主体は米軍占領地では米太平洋陸軍総司令官（CINCAFPAC）、太平洋艦隊司令官（CINCPAC）であり、その他に中国全区総司令官、東南アジア司令部（SACSEA）、豪州軍司令官（GOCAMF）、ソ連極東司令官が指揮主体として明記された。

（8） SCAPIN 125（1945.10.12）. 日本人の海外資産流入制限については、SCAPIN 67（1945. 9. 27. ESS）で規定された。

（9） SCAPIN 224（1945.11.1, GC）, "Repatriation of Non-Japanese from Japan".

（10） 樋口雄一『日本の朝鮮・韓国人』同成社、二〇〇二年、一四四頁。

（11） SCAPIN 113（1945.10.9）, GA "Payment of Bonus to Japanese Soldiers of Korean Descent".

（12） SCAPIN 207（1945.10.29）, ESS "Payment of Saving and Allotments in Korea of Korean Laborers in Japanese Coal Mines".

（13） Edward W. Wagner, *The Korean Minority in Japan*, 1951.

（14） SCAPIN 360（1945. 11. 28）, ESS "Employment Policies".

(15) SCAPIN 383 (1945. 12. 3), GC "Control of Non-Japanese Being Repatriated from Japan".
(16) 「太平洋戦争終結による旧日本国籍人の保護引揚関係雑件　朝鮮人関係」(第一六回外交記録公開一般案件：K. 7. 2. 0) 一巻。
(17) この時連合国軍総司令部が集計した在日韓人の総数は六四万七〇〇六人で、帰還希望者数は五一万四〇六〇人であった。しかし実際に仙崎・博多に集まった帰還希望者は総司令部が計画した数の十分の一に過ぎなかった。
(18) 大沼保昭『単一民族社会の神話を超えて』東信堂、一九八六年、三四頁。
(19) 김 창 윤《キムチャンユン》「일본의《日本の》 연합국총사령부《連合国総司令部》 점령기《占領期》 치안《治安》 정책《政策》 연구《研究》」『한국경찰학회보《韓国警察学会報》』一一、二〇〇九年、二〇九頁。
(20) Public Relations Office, GENERAL HEAD QUARTERS/UNITED STATES ARMY FORCES, PACIFIC Public Relations Office, 12 November 1946.
(21) 「연합군사령부《連合軍司令部》、귀국《帰国》 거부《拒否》 재일조선인은《在日朝鮮人は》 일본국적《日本国籍》 보유《保有》 발표《発表》」『조선일보《朝鮮日報》』一九四六年一一月一四日付、『조선일보《朝鮮日報》』一九四六年一一月一五日付社説、「재일본조선인연맹《在日本朝鮮人連盟》 서울시위원회《ソウル市委員会》、未귀국조선인《帰国朝鮮人》 日국적자《国籍者とみなすことに》 간주에 성명《声明》 발표《発表》」『서울신문《ソウル新聞》』一九四六年一一月一六日付、「외부부당국자《外務部当局者》、在日조선인《朝鮮人》 日国籍보유《保有》 대책《対策》 검토《検討》」、『동아일보《東亜日報》』一九四六年一一月一七日付。
(22) 梁永厚『戦後・大阪の朝鮮人運動』未来社、一九九四年、七〇―七二頁。
(23) 「주미《駐米》 중국대사의《中国大使の》 전문《電文》、광복《光復》 후《後》、한국《韓国》 독립에《独立に》 관한《関する》 문제《問題》、」『大韓民国臨時政府資料集』二五巻、국사편찬위원회《国史編纂委員会》、二〇〇八年、一四八―一五〇頁。
(24) 連合国軍総司令部が把握した中国内の日本人人口は次のようであった。華北六三万二〇〇〇人、華中七二万八〇〇〇人、華南一一万七〇〇〇人、満洲一〇五万九〇〇〇人、台湾四八万四〇〇〇人、北インドシナ三万二〇〇〇人、香港二万一〇〇〇人。
(25) SCAPIN 294 (1945. 11. 17, GC) "Repatriation of Japanese Military and Civilian Personnel in North China".
(26) 中国陸軍総司令部第二処『遣送日俘僑及韓台人帰国有関条規彙集』(一九四六年二月)、『광복《光復》 이후《以後》 재중《在中》 한인의《韓人の》 귀환《帰還》 관련《関連》 사료《史料》』I、국사편찬위원회《国史編纂委員会》、二〇一二年、九―一一頁。
(27) 中国陸軍総司令部 第二処『遣送日俘僑及韓台人帰国有関条規彙集』(一九四六年二月)、四五頁。
(28) GHQ G-3, "Report on Mass Repatriation in the Western Pacific", RG 331, Miscellaneous File to Russian Conference: Box No. 382, p. 48.
(29) 陸路移動が可能な関係で、東北地域では早くからソ連軍と交渉して鉄道で帰還する場合があった(承日範『無休八十年』

유진문화사《ユジン文化社》、一九九一年、二五五—二五八頁)。

(30) 김국태《キムグクテ》訳『해방《解放》 3년과《三年と》 미국《米国》——미국의《米国の》 대한정책《対韓政策》 一九四五—一九四八』돌베개《トルベゲ》、一九四八年、二二〇—二二四頁。

(31) SCAPIN 32 (1945. 9. 17), GC “Japanese National and Their Repatriation from Manchuria and Northern Korea”.

(32) 「重光外務大臣発瑞典岡本公使電報」(一九四五年九月五日)、『北鮮、満洲、樺太及千島に於ける邦人の保護及引揚に関する交渉関係文書』外務省終戦連絡中央事務局、一九四五年、五頁。

(33) GHQ G-3, “Report on Mass Repatriation in the Western Pacific”, pp. 59–60.

(34) SCAPIN 1421 (1946. 12. 23, GC), “Repatriation of Japanese Nationals from Soviet and Soviet Controlled Territories, and of Koreans from Japan to Korea North of 38°North Latitude”.

(35) 地域別の送還者数は次の通りであった。大連港二二万八一七九人、シベリア二万一六四四人、北韓一万四五七四人、サハリン二万四三〇七人、G-3, “Report on Mass Repatriation in the Western Pacific”, p. 62.

(36) 法務研修所「在日朝鮮人処遇の推移と現状」『法務研究』三、一九五四年、六七頁。

(37) ソ連における日本人捕虜の生活体験を記録する会『捕虜体験記』一、一九九八年、三六二—三六六頁。

(38) 富田武「日米ソ公文書に見るシベリア抑留——研究の現状と課題」ロシア史研究会学術大会発表文、二〇一一年一〇月二三日、八頁。

(39) General Headquarters Supreme Commander for the Allied Powers Signal Corps Message From SCAP To WARCOS, 20 February 1946, “Repatriation of Koreans from Sakhalin”, Box No. 382, RG 331.

(40) Memo for Record, PRS / jyn. 12, July, 1949, “Repatriation of Koreans from Sakhalin”, Box No. 382, RG 331.

(41) 「樺太千島在留同胞帰還運動」『自由新聞』一九四八年一一月二八日付。

(42) To the Diplomatic Section, General Headquarters, Supreme Commander for Allied Powers, Tokyo. 14 June, 1949. “Repatriation of Koreans from Sakhalin”, Box No. 382, RG 331.

(43) Paul R. Steakls 26-5945 AG 014. 33 GC-0, “Repatriation of Koreans from Sakhalin and Kuriles”, 12 Jul. 49. Box No. 382, RG 331.

(44) K-1 Preliminary a. 20 July 1945, Records Relating to Miscellaneous Policy Committees, 1940–45 Box No. 108, RG 59.

18 帝国解体の後
——旧樺太住民の複数の戦後

中山大将

はじめに

東アジア若手歴史家セミナーに筆者が参加した二〇一五年のノーベル文学賞はスヴェトラーナ・アレクシエーヴィチが受賞した。アレクシエーヴィチはソ連の対独戦争に従軍した女性兵士たちを題材にした『戦争は女の顔をしていない』の中で元女性兵士たちの言葉だけではなく、以下のような検閲官の言葉も載せている。

たしかに我々が勝利するのは並大抵のことではなかった。しかし、その中でも英雄的な手本を探そうとするべきだ。そういうものは何百とある。ところがあなたは戦争の汚さばかりを見せようとしている。何をねらっているんです？　真実が現実にあるものだと思ってるんですか？　街に転がっているものだと？　俗世のものだと？　そんなものではない。真実というのは我々が憧れているものだ。こうでありたいと願うものなのだ。(1)

日本の大手報道機関は毎度ながら受賞を〈逃した〉村上春樹とそのファンである〈ハルキスト〉たちの言動ばかりを取り上げてノーベル文学賞をナショナルなイベントとして演出し、受賞者であるアレクシエーヴィチについての認知度が広がることはほとんどなかったように思われる。アレクシエーヴィチが取り上げられる際にも、『チェルノブイリの祈り』[2]が〈フクシマ〉と関連づけられる場合が多く、それと比べれば『戦争は女の顔をしていない』はあまり関心を呼ばなかった印象がある。

しかし、この検閲官の言葉は、すでになき全体主義国家ソ連だから現れた言葉であり、現代東アジアを生きるわれわれには関係のない言葉だと言い切れるだろうか。

そんなことは嘘だ。これは、わが軍の兵士に対する、ヨーロッパの半分を解放したわが軍に対する中傷だ。わが国のパルチザン、わが英雄的国民にたいする中傷だ。あなたの小さな物語など必要ない、我々には大きな物語が要るんだ。勝利の物語が。あなたは誰に対しても愛情がない。わが国の偉大な思想を愛しておられない。マルクスやレーニンの思想を[3]

この検閲官が言う「あなたの小さな物語」を書きとめようとする人々——もちろん、そこには多くの歴史研究者も含まれる——はいまなお〈検閲官〉に遭遇しているのではないだろうか。そうした〈検閲官〉は鉄筋コンクリート製の取調室の中にのみいるわけではない。民主国家においてさえ、マスコミの誤報や偏向報道、法廷闘争、ネットの炎上、あらゆる場であらゆる方法で「大きな物語」や「勝利の物語」が「小さな物語」を社会から〈退場〉させようと試み、〈検閲官〉のごとき役割が演じられ、それが人々の中で〈自主規制〉という形で内面化さえされていく。そしてまた、社会が「こうでありたいと願う」ように「小さな物語」が書き変えられたとき、それは「大きな物語」「勝利の物語」になってしまう。こうした時代において歴史研究者が負う使命は極めて大きいはずである。

一　本章の狙い

1　境界地域史という視点

歴史研究の現代的意義として、国家や社会、学界が形成し共有されている通説への絶え間ない再検討を挙げることができるはずである。それは、言い換えれば、ある時代に関する特定の視点の絶対化の回避のための努力とも言える(4)。

東アジアにおける民主化は各国家や地域をめぐる歴史学のあり方にも大きな影響を与えてきた。たとえば、日本では一九四五年の敗戦を契機に、国家権力の後ろ盾を失った皇国史観は廃れ、唯物史観を始めとした様々な歴史学が勃興し今日に至っている(5)。筆者が主な研究対象としているサハリン島においても、ソ連の共産党一党独裁体制の崩壊後、社会主義的歴史観の束縛から解放された国立サハリン大学の歴史学教授M・S・ヴィソコフなどの歴史家たちが、公開された公文書館の資料を基に、サハリン島の独特な歴史的背景を前提とした地域史研究を展開してきた(6)。同じく、台湾島においても、一九九〇年代の中華民国総統民選開始などの一連の民主化の動きの中で、中央研究院の曹永和らの影響を強く受け、中国史とは別の台湾島史という研究分野が勃興したのである(7)。

日本における樺太（日本統治下のサハリン島南部(8)）史研究が活発になり始めたのは二〇〇〇年前後であり、上記の新しい歴史学の勃興とは直接的な関係はない。従来の日本植民地史研究は、朝鮮、台湾、そして満洲を中心に異なるネイションへの搾取と支配を研究課題としてきた。しかし、ソ連崩壊によって日本の学界におけるマルクス・レーニン主義的な帝国主義史観の権威が弱体化したことで、そうした議論のなじまない樺太も研究の俎上に上るようになったのであった(9)。

従来の樺太植民地史研究では一九四五年のソ連による占領、あるいは一九四九年に終了する日本人引揚げがその終点とみなされている(10)。しかし、筆者は植民地社会が占領や引揚げによって霧散するわけではないと考え、〈境界地域史〉という観点から、帝国期とポスト帝国期を連続させた歴史研究を試みている。〈境界地域史〉とは、近現代において境界が変動した地域の歴史的経験、複数の帝国の直接的・間接的影響の累積、個々人の視点から近代国民国家・帝国の国民・国境を問い直すものである。これは、個別に勃興したサハリン島史や台湾島史などを孤立させず、普遍化するためにも有効な視点であると考えている。

2　本章の課題

筆者の研究は、樺太植民地社会の形成過程の研究から始まっており、その成果は『亜寒帯植民地樺太の移民社会形成』(二〇一四年)として上梓した。現在の主な関心は、その解体過程であり、サハリン残留日本人・韓人問題を中心に、日本帝国崩壊以後の旧樺太住民をめぐる移動と残留の実態の解明を進めてきた。本章では、「旧樺太住民の複数の〈戦後〉」の多様性とその背景について論じたい。

「複数の〈戦後〉」という時の、〈戦後〉とは戦後期の体験だけではなく、戦後期に回想された樺太時代の〈記憶〉を含んでいる。歴史学の役割とは、膨大な個別の事例を収集しつつ、ある程度の基準で分類、一般化を導くことである[11]。どこで戦後を経験したかを規定する戦後の移動経験と、それを規定した戸籍・国籍などを基準にした一般化を本章では試みる[12]。

二　旧樺太住民の分類

1　旧樺太住民

本章で言う〈旧樺太住民〉とは、一九四五年八月のソ連による樺太侵攻以前に樺太に居住していた人々を指し、具体的には、日本人(日本帝国の内地本籍者)、韓人(同朝鮮本籍者)、中華民国籍者、ポーランド国籍者ほか欧州系外国人[13]、そして樺太アイヌなどの先住民族を指す。樺太侵攻直前には、日本人約三六万人、韓人約二・四万人、外国人約二四〇人、先住民族約一七〇〇人が樺太に居住していた[14]。そして、樺太侵攻とその後の一連の人口移動は、社会状況と個々人の人生を一変させたのである。

2　旧樺太住民の戦後の動向

（1）引揚者[15]　広義の〈引揚者〉とは、疎開、脱出、密航も含め、一九四九年七月の公式引揚げ終了までの間に、日本へと移動した人々を指し、旧樺太住民の大部分を占める。これらの人々を代表する団体は全国樺太連盟である。引揚げ終了後のサハリン残留日本人は約一四〇〇人、韓人は約二・四万人と推計される。韓人のほぼすべてが残留を強いられたのは、引揚げに関する米ソ協定に韓人が含まれていなかったことが直接の原因であった。

（2）外国人帰国者　引揚げと同時期に、ポーランド国籍者や中華民国籍者も自国へ帰還しているが[16]、本章では紙幅の関係から割愛する。

（3）冷戦期帰国残留者[17]　一九五六年の日ソ国交正常化以後、日ソの合意による帰国事業によって残留日本人約九〇〇名とその韓人家族約一八〇〇名が日本へと帰国している。帰国日本人たちは特に団体を結成しなかったが、同伴家族であった韓人夫たち[18]は、サハリンになお残留する韓人の帰国を求めて一九五八年に樺太帰還在日韓国人会（樺太抑留帰還者韓国人会）を結成した。

（4）冷戦期共和国朝鮮帰国残留者[19]　同時期には、在日朝鮮人の共和国朝鮮（朝鮮民主主義人民共和国）への帰還事業が行われていたが、同じくサハリンでも共和国朝鮮が残留韓人に共和国朝鮮への帰国を促しており、これに応じた韓人たちが存在した。帰国後の韓人らが帰国者団体を発足させたかどうかは詳らかではない。また、一九七〇年代には韓国や日本への帰国を請願したために、ソ連当局によって〈朝鮮民族の祖国〉として共和国朝鮮へと強制移送された残留者も存在する。

（5）ポスト冷戦期日本帰国残留者[20]　一九七七年以降、サハリンから日本への帰国は途絶えていたが、帰国を希望する日本人がいなくなったわけではなかった。ソ連崩壊と前後して、これらの人々の一時・永住帰国実現支援のために日本サハリン同胞交流協会[21]が日本で発足し、サハリン側にもサハリン北海道人会が発足してサハリン残留日本人同士の全島レベルの交流が始まり、四一名が永住帰国を果たした。

（6）ポスト冷戦期韓国帰国残留者[22] 同時期には、残留韓人の韓国への一時・永住帰国も実現し始め、二〇〇〇年には日韓政府の合意により残留韓人の帰国事業への支援が実現し、約三五〇〇人が韓国へ永住帰国を果たした。サハリン側には残留韓人団体・サハリン州韓人会が結成され、韓国側にも安山市故郷の村永住帰国者老人会などが結成された。

三 引揚者および団体の戦後——被害から和解ないしは忘却へ

日本への引揚者は、復員者（旧軍人・軍属）同様に日本での生活再建を迫られた。公務員や全国企業社員は戦前同様の仕事に従事できた場合が多かったが、それ以外の一般人は戦後開拓[23]や炭鉱労働などへと活路を見出さざるを得なかった[24]。

引揚者団体である全国樺太連盟（樺連）は、会長を旧樺太庁長官が務めるなど、「要人・有力者たちの再結集[25]」という側面も強く、必ずしも引揚者のすべてが加入しているわけでも、認知しているわけでもなかった。その活動目的は、当初は引揚げ促進・援護が中心であったが、日ソ国交正常化を前にして領土返還運動へと傾斜していく。しかし、領土返還運動に熱心であった世代が引退した後は、親睦団体化が進んでいる。

樺連は、団体史や団体誌『樺連情報』などを刊行しており、そこから樺連の〈戦後〉を読み取ることができる。また、引揚者個々人も回想記などを刊行しており、それらを合わせてみると、冷戦期においては、反ソ的言説がその主軸となっており、それはソ連の被害者としての日本人引揚者の像を強調している。すなわち、日ソ中立条約違反としてのソ連の樺太侵攻、戦時戦闘行為や占領下での略奪暴行による人的・物的損害、そして領土略奪による故郷喪失である。(26)

ポスト冷戦期になると、引揚者第一世代（引揚げ時に青壮年層）の減少や、サハリン再訪が可能になりサハリンとの交流も活発化したことを背景に、被害の強調よりも和解を志向した言説が多く見られるようになる。たとえば、ある引揚者（侵攻時八歳）(27)は、二〇〇五年頃からサハリンの郷土史家たちと交流を重ね、多くの資料の提供や助言を行っている。彼にとって樺太の歴史は、引揚者と現在サハリンに居住しているロシア人の双方に共有できる歴史であり、今を生きる日本人とロシア人とをつなげるものなのである。また、引揚げまでの間のロシア人移住者との生活の様子の温かい描写も回想記の中には多く見られるようになる。

こうした姿勢は被害から和解へというひとつの理想像であるが、一部の第一世代にとっては戦争の惨劇、ソ連の非人道性の忘却とも受け取られ得る。実際に、ソ連崩壊直前にサハリンを再訪した第二世代（引揚げ時に幼少年層）の樺連幹部(28)は、第一世代の幹部から「ソ連支配下の樺太に行くとは何事だ！」と叱責されたという。

四　ポスト冷戦期帰国者および帰国者団体の戦後――捩れた加害性

冷戦期帰国残留日本人の多くは、帰国後に自分たちの団体も作らず、回想記の出版などの自己発信も乏しく、集団的な記憶を把握することは難しいのが現状である。

ポスト冷戦期帰国残留日本人の多くは、もちろん残留それ自体を悲劇とみなし、ソ連の樺太侵攻がその原因であると認識しているものの、戦後に移住してきたロシア人を加害者とは見ていない。むしろ、彼女／彼らを心理的に圧迫していたのは、日本人を加害者とみなしていた残留韓人たちからの冷たい視線であった。冷戦期には、姓名を朝鮮風に変更するなどして日本人であることを隠すことが往々に見られた。たとえば、戦前から韓人の養子になっていたある残留日本人は、戦後に韓人と結婚したが、やがて夫に自分が日本人の血統であると知られ、その結果、夫から冷遇されたという(29)。

興味深いのは、帰国支援運動団体の観点である。運動の中で、ソ連の加害性よりも、責任主体としての日本政府の加害性を追求するというロジックが展開された(30)。これは、運動の中心に新聞記者や労働組合関係者などがおり、そもそも左派的な傾向があったことも原因のひとつであるが、〈動かせるものを動かす努力をする〉という運動の現実主義の結果でもあると言えよう。すなわち、日本人残留者に対して、ソ連がなんらかの責任を認めることは想定できず、日本政府の責任を追及する方が現実的だったのである。

現在の日本社会において、樺太と言えば、戦争被害の象徴としての三船殉難、真岡の九人の乙女(31)、残留日本人がその表象である。冷戦期には見られたメディア上でのソ連の非人道性への非難は後退し、むしろ上記の表象のすべてが日本政府の加害性を暗示する形で提起される。すなわち、樺太の戦禍の直接的原因であるソ連の侵攻よりも、間接的原因である日本の軍国主義による開戦こそが悲劇の本質であるとして、近年の日本社会の〈右傾化〉がこうした戦争の災禍を再び招くと警鐘を鳴らすのである(32)。

五　残留韓人の戦後——〈記憶〉の衝突

韓人をめぐっては、〈記憶〉の衝突とも呼べるものが発生していることは極めて重要である。戦後当初の日本社会において、残留韓人は忘れられた存在であり、残留韓人の存在が初めて注目されたのは、上記の残留日本人の冷戦期帰国の際である。サンフランシスコ平和条約によって、日本政府は旧朝鮮籍者に日本国籍を認めなくなっており、原則論によればサハリン韓人には入国資格がないため、入国を許可した法務省に対して国会での追及も起きた[33]。このような法律論を別にしても、戦後日本では心理的にも韓人の入国は歓迎されなかった。『朝日新聞』でさえ、見出しに「朝鮮ダモイ〔引用者注：「帰国」を指すロシア語の音訳〕」と書き、韓人の入国を冷たい視線と反発をもって報じた[34]。樺連にいたっては、日本人のみからなる帰国者世帯を〈真の帰国者〉とし、韓人家族を同伴している世帯を〈偽の帰国者〉であるかのごとく報じている[35]。

しかし、こうした見方を変えたのは、一九七五年に始まった「樺太裁判」である。前述の通り、冷戦期帰国で日本へ入国した韓人たちは、日韓両政府にサハリン残留韓人の帰国実現を請願し続けた。こうした活動に高木健一ら日本人弁護士が合流し、日本政府を被告とする「樺太裁判」が起こされたのである。原告側の大まかなロジックは、まず韓人の残留のそもそもの原因は日本政府による戦時動員であるとし、そして戦時動員それ自体が非人道的なものであったのだから、戦時動員に責任を持つ日本政府が戦後の残留にも責任を持つべきであるというものである[36]。ここでは、戦後の日本の外交権喪失やソ連・韓国政府の責任は不問に付されている。これもまた、〈動かせるものを動かす努力をする〉という運動の現実主義の結果と言えよう。

この裁判を通じて、強制連行の被害者としての樺太韓人像が日本社会に広まったと言える。そこでは、〈寝こみを襲われて暴力をふるわれて連れ出された〉というような物理的な強制連行の例が強調されていった[37]。しかし、必ずしも、こうした事例を典型例と断言するのは難しい。なぜならば、たとえば、樺太帰還在日韓国人会の会長・朴魯学、副会長の李義八もこのような物理的な強制連行で樺太へ渡っているわけではないからである[38]。さらに言えば、敗戦時の樺太の韓人の三分の一は、戦時動員以前から樺太に居住していた移住韓人であり[39]、彼らの観点に立てば、〈強制連行〉ではなく、〈残留〉こそが不条理なのである。

冷戦期のこうした経緯を受けて、ポスト冷戦期の日本社会では韓人に対しては、以下のふたつの〈記憶〉が衝突している。ひとつ目は、上記のごとき、強制連行の被害者という韓人像である。これは、上敷香事件や瑞穂村事件など、樺太侵攻時に起きた日本人による韓人虐殺事件も次第に知られるようになることで、さらに補強されていった[40]。一方で、確かに韓人はいたが、自分たちは学友や同僚であったし、その友好的関係はポスト冷戦期になってまた復活したのだという引揚者の〈記憶〉も存在していた。これは、上記の通り、ポスト冷戦期には引揚者のサハリン再訪が行われるようになり、街角で残留韓人と日本語で会話したり、場合によっては同窓生との再会や交流も起きたことで補強されていった[41]。

ある引揚者は、回想記の中で「徴用」で樺太に来ていた韓人の存在にふれている[42]。しかし、この引揚者はその韓人が自分の同僚であったこと、余暇を一緒に楽しむなど弟のように可愛がっていたこと、そしてこの韓人自体が朝鮮にいたころよりも樺太での仕事の方が楽だと語っていたことを記すことで、〈徴用で来たという韓人はいたが、仲もよかったし、仕事においても差別的待遇があったわけではない〉という像を描き出している。さらに、そもそもこの引揚者は当時はその韓人が「徴用」で来たということは知らず、戦後になって知ったと記している。つまり、職場に韓人がいたことについて、それを戦後になって知った〈強制連行〉と結び付けて解釈し、動員韓人の非人道的待遇のイメージを払拭しようとしているのである。

引揚者と残留者の〈記憶〉に共通するのは、侵攻時と占領時において〈戦勝国民〉の如くふるまう韓人の姿である。これは米軍占領下の日本にも共通するものであるが、樺太の場合は、これに一部韓人による日本人女性への直接的・間接的な結婚の強要が加わり、加害者としての韓人像を生み出している。ただし、当時韓人と結婚した日本人女性に対して、あたかも民族の裏切り者の如く評する引揚者も存在する[43]。

こうした衝突を解きほぐすには、まずは戦時動員が始まる前にすでに樺太に居住していた移住韓人と戦時動員で樺太へ渡った動員韓人とを区別するという方法が有効である。また、加害／被害論の罠に陥らず、被害者は加害者にもなり得るという当たり前の事実を受け入れること、そして安易な一般化を慎むことも重要である(44)。そのためには、事例を収集すること、そして責任論ではなく原因論からそれら事例を精査していくという方法が必要となる。

おわりに

以上、本章では、旧樺太住民の中の複数の〈戦後〉について論じた。引揚者も残留者も自らをソ連の樺太侵攻の被害者と認めている点で共通しているが、前者が樺太から追い出されたことを、後者が樺太に残留させられたことを、その被害の根幹としている点では異なっている。

強制連行の被害者としての韓人像は樺太裁判以降、日本社会に広まっていったが、これは本来は動員韓人にのみ該当し得る像であった。したがって、移住韓人としか接点のなかった引揚者の多くにとっては、これは受け入れがたい〈記憶〉であった。一方、引揚者も日本人残留者も、一部韓人の戦後の横暴や結婚の強要など、加害者としての韓人像を描いている点では共通している。

興味深いのは、冷戦期以降の日本における帰国運動はいずれも運動の現実主義と運動体の思想的背景から、日本政府を加害者として位置づけていることである。ポスト冷戦期には脅威としてのソ連が消滅したため、日本のマスメディアにおいては、ソ連の非人道性に対する追及は後退し、日本政府の植民地責任、戦争責任への追及および現今の「右傾化」への警鐘のみが強調されている結果となっている。

こうした複数の〈戦後〉は、ソ連の被害者としては連帯できるはずの日本人と韓人を被害／加害論の罠に陥れ(46)、日本と韓国というナショナルなレベルで対立させる火種にさえなっている(45)。記憶の衝突を解きほぐすためには、安易な

一般化と責任論を避け、原因論の観点から事例を収集・蓄積していくという地道な実証が有効なはずである。(47)

（1）スヴェトラーナ・アレクシエーヴィチ（三浦みどり訳）『戦争は女の顔をしていない』岩波書店、二〇一六年（原著：Светлана Алексиевич, *Увойны-не женское лицо*, Минск: "Мастацкая літ-ра," 1985）、二八—二九頁。

（2）原著は、Светлана Алексиевич, *Чернобыльская молитва: хроника будущего*, Москва: Время, 1986.

（3）前掲『戦争は女の顔をしていない』三二頁。

（4）〈通説〉の再検討が、当事者を原告とする訴訟へと発展した最近の例としては、박유하『제국의 위안부：식민지배와 기억의 투쟁』（뿌리와이파리、2013년。日本語版は、朴裕河『帝国の慰安婦——植民地支配と記憶の闘い』朝日新聞出版、二〇一四年）をめぐる民事・刑事訴訟がある。この問題をめぐって、日本では二〇一六年三月に様々な立場の研究者が一堂に会し議論が行われた。この集会の記録集はネット上で公開されており（0328集会実行委員会編『「慰安婦問題」にどう向き合うか　朴裕河氏の論著とその評価を素材に　研究集会記録集』0328集会実行委員会 http://0328shuukai.net/、最終閲覧：二〇一七年七月一二日）、筆者も感想を寄せている（「〈和解〉と〈救済〉という二つの読み方」同前所収）。またこの問題を基に歴史研究者の社会的役割や歴史研究のあるべき姿などについても拙稿「なぜ〈数〉を問うのか？」（浅野豊美・小倉紀蔵・西成彦編著『対話のために——「帝国の慰安婦」という問いをひらく』クレイン、二〇一七年）で論じた。

（5）ただし、マルクス主義の歴史研究者の流れ自体は戦前から存在していた（網野善彦『歴史としての戦後史学』洋泉社、二〇〇七年）。

（6）ヴィソコフが同僚らと執筆したサハリン州の歴史書の日本語版に寄せた序言が語る「ロシア人は（他の多くの民族も同様であるが）、我々の島々における、この何千年間の闘争、共存、そして文化交代の歴史の中で、最初に現れた民族ではなかったし、またもちろんのこと、最後の民族とはならないであろう」（板橋政樹訳『サハリンの歴史』北海道撮影社、二〇〇〇年、一三頁）という言葉はこれらの歴史研究者たちの精神を象徴している。二〇〇〇年代には、これらサハリンの歴史研究者と北海道大学を中心とした日本のサハリン・樺太史研究者との交流も活発化しセミナーやシンポジウムが開催され、それらの成果は Ответственный редактор М. С. Высоков, *Россия и островной мир Тихого океана* (Южно-Сахалинск: Сахалинское книжное издательство, 2009）や松井憲明・天野尚樹編訳『サハリン・樺太史研究　第一集』（北海道情報大学、二〇一〇年）として刊行されている。
(7)　若林正丈「「台湾島史」論から「諸帝国の断片」論へ」『思想』第一一一九号、二〇一七年。
(8)　サハリン島は一八七五年の樺太千島交換条約により全島がロシア帝国領となり、一九〇五年のポーツマス条約では北緯五〇度線以南が日本帝国領となる。一九四五年のソ連樺太侵攻により日本帝国は実質的施政権を失うものの、正式に日本政府が領有権を放棄するのは一九五一年のサンフランシスコ平和条約においてである。また、一九二〇年から一九二五年の日ソ基本条約締結までの間、北緯五〇度線以北は、日本軍によって保障占領状態にあった。現在の日本の日本史分野において〈樺太〉と言う場合は、樺太千島交換条約までのサハリン島全島およびポーツマス条約からソ連樺太侵攻までのサハリン島北緯五〇度線以南を指し、後者については〈南樺太〉と呼ぶ場合もある。また、保障占領期のサハリン島北緯五〇度線以北を「北樺太」と呼ぶこともある。
(9)　二〇〇八年までの日本における樺太史研究の動向については、竹野学「樺太」(日本植民地研究会編『日本植民地研究の現状と課題』アテネ社、二〇〇八年)、それ以降については、拙稿「サハリン樺太史研究会発足以後の樺太史研究の動向」(『近代東北アジア地域史研究会ニューズレター』第二六号、二〇一四年)にまとめられている。
(10)　近年では引揚者・残留者研究の進展により、この終点が現代にまで引き延ばされてきている。筆者が企画したサハリン樺太史研究会第四一回例会「樺太の〈戦後〉史研究の到達点と課題」(二〇一六年一二月一〇日、北海道大学)では五名の研究者が最新の研究成果を報告し活発な議論がなされた(中山大将ほか「サハリン樺太史研究会第四一回例会　樺太の〈戦後〉史研究の到達点と課題」『北海道東北史研究』第一一号、二〇一八年)。
(11)　ここで言う「一般化」とは全称化を意味するわけでもないし、ある集団内の多様性を捨象するためのものでもない。
(12)　日本では近年、日本史研究の中に〈原初主義〉的な民族共同体の前提を排し、国籍や戸籍といった近代制度を基準に集団をとらえていく研究潮流が生まれており、その代表的存在として本セミナーにも参加経験のある遠藤正敬(『近代日本の植民地統治における国籍と戸籍——満洲、朝鮮、台湾』明石書店、二〇一〇年)や塩出浩之(『越境者の政治史——アジア太平洋における日本人の移民と植民』名古屋大学出版会、二〇一五年)を挙げることができる。
(13)　日本の樺太領有時点でロシア帝国時代から居住していた欧州系住民(ただし、ここでは、タタール人イスラム教徒なども含む)は、樺太庁関連文書では「(残留)露国人」と呼称されたが、ロシア革命によってロシア帝国が解体、ソ連が成立するとこれらの人々は「旧露国人」と呼ばれるようになったほか、ポーランド系住民のように新たに生まれた国民国家の国籍を取得した者は、この「旧露国人」からは除外された。「旧露国人」はソ連国籍を有さない無国籍者として日本政府から目されたし、戦後のソ連施政開始後もソ連当局からは無国籍者として扱われ、国籍取得が進んだのは一九五〇年代になってからであったと言われている（セルゲイ・P・フェドルチューク（板橋政樹訳）『樺太に生きたロシア人』ナウカ、二〇〇四年、四三―四四頁）。また、ソ連の社会主義体制から逃れた「白系ロシア人」の流入は、樺太でも一九二〇年代を中心に発生し定住者も現れた。さらに、同時期にはシベリアに自身の国民国家を建設する野望を抱いたシベリア先住民族サハのウィノクーロフらの樺太への移住も発生していた。こうした人々の樺太社会における活動については、拙稿「樺太のエスニック・マイノリティと農林資源――日本領サハリン島南部多数エスニック社会の農業社会史研究」（『北海道東北史研究』第一一号、二〇一八年）でも論じている。

(14)　拙著『亜寒帯植民地樺太の移民社会形成――周縁的ナショナル・アイデンティティと植民地イデオロギー』京都大学学術出版会、二〇一四年、六五頁。

(15)　拙著『サハリン残留日本人と戦後日本――樺太住民の境界地域史』国際書院、二〇一九年。なお、引揚者の中には韓人もわずかに見られた。これは、ソ連当局側が引揚げの可否の基準を、日本帝国の戸籍本籍地ではなく、ソ連国内身分証の民族籍欄に求めていたため、本人の意図の有無は別にして民族籍欄に「日本民族」と記載されていた場合は、本籍地が朝鮮でも引揚げ許可が認められたからであると考えられる。

(16)　一九四三年頃から樺太庁は一部を除き欧州系住民をひとつの集落に集住させる措置をとり、徐々に移住が進んだ。これら欧州系住民は、ソ連軍の侵攻に対しては必ずしも解放軍とは受け取らず、一部の女性は日本人女性と同様に髪を短くし男装するなどの自衛策をとっていたほか、様々な理由でのソ連当局による逮捕も続発した。ポーランド国籍者の本国帰還にはこうした背景も存在していた（前掲『樺太に生きたロシア人』）。中華民国籍者の帰還についても近日中にその研究成果をまとめあげる見通しである。

(17)　前掲拙著『サハリン残留日本人と戦後日本』。

(18)　引揚げ時には認められなかった韓人の日本への移動を、冷戦期帰国時には、日本人の配偶者や子ども（韓人と日本人を親とする者）である場合で、なおかつ当該日本人に同伴して帰国船に乗る場合に限って日ソ両政府は容認した（前掲拙著『サハリン残留日本人と戦後日本』）。

(19)　前掲拙著『サハリン残留日本人と戦後日本』。

(20) 同前。ただし、以下の数値は定義によって幅を持つ点には注意されたい。
(21) 初期は「樺太（サハリン）同胞一時帰国促進の会」という名称で活動していた。
(22) 前掲拙著『サハリン残留日本人と戦後日本』。
(23) 日本の敗戦により各地域から日本帝国臣民の旧軍人・軍属の復員と民間人の引揚げが発生した。これらの人々の本国帰還によって惹起される食料問題等に対処すべく日本政府は一九四五年一一月に「緊急開拓実施要領」を施行し、内地における農業開拓によってこれら人口を収容しようと図った。「戦後開拓」とはその後も続く一連の国内農業開拓を指し、広義には政策上、一九七四年まで続いたとされる（道場親信「「戦後開拓」再考――「引揚げ」以後の「非国民」たち」『歴史学研究』第八四六号、二〇〇八年）。
(24) 戦後日本社会における樺太引揚者の北海道の都市部・炭鉱地域での状況については、木村由美「戦後樺太からの引揚者と北海道――都市部と炭鉱都市を中心に」（『北大史学』第五四号、二〇一四年）、樺太引揚者〈像〉の生成については、ジョナサン・ブル「「樺太引揚者」像の創出」（天野尚樹訳『北海道・東北史研究』第九号、二四―四三頁）で分析されるなど近年研究が進んできている。
(25) 前掲拙著『サハリン残留日本人と戦後日本』一二三頁。
(26) 現在でもこうした歴史観は日本社会では見られ、たとえば『別冊 正論25「樺太―カラフト」を知る』（産経新聞社、二〇一五年）にはこうした認識が多々見られる。なお、旧樺太住民の中にも福富節男（『人がその土地に生きること――領土と住民・戦争』福富節男、一九九九年）や工藤信彦（『わが内なる樺太』石風社、二〇〇八年）などのように戦後に独自の内省を行った人々もいた。
(27) 筆者とThomas Lahusen（Tront University）による共同聞き取り調査（二〇一四年八月、札幌）。
(28) 筆者による聞き取り調査（二〇一四年六月、東京）。
(29) 前掲拙著『サハリン残留日本人と戦後日本』二四八―二四九頁。
(30) たとえば、日本サハリン同胞交流協会事務局長を務めた小川峡一の編著（『樺太シベリアに生きる――戦後六〇年の証言』社会評論社、二〇〇五年、一六一―一七頁）の中には、「私たちが「八月十五日は終戦の日」などと軽々に言えない理由はここにある〔引用者注：樺太では一五日以降も日ソ間で地上戦が展開していたため〕。樺太関係者がそう思うなら、沖縄関係者、広島・長崎の犠牲者は、逆になぜ八月十五日までも敗戦を引き延ばしたか、もっともっと早く終結の放送ができたのではないかと思うであろう」、「国の政策の貧困による「放置」を「残留」邦人という言葉であいまいにしてはならない。この表現は、国に保護されずに戦後長く外地〔引用者注：ここでは「海外」程度の意味〕に住まざるを得なかった同胞に対する「自己意思残留者」という決めつけや、イラクで市民救援の活動を続けた若者に投げつけられた悪罵、「自己責任論」という発想に通ずるものであろう」という表現が見られる。

(31)「三船殉難」とは一七〇〇人以上が犠牲となったソ連潜水艦による疎開船の撃沈、「真岡の九人の乙女」とは樺太侵攻後の郵便電信局女性職員の集団自決を指す。

(32) 筆者は、二〇一四年から二〇一五年にかけて、新聞、テレビ合わせて六媒体からサハリン残留日本人問題に関連して取材を受けた。あるテレビ局の取材では、〈安保法案〉国会審議の時期だったということもあって、両者を関連付けたコメントを求められたりもした。しかし、残留者発生の主要因のひとつであるソ連樺太侵攻は、〈〈日本がかつてそうしたように〉日本が軍事侵攻の意図を持っていない国家から日本が軍事侵攻を受ける可能性がある〈故に抑止力が必要〉〉ということを示す事例とさえなり得る。また、サハリン残留者が〈残留者〉になり得た主要因のひとつには、戦後国際秩序の中でサハリンあるいはソ連と日本や韓国との間の交通と通信が困難になったことが挙げられる。〈残留〉を、〈戦争〉という文脈だけではなく、境界研究（border studies）で言うところの境界の「透過性（permeability）」（アレクサンダー・C・ディーナー、ジョシュア・ヘーガン〔川久保文紀訳〕『境界から世界を見る――ボーダースタディーズ入門』岩波書店、二〇一五年、九〇頁）から理解することもできよう。

(33) 前掲拙著『サハリン残留日本人と戦後日本』二〇八頁。

(34)「不満ぶちまける引揚者　まるで〝朝鮮ダモイ〟日本人は片すみに」『朝日新聞』一九五七年八月一日（夕刊）。

(35)「まだ五百余名残留か　第六次樺太引揚げ終る」『樺連情報』第一一四号（一九五九年三月）。

(36)『訴状　樺太残留者帰還請求権訴訟事件』（東京地方裁判所、一九七五年一二月一日、国文学研究資料館所蔵）の中では、「被告国の右政策〔引用者注：国家総動員法による「総動員業務なる名目の強制労働」を指す〕の犠牲者として「南樺太」の地に強制連行（国民徴用令に基くと、官斡旋などによるとを問わず、当時の労務動員計画のもとにおいて、個人の自由意思が抑圧され、故郷から連行されたことに変りはない）され、強制労働に就かされたものであるにもかゝわらず、日本の敗戦後は同地に置き去りにされて、被告国のなんらの外交的保護も受けられないまゝ、自らの意思によることなく肩書地に空しく滞まることを余儀なくされている」、「原告らのこの境遇は、一つにかゝつて被告国の強制連行に由来するものであるから、被告国に原告らを救済する義務が存することは一点の疑問の余地もなく明白である」と主張されている。

(37)　たとえば、樺太裁判において中心的な役割を担った高木健一は著書の中で、「崔正植は〔中略〕突如として巡査と木刀を持った日本人に明け方の寝こみを襲われ、木刀でなぐられ連行され〔中略〕樺太の幌内飛行場建設工事現場だった〔中略〕タコ部屋に入れられ〔中略〕日曜もなく、連日のように徹夜の重労働で、食事は粗末、賃金は名目でも日本人の半分以下〔中略〕逃亡しようとすると半殺しに殴られる、母語の朝鮮語で話すことも禁じられるという、人間性を奪われた存在だった」(高木健一『サハリンと日本の戦後責任』凱風社、一九九〇年、一三八頁)という事例を紹介している。

(38)　朴については『樺太の実情と帰還後の動態――朴魯学の半生涯』(国文学研究資料館所蔵、一九七〇年)、李については拙稿「サハリン韓人の下からの共生の模索――樺太・サハリン・韓国を生きた樺太移住韓人第二世代を中心に」(『境界研究』第五号、二〇一五年、二二頁)を参照。両者とも募集を知ってからの応募、契約、出発までにある程度の日数がかかっており、前掲の崔とは渡樺過程が大きく異なっている。

(39)　終戦時に樺太にいた韓人の人数とその検証については、前掲拙稿「サハリン韓人の下からの共生の模索」(九―一一頁)を参照。

(40)　なお、韓国で一九七二年以降放送されていた共産圏の残留朝鮮人への「尋ね人」番組では、反共プロパガンダ放送としての性格から、サハリン残留韓人や中国朝鮮族は、共産主義国家で「過酷な生活を強いられる」「救出」すべき同胞として表象された(玄武岩『コリアン・ネットワーク――メディア・移動の歴史と空間』北海道大学出版会、二〇一三年、一五九―一六四頁)。

(41)　池田貴夫「引き揚げた人、残された人」島村恭則編『引揚者の戦後』新曜社、二〇一三年。筆者は、日本国外務省「樺太日本人墓地等委託調査」(日本サハリン交流協会受託、二〇一六年度)に協力した際に、戦後サハリンに建立された二〇基を超える日本人関係慰霊碑の現地調査と文献調査を行い、これら慰霊碑の建立において、サハリン韓人が協力した例が多く見られることを知った。こうした交流史についても今後執筆を行う予定である。

(42)　「昭和一九年一二月〔中略〕王子製紙落合工場に復職し、〔中略〕職場には年配者ばかりで、若いのは私と金という朝鮮人の青年だけだった。金青年は慶尚北道から徴用されて来た青年で良く働いた。〔中略〕当時彼女たち〔引用者注：勤労動員された高等女学校生徒のこと〕はもちろん、私たちすら強制徴用という事実を知らず、ただ遠い朝鮮からやって来たということで同情していた。金青年の家は農家で、両親は五十を過ぎていたが健在で、生活は安定していたという話だった。〔中略〕「金さん、仕事辛くないか?」と私が尋ねると、「百姓するよりずっと楽だよ」と笑っていた。〔中略〕私は彼を、この春に現役兵として入隊した弟の代わりに可愛いがり、ろくに満足なものを食べていない〔引用者注：著者によると、自給用の家庭菜園を持っておらず、配給品のみで生活しているため〕彼をよくわが家に連れていった。〔中略〕休みの日にはよく彼を連れて山登りやヤマベ釣りをしたり、黒川のアヤメ原野に行ったりした」（松田静偲『サハリン抑留七百九十七日』文芸社、二〇〇七年、一二〇—一二三頁）。

(43)　前掲拙稿「なぜ〈数〉を問うのか?」（七一頁）では、サハリン残留日本人に対して「善意ゆえに〈純粋〉な〈被害者〉像を構築しようとしてしま」う認識構造と、朝鮮人慰安婦を少女として象徴させる認識構造との間に類似性が見られることを指摘した。

(44)　サハリン韓人やサハリン残留日本人の多様性については、前掲拙著『サハリン残留日本人と戦後日本』および前掲拙稿「サハリン韓人の下からの共生の模索」でもすでに述べている。

(45)　セミナーの一般参加者から受けた〈韓人は残留を強いられ悲劇であるが、日本人は祖国へ引揚げできたのだから、悲劇でも何でもないはずだ〉という発言は、筆者にとってたいへん印象深かった。この発言に対する筆者の考えは、前掲拙稿「なぜ〈数〉を問うのか?」で述べた。

(46)　近年、日本の一部の保守的メディアでは「歴史戦」なる言葉が頻繁に見られるようになっている（「【歴史戦　第1部　河野談話の罪(1)前半】裏付けなき糾弾許した日本外交の事なかれ主義、決別の時」『産経ニュース』二〇一四年四月一日発信 http://www.sankei.com/politics/news/140401/plt1404010025-n2.html〔最終閲覧：二〇一五年一二月八日〕など）。「歴史戦」ではなく「歴史対話」を促進する土壌作りは歴史研究者の責務のひとつであろう。科学研究費助成事業「新学術領域研究」として二〇一七年度より「和解学の創成——正義ある和解を求めて」（代表：早稲田大学浅野豊美教授）が採択され、筆者も研究分担者の一員として参加することとなった。本研究プロジェクトが、国家や民族、イデオロギーの〈奉仕者〉ではなく〈愛智の徒〉たる人々によって成果を産み出すために尽力したい。

(47)　複数の〈戦後〉が並立すること自体は批難されるべきではないが、それらの間に「歴史戦」のごとき熾烈な関係が発生するのをいかに調停し防ぐのかということは研究者の役割であり、吉田証言誤報問題に関する『朝日新聞』の「当時は研究が乏しく同一視」という弁明（「「挺身隊」との混同　当時は研究が乏しく同一視」『朝日新聞 DIGITAL』二〇一四年八月五日 http://www.asahi.com/articles/ASG7M01HKG7LUTIL067.html〔最終閲覧：二〇一五年一月六日〕）を謙虚に受け止めるならば、研究の空白や遅滞はこの予防や調停の機会を失することを意味する。

（付記）　本章改稿中に、サハリン残留日本人の一時・永住帰国実現のために四半世紀にわたりＮＰＯ法人日本サハリン同胞交流協会会長として尽力されてきた小川峡一氏が逝去された。この場を借りて氏の冥福を祈ると共に、百難千苦を乗り越えての〈市民による戦後処理〉とも言える活動への敬意と、筆者の研究への惜しみない協力への感謝の意を表したい。

あとがき

本書は三回にわたって開催した東アジア若手歴史家セミナーにおける発表論文を基礎としている。第一回は二〇一三年八月六日から九日にかけて早稲田大学で開催し、古代・中世の政治体制、政治思想と政治行動、都・地方・境界、国際関係、帝国の興亡と移動、近代社会と民衆、歴史記憶の生成というテーマを取上げ、第二回は復旦大学（上海）で二〇一四年一二月二五日から二七日に開催し、環境史と歴史地理学、儒学（儒教）と社会、日清戦争（中日甲午戦争）前後の国家と戦争記憶を特集した。第三回はソウル国立大学校で二〇一五年八月一一日から一四日に開催し、家族・宗族・女性、東アジアの西洋知識体系の受容、記憶と実態――一九四五年というテーマを取上げた。発表者はのべ五四人に上った。世話人たちは、会議に先だって、発表者たちに自己の発表のみでよしとせず、むしろ他の、特に他国出身者の発表によく耳を傾け、学問的な議論を相互に試みるように要請した。同じ発表グループの中で討論者を決め、会議のかなり前に予め翻訳文を渡しておいたのはそのためである。一連の会議が国境と専門を越えて学友を発見し、将来の協力関係を育くむ機縁となってほしいとの願いからであった。また、本書に掲載した論文はそのごく一部にすぎないが、編者は参加者全員に対し会議における知的貢献にあつく謝意を表し、さらにこの論文集が新たな学問的絆を生むきっかけとなることを期待してやまない。

このプロジェクトを企画し、推進した世話人は次のとおりであった。準備会を含め、五回にわたって率直な議論を交し、三国共同の研究会という言語面でも政治面でも難しい課題を何とか克服し、開催にこぎ着けることができたものである。

李成市　早稲田大学・文学学術院・教授（院長）　古代朝鮮史・碑文木簡研究
三谷　博　東京大学・総合文化研究科・教授　一九世紀日本史
上田　信　立教大学・文学部・教授　明清中国史・環境史
金光耀　復旦大学・歴史学系・教授　近代国際関係史
黄洋　復旦大学・歴史学系・教授　古代ギリシア史
張翔　復旦大学・歴史学系・教授　一九世紀日本思想史
孫科志　復旦大学・歴史学系・教授　中国・朝鮮関係史
朴薫　ソウル大学校・人文大学・教授　一九世紀日本・東アジア史
金秉駿　ソウル大学校・人文大学・教授　古代中国史
南基正　ソウル大学校・日本研究所・教授　戦後日本政治史
金栄美　国民大学校・文科大学・教授　二〇世紀韓国社会史

三回の研究集会に当たっては、様々の方々や機関から惜しみない援助をいただいた。会場は早稲田大学文学学術院、復旦大学歴史学系、ソウル大学校日本研究所が提供してくださったが、この三国プロジェクトではとくに自国史の研究家を国際交流の場に招き入れ、対話の機会を設けることを重視したので、翻訳と同時通訳も重要な課題となった。それらの資金を快く提供していただいた国際交流基金、ブリッジ・アジア・ファンデーション、早稲田大学朝鮮文化研究所、復旦大学歴史学系、同大学アジア研究センター、韓国国際交流財団およびソウル大学校奎章閣韓国学研究院のご支援にあつく御礼申上げげたい。また、各会議の予稿集および本書の作製に当たっては、早稲田大学を始めとする若手研究者の献身的なご協力を仰いだ。巻末に翻訳者一覧を掲げるが、「彼らの学的実力と国境を越える学術交流への情熱は東アジアの歴史学の未来に大きな希望を投げかけるものであった。ここにあらためて彼らに感謝を捧げつつ、その大成を心から祈りたいと思う。

各回の研究集会に際して事務に当ったのは本書の編者たちであった。しかし、この間、事業の立案・遂行に当たって終始一貫してお世話になったのは李成市教授である。教授は助成の申請、会場の調達・設営、会計、翻訳・通訳チームの編成など、企画実現に必須な仕事に献身的な努力を注いでくださった。本書の『響き合う東アジア史』という美しい表題も教授のアイデアである。最後になってしまったが、我々編者は氏に対し満腔の謝意を表したい。

二〇一九年七月

三谷　博
張　翔
朴　薫

編者・執筆者紹介

編者

三谷博（みたに・ひろし） 1950年生まれ 19世紀日本史・東アジア史・比較史．文学博士（東京大学） 東京大学名誉教授・跡見学園女子大学文学部教授
[主な著書]『維新史再考——公議・王政から集権・脱身分化へ』NHK出版，2017年 『愛国・革命・民主——日本史から世界を考える』筑摩書房，2013年 編著『東アジアの公論形成』東京大学出版会，2004年
[現行プロジェクト]「公論と暴力」を主題とする革命の世界比較

張翔（ちょう・しょう） 1957年生まれ 日本近世近代思想史・東アジア比較思想史．広島大学文学研究科博士課程修了 復旦大学歴史系教授
[主な著書] 張翔・園田英弘編『「封建」・「郡県」再考——東アジア社会体制論の深層』思文閣出版，2006年 『中日文化異同論の推移——近代以降の日本と欧米の学界を中心に』（日文研フォーラム264）国際日本文化研究センター，2018年 村井寛志・張翔・大里浩秋・小林一美編『中国と日本——未来と歴史との対話への招待』御茶の水書房，2011年
[現行プロジェクト] 近世日本における儒教（宋学）文明化の研究

朴薫（ぱく・ふん） 1965年生まれ 日本近世・近代史．博士（学術）（東京大学） ソウル大学校東洋史学科教授
[主な著作]『明治維新はいかにして可能であったか』民音社，2014年 「東アジア政治史における幕末維新政治史と‘士大夫的政治文化’の挑戦——サムライの‘士化’」清水光明編『「近世化」論と日本——「東アジア」の捉え方をめぐって』勉誠出版，2015年 「十九世紀前半における「議論政治」の形成とその意味」明治維新史学会編『講座 明治維新1 世界史のなかの明治維新』有志舎，2010年
[現行プロジェクト] 19世紀における東アジアのアンシアンレジーム比較

執筆者（執筆順）

[日本]

長谷川順二（はせがわ・じゅんじ） 1974年生まれ 中国古代歴史地理学．博士（史学）（学習院大学） 学習院大学非常勤講師
[主な著作]『前漢期黄河古河道の復元——リモートセンシングと歴史学』六一書房，2016年 「黄河安流説の再検討——リモートセンシングデータを利用した黄河古河道復元」渡邉義浩編『学際化する中国学——第十回日中学者中国古代史論壇論文集』汲古書院，2019年 “A Study of the Ancient Channel of the Yellow River Using Remote Sensing Data: A Comparison Sistinctive Features of the Yellow River during the Former Han and the Yellow River Described in the *Shuijing Zhu*,” *MEMORIES OF THE RESEARCH DEPARTMENT OF THE TOYO BUNKO*, No. 75, 2017

辻大和（つじ・やまと） 1982年生まれ 朝鮮王朝史．博士（文学）（東京大学） 横浜国立大学大学院都市イノベーション研究院准教授
[主な著書]『朝鮮王朝の対中貿易政策と明清交替』汲古書院，2018年 編著『調査研究報告64号 東アジアの歴史イメージとコンテンツ』学習院大学東洋文化研究所，2018年 「17世紀初頭朝鮮の対明貿易——初期中江開市の存廃を中心に」『東洋学報』96(1)，2014年

渡辺美季（わたなべ・みき） 1975年生まれ 琉球史，東アジア海域史．博士（文学）（東京大学） 東京大学大学院総合文化研究科准教授
[主な著書]『近世琉球と中日関係』吉川弘文館，2012年 『地域史と世界史』ミネルヴァ書房，2016年（共著）『東アジア海域に漕ぎだす1 海から見た歴史』東京大学出版会，2013年（共著）

河野有理（こうの・ゆうり）　1979年生まれ　日本政治思想史．博士（法学）（東京大学）　首都大学東京法学部教授
［主な著書］『明六雑誌の政治思想——阪谷素と「道理」の挑戦』東京大学出版会，2011年　『偽史の政治学——新日本政治思想史』白水社，2016年　『田口卯吉の夢』慶應義塾大学出版会，2014年

金山泰志（かなやま・やすゆき）　1984年生まれ　日本近現代史．博士（人文）（日本大学）　同朋大学文学部専任講師
［主な著書］『明治期日本における民衆の中国観——教科書・雑誌・地方新聞・講談・演劇に注目して』芙蓉書房，2014年　「一九三〇年代の『少年倶楽部』に見る日本の中国観」『メディア史研究』45号，2019年　「大正期の映画受容に見る日本の中国観——映画雑誌を素材に」『ヒストリア』251号，2015年

中山大将（なかやま・たいしょう）　1980年生まれ　農業社会史・移民社会史・境界地域史．博士（京都大学大学院農学研究科）　釧路公立大学専任講師
［主な著書］『亜寒帯植民地樺太の移民社会形成——周縁的ナショナル・アイデンティティと植民地イデオロギー』京都大学学術出版会，2014年　『サハリン残留日本人と戦後日本——樺太住民の境界地域史』国際書院，2019年　"'Japanese Society on Karafuto' in Svetlana Paichadze," Philip A. Seaton, eds., *Voices from the Shifting Russo-Japanese Border: Karafuto / Sakhalin*. Oxon: Routledge, 2015

［中国］
姜鵬（きょう・ほう）　1978年生まれ　中国思想文化史　復旦大学歴史学博士　復旦大学歴史学系副教授．
［主な著書］《北宋经筵与宋学的兴起》上海古籍出版社，2013年　〈司马光施政理念在历史编纂中的表达：从《资治通鉴补》对原作的改动说起〉，《復旦学報》（社会科学版）2015年第2期　〈《资治通鉴》文本的内外语境：兼论《通鉴纪事本末》的体裁障碍〉，《学术研究》（広東）2011年第12期

王鑫磊（おう・しんらい）　1981年生まれ　明清東アジア史　復旦大学歴史学系博士　復旦大学文史研究院副研究員
［主な著書］《同文书史：韩国汉文文献与近世中国》复旦大学出版社，2015年　〈朝鲜王朝对明朝薛瑄从祀的反应〉，《史林》（上海）2014年第3期　〈帝国斜阳下的亲密接触：论朝鲜官员金允植的天津领选〉，《复旦学报（社会科学版）》2010年第2期

唐利国（とう・りこく）　1974年生まれ　日本史・日本政治思想史　北京大学歴史学博士　新潟大学博士（学術）　北京大学歴史学系長聘副教授
［主な著書］《兵学与儒学之间——论日本近代化先驱吉田松阴》社会科学文献出版社，2016年　《武士道与日本的近代化转型》北京师范大学出版社，2010年　「戦時期日本における思想戦の展開——国内議論を中心に」『年報　日本現代史』（東京）第23号，現代資料出版，2018年

戴海斌（たい・かいひん）　1978年生まれ　近代中国の政治と外交　北京大学歴史学系博士　復旦大学歴史学系副教授
［主な著書］《晚清人物丛考》（初编，二编）生活・读书・新知三联书店，2018年　〈《辛丑条约》谈判前后的中方“全权”问题〉，『历史研究』（北京）2018年第4期　「書評・岡本隆司・箱田恵子・青山治世著『出使時代の日記——清末の中国と外交』『中国研究月報』（東京），第7巻9号，2016年

孫青（そん・せい）　1976年生まれ　中国近現代史・文化史・教育史・中外文化交流・知識と近代社会・制度転型．復旦大学歴史系博士　復旦大学歴史系副教授
［主な著書］《晚清之“西政”东渐与本土回应》上海书店出版社，2009年　〈魔灯镜影：18-20世纪中国早期幻灯的放映，制作与传播〉，《近代史研究》（北京）2018第4期　〈引渡“新知”的特殊津梁——清末射策新学选本初探〉，《近代史研究》（北京）2013年第5期

皇甫秋実（こうほ・しゅうじつ）　1984年生まれ　中国経済史　復旦大学歴史学系博士　復旦大学歴史学系副教授
［主な著書］《危机中的選択：戦前十年的中国巻煙市場》東方出版中心，2016年〈中米工商業協進会与戦後中米経済関係〉，《中国経済史研究》（北京）第5期，2018年

［韓国］（ハングルは日本語訳，学科は日本では学部にあたる）
金賢善（キム・ヒョンソン）　1982生まれ　中国疾病史　華中師範大学博士　明知大学校客員助教授
［主な著書］『明清時期兩湖疫災：時空分佈，影響與社會應對』華中師範大學博士學位論文，2016年

李在晥（リ・ゼファン）　1978年生まれ　韓国古代史　ソウル大学校博士　弘益大学校教養科兼任教授
［主な著書］「7世紀 中・後半 北東アジアの戦争をどう呼ぶべきか？」『歴史批評』2019春号（通巻126）「咸安城山山城 出土 新羅荷札の性格に対する新しい接近」『韓国史研究』182，2018年「『聖住寺郎慧和尚塔碑』の‘得難’と‘五品’の再検討」『木簡と文字』15，2016年

金映印（キム・ヨンイン）　1982生まれ　韓国近世思想史　ソウル大学校碩士　ソウル大学校国史学科博士課程生
［主な著書］「〈学校模範〉読み直し」『私の資料読み，私の歴史書き』キョンイン文化社，2017年「17世紀後半趙聖期の‘事功’中心思惟と経世思想」『韓国史論』54, 2008年

李正善（リ・ジョンソン）　1982年生まれ　韓国近代史　ソウル大学校博士　朝鮮大学校歴史文化学科
［主な著書］『同化と排除——日帝の同化政策と内鮮結婚』歴史批評社，2017年「『内鮮結婚』の子どもたち——内地人と朝鮮人の狭間で」『歴史評論』815，歴史科学協議会（東京），2018年「『内鮮結婚』にみる帝国日本の朝鮮統治と戸籍」『朝鮮史研究会論文集』52，朝鮮史研究会（東京），2014年

鄭知喜（チョン・チヒ）　1976年生まれ　日本近現代史　米国カルフォルニア大学サンディエゴ校博士　ソウル大学校日本研究所准教授
［主な著書］"Imagining an Affective Community in Asia: Japan's Wartime Broadcasting and Voices of Inclusion," in *The Affect of Difference: Representations of Race in East Asian Empire*. Edited by Christopher P. Hanscom and Dennis Washburn. Honolulu: University of Hawaii Press, 2016 "Seductive Alienation: The American Way of Life Rearticulated in Occupied Japan," Asian Studies Review 42(3), 2018. "Playing with New Rules: Radio Quiz Shows and the Reorientation of the Japanese under the U.S. Occupation, 1945-1952," Historical Journal of Film, Radio and Television 34(4), 2014.

黄善翌（ファン・ソンイク）　1977年生まれ　韓国近代史（海外韓人社会史）．国民大学校博士　国民大学校韓国歴史学科准教授
［主な著書］「台湾光復後 韓人帰還と日本人引揚」『歴史と教育』26輯，2018年「解放後 帰還救護運動の展開と美軍政の対応」『韓国近現代史研究』85輯，2018年「日本防衛研究所所蔵　朝鮮駐屯日本軍関係史料の構成と性格」『韓国民族運動史研究』83輯，2015年

翻訳者（協力者）一覧（目次順）

［中国語］
小二田章（こにた・あきら）早稲田大学文学学術院非常勤講師　幹事
弓場苗生子（ゆば・なおこ）天台宗典編纂所編輯員
蔣建偉（しょう・けんい）中山大学歴史学系 PD 研究員
阿部亘（あべ・わたる）中山大学外国語学院特聘研究員
呉修喆（ご・しゅうてつ）帝京科学大学非常勤講師
原信太郎アレシャンドレ（はら・しんたろうあれしゃんどれ）早稲田大学文学学術院非常勤講師
梶田祥嗣（かじた・しょうじ）早稲田大学文学学術院非常勤講師
斉会君（さい・かいくん）早稲田大学大学院文学研究科博士後期課程在学
廣瀬直記（ひろせ・なおき）専修大学経済学部非常勤講師

［韓国語］
辻大和（つじ・やまと）横浜国立大学大学院都市イノベーション研究院准教授　幹事
植田喜兵成智（うえだ・きへいなりちか）学習院大学東洋文化研究所助教
大沼巧（おおぬま・たくみ）東京大学大学院人文社会系研究科博士課程
鈴木開（すずき・かい）滋賀県立大学人間文化学部助教
久留島哲（くるしま・さとし）千葉大学大学院人文社会科学研究科博士後期課程
加藤裕人（かとう・ひろと）横浜国立大学国際戦略推進機構非常勤講師

響き合う東アジア史

2019 年 8 月 28 日　初　版

[検印廃止]

編　者　三谷《みたに》　博《ひろし》・張《ちょう》　翔《しょう》・朴《ぱく》　薫《ふん》

発行所　一般財団法人　東京大学出版会

代表者　吉見俊哉

153-0041 東京都目黒区駒場4-5-29
http://www.utp.or.jp/
電話 03-6407-1069　Fax 03-6407-1991
振替 00160-6-59964

組　版　有限会社プログレス
印刷所　株式会社ヒライ
製本所　誠製本株式会社

ISBN 978-4-13-026266-8　Printed in Japan